www.ingramcontent.com/pod-product-compliance
Lightning Source LLC
Chambersburg PA
CBHW070128080526
44586CB00015B/1607

یوؔحنا رسول کی معرفت لکھی گئی انجیل

تفسیر

یوؔحنا رسول کی حیاتِ اَقدس اور خداوند یسوع مسیح کی موت کا بیان

مصنف۔ایف' وین' میک لائیڈ

مترجم۔مبشر انجیل، عمانوایل داوٗد

Light To My Path Book Distribution --Canada

جملہ حقوق بحق مصنف محفوظ ہیں

چونکہ اِس کتاب کے تمام جُملہ حقوق بحق مصنف محفوظ ہیں، اِس لیے اِس کتاب کا کوئی بھی حصہ مصنف کی تحریری اجازت کے بغیر شائع نہ کیا جائے۔

پبلشر سے پہلے تحریری منظوری کے بغیر کسی سسٹم میں محفوظ کرنا یا کسی بھی مقصد کی خاطر کہیں منتقل کرنا یا کسی برقیاتی یا مشینی طریقہ سے اِس کی عکاسی کرنا سخت منع ہے۔

مگر قارئین کرام اور خادم الدین چھوٹا اقتباس کہیں تبصرہ یا جائزہ کے طور پر استعمال کر سکتے ہیں۔

یوحنا کی معرفت لکھی گئی انجیل

تفسیر

نام کتاب	تفسیر۔ یوحنا رسول کی معرفت لکھی گئی انجیل
مصنف	ریورنڈ ایف، وین، میک لائیڈ
مترجم	عمانوایل داوُد
کمپوزنگ	عمانوئل داوُد
پروف ریڈنگ	اینڈریو سیڈرک، سسٹرلبنیٰ، سسٹرشائلہ ،سسٹرآسیہ۔ سسٹرانیس،فیصل فیلکس
سن اشاعت	اپریل2016

کوئٹہ میں رابطہ کے لئے

پاسٹر سمرپرویز، نیویروشلیم چرچ، فون نمبر0302-3416100

لاہور میں رابطہ کے لئے

عمانوایل داوُد فون نمبر،0300 4414069

گاوٗں ونڈالہ دیال،شاہ، تحصیل فیروزوالہ، ضلع شیخوپورہ،

ای میل،mathew_forjesus@yahoo.ca

4

فہرست مضامین

	پیش لفظ	صفحہ نمبر
	یوحنا کی انجیل کا تعارف	
1۔	کلام	11
2	۔خدا کی طرف سے بھیجا گیا ایک شخص	18
3۔	خداوند یسوع مسیح کے ابتدائی شاگرد	24
4۔	قانای گلیل میں شادی	32
5۔	ہیکل کی صفائی	37
6۔	نئے سرے سے پیدا شدہ	42
7۔	ابنِ آدم کا اونچے پر چڑھایا جانا	49
8۔	خداوند یسوع اور یوحنا رسول کا موازنہ	55
9۔	سامری عورت	61
10۔	بادشاہ کے ملازم کا بیٹا	69
11۔	مفلوج کی شفا	74
12۔	جیسا باپ۔ویسا بیٹا	79
13۔	پانچ گواہ	85
14۔	پانچ ہزار کو کھانا کھلانا	90
15۔	جھیل پر معجزہ	96
17۔	زندگی کی روٹی	106

18۔	یسوع کون ہے؟ ﴿حصہ اول﴾	113
19۔	یسوع کون ہے؟ ﴿حصہ دُئم﴾	120
20۔	زناکار عورت	125
21۔	خداوند یسوع ؑ دُنیا کا نور	130
22۔	حقیقی شاگرد	135
23۔	فرزند یا غلام؟	140
24۔	جا کر دھو لے	145
25۔	روحانی بصارت	151
26۔	از خود اندھے بننا	157
27۔	اچھا چرواہا	162
28۔	برگزیدہ بھیڑیں	168
29۔	نور میں چلنا	173
30۔	لعزر کا زندہ کیا جانا	178
31۔	مریم کی قربانی	184
32۔	یروشلیم میں داخلہ	189
33۔	تائب زندگیاں	194
34۔	خدا کی طرف سے اندھا پن	200
35۔	خداوند یسوع اپنے شاگردوں کے پاؤں دھوتے ہیں	204
36۔	خداوند یسوع مسیح کا پکڑوایا جانا	210
37۔	راہ میں ہوں	217
38۔	باپ کو ہمیں دکھا	221

227	انگور کا درخت اور اُس کی ڈالیاں	39۔
235	میری محبت میں قائم رہو	40۔
242	خداوند کی پیروی	41۔
247	روح القدس کی سہ رُخی خدمت	42۔
253	تمثیلوں میں باتیں	43۔
259	اے باپ 'اپنے بیٹے کو جلال دے	44۔
264	خداوند یسوع اپنے شاگردوں کے لئے دُعا کرتے ہیں	45۔
270	خداوند یسوع ہمارے لئے دُعا کرتے ہیں	46۔
275	اپنی تلوار کو میان میں رکھ	47۔
281	پطرس کا انکار	48۔
287	پیلاطس اور مسیح کی مصلوبیت	49۔
293	تاکہ نوشتہ پورا ہو	50۔
299	خالی قبر	51۔
306	خدا کی راہیں۔۔۔انسان کی راہیں	52۔
310	خلاف قیاس/ غیر متوقع اُمیدوار	53۔

پیش لفظ

یوحنا رسول وہ شاگرد تھا جسے خداوند یسوع پیار کرتے تھے۔ یوحنا رسول کی معرفت لکھی گئی انجیل واضح کرتی ہے کہ وہ بھی خداوند سے بے حد پیار کرتے تھے۔ خداوند یسوع مسیح کے لئے یوحنا رسول کی آراء وخیالات بہت اعلیٰ اور بلند ہیں۔ وہ اپنے قارئین کو بتاتے ہیں کہ انجیل کی تصنیف کا مقصد یہ ہے کہ وہ (انجیل کے قارئین وسامعین) اِس بات پر ایمان لائیں کہ خداوند یسوع مسیح خدا کا بیٹا ہے اور اُس پر ایمان لانے کے سبب سے اُس کے نام کے وسیلہ سے ہمیشہ کی زندگی پائیں۔

یوحنا رسول اپنے مقصد کے پیشِ نظر محتاط انداز سے واقعات کا چناؤ کرتے ہیں۔ جب تک کوئی شخص یوحنا رسول کی طرح اِس نتیجہ پر نہ پہنچ جائے کہ فی الحقیقت خداوند یسوع مسیح ہی خدا کا بیٹا ہے۔ وہ یوحنا کی انجیل کا مطالعہ سنجیدگی سے نہیں کرسکتا۔ میری دلی خواہش ہے کہ زیرِ نظر کتاب کے قارئین بھی خداوند یسوع مسیح کو اُسی نظر سے دیکھیں جس طرح یوحنا رسول نے خداوند کو دیکھا۔ یوحنا رسول کی بھی اپنے قارئین سے یہی توقع اور خواہش ہے۔ اگر آپ خداوند یسوع مسیح کو نہیں جانتے تو ہوسکتا ہے کہ یوحنا رسول کی انجیل (تفسیر) کے اوراق وصفحات پر آپ کی ملاقات خداوند یسوع مسیح سے ہو جائے۔

اگر آپ ابھی تک خداوند یسوع مسیح سے ناآشنا ہیں تو میری دلی دُعا ہے کہ تفسیر کی یہ کتاب آپ کو اِس قابل بنائے کہ آپ بہتر طور پر اُسے جان اور پہچان سکیں۔ میں آپ کو اِس بات کے لئے اُبھارنا چاہتا ہوں کہ آپ وقت نکال کر تفسیر کی اِس کتاب کا بغور مطالعہ کریں۔ ہر باب کے شروع میں دیئے گئے حوالہ جات کا مطالعہ اور ہر باب کے آغاز واختتام پر دُعا بھی کریں۔ خداوند جو کچھ اپنے کلام میں سے آپ پر ظاہر کریں اُس کی تابعداری کے لئے اپنے آپ کو خدا کے تابع کردیں۔ میری دُعا ہے کہ تفسیر کی یہ کتاب یوحنا کی انجیل کو لفظوں سے بڑھ کر ایک زندگی بخش کلام کے طور پر پیش کریں۔ تاکہ خداوند یسوع مسیح کی پیروی میں آپ کی زندگی پر ایک گہرا اثر پیدا ہو۔ اور آپ کی خدمت یکسر بدل جائے۔

مصنف ایف' وین' میک' لائیڈ

یوحنا رسول کی معرفت لکھی گئی انجیل کا تعارف

مصنف

یوحنا زبدی کا بیٹا اور یعقوب کا بھائی تھا۔ ﴾متی 10:2﴿ یعقوب اور یوحنا دونوں ایک ایسے خاندان میں پلے بڑھے جو مالی طور پر اِس قدر مستحکم تھا کہ اُنہوں نے اپنے کاروبار میں مزدور اُجرت پر رکھے ہوئے تھے۔ ﴾مرقس 1:20﴿ خداوند یسوع مسیح یوحنا اور اُس کے بھائی سے اُس وقت ملے جب وہ مچھلیاں پکڑنے کے لئے اپنے جال تیار کر رہے تھے۔ خداوند نے اُنہیں اپنے پیچھے آنے کی دعوت دی۔ یعقوب اور یوحنا دونوں وہیں پر اپنے جال چھوڑ کر اُس کے پیچھے ہو لئے۔ ﴾متی 4:21﴿ یوحنا خداوند یسوع مسیح کا ایک قریبی شاگرد بنا۔ جو ایک ایسے شاگرد کے طور پر مشہور و معروف ہوا ''جسے خداوند پیار کرتا تھا۔'' ﴾یوحنا 13:23۔21:20,21:7﴿

اکثر یوحنا رسول کا ذکر پطرس اور یعقوب کے ساتھ خداوند کی موجودگی میں ہوا ہے۔ ﴾مرقس 5:37﴿ چونکہ اُنہیں خداوند یسوع مسیح کا شاگردِ خاص ہونے کا شرف حاصل تھا اِس لئے وہ خاص موقعوں پر خداوند کے ساتھ ہوتے تھے۔ پہاڑ پر جب خداوند یسوع مسیح کی صورت بدل گئی تھی تو اُس وقت یوحنا خداوند کے ساتھ تھے۔ ﴾متی 17:1﴿ یوحنا رسول خداوند یسوع مسیح کے اُن خاص شاگردوں میں سے تھے جنہیں مصلوبیت سے قبل خداوند کے ساتھ دُعا کرنے کی دعوت ملی۔

یوحنا رسول کو ہی سب سے پہلے خداوند یسوع مسیح کے جی اُٹھنے کی خبر ملی۔ ﴾یوحنا 20:2﴿ یوحنا رسول نے ہی خداوند کے جی اُٹھنے کے بعد خداوند کو تبریاس کی جھیل پر دیکھا تھا۔ ﴾یوحنا 21:1-3﴿ یوحنا رسول اپنے جوش و جذبے کی وجہ سے بھی جانے پہچانے جاتے تھے۔ یعقوب اور یوحنا ''گرج کے بیٹے'' کے طور پر بھی مشہور تھے۔ ﴾مرقس 3:17﴿

خداوند یسوع مسیح کی موت کے بعد یوحنا رسول نے پطرس کے ساتھ کام کیا۔﴿اعمال 13:4,1:3﴾ اور امکان غالب ہے کہ وہ یروشلیم کی کلیسیا کا راہنما بنا۔ بعدازاں اِسے پتمس کے جزیرہ میں ملک بدر کردیا گیا جہاں خداوند یسوع مسیح نے اُس کے ساتھ بڑے پُر زور انداز سے رویا میں کلام کیا۔ یوحنا رسول نے اُس ساری رویا کو ایک کتاب میں قلم بند کیا' جسے مکاشفہ کی کتاب کہتے ہیں۔

پس منظر

یوحنا رسول اُس دُنیا میں رہتے تھے جس نے خداوند یسوع مسیح کو رد کیا تھا۔ بطور رسول اپنی خدمت کے آغاز میں صرف 120 ایماندار تھے۔﴿اعمال 15:1﴾ خداوند یسوع مسیح نے اپنے شاگردوں کو یروشلیم میں اور دُنیا کی انتہاء تک انجیل کی منادی کرنے کی ذمہ داری سونپی تھی۔
﴿اعمال 8:1﴾ اِس کتاب کو لکھنے کے تعلق سے یوحنا کا بوجھ ارشادِ اعظم کی تکمیل تھا جس کا مقصد لوگوں کو یقین دلانا تھا کہ یسوع ہی خدا کا بیٹا ہے جو اپنے لوگوں کو اُن کے گناہوں سے نجات دینے کے لئے دُنیا میں آیا۔
اِس کتاب میں لکھی گئی ہر ایک بات اپنے اندر ایک مقصد رکھتی ہے۔ مصنف کی یہی خواہش ہے کہ لوگ یسوع کو اپنے نجات دہندہ کے طور پر دیکھیں اور اُس کے نام سے ہمیشہ کی زندگی کا تجربہ حاصل کریں۔ (دیکھیں یوحنا 20:30-31)

یوحنا رسول کی تصانیف کی دورِ حاضرہ میں اہمیت

متی، مرقس اور لوقا کی طرح یوحنا رسول بالکل معمولی فرق کے ساتھ خداوند یسوع مسیح کی زندگی پر نظر ڈالتا ہے۔ خداوند یسوع مسیح کے ساتھ گہری قربت اور رفاقت اُس کی تصنیف کو ایک شخصی رنگ دیتی ہے۔ یوحنا رسول کی معرفت لکھی گئی انجیلِ مقدس واضح طور پر یسوع کو خدا کے بیٹے کے طور پر

بیان کرتی ہے۔ جو ازل سے خدا باپ اور پاک روح کے ساتھ موجود تھا۔

یوحنا رسول خداوند یسوع مسیح کو عہدِ عتیق کی تکمیل کے طور پر پیش کرتا ہے۔ یوحنا 3 باب میں خداوند یسوع مسیح کی نیکدیمس کے ساتھ ملاقات ہی ہمیں نئے سرے سے پیدا ہونے کے تعلق سے حقیقی معنوں میں سکھاتی ہے۔ یوحنا رسول کی معرفت لکھی گئی انجیل ہمیں خداوند یسوع میں بخشی گئی نئی زندگی کے تعلق سے بہت کچھ سکھاتی ہے۔

یہ انجیل مختلف موضوعات کے تعلق سے بھی تعلیم دیتی ہے جن میں شاگردیت کی قیمت، معافی، حلم مزاجی، محبت اور حقیقی شاگرد ہونے کا معنی و مفہوم شامل ہیں۔ یوحنا رسول خداوند یسوع مسیح کے ساتھ اپنی شخصی ملاقات و رفاقت اور اُن کی تعلیمات کی روشنی میں درج بالا موضوعات کو بیان کرتے ہیں۔

یوحنا رسول کا طرزِ بیان اِس قدر آسان اور سلیس ہے کہ کسی نومرید ﴿نیا ایماندار﴾ کے لئے سمجھنے میں آسان اور ایک پختہ اور بالغ العقل ایماندار کے لئے اِس میں ایک چیلنج بھی ہے۔ اِس کتاب کو بشارتی خدمت اور نئے ایمانداروں کی بطور شاگرد تعلیم و تربیت کے لئے بھی استعمال کیا جا سکتا ہے۔

باب 1

کلام

یوحنا 1:1-5، 9-14

کچھ بھی لکھنے سے قبل یوحنا رسول اپنے قارئین پر اِس انجیل کی تصنیف کے مقصد کو واضح کرتے ہیں۔ یہ انجیل خداوند یسوع مسیح کے تعلق سے ہے۔ یوحنا رسول کے دَور میں خداوند یسوع کے تعلق سے مختلف آراہ وتبصرے زبان زدعام تھے۔ بعض لوگوں نے اُسے خدا کے بیٹے اوراپنے نجات دہندہ کے طور پر قبول کرلیا تھا۔

جب کہ بعض لوگوں نے اُسے ایک دغاباز اور فریبی شخص جانتے ہوئے رد کر دیا تھا۔ اِس انجیل کی تصنیف میں یوحنا رسول کا مقصد سب لوگوں پر خداوند کی حقیقی پہچان واضح کرنا ہے۔ ابتدائی آیات میں وہ بتاتا ہے کہ وہ خود بھی خداوند یسوع پر ایمان رکھتا ہے اور شروع ہی میں وہ اِس کتاب کا لُبِ لباب بیان کرتے ہیں۔ اِن ابتدائی آیات میں یوحنا رسول ہمیں کلام کا تعارف کراتا ہے۔ جو کچھ یوحنا رسول ہمیں کلام کے تعلق سے تعلیم دے رہے ہیں اِس کا جائزہ ہمارے ذہنوں اور دلوں سے خداوند یسوع مسیح کی حقیقی پہچان کے تعلق سے شک وشبہات دُور کر دیتا ہے۔

یہ کلام خداوند یسوع مسیح کے علاوہ اور کوئی شخصیت نہیں ہے۔ کلام خدا کے ذہن اور دل کا تاثر ہے۔ خدا کے ذہن اور دل کا تاثر خداوند یسوع مسیح کی شخصیت کا آئینہ دار ہے۔ آئیں اِس بات کا جائزہ لیں۔ جسے یوحنا رسول خداوند یسوع مسیح کی شخصیت میں خدا کے ذہن اور دل کے تاثر کے طور پر بیان کرتا ہے۔

خداوند یسوع مسیح ابتدأ سے ہیں

یوحنا رسول اِس طرح آغاز کرتے ہیں ''ابتدأ میں کلام تھا۔'' خداوند یسوع مسیح اُس وقت بھی موجود

تھے جب کچھ بھی وجود میں نہیں آیا تھا۔ بنای عالم سے پیشتر خداوند یسوع مسیح موجود تھے۔

خداوند یسوع مسیح کی کوئی ابتدا نہیں ہے۔ وہ الفا اور اومیگا ہے۔ بطور انسان ہمارے لئے اِس بات کو سمجھنا مشکل ہے کہ کوئی چیز کیسے بغیر کسی آغاز کے ہو سکتی ہے۔ ہم سے قطعی مختلف خداوند یسوع مسیح ہمیشہ سے ہیں۔ یہ سچ ہے کہ وہ انسانی روپ لے کر اِس دُنیا میں آئے۔ وہ اِس دُنیا میں رہے اور پھر بالآخر صلیب پر مر گئے۔ یوحنا رسول ہمیں یہ بتا رہے ہیں کہ اِس دُنیا میں ایک ننھے منے بچے کے رُوپ میں چرنی میں جنم لینے سے پہلے بھی وہ موجود تھے۔ وہ بنائے عالم سے پیشتر موجود ہے۔

خداوند یسوع خدا ہے

یوحنا رسول ہمیں بتاتے ہیں کہ خداوند یسوع ابتدا ہی سے باپ کے ساتھ موجود تھے۔ یہ بات بھی قابلِ غور ہے کہ یسوع خدا تھا۔ یوحنا رسول کے ذہن میں خداوند یسوع مسیح کی الوہیت کے تعلق سے کوئی شک وشبہ نہیں ہے۔ یہ وہ موضوع ہے جو یوحنا رسول کے دَور میں زبان زد عام تھا۔ اِس میں شک کی کوئی گنجائش نہیں کہ اِس تعلق سے یوحنا رسول کی کیا رائے اور ایمان تھا۔ غور کریں تو معلوم ہوتا ہے کہ مصنف خداوند یسوع کو خدا سے بالکل الگ ایک شخصیت کے طور پر بیان کرتا ہے تو بھی وہ خدا کے ساتھ ایک تھا۔ وہ خدا کے ساتھ تھا اور وہ خدا تھا۔ اِس سے ہمیں یہ بات سمجھنے کو ملتی ہے کہ اگرچہ خداوند یسوع مسیح کی بطور ابن خدا ایک الگ پہچان تھی تو بھی وہ ہر لحاظ سے خدا کے ساتھ ایک تھا۔

خداوند یسوع مسیح کے بغیر کوئی چیز وجود میں نہ آئی

یوحنا رسول ہمیں یاد کراتے ہیں کہ ہر ایک چیز یسوع ﴿ کلمہ ﴾ کے وسیلہ سے وجود میں آئی اور کوئی ایک بھی ایسی چیز نہیں جو اُس کے بغیر وجود میں آئی ہو۔ ﴿ آیت 3 ﴾ ہر ایک تخلیق شدہ چیز اپنے وجود کے لئے خداوند یسوع مسیح کی مرہونِ منت ہے۔ عمومی طور پر ہم اِس دُنیا کی تخلیق کو خداوند یسوع مسیح سے منسوب نہیں کرتے۔ خدا باپ کو ہی تخلیق کائنات کا خالق اور مالک دیکھنے کا رجحان پایا جاتا ہے۔

مصنف یہاں پر ہمیں یہ بتا رہا ہے کہ ابنِ خدا' خداوند یسوع مسیح بطور خدا کائنات کا خالق و مالک ہے۔

خداوند یسوع مسیح میں ابدی زندگی ہے

یوحنا رسول اپنی بات کو جاری رکھتے ہوئے بیان کرتے ہیں کہ خداوند یسوع مسیح میں زندگی تھی۔ ﴿آیت 4﴾ ہم پہلے ہی اِس بات کو دیکھ چکے ہیں کہ ہم اپنے جسمانی وجود کے لئے خداوند یسوع مسیح کے مرہونِ منت ہیں۔ جو تخلیق کائنات میں آسمانی باپ کے ساتھ ایک تھا۔ خداوند یسوع مسیح زندگی کا ایک حصہ ہمیں پیش کرتے ہیں۔

آپ کو پوری دُنیا کی پیش کش ہو جائے تو بھی آپ اپنے اندر ایک خالی پن محسوس کریں گے۔ خداوند یسوع مسیح روحانی زندگی کا منبع ہے۔ اُس کے صلیبی کام کے وسیلہ سے' خداوند یسوع مسیح ہمیں نئی زندگی عطا کرتے ہیں۔ وہ اپنا روح القدس ہمیں دینے کے لئے آئے جو ہمیں خدا کے ساتھ ایک شخصی رشتہ قائم کرنے میں مدد دیتا ہے۔ اُس کی زندگی کے بغیر ہم اپنے گناہ میں کھوئے رہیں گے جس کے نتیجہ میں ہم خدا اور اُس کی برکات سے ہمیشہ کے لئے دُور رہیں گے۔ خداوند یسوع مسیح ہمیں نئی روحانی زندگی دینے کے لئے آئے۔ صرف اور صرف اُسی میں ہم کثرت کی اُس زندگی کو جان سکتے ہیں۔

خداوند یسوع مسیح بنی نوع انسان کو اپنا نور پیش کرتے ہیں

جس زندگی کی پیش کش خداوند کرتے ہیں اُس کو نور سے تشبیہ دی جاسکتی ہے۔ ﴿آیت 4﴾ مسیح کی زندگی کے بغیر ہم گناہ کی تاریکی میں کھوئے رہتے ہیں۔ ہم کبھی بھی اِس بات کو سمجھ نہیں پاتے کہ خدا کے بغیر ہم رد کئے ہوئے ہیں اور ابدیت میں ہمارا حصہ گہری تاریکی اور جہنم ہے۔ جب خداوند یسوع مسیح ہمیں اپنی زندگی سے نوازتے ہیں۔ تو پھر ہمیں ایک نیا فہم عطا ہوتا ہے۔ اُس کا روحِ مقدس ہماری روحانی آنکھیں کھولتا ہے۔ اور ہم روحانی معاملات کی حقیقت کو سمجھنے لگتے ہیں۔

خداوند یسوع مسیح جس زندگی کی ہمیں پیش کش کرتے ہیں وہ ایک ابدی اور کبھی نہ ختم ہونے والی

زندگی ہے۔ یہ معافی اور خدا کے ساتھ صلح کی زندگی ہے۔ ہم میں اُس کی زندگی انقلابی تبدیلی کا باعث ہوتی ہے۔ ہم پہلے جیسے نہیں رہتے۔ ہم درجہ بدرجہ خداوند یسوع مسیح کی صورت پر ڈھلتے چلے جاتے ہیں۔

بنی نوع انسان نے خداوند یسوع مسیح کے نور کو رد کر دیا

وہ روشنی جو خداوند یسوع مسیح کے وسیلہ سے چمکتی ہے اُس کے تعلق سے ایک افسوس ناک بات یہ ہے کہ دُنیا نے اُس کی طرف پشت پھیر دی۔ ﴿ آیت 5 ﴾

مجھے بچپن کی وہ باتیں یاد ہیں جب ہم پتھروں کو ہٹا کر دیکھتے تھے تو کیڑے مکوڑے کسی تاریک جگہ پر دوڑ کر جا چھپتے تھے۔ یوں لگتا تھا کہ جیسے وہ تاریکی میں رہنا پسند کرتے ہیں۔ روشنی سے اُنہیں کوفت ہوتی ہے۔ کچھ ایسی ہی صورت حال یوحنا رسول ہمارے تعلق سے بیان کرتے ہیں۔ خداوند یسوع مسیح ہمارے لئے اِس دُنیا میں آئے اور اپنا نور ہم پر چمکایا۔ اور ہم اُن کیڑے مکوڑوں کی طرح تاریکی میں جا چھپے۔ ہر روز مرد و زن نور سے دُور بھاگتے ہیں۔ وہ خداوند یسوع مسیح میں زندگی کی خوبصورتی اور وسعت سے بے خبر تاریکی میں بھٹک رہے ہیں۔

خداوند یسوع مسیح شخصی طور پر اس دُنیا میں آ کر اس دُنیا میں رہے۔ ﴿ آیت 10 ﴾ دُنیا نے اُسے نہ پہچانا۔ دُنیا نے اُسے قبول نہ کیا اور اُس پر ایمان نہ لائی۔ اُن کا ہر ایک سانس اور دل کی ہر ایک دھڑکن اُنہیں یاد دلاتی ہے کہ اُن کی زندگیاں کس قدر اپنے خالق کی مرہون منت ہیں۔ تو بھی وہ اپنے دلوں میں اُس پر ایمان لانے سے قاصر رہتے ہیں۔

اُس کے اپنے لوگوں نے بھی اُسے قبول نہ کیا۔ وہ ایک یہودی کے طور پر آئے۔ آپ ایک یہودی بچے کے طور پر پروان چڑھے۔ اُس کے اپنے قصبے کے لوگوں، اُس کے اپنے بھائی اور اُس کی اپنی بہنیں بھی شروع میں اُس پر ایمان نہ لا سکیں۔

اگر چہ زیادہ تر اُس کے اپنے لوگوں نے اُسے رد کیا۔ تو بھی کچھ دوسرے لوگ تھے جنہوں نے اُسے قبول کیا اور اُس کے نام پر ایمان لائے۔ ﴿ 12 ﴾ اور ایسے لوگوں کو اُس نے خدا کے فرزند بننے کا

حق بخشا۔غور کریں کہ خدا کے فرزند ہونے کا حق صرف اُنہی لوگوں کو ملتا ہے جو خداوند یسوع مسیح کو قبول کرتے اوراس پرایمان لاتے ہیں۔ ہرکوئی خدا کا فرزند نہیں ہے۔ہم اِس دُنیا میں جنم لینے سے خدا کے فرزند نہیں بن جاتے ہیں۔

خدا کے بیٹے یسوع مسیح کو قبول کرنے اور اُس پر ایمان لانے سے ہم خدا کے فرزند ٹھہرتے ہیں۔13ویں آیت ہمیں بتاتی ہے کہ خدا کے فرزند بننے کا خون اور گوشت سے کوئی تعلق نہیں ہے۔اور نہ ہی اِس کا تعلق میاں بیوی کے ایک بدن ہونے سے ہے تا کہ وہ اپنے لئے اولاد کو جنم دیں۔یوحنا رسول ہمیں بتاتے ہیں کہ ایک جسمانی پیدائش ہے جس کے تحت ہم اِس دُنیا میں جنم لیتے ہیں۔اسی طرح ایک روحانی پیدائش بھی ہے۔

جس کے تحت ہم خدا کی بادشاہی میں پیدا ہوتے ہیں۔ہم اِس نئی پیدائش کا تجربہ خداوند یسوع مسیح کو قبول کرنے اور اُس پر ایمان لانے سے کر سکتے ہیں جو کہ خدا کا کلمہ ہے۔خدا کے فرزند بننے اور نئی زندگی پانے کے لئے ہمیں صرف یہی کچھ کرنا ہے۔ایمان لائیں کہ یسوع وہی ہے جو وہ کہتا ہے کہ وہ ہے۔اور اُس کے نام سے گناہوں کی معافی اور ہمیشہ کی زندگی پائیں۔یہ وہ کام ہے جو آپ اِسی وقت ابھی کر سکتے ہیں۔آپ کیوں کر تاریکی میں زندگی بسر کر رہے ہیں؟ آج ہی آپ اُس کی زندگی کو قبول کرنے اور یسوع مسیح پر ایمان لانے سے تاریکی کے قبضہ سے چھوٹ سکتے ہیں۔

یوحنا رسول یہ بیان کرتے ہوئے اِس حصہ کو بند کرتے ہیں کہ خداوند یسوع مسیح نے انسانی صورت اختیار کی۔﴿ آیت 14﴾ وہ ہمارے درمیان رہا۔جنہوں نے اُسے دیکھا اُنہوں نے خدا کے جلال کو دیکھا۔وہ باپ کی طرف سے آیا۔وہ فضل اور سچائی سے معمور تھا۔فضل گناہ گار کے لئے خدا کی غیر مشروط مہربانی ہے۔(خدا کی ایسی مہربانی اور فضل جس کا انسان کسی طور پر مستحق بھی نہیں ہے) جس کے حصول کے لئے آپ کسی طور پر بھی اُس کے معیار پر پورا نہیں اُترتے۔

خداوند یسوع مسیح فضل سے معمور تھا۔وہ آپ کے گناہ معاف کرنا چاہتا ہے۔وہ آپ کو اپنی طرف کھینچنا چاہتا ہے۔وہ چاہتا ہے کہ آپ خدا کے نور کو جانیں اور خدا کے نور کا تجربہ کریں۔یہ بات بھی

قابلِ غور ہے کہ خداوند یسوع مسیح سچائی سے بھی معمور ہیں۔ اِس کا مطلب یہ ہے کہ آپ اُس پر بھروسہ اور توکل کر سکتے ہیں۔ وہ مکمل طور پر قابل بھروسہ ہے۔ وہ کبھی ناکام نہیں ہوگا۔ جو کچھ وہ کہے گا وہ پورا ہوگا۔ خداوند یسوع مسیح کی الوہیت اور اُس کی شخصیت کے تعلق سے یوحنا رسول کے ذہن میں کسی شک وشبہ کی کوئی گنجائش نہیں ہے۔ وہ خدا ہے، وہ کائنات کا خالق ومالک اور زندگی کو قائم رکھنے والا ہے۔ ابدی حیات کے لئے وہی ہماری واحد اُمید ہے۔

وہ آج بھی اپنی ابدی زندگی آپ کو پیش کر رہا ہے۔ وہ فضل اور سچائی سے معمور ہے۔ وہ نہ صرف آپ کو معاف کرنا چاہتا ہے بلکہ آپ اُس کے وعدوں کی تکمیل کے لئے پورے طور پر اُس پر توکل اور بھروسہ کر سکتے ہیں کہ جو کچھ اُس نے کہا وہ بہر صورت پورا ہوگا۔ میری یہ دُعا ہے کہ جتنے لوگ بھی تفسیر کی اِس کتاب کو پڑھیں، وہ مکمل طور پر خدا کے کلمہ (ابن خدا) پر ایمان لائیں، کیوں کہ وہی ہماری پناہ گاہ اور بھروسہ ہے۔

چند غور طلب باتیں

☆۔ ہمارے دَور میں خداوند یسوع مسیح کے تعلق سے کون سے اختلاف پر مبنی موضوعات زبان زد عام ہیں؟

☆۔ یوحنا رسول ہمیں خداوند یسوع مسیح کے تعلق سے کیا تعلیم دیتے ہیں؟

☆۔ خداوند یسوع مسیح اِس دُنیا میں کیوں آئے؟ ☆۔ کیا آج آپ خدا کے فرزند ہیں؟ آپ کیوں کر یہ جان سکتے ہیں؟

چند ایک دُعائیہ نکات

☆۔ اِس بات کے لئے خداوند یسوع مسیح کا شکریہ ادا کریں کہ وہ اِس دُنیا میں آ گیا تا کہ وہ خدا کے نور کو ہم پر منکشف کرے۔

☆۔ کیا آپ گناہوں کی معافی حاصل کر چکے ہیں؟ کیا آپ میں وہ روحانی زندگی موجود ہے جو خداوند یسوع مسیح پیش کرنے کیلئے اِس دُنیا میں آئے؟ اگر ایسا نہیں ہے تو، چند لمحات کے لئے دُعا کریں اور اُس سے اپنے گناہوں کی معافی مانگیں۔ اور دُعا کریں کہ وہ نئی زندگی کو آپ میں رکھے۔

☆۔ کیا آپ کا کوئی ایسا دوست یا عزیز ہے جس نے ابھی تک خداوند یسوع مسیح کو اپنا نجات دہندہ قبول نہیں کیا اور اُس کے نام سے ہمیشہ کی زندگی کی پیش کش قبول نہیں کی؟ چند لمحات کے لئے اُس کے لئے دُعا کریں۔

باب 2

خدا کی طرف سے بھیجا گیا شخص

یوحنا 1:8،15-34

ہم پہلے ہی خداوند یسوع مسیح سے مل چکے ہیں۔ یوحنا رسول اب ہمیں اُس شخص سے متعارف کرانا چاہتا ہے جو خدا کی طرف سے بھیجا گیا تھا تاکہ وہ دُنیا کو ہمارے خداوند یسوع کا تعارف کرائے۔ اُس کا نام یوحنا بپتسمہ دینے والا ہے۔ یاد رکھیں کہ یوحنا بپتسمہ دینے والا خداوند یسوع مسیح کے شاگرد یوحنا رسول سے قطعی مختلف شخصیت ہے۔

یوحنا رسول کو خدا کی طرف سے بھیجا گیا تھا تاکہ وہ نور کی گواہی دے۔ (6 آیت) پانچویں آیت ہمیں بتاتی ہے کہ خداوند یسوع ہی وہ نور ہے جو تاریکی میں چمکا۔ ہمیں یہ بتایا گیا ہے کہ یوحنا بپتسمہ دینے والے نے اُس کی گواہی دی تاکہ سب لوگ خداوند یسوع مسیح پر ایمان لائیں۔ (7 آیت) یوحنا بپتسمہ دینے والے کی گواہی کے وسیلہ سے ہی لوگ خداوند یسوع کے نجات بخش علم کو حاصل کر پائے۔ ہمیں بھی یوحنا بپتسمہ دینے والے کی طرح نور کی گواہی دینے کے لئے بلایا گیا ہے۔ ہم ہی وہ چنا ہوا وسیلہ ہیں جن کے وسیلہ سے لوگ خداوند یسوع مسیح کو جان پائیں گے۔

یوحنا رسول اِس بات کو واضح کرنا چاہتا ہے کہ یوحنا بپتسمہ دینے والا نور نہیں تھا۔ (آیت 8) بعض اوقات یہودی لوگ بھی شش و پنج میں پڑ جاتے تھے کہ آیا یوحنا بپتسمہ دینے والا مسیح تو نہیں ہے۔ تاہم یوحنا بپتسمہ دینے والا اِس تعلق سے بہت محتاط تھا کہ وہ خداوند کا جلال اپنے لئے نہ لے۔ وہ اِس بات سے باخبر تھا کہ وہ تو محض ایک سادہ سے نااہل گواہ ہے۔ وہ خداوند کی عظمت کی گواہی دینے سے کبھی نہ جھجکا۔ اُس نے اپنے پاس آنے والوں کو بتایا کہ وہ تو اپنے بعد آنے والے کی جوتیوں کے تسمے کھولنے کے لائق نہیں ہے۔ (27 آیت)

یوحنا بپتسمہ دینے والے کو معلوم تھا کہ وہ خود ایک گنہگار ہے جسے خداوند نے چھو کر معاف کر دیا ہے۔ وہ جانتا تھا کہ وہ اپنے طور پر کسی خوبی کا حامل نہیں ہے۔ اُس کا مقصد حیات تو صرف یہ تھا کہ وہ لوگوں کی راہنمائی خداوند کی طرف کرے۔

ہر کوئی یوحنا بپتسمہ دینے والے کی خدمت کو نہ سمجھ سکا۔ ایک موقع پر یہودیوں نے کاہنوں اور لاویوں کو یوحنا بپتسمہ دینے والے کے پاس اُس کی خدمت اور پیغام کی تحقیق کرنے کے لئے بھیجا۔ اُنہوں نے اُسے پوچھا کہ وہ کون ہے۔

لوگوں کے درمیان اُس کے تعلق سے مختلف آراء اور بیانات پائے جاتے تھے کہ یا تو وہ کوئی نبی ہے یا پھر مسیح ہے۔ حتیٰ کہ بعض تو یہ ایمان رکھتے تھے کہ وہ ایلیاہ نبی ہے جو مُردوں میں سے جی اُٹھا ہے۔ ﴿21 آیت﴾ یوحنا تو اپنے بارے میں جانتا تھا کہ وہ کون ہے۔ وہ تو بیابان میں پکارنے والی ایک آواز تھی جو خداوند کے لئے راہ تیار کر رہی تھی۔ وہ تو یسعیاہ نبی کی پیش گوئی کی تکمیل تھا۔

”پکارنے والے کی آواز بیابان میں، خداوند کی راہ درست کرو۔ صحرا میں ہمارے خداوند کے لئے شاہراہ ہموار کرو۔ ہر ایک نشیب اونچا کیا جائے اور ہر ایک پہاڑ اور ٹیلا پست کیا جائے۔ اور ہر ایک ٹیڑھی چیز سیدھی اور ہر ایک ناہموار جگہ ہموار کی جائے۔ اور خداوند کا جلال آشکارہ ہوگا اور تمام بشر اُس کو دیکھے گا۔ کیوں کہ خداوند نے اپنے منہ سے فرمایا ہے۔“ ﴿یسعیاہ 40:3-5﴾

یسعیاہ نبی نے اُس دَور کے لئے پیش گوئی کی جب خداوند کا جلال زمین پر ظاہر ہونا تھا۔ لیکن اُس جلال کے ظاہر ہونے سے قبل بیابان میں ایک آواز نے اُس کی آمد کی خبر دینا تھی۔ یوحنا بپتسمہ دینے والا ہی وہ آواز تھی۔ اُس کی پکار خداوند کے جلال کی آمد کا اعلان تھی۔ یہ جلال خداوند کی حضوری میں حاصل ہونا تھا۔ یعنی جب خدا کے بیٹے نے اِس زمین پر آنا تھا۔

فریسیوں نے یوحنا سے سوال کیا کہ اگر وہ مسیح نہیں ہے تو پھر وہ کیوں کر بپتسمہ دیتا ہے۔

﴿آیت 24-25﴾ بپتسمہ تو ایمان کے ایک ابتدائی قدم کے طور پر دیکھا جاتا تھا۔ جو کچھ یوحنا کر رہا تھا فریسیوں نے اُسے محض اِس نگاہ سے دیکھا کہ وہ اپنے لئے شاگرد اکٹھے کر رہا ہے۔

یہی خیال کیا جاتا تھا کہ جو شخص کسی کو بپتسمہ دیتا ہے وہ اُس کے پیروکار ہو جاتے ہیں۔ 31 ویں آیت میں یوحنا بپتسمہ دینے والے نے فریسیوں کو بتایا کہ وہ اِس لئے بپتسمہ دے رہا ہے تا کہ مسیح بنی اسرائیل پر ظاہر ہو جائے۔ وہ اپنے پیروکار اکٹھے کرنے کے لئے بپتسمہ نہیں دے رہا تھا۔ بلکہ وہ لوگوں کی توجہ اُس کام کی طرف مرکوز کر رہا تھا جو خداوند نے کرنا تھا۔ کسی اور جگہ پر ہم یوحنا بپتسمہ دینے والے کے بپتسمہ کا تفصیلی جائزہ لیں گے۔ ذیل میں دی گئی آیات کو دیکھیں کہ یوحنا نے بنی اسرائیل کو خداوند یسوع مسیح کے بارے میں بتایا۔

وہ مجھ سے مقدم ہے (آیت 15)

ہم پہلے ہی دیکھ چکے ہیں کہ یوحنا نے یہودیوں کو بتایا کہ یسوع مسیح اُس سے عظیم ہے۔ یوحنا اِس بات کو تسلیم کرتا تھا کہ یسوع خدا ہے۔ یسوع یوحنا سے مقدم تھا۔ 15 ویں آیت کے مطابق خداوند یسوع یوحنا سے پہلے تھے۔ اگرچہ جسمانی عمر کے لحاظ سے یوحنا خداوند یسوع سے عمر میں بڑا تھا، تو بھی جانتا تھا کہ خداوند یسوع مسیح ابتداء سے ہے۔ یوحنا نے خود کو خداوند یسوع کے ایک عاجز سے خادم کے طور پر دیکھا جو کہ ابدی خدا ہے۔

اُس کی معموری میں سے ہم نے پایا یعنی فضل پر فضل (16 آیت)

یوحنا بپتسمہ دینے والے نے اپنے سامعین کو یاد دلایا کہ اُنہوں نے خداوند سے برکت پر برکت پائی ہے۔ کائنات کے خالق و مالک کی حیثیت سے اُس نے اُنہیں کثرت سے برکات عطا کر رکھی ہیں۔ ہمارے پاس کوئی بھی ایسی چیز نہیں ہے جو ہمیں اُس کے ہاتھ سے نہیں ملی ہے۔ صرف یہی نہیں بلکہ ہم نے بہت سی روحانی برکات بھی اُس سے پائی ہیں۔ ہمارا خداوند کس قدر عظیم ہے جو کچھ اُس نے ہمارے لئے سرانجام دیا ہے اِس کے لئے کس قدر ضروری ہے کہ ہم اُس کے سامنے شکر گزاری میں سجدہ ریز ہو جائیں۔ ہم نے اُس سے برکت پر برکت پائی ہے۔

خداوند یسوع ہی فضل اور سچائی کا منبع ہے (17 آیت)

17 ویں آیت میں یوحنا نے اپنے سامعین کو یاد دلایا کہ اگر چہ شریعت اچھی تھی تو بھی وہ اُن کی روحوں کو نجات نہ دے سکی۔ شریعت نے صرف اور صرف اُن پر یہی ثابت اور ظاہر کیا کہ وہ گناہ گار ہیں اور اُنہیں مسلسل پاکیزگی اور تقدیس کی ضرورت ہے۔ تاہم خداوند یسوع مسیح میں لوگوں نے فضل حاصل کیا۔ وہ ہمیں کامل معافی کی پیش کش اور ایسی پاکیزگی دینے کے لئے دُنیا میں آئے جو ہمیشہ تک قائم رہے گی۔ وہ ہمیں خداوند کی حضوری تک رسائی دینے کے لئے دُنیا میں آئے۔ وہ ہمیں خداوند کے حضور مقبول ٹھہرانے کے لئے دُنیا میں آئے۔ وہ ہمارے ماضی، حال اور مستقبل کے گناہوں کو معاف کرنے کے لئے دُنیا میں آئے۔ وہی کثرت کے فضل کا منبع ہے۔

خداوند یسوع نہ صرف فضل کا منبع ہے بلکہ وہ سچائی کا منبع بھی ہے۔ ہمارے دَور میں آج کل سچائی پر بہت بحث مباحثہ ہو رہا ہے۔ خدا اور آسمان پر جانے کے تعلق سے بہت سی آراء اور خیالات پائے جاتے ہیں۔ اگر چہ اِس تعلق سے لوگوں کی آراہ وخیالات مختلف ہیں تو بھی سچائی کا صرف اور صرف ایک ہی منبع ہے۔ اور سچائی کا وہ منبع خداوند یسوع مسیح ناصری ہے۔ اگر آپ سچائی سے واقف ہونا چاہتے ہیں تو پھر آپ کو خداوند کے پاس آنا ہوگا۔ ہم کسی اور کی بات پر کان لگانے کا خطرہ مول نہیں لے سکتے۔

وہ خدا کا برّہ ہے (29 آیت)

یوحنا بپتسمہ دینے والے کے مطابق خداوند یسوع مسیح ''خدا کا برّہ تھا جو جہان کے گناہ اُٹھا لے گیا۔'' (آیت 29) عہدِ عتیق میں خدا کے لوگوں کے گناہوں کے لئے برّوں کو ذبح کیا جاتا تھا۔ خداوند یسوع ہمارے گناہوں کے لئے قربان ہوئے۔

وہ کامل قربانی تھے۔ اُس کی قربانی ہمیشہ کے لئے کامل قربانی ہے۔ اُنہوں نے ایک ہی دفعہ قربان ہو کر ہمارے تمام گناہوں (ماضی، حال اور مستقبل کے گناہ) کی قربانی دے دی ہے۔ اب گناہ کی کسی اور قربانی کی ضرورت باقی نہیں رہی۔ ہمارے خداوند نے بطور قربانی کا برّہ، ہمارے گناہوں کی

پوری قیمت ادا کر دی ہے۔

وہ خدا کا بیٹا ہے(32-34 آیات)

یوحنا بپتسمہ دینے والے نے خداوند یسوع مسیح کو خدا کے برگزیدہ کے طور پر بیان کیا ہے۔ یوحنا بپتسمہ دینے والے نے خدا کے روح کو اُن پر اُترتے دیکھا۔ خداوند نے یوحنا کو یہ نشان بخشا تھا۔ ''جس پر تو رُوح کو اُترتے اور ٹھہرتے دیکھے وہی روح القدس سے بپتسمہ دینے والا ہے۔'' یوحنا نے اُس کلام کی تکمیل کے طور پر خدا کے روح کو خداوند یسوع پر اُترتے اور ٹھہرتے دیکھا تھا۔ اِس لئے یوحنا بپتسمہ دینے والے کے ذہن میں خداوند یسوع کے خدا کے بیٹا ہونے کے تعلق سے کوئی شک وشبہ نہیں تھا۔ یوحنا نے اپنے پاس آنے والے لوگوں کو پانی سے بپتسمہ دیا اور اُن کی راہنمائی اُس کی طرف کی جس نے اُنہیں روح القدس سے بپتسمہ دینا تھا۔ اُس کا بپتسمہ تو آنے والے بپتسمہ کا عکس تھا۔ اُس نے مسیح کے عہدِ حکومت کی اُمید میں لوگوں کو بپتسمہ دیا۔ وہ شخص جو یوحنا سے پانی کا بپتسمہ لیتا تھا وہ گناہ کی زندگی سے منہ موڑ کر مسیح کی بادشاہی کے تابع ہو جاتا تھا۔

آپ کس کے تابع ہیں؟ کیا آپ نے خود کو مسیح کی بادشاہی کے تابع کر دیا ہے؟ کیا آپ نے اُسے بطور خداوند اور منجی پہچان لیا ہے؟ کیا آپ نے اُس کے قدموں میں گر کر اپنے آپ کو اُس کی خداوندیت کے تابع کر دیا ہے؟ کیا آپ اُسے ابدی زندگی کی آخری اُمید سمجھتے ہوئے اُس کے پاس آ چکے ہیں؟ کیا آپ کی زندگی پورے طور پر خداوند کے لئے وقف ہو چکی ہے؟

چند غور طلب باتیں

☆۔ یہاں پر یوحنا بپتسمہ دینے والے کی یہی خواہش تھی کہ سارا جلال خداوند یسوع کو ملے۔ کیا آپ کے دل کی بھی یہی خواہش ہے؟

☆۔ اِس باب کے شروع میں دیئے گئے حوالہ کی روشنی میں یوحنا بپتسمہ دینے والا ہمیں کیا تعلیم دیتا ہے؟

☆۔ یوحنا بپتسمہ دینے والے کو خدا کا خادم ہونے کے لئے پورے طور پر اپنی بلاہٹ کا علم تھا، آپ کی زندگی میں خدا کی کیسی بلاہٹ ہے؟

☆۔ یوحنا کا خداوند یسوع مسیح کے ساتھ رشتہ اور گہرا تعلق بڑی اہمیت کا حامل ہے، اس تعلق سے آپ کے نزدیک کونسی چیز قابل قدر اور قابل تعریف ہے؟

چند اہم دُعائیہ نکات

☆۔ خداوند سے کہیں کہ وہ آپ کو خداوند یسوع مسیح کی خدمت اور اُس کی شخصیت کا گہرا فہم عطا کرے۔

☆۔ جو خدمت آپ کو خدا کی طرف سے ملی ہے، اُس کی گہری سمجھ بوجھ کے لئے خداوند سے دُعا کریں۔ خداوند سے التماس کریں کہ وہ اُس خدمت کے تعلق سے آپ کو وفادار رہنے کا فضل دے۔

☆۔ خداوند سے یوحنا جیسا دل مانگیں جو اُس کی محبت اور عقیدت سے معمور اور بھرپور ہو۔

باب3

خداوند یسوع مسیح کے ابتدائی شاگرد

یوحنا1:35-51

پچھلے باب میں ہم نے دیکھا کہ یوحنا بپتسمہ دینے والا نور کی گواہی دینے کے لئے آیا تا کہ سب اُس پر ایمان لائیں۔ وہ خداوند یسوع مسیح کے تعلق سے خوشخبری کے پھیلاؤ کے لئے خدا کے ہاتھ میں ایک وسیلہ تھا۔ خدا نے اُس کے وسیلہ سے عورتوں اور مردوں کو اپنی طرف مائل کیا۔ اِس باب میں ہم دیکھیں گے کہ صرف یوحنا ہی ایسی خدمت کے لئے بلایا گیا تھا۔

ایک موقع پر جب یوحنا اپنے شاگردوں سے بات چیت کر رہا تھا، اُس نے خداوند یسوع مسیح کو اپنے پاس سے گزرتے دیکھا، اُس نے کہا، ''دیکھو، خدا کا برّہ۔'' (35 آیت) جب یوحنا کے شاگردوں نے اُسے یہ کہتے ہوئے سنا، وہ اُسے چھوڑ کر یسوع کے پیچھے ہو لئے۔ کیا آپ کی کلیسیا میں کبھی ایسا ہوا کہ لوگ آپ کو چھوڑ کر کسی اور کے پیچھے چلے گئے؟ آپ کا ردِعمل کیسا تھا؟

اکثر اوقات جب ایسا ہوتا ہے، تو پھر حسد اور کڑواہٹ کی روح کام کرنے لگتی ہے۔ جب یوحنا کے شاگرد اُسے چھوڑ کر خداوند یسوع کے پیچھے ہو لئے ہوں گے تو اُس نے کیسا محسوس کیا ہوگا؟ بعد ازاں یوحنا بپتسمہ دینے والے کے شاگردوں نے دیکھا کہ بعض لوگ اُن کی جماعت کو چھوڑ کر خداوند کے پیچھے جا رہے ہیں۔ اُنہوں نے یوحنا کی توجہ اِس بات کی طرف مبذول کرائی۔

لیکن یوحنا کا ردِعمل کیسا تھا۔ ''ضرور ہے کہ وہ بڑھے اور میں گھٹوں۔'' (3:30)

یوحنا کو اِس بات کی قطعاً کوئی پریشانی اور فکر نہیں تھی کہ اُس کے شاگرد اُسے چھوڑ کر خداوند کے پیچھے جا رہے ہیں۔ پہلے باب میں یوحنا نے اپنے شاگردوں کی توجہ خداوند کی طرف مبذول کرائی اور پھر اُنہیں اُس کے پیچھے جاتے ہوئے دیکھا۔ یوحنا یہ دیکھ کر خوش ہوا کہ اُس کے شاگرد خداوند کے پیچھے

جا رہے ہیں۔ یوحنا خداوند یسوع کے ساتھ مقابلہ بازی میں دلچسپی نہیں رکھتا تھا۔ یوحنا بپتسمہ دینے والے کی یہی دلچسپی اور خواہش تھی کہ خداوند یسوع ہی سب کی توجہ کا مرکز و محور بنے۔

جب یوحنا کے دو شاگرد خداوند سے ملے تو اُنھوں نے اُس سے پوچھا کہ وہ کہاں رہتا ہے، ہوسکتا ہے کہ وہ اُس کے ساتھ رفاقت رکھنے اور اُس کی تعلیم سننے کے خواہش مند ہوں۔ بے شک اُن کے ذہنوں میں کئی ایک سوال ہوں گے جن کے جوابات یوحنا بھی نہ دے سکا ہو۔ اُن کے سابقہ اُستاد، یوحنا نے اُنہیں بتایا تھا کہ یہ شخص، یسوع ہی مسیح ہے۔ لیکن وہ اپنے طور پر دریافت کرنا چاہتے تھے۔ وہ بیٹھ کر یسوع کی باتیں سننا چاہتے تھے۔

خداوند نے اُنہیں اپنے ہاں ٹھہرنے کے لئے مدعو کیا۔ بائبل مقدس بیان کرتی ہے کہ انہوں نے اُس کے ساتھ دن گزارا۔ 39 ویں آیت سے ہم یہ سمجھتے ہیں کہ یہ دن کا 10 واں گھنٹہ تھا جب وہ خداوند کے ساتھ گئے۔ یعنی یہ سہ پہر 4 بجے کا وقت تھا۔ ہم صرف تصور ہی کر سکتے ہیں کہ اُنھوں نے خداوند سے کیسے سوالات پوچھیں ہوں گے۔

اگرچہ ہمیں اُن کی گفتگو کے موضوع کا علم نہیں ہے، تو بھی ہم اُس گفتگو کا نتیجہ ضرور جانتے ہیں۔ 40 ویں آیت ہمیں بتاتی ہے کہ اُن شاگردوں میں سے ایک آدمی کا نام اندریاس تھا۔ اندریاس نے پہلا کام یہ کیا کہ اپنے بھائی شمعون کو بتایا کہ اُنہیں مسیح مل گیا ہے۔ ظاہر ہے کہ اب اندریاس کی خداوند یسوع مسیح کے تعلق سے رائے یوحنا کی فراہم کردہ معلومات پر مبنی نہیں تھی۔ اب خداوند یسوع مسیح کے تعلق سے اندریاس کی اپنی رائے تھی۔

آپ اِس آیت میں ایک جوش و خروش محسوس کر سکتے ہیں۔ ''ہم کو خرستس یعنی مسیح مل گیا ہے۔'' اُس نے یہ نہیں کہا کہ میرا خیال ہے کہ ہمیں مسیح مل گیا ہے۔ یا پھر یہ نہیں کہا کہ شمعون بھائی، آؤ اُس آدمی سے ملو، میرا خیال ہے کہ یہی مسیح ہے۔ اندریاس خداوند یسوع کے تعلق سے ایک مضبوط اور ٹھوس رائے رکھتا تھا۔ خداوند یسوع مسیح کی شخصیت کے تعلق سے کوئی شک و شبہ اور سوال اُس کے ذہن میں موجود نہیں تھا۔

یوحنا بپتسمہ دینے والے نے اندریاس کو خداوند یسوع مسیح کے بارے میں بتایا اور پھر اندریاس نے شمعون کی راہنمائی خداوند کی طرف کی۔ مجھے اِس بات کا یقین ہے کہ جب شمعون خداوند کو ملنے آیا ہوگا تو پھر اُس کے ذہن میں بھی کئی طرح کے سوالات ہوں گے۔ بعض اوقات ہم یہ خیال کرتے ہیں کہ لوگوں کو مسیح کی طرح متوجہ کرنے کے لئے ہمیں اُن کے ذہنوں میں موجود ہر طرح کے اعتراضات کے جوابات دینے لازمی ہوتے ہیں۔

جب اندریاس پہلی دفعہ خداوند کے پاس آیا تھا تو اُسے سبھی جوابات نہیں مل گئے تھے۔ مجھے یقین ہے کہ اِسی طرح شمعون کو بھی اُس کے سارے سوالات کے جوابات نہیں ملے ہوں گے۔ جب اُن کی ملاقات شخصی طور پر خداوند سے ہوئی تب ہی اُنہیں اُن کے سارے سوالات کے جوابات ملے۔ وہ اپنے تمام سوالات، شک وشبہات کے ساتھ خداوند کے پاس آئے اور خدوند یسوع مسیح میں اُنہیں اُن کے تمام شک وشبہات اور سوالات کے جوابات مل گئے۔

جب خداوند کی ملاقات شمعون سے ہوئی، اُس نے اُس کا نام تبدیل کر دیا۔ خداوند نے اُسے بتایا کہ اب وہ ''شمعون'' کے نام سے جانا اور پہچانا نہیں جائے گا۔ وہ اب ''کیفا'' (ارامی زبان) کہلائے گا۔ یا ''پطرس'' (عبرانی زبان) دونوں ناموں کا معنی ہے ''چٹان''۔ بائبل کے دَور میں نام اُس شخص کے کردار کو ظاہر کرتا تھا۔ ہمیں یہ تو نہیں بتایا گیا کہ خداوند سے ملنے سے پہلے پطرس کیسا شخص تھا۔ تاہم خداوند سے ملاقات کے بعد وہ پطرس یعنی چٹان بن گیا۔

اِس نام کی اہمیت کیا تھی؟ کیا خداوند نے اِس لئے اُس کا نام ''چٹان'' رکھا تھا کیوں کہ اُس نے مسیح کی خاطر بہت دُکھ اُٹھانا تھا۔ پطرس رسول نے اپنے خطوط میں دُکھوں کے تعلق سے بہت زیادہ بات چیت کی ہے۔ عین ممکن ہے کہ خداوند نے شمعون کا نام مستقبل قریب میں اُس کی کلیسیائی خدمات کے پیشِ نظر تبدیل کیا ہو۔

پطرس رسول ابتدائی کلیسیا کے بانیوں میں سے تھے۔ خدا نے ایمانداروں کی روحانی مضبوطی کے لئے اُسے ایک مشنری Missionary کے طور پر استعمال کیا۔ عہدِ جدید کی کلیسیا میں اُسے ایک

نمایاں اور بااثر شخصیت کے طور پر جانا اور پہچانا گیا۔ خداوند یسوع کے تعلق سے اُس کی تعلیمات اور اُس کی خدمت ایک مضبوط بنیاد کی حیثیت رکھتی ہے جس پر ابتدائی کلیسیا تعمیر ہوئی۔ یہ بات بالکل واضح ہے کہ خداوند کو یہ علم تھا کہ پطرس اُس کام کا ایک اہم حصہ ہوگا جو وہ اُس زمین پر کرنے والا ہے۔

خداوند یسوع مسیح پطرس کے لئے ایک مقصد رکھتے تھے۔ یہ مقصد صرف پطرس کے خداوند کے پاس آنے کی صورت میں ہی پورا ہونا تھا۔ اندریاس نے خدا کے مقصد کی تکمیل میں ایک اہم کردار ادا کیا۔ اُس نے پطرس کو خداوند کا تعارف کرایا۔ آپ کو کبھی بھی علم نہیں ہوتا کہ آپ جن لوگوں کو خداوند سے متعارف کروا رہے ہیں وہ آگے چل کر خداوند کے لئے کیا بنیں گے یا اُس کے لئے کون سا کارہائے نمایاں سرانجام دیں گے۔ ہم میں سے ہر ایک خدا کی بادشاہی کی وسعت کے لئے ایک اہم کردار ادا کرتا ہے۔

اگلے روز خداوند گلیل کو روانہ ہوئے۔ وہاں اُنہیں فلپس نام کا ایک آدمی مل گیا۔ خداوند نے فلپس کو اپنے پیچھے آنے کی دعوت دی۔ ہمیں یہ تو نہیں بتایا گیا کہ فلپس نے کتنا عرصہ خداوند کی پیروی کی۔ فلپس نیس یوحنا اور اندریاس کی طرح جو کچھ خداوند میں دیکھا تھا اُسے اپنے تک محدود نہ رکھ سکا۔ اُس نے نتن ایل نامی ایک دوست سے مل کر کہا کہ جس کا موسیٰ نے ذکر کیا ہے ہمیں وہ یعنی یسوع ناصری مل گیا ہے۔ اُن لوگوں کے اندر ایک فطرتی دباؤ (خوشگوار دباؤ) تھا کہ وہ یسوع کے تعلق سے خوشخبری دوسروں تک پہنچائیں۔ یوحنا بپتسمہ دینے والے کی طرح وہ اِس بات کو سمجھتے تھے کہ خداوند کے ساتھ اُن کا تجربہ صرف اپنے تک ہی محدود نہیں رہنا چاہیے۔

اُنہیں محسوس ہو رہا تھا کہ وہ اُس تجربہ کو اپنے تک محدود نہیں رکھ سکتے۔ لازم ہے کہ وہ اُس تجربہ کو دوسروں کے سامنے بیان کریں۔ جب نتن ایل کو علم ہوا کہ یسوع کا تعلق ناصرت سے ہے۔ تو جو کچھ فلپس نے اُسے بتایا تھا اُس پر ایمان لانے سے نتن ایل نے انکار کر دیا۔ اُس کے دل میں اُس دیہات کے تعلق سے ایک تعصب پایا جاتا تھا۔

نتن ایل نے فلپس سے کہا'' کیا ناصرت سے بھی کوئی اچھی چیز نکل سکتی ہے۔؟''(46 آیت) کیا آپ کی ملاقات ایسے لوگوں سے ہوئی ہے؟ آپ لوگوں کے سامنے یسوع کی گواہی دینے کی کوشش کرتے ہیں۔

لیکن ان کے ذہن اور دل اپنی قیاس آرائیوں، تصورات اور خیالات سے بھرے ہوتے ہیں۔اور جو کچھ آپ بیان کرتے ہیں اُس پر وہ مطلق توجہ نہیں دیتے۔ ہوسکتا ہے کہ گزشتہ سالوں کے دوران اُن کی ملاقات ریاکار مسیحیوں سے ہوئی ہو یا پھر شاید اُن کی رائے کچھ اِس طرح کی ہو۔'' کہ یسوع صرف کمزور لوگوں کے لئے ایک مضبوط آسرا ہے۔'' ہوسکتا ہے کہ محبت سے خالی مسیحیوں نے اُنہیں رد کر دیا ہو۔یا پھر اُن کا ایسے مسیحیوں سے واسطہ پڑا ہو جو اپنی زندگی میں مسیحی روّیوں اور مسیحی چال چلن رکھنے کے بغیر ہی مسیح کی منادی کرتے ہوں اور اُنہوں نے اُن سے ٹھوکر کھائی ہو۔

نتن ایل کا روّیہ اور تعصب فلپس کی گواہی میں رکاوٹ نہ بنا۔اُس نے نتن ایل سے کہا۔'' چل کر دیکھ لے۔ نتن ایل نے فلپس کو اپنے ساتھ لیا اور یسوع سے ملنے چلا گیا۔بعض اوقات صرف اتنے سادہ سے اقدام کی ضرورت ہوتی ہے۔آپ نے صرف لوگوں کی توجہ خداوند یسوع مسیح کی طرف مبذول کرنا ہوتی ہے۔باقی کام خداوند خود ہی کر لیتا ہے۔

جو کچھ خداوند نے نتن ایل سے کہا، اِس سے اُس کا تعصب پاش پاش ہوگیا۔خداوند یسوع مسیح نے نتن ایل سے کہا۔'' دیکھو! یہ فی الحقیقت اسرائیلی ہے۔اِس میں مکر نہیں۔'' (47 آیت)اصل میں خداوند کچھ اِس طرح سے کہہ رہے تھے۔'' نتن ایل تجھ میں کوئی ریاکاری نہیں ہے۔'' جو کچھ تو سوچتا ہے وہی کچھ کہہ دیتا ہے۔تو مجھ پر ایمان نہیں رکھتا، تو مجھ سے ملنے آ رہا ہے اور تیرے اندر بہت سے سوالات، شک وشبہات اور تعصّبات ہیں۔میں وہ سب کچھ جانتا ہوں۔'' نتن ایل نے خداوند سے کہا'' تو مجھے کہاں سے جانتا ہے؟''

نتن ایل خداوند یسوع مسیح کے اِس طرح اچانک ملنے پر بہت حیران ہوا۔خداوند نے اُسے جواب دیا۔'' اِس سے پہلے کہ فلپس نے تجھے بلایا جب تو انجیر کے درخت کے نیچے تھا میں نے تجھے دیکھا۔''

نتن ایل کوایک دھچکا سالگا۔ ہمیں یہ تو معلوم نہیں کہ وہ انجیر کے درخت کے نیچے کیا کر رہا تھا۔ کیا وہ دُعا کر رہا تھا؟ کیا وہ کوئی غلط کام کر رہا تھا؟ ہمیں اِس تعلق سے کلام مقدس میں کچھ نہیں بتایا گیا۔ یہ تو خداوند اور نتن ایل کے درمیان ایک شخصی معاملہ تھا۔ اہم بات یہ ہے کہ خداوند نتن ایل کے تعلق سے سب کچھ جانتے تھے۔ خداوند اُس کی سوچ وخیالات سے بخوبی واقف تھے۔ نتن ایل کا تعصب پاش پاش ہو گیا۔ یہ آدمی لازمی طور پر مسیح ہے۔ نتن ایل پکار اٹھا۔ ''اَے ربی! تو خدا کا بیٹا ہے۔ تو اسرائیل کا بادشاہ ہے۔'' خداوند یسوع مسیح نے نتن ایل سے کہا، ''تو اِن سے بھی بڑے بڑے ماجرے دیکھے گا۔''

نتن ایل نے خداوند کو شخصی طور پر دیکھا، خداوند یسوع مسیح نتن ایل کی خاص ضرورت کے وقت اُس سے ملے۔ نتن ایل پورے طور پر قائل ہو چکا تھا کہ وہی مسیح ہے۔

51 آیت میں خداوند یسوع مسیح نے نتن ایل کو بتایا کہ وہ آسمان کو کھلا اور خدا کے فرشتوں کو اُوپر جاتے اور ابن آدم پر اُترتے دیکھے گا۔ مفسرین اِس آیت کے معانی اور مطلب پر بحث کرتے ہیں۔ ہم لفظی طور پر اِس آیت کی تفسیر کر سکتے ہیں۔ ہوسکتا ہے کہ نتن ایل نے اپنی زندگی میں واقعی خداوند کے فرشتوں کو خداوند کی خدمت کرتے دیکھا ہو جس کا بائبل مقدس میں اندراج نہیں ہے۔ اِس آیت کو مجازی (سے مراد) طور پر بھی سمجھا جا سکتا ہے۔ آسمان کا کھلنا اور خدا کے پیامبر فرشتوں کے آنے اور جانے کا معنی یہ بھی ہے کہ خداوند اُس پر اور باتیں بھی روشن کرے گا۔ یعنی مسیح اِس طور سے اُس کے ذہن کو کھولے گا اور اُس کے فہم میں اضافہ کرے گا کہ وہ روحانی اور آسمانی باتوں کو اِس طور سے سمجھنے لگے گا جس طور سے وہ پہلے کبھی نہیں سمجھتا تھا۔

اِس حوالہ سے یہ بات سمجھ میں آتی ہے کہ خداوند نے نتن ایل سے کہا کہ اُس نے مزید اُس پر بہت کچھ واضح کرنا ہے۔ بات یہیں پر ختم نہ ہوئی ہے۔ نتن کے ذہن اور دل میں کئی ایک سوالات تھے جن کے جوابات کی وہ توقع کر رہا تھا۔ جو کچھ خداوند اُس کی زندگی میں کرنا چاہتے تھے۔ انتن ایل کی نجات اِن سب باتوں کا آغاز تھا۔

آج اِس حوالہ کے وسیلہ سے خدا ہم سے کیا کہنا چاہتا ہے؟ یہ حوالہ دوسروں کے سامنے انجیل کی منادی کی ذمہ داری ہمیں یاد دلاتا ہے۔ اُن لوگوں نے مسیح کی پیروی کا دعوت نامہ موصول کیا۔ نتن ایل بہت سے شک وشبہات کے ساتھ یسوع کے پاس آیا۔ شمعون اور اندریاس بھی بہت سے سوالات کے جوابات کی توقع کے ساتھ خداوند کے پاس آئے۔ خداوند کے تعلق سے لوگوں کے ذہنوں میں جو شک وشبہات پائے جاتے ہیں، ہوسکتا ہے کہ ہمارے پاس اُن کا کوئی جواب نہ ہو۔ لیکن یہ اِس بات کے لئے کوئی عذر اور بہانہ اور رکاوٹ نہ بن جائے کہ ہم لوگوں کی راہنمائی خداوند یسوع مسیح کی طرف کرنے سے گریز کریں۔ کیوں کہ صرف یسوع ہی ان کے سوالات اور شک وشبہات کے جوابات دے سکتا ہے۔

ہوسکتا ہے کہ اپنے ذہن میں موجود ایسے سوالات کی بنا پر جن کے آپ کو جوابات نہیں ملے آپ خداوند کے پاس آنے سے رُکے ہوئے ہیں۔ لیکن حقیقت تو یہ ہے کہ آپ اُس کے پاس ہی نہیں آرہے جو آپ کے سارے سوالات کے جوابات دینے کی قدرت اور صلاحیت رکھتا ہے۔ اور آپ جب تک اُس کے پاس نہیں آئیں گے آپ کبھی بھی اپنے سوالات کے جوابات نہیں پائیں گے۔ آپ کے سارے سوالوں کے جواب خداوند کے پاس ہیں۔ اپنے شک وشبہات اور سوالات کے ساتھ خداوند کے پاس آئیں اور اُسے موقع دیں کہ آپ کے سارے سوالات کے جوابات آپ کو دے۔

"تیرے میرے سب مسئلوں کا حل یسوع ہے۔"

چند غور طلب باتیں

☆۔ کسی شخص کی خداوند کی طرف راہنمائی کرنے سے قبل، کیا ہمارے پاس تمام سوالات کے جوابات موجود ہونے چاہئیں؟ یہ حوالہ ہمیں کیا تعلیم دیتا ہے؟

☆۔ کیا آپ اپنے اِردگرد کے لوگوں کے سامنے مسیح کی گواہی دینے کی ضرورت کو محسوس کرتے ہیں؟ اگر ایسا نہیں تو خداوند سے پوچھیں کہ کون سی چیز آپ کی راہ میں رکاوٹ بنی ہوئی ہے کہ آپ اپنے دوست اور عزیز و اقارب کے سامنے مسیح کی گواہی دینے سے رُکے ہوئے ہیں۔

چند اہم دُعائیہ نکات

☆۔ خداوند سے دُعا کریں کہ وہ آپ کا ذہن کھولے کہ آپ اُس رکاوٹ کو جان سکیں جو آپ کو مسیح کی منادی دوسروں کے سامنے کرنے سے روکے ہوئے ہے۔

☆۔ چند لمحات کے لئے کسی ایسے دوست یا عزیز رشتہ دار کے لئے دُعا کریں جسے خداوند کو جاننے کی ضرورت ہے۔ خداوند سے دُعا کریں کہ وہ اُن پر اپنے آپ کو ظاہر کرے۔

☆۔ خداوند سے درخواست کریں کہ وہ آپ کے لئے مواقع مہیا کرے کہ آپ مسیح میں اپنی زندہ اُمید کے تعلق سے لوگوں کو بتا سکیں۔

باب 4

قانائ گلیل میں شادی

یوحنا 2:1-11

نتن ایل سے ملاقات کے تین روز بعد خداوند قانائ گلیل میں شادی کی ایک تقریب میں موجود تھے۔ خداوند یسوع، اُس کے شاگردوں اور اُس کی والدہ محترمہ مقدسہ مریم کو اِس شادی کی ضیافت میں مدعو کیا گیا تھا۔ یہی وہ مقام ہے جہاں پر خداوند نے عوام کے سامنے پہلا معجزہ دکھایا تھا۔

شادی کی اِس تقریب میں ایک مسئلہ کھڑا ہوگیا۔ میزبان کے ہاں مے ختم ہوگئی۔ کیا کبھی ایسا ہوا کہ آپ نے کبھی کسی کو اپنے گھر کھانے پر مدعو کیا اور کھانا ختم ہوگیا؟ آپ اِس صورتحال کی تکلیف اور پریشانی سے واقف ہیں۔ مہمانوں کو مدعو کر لینا اور پھر اُن کی خاطر مدارت نہ کرنا بہت بڑی بے عزتی کا مقام ہوتا ہے۔ اُس خاندان کی عزت خطرے میں تھی۔ اِس واقعہ کو با آسانی فراموش نہیں کیا جا سکتا تھا۔ وہ خاندان بہت پریشانی اور گھبراہٹ میں تھا۔ مقدسہ مریم، خداوند کی والدہ محترمہ یہ مسئلہ خداوند کے پاس لائی۔

مقدسہ مریم کیوں خداوند کے پاس آئی؟ میرا ایمان ہے کہ وہ اِس لئے خداوند کے پاس آئی کیوں کہ وہ جانتی اور مانتی تھی کہ وہ اِس پریشان کن صورتحال میں کچھ کر سکتا ہے۔ ہوسکتا ہے کہ ایسی صورتحال غیر منظم منصوبہ بندی کے سبب سے پیش آئی تھی۔ ہوسکتا ہے کہ کسی نے درکار مے کا درست تخمینہ ہی نہ لگایا ہو۔ ہوسکتا ہے کہ لوگوں کے بہت زیادہ پینے کے سبب سے مے ختم ہوگئی ہو۔ کیا آپ نے کبھی غلط فیصلہ کی وجہ سے ایسی صورتحال کا سامنا کیا ہے؟ آپ بے ہنگم اور بے ترتیب چیزوں کے سبب سے خداوند کے حضور جانے سے ہچکچاہٹ محسوس کرنے لگے۔ مقدسہ مریم اِس وجہ سے بھی خداوند کے پاس آئی کیوں کہ اُسے یہ اعتماد تھا کہ وہ یہ مسئلہ اُس کے حضور پیش کر سکتی ہے۔

مقدسہ مریم ہمیں یہاں پر بہت کچھ سکھاتی ہیں۔کیا آپ کے پاس مقدسہ مریم جیسی دلیری ہے؟ کیا آپ بڑی عاجزی کے ساتھ خداوند کے پاس اپنے مسئلے اور مشکلات لے کر آئیں گے اور اُس سے درخواست کریں گے کہ وہ آپ کو اور اُن لوگوں کو شفا دے جنہیں آپ نے دُکھ دیا ہے؟ مقدسہ مریم کے پاس خداوند کے حضور آنے کی دلیری تھی۔

مقدسہ مریم کو خداوند کا ابتدائی جواب کچھ اُلجھن میں ڈالنے والا ہے۔کنگ جیمز ورژن ہمیں بتاتا ہے کہ خداوند نے یہ کہتے ہوئے جواب دیا۔''اَے عورت مجھے تجھ سے کیا کام ہے؟ابھی میرا وقت نہیں آیا۔''(4:2)خداوند یسوع کے اپنی ماں کو اِس قدر سخت اور ترش جواب کو ہم کس طرح لیں؟ ہمیں یہاں پر اِس بات کو سمجھنے کے ضرورت ہے کہ یہاں پر''اَے عورت'' محبت کی اصطلاح ہے۔نیو انٹرنیشنل ورژن اِس کا ترجمہ''اَے پیاری عورت'' کرتا ہے۔خداوند یسوع مسیح دراصل یہاں پر یہ کہہ رہے ہیں کہ''اَے پیاری عورت تو مجھے اِس بارے میں کیوں کہہ رہی ہے؟ابھی میرا وقت نہیں آیا کہ میں اپنی قدرت کو اِس دُنیا پر ظاہر کروں؟''

کیا آپ نے کبھی خداوند سے دُعا کی اور آپ کو خداوند کی طرف سے دُعا کا جواب ملا ہو؟

''ابھی مناسب وقت نہیں ہے۔'' جب آپ کو اِس قسم کا جواب ملے تو آپ کا رِدِّعمل کیسا ہوگا؟ مقدسہ مریم نے خادموں کی طرف متوجہ ہو کر کہا کہ جو یہ تم سے کہے وہ کرو۔مقدسہ مریم کے الفاظ میں اُمید کی ایک کرن دکھائی دیتی ہے۔اگرچہ خداوند نے ابھی تک اُس کی درخواست کا جواب نہیں دیا۔تو بھی وہ بے دل نہ ہوئی۔بس اُسے تو یہ معلوم تھا کہ اُس نے درخواست سن لی ہے۔اُس کا ایمان کمزور نہیں ہوا۔اُس نے اپنی درخواست اِس توقع اور اُمید کے ساتھ خداوند کو دے دی کہ وہ اپنے ٹھہرائے ہوئے وقت پر جواب دے گا۔

کیا یہ مقدسہ مریم کے ایمان کے سبب سے تھا کہ خداوند نے اُس کی درخواست کا جواب دیا؟ ہمیں یہ تو علم نہیں ہے تاہم جب مقدسہ مریم درخواست کرنے کے بعد چلی گئی تو خداوند یسوع نے خادموں سے کہا کہ وہ پتھر کے چھ مٹکوں کو پانی سے بھر دیں۔خداوند نے اِس بات کی وضاحت بالکل نہیں کی

کہ وہ کیوں اُن مٹکوں کو پانی سے بھر دیں۔ اُن میں سے ہر مٹکے میں بیس سے تیس گیلن پانی کی گنجائش موجود تھی۔(75 تا115 لیٹر پانی) اُن چھ مٹکوں کو پانی سے بھرنے میں وقت لگا ہوگا۔

جب وہ مٹکے پانی سے بھر دیئے گئے، تو خداوند یسوع مسیح نے خادموں سے کہا کہ مٹکوں سے پانی نکال کر میر مجلس کو پیش کریں۔ کیا آپ نے کبھی یہ سوچا ہے کہ جب وہ خادمین مٹکوں میں سے پانی نکال کر میر مجلس کے پاس لے کر جاتے ہوں گے تو اُن کے ذہنوں میں کیسی کشمکش اور سوچ وفکر گردش کر رہی ہوگی؟ اُنہوں نے تو صرف مٹکوں میں پانی بھرا تھا اور اب خداوند یسوع کہہ رہے تھے کہ وہ پانی نکال کر میر مجلس کے پاس لے جائیں۔

کیا میر مجلس نے خادموں کی تعریف کی ہوگی کہ وہ مسئلے کے حل کے لئے اُس کے پاس پانی لے کر آ گئے ہیں؟

اِتنے بڑا انداق پر میر مجلس کا ردِعمل کیسا ہوگا؟

مقدسہ مریم نے خادموں سے کہہ دیا تھا کہ جو کچھ وہ ﴿خداوند﴾ تم سے کہے وہ کرو، پس اُنہوں نے اُس کی تابعداری کی۔ وہ پانی میر مجلس کے پاس لے گئے۔ یہ پانی مے بن چکا تھا۔ جب میر مجلس نے چکھا تو اُسے معلوم ہوا کہ یہ مے تو اُس مے سے کہیں بہتر ہے جو مہمانوں نے پہلے پی ہے۔ جب خداوند نے یہ کہا تھا کہ ابھی اُس کا وقت نہیں آیا تو مقدسہ مریم اِس جواب سے بے دل نہ ہوئی۔ وہ اُس کا انتظار کرتی رہی۔ اُس کا انتظار کرنا کارگر ثابت ہوا۔ اگر خداوند کی طرف سے جلد جواب نہ ملے تو کبھی بھی بے دل اور مایوس نہ ہوں۔ اُس پر اعتماد رکھیں اور انتظار کریں۔ اپنے ٹھہرائے ہوئے وقت پر خداوند جواب دے گا۔

بائبل مقدس بیان کرتی ہے کہ میر مجلس کو علم نہیں تھا کہ وہ مے کہاں سے آئی ہے۔ اُس کو گمان تھا کہ دُلہے میاں نے یہ اعلیٰ قسم کی مے کہیں چھپا رکھی تھی۔ اُس نے دلہے میاں سے کہا "مگر تو نے اچھی مے اب تک رکھ چھوڑی ہے۔" (10 آیت) یوں لگتا ہے کہ صرف مقدسہ مریم، خادمین اور شاگردوں کو ہی علم تھا کہ اُس دن کیا ہوا ہے۔

نہ صرف خداوند نے مقدسہ مریم کی درخواست کا جواب دیا بلکہ اُس کی توقع سے بڑھ کر کچھ کر دکھایا۔اب اُن کے پاس اُن کی ضرورت کے مطابق مے موجود تھی۔

یہ مے پہلے والی مے سے زیادہ معیاری اور اعلیٰ تھی۔ہم کس قدر عظیم خدا کی خدمت کرتے ہیں۔اگرچہ آدمی ناکام ہوچکے تھے تو بھی خداوند نے ایک ناکام صورتحال میں ایک عجیب اور بھلا کام کردکھایا۔نہ صرف اُس نے بھلائی کا کام کیا بلکہ اُس کام کے نتائج اُن کے وہم وگمان سے کہیں زیادہ تھے۔یہ کہانی ہمیں خداوند یسوع مسیح کے ترس اور فضل کی عظمت کے بارے میں سکھاتی ہے۔وہ آپ کی دُعاؤں اور سوچ وفکر سے کہیں زیادہ کرنا چاہتا ہے۔یہاں پر یہ بات عیاں ہوجاتی ہے کہ وہ بکھرے ہوئے ٹکڑوں کو اُٹھا کر انہیں ترتیب دینا چاہتا ہے۔

11ویں آیت ہمیں بتاتی ہے کہ شاگرد اُس دن اُس پر اُس معجزہ کے سبب ایمان لے آئے۔اگرچہ شاگرد پہلے بھی اُس پر ایمان رکھتے تھے تو بھی اِس معجزے کی وجہ سے اُن کا ایمان اور زیادہ مضبوط ہو گیا کہ وہی خدا کا بیٹا ہے۔اِس معجزے میں جو کچھ اُنہوں نے دیکھا تھا اِس سے اُن کے ایمان کو اور زیادہ تقویت ملی۔نہ صرف موجودہ صورتحال میں بہتری آئی بلکہ خداوند یسوع کے نام کو جلال ملا۔

کیا آپ بھی اپنی زندگی میں ناکام ہوئے ہیں؟ کیا وہ ناکامی آپ کے لئے پریشانی اور دردسر بن گئی؟اِس کہانی سے ملنے والے سبق کو یاد رکھیں کہ جب بھی کسی ناکامی اور پریشانی کا سامنا ہوتو خداوند سے رجوع کریں۔آج ہی اُس کے پاس آئیں، اپنی ناکامیوں کے بارے میں اُسے بتائیں۔حالات اور صورتحال کو دُرست کرنا ہی اُس کی خوشنودی ہے۔وہ آپ کے تصورات سے بھی کہیں زیادہ کام کرنے کی قدرت رکھتا ہے۔

چند غور طلب باتیں

☆۔ کیا آپ خداوند کے ساتھ چلنے میں ناکام ہو گئے ہیں؟ کیا آپ ایسی صورتحال کی بحالی اور شفا کے لئے خداوند کے پاس گئے ہیں؟

☆۔ یہ حوالہ خداوند یسوع کے رحم وترس کے بارے میں ہمیں کیا سکھاتا ہے؟

☆۔ آپ مقدسہ مریم کی درخواست کے وسیلہ سے دُعا کے تعلق سے کیا سیکھتے ہیں؟

☆۔ کیا خداوند ہماری سوچوں اور خیالات کے مطابق جواب دیتا ہے؟ وضاحت کریں۔

چند اہم دُعائیہ نکات

☆۔ اپنی زندگی میں ناکامیوں پر خداوند سے معافی مانگیں۔ خداوند سے کہیں کہ وہ آپ کو ایسی صورتحال سے مخلصی اور کامل شفا بخشے، اُس کے ساتھ ہی آپ کو اور اُس شخص کو اُس دُکھ درد سے شفا بخشے جو اُسے اِس صورتحال سے پہنچا ہے۔

☆۔ اِس بات کے لئے خداوند کا شکریہ ادا کریں کہ وہ خدائے عظیم اور ترس اور فضل سے بھرا ہوا خدا ہے۔

☆۔ خداوند سے بڑے ایمان اور اُس پر توکل کی توفیق مانگیں۔ اِس بات کے لئے بھی اُس کے شکر گزار ہوں کہ وہ اپنے ٹھہرائے ہوئے وقت پر اپنے طریقہ سے ہماری دُعاؤں کا جواب دیتا ہے۔

باب 5

ہیکل کی صفائی

یوحنا 2:12-25

قانای گلیل سے خداوند یسوع مسیح کفرنحوم اور پھر عیدِ فسح منانے کے لئے یروشلیم چلے گئے۔ عیدِ فسح مصر کی غلامی کے جوئے سے رہائی کی یاد میں یہودی ہر سال مناتے تھے۔ یروشلیم کے گردو نواح سے یہودی لوگ یروشلیم میں فراہم ہوتے تھے۔ وہ خدا کے حضور شکر گزاری کی قربانیاں گزارننے کے لئے خداوند کے حضور آتے تھے کیوں کہ کہ اُس نے اُنہیں مصر کی غلامی سے رہائی دی۔

دُور کی مسافت کی وجہ سے بعض لوگ تو یروشلیم سے ہی جانور خریدنے کو ترجیح دیتے تھے بجائے اِس کے کہ وہ دُور سے جانور کو اپنے ساتھ کھینچتے چلے آئیں۔ جانوروں کی خریداری کے لئے لوگوں کو اپنی کرنسی مقامی کرنسی میں تبدیل کرنا پڑتی تھی۔ یہی وجہ ہے کہ ہیکل صرافوں (کرنسی تبدیل کرنے والوں) اور مختلف اقسام کے مویشیوں سے بھری ہوئی تھی۔ یہ تاجر پیشہ لوگ عیدِ فسح کی تقریب کا اہم حصہ تھے۔

جب خداوند یسوع مسیح ہیکل میں پہنچے تو آپ تصور کی آنکھ سے سارے منظر کو دیکھ سکتے ہیں۔ خداوند نے ہیکل میں داخل ہوتے ہی صحن کو مویشیوں، بھیڑوں اور قمریوں سے بھرا ہوا دیکھا۔ ہوسکتا ہے کہ اُس نے تاجر پیشہ لوگوں کو بڑے زور و شور سے راہ گیروں کو اپنی طرف متوجہ کرنے کے لئے کاروباری آوازیں لگاتے ہوئے دیکھا ہو گویا کہ وہ اپنے کاروبار کو خوب چمکانے کی کوشش کر رہے تھے۔

کرنسی تبدیل کرنے والوں نے بھی میز سجا رکھے تھے اور وہ بھی اپنے کاروبار میں مصروف تھے۔ جو کچھ خداوند نے دیکھا اُسے بالکل اچھا نہ لگا۔ بائبل مقدس بتاتی ہے کہ وہ رسیوں کا ایک کوڑا بنا کر مویشیوں، بھیڑوں اور قمریوں کو صحن سے نکالنے لگا۔ اُس نے کرنسی تبدیل کرنے والوں کے میز الٹ

دیئے۔اُن کی کرنسی فرش پر بکھر گئی، ہر طرف افراتفری پھیل گئی، بھیڑ بکریاں اور دیگر مویشی اِدھر اُدھر بچ نکلنے کے لئے راستہ ڈھونڈ رہے تھے۔ہوسکتا ہے کہ تاجر پیشہ لوگ اپنے اپنے جانوروں کے پیچھے بھاگ رہے ہوں گے۔اِسی طرح صراف (کرنسی تبدیلی کرنے والے) اپنی اپنی کرنسی اکٹھی کرنے کی جدوجہد کر رہے ہوں گے۔کرنسی اکٹھی کرنے کے بعد ہوسکتا ہے کہ وہ اُن جانوروں سے بچنے کی کوشش کر رہے ہوں جو اِدھر اُدھر بھاگ رہے تھے۔یہ صورتحال اور بھی خراب ہوگئی جب، خداوند بڑے غصے سے تاجر پیشہ لوگوں پر برس پڑے۔اور کہنے لگے۔''اُن کو یہاں سے لے جاؤ اور میرے باپ کے گھر کو تجارت کا گھر نہ بناؤ۔''(16 آیت)

اِس حوالہ میں ہم خداوند کے روّیے کو کس طرح لیتے ہیں؟ یوحنا 13:21 سے ہمیں اِس بات کو سمجھنے میں مدد ملتی ہے کہ خداوند یسوع اُس روز اِس قدر غصے میں کیوں تھے۔''اور اُن سے کہا، لکھا ہے کہ میرا گھر دُعا کا گھر کہلائے گا مگر تم اُسے ڈاکوؤں کی کھوہ بناتے ہو۔''

اُس روز خداوند نے ہیکل میں پہنچ کر کیا دیکھا؟ اُس نے وہاں پر مذہبی چھٹی پر کاروبار ہوتے دیکھا۔تاجر پیشہ لوگ وہاں پر عیدِ فسح کی تقریب کے دوران روپیہ پیسہ کمانے کے لئے آئے ہوئے تھے۔عیدِ فسح اپنا معنی اور مفہوم کھو چکی تھی۔اب مصر کی غلامی سے رہائی کی یادگاری عید نہیں بلکہ محض ایک کاروبار دکھائی دے رہا تھا۔وہ لوگ اپنی بہنوں اور بھائیوں سے روپیہ پیسہ کمارہے تھے۔یہ حقیقت کہ خداوند نے متی 13:21 میں اُن پر چور اور ڈاکو ہونے کا الزام لگایا، یوں لگتا ہے کہ وہ اپنی یہودی قوم سے ناجائز منافع حاصل کر رہے تھے۔

ہیکل میں اِن تاجر پیشہ لوگوں کو الزام تراشی کی نظر سے دیکھنا کس قدر آسان ہے۔لیکن حقیقت تو یہ ہے کہ ہم ایماندار ہوتے ہوئے بھی ایسے ہی گناہ کے مرتکب ہوسکتے ہیں۔

یہاں پر خداوند یسوع صرف پیسے کی بات نہیں کرتے۔جب خداوند نے وہاں پر جمع ہونے والی بھیڑ کو دیکھا تو خداوند کو معلوم ہوا کہ وہ مختلف محرکات اور مقاصد کے تحت وہاں پر فراہم ہوئے تھے۔

اُن کی توجہ اور دھیان خدا کی طرف نہیں تھا۔

وہ اپنے اپنے ذاتی مفادات کے حصول کے پیشِ نظر وہاں پر جمع ہوئے تھے۔

بعض اوقات ہم بھی تو محض رسمی طور پر چرچ جاتے ہیں۔ بعض اوقات دوست احباب اور عزیز و اقارب سے ملنے اور کبھی کبھار محض اپنے اندر سبت کو پاک نہ ماننے کے احساسِ جرم سے رہائی کے لئے چرچ کا رُخ کر لیتے ہیں۔ خداوند کو یہ دیکھ کر گہرا دُکھ ہوا کہ اُن کے دل خداوند کی شکرگزاری سے معمور نہیں تھے اور وہ دل سے شکرگزار ہو کر خداوند کے حضور اپنی نذریں نہیں لائے تھے۔ خداوند کی بے شمار اور گوناگوں رحمتوں اور برکتوں کے باوجود اُن کے دل خدا کی پرستش اور شکرگزاری سے معمور نہیں ہوئے تھے۔ اُن کے دل خدا کی محبت سے روشن نہیں تھے بلکہ وہ اپنے لالچ اور ہوس کی راہ پر چل رہے تھے۔ ''یہ امت ہونٹوں سے تو میری ستائش کرتی ہے لیکن ان کے دل مجھ سے دُور ہیں۔''

جب شاگردوں نے خداوند یسوع کو اُس دن غصے کی حالت میں دیکھا تو اُنہیں یاد آیا کہ زبور نویس نے لکھا ہے۔ ''تیرے گھر کی غیرت مجھے کھا جائے گی۔''

ہیکل کی صفائی کرتے ہوئے خداوند نے زبور 9:69 میں مندرج نبوت کو پورا کیا۔ خداوند ہماری کلیسیاؤں میں جاری سرگرمیوں اور خدمت کے کاموں کے پیچھے محرکات کو دیکھتے ہیں۔

انسان دیکھتے ہیں کہ ہم کیا کر رہے ہیں، لیکن ہمارا خداوند یہ دیکھتا ہے کہ ہم کیوں کر رہے ہیں۔ اُسے ہمارے اندر چھپی ریاکاری کی فکر ہے۔ اناجیل میں کسی اور جگہ پر سوائے اِس واقعہ کے، ہمیں خداوند کا شدید ردِعمل نظر نہیں آتا۔ اناجیل میں ہم دیکھ سکتے ہیں کہ خداوند گناہگاروں کے ساتھ بڑی حلیمی اور فروتنی سے پیش آئے لیکن مذہبی ریاکاروں کے ساتھ بڑی سختی سے پیش آئے۔ ریاکاری خداوند کو بہت غصہ دلاتی ہے۔ اُس روز وہاں پر موجود مذہبی راہنماؤں نے خداوند سے پوچھا کہ وہ کس اختیار سے یہ سب کچھ کر رہا ہے۔ اُنہوں نے اُس سے کہا کہ وہ اپنے اختیار کی تصدیق کے لئے کوئی نشان دکھائے۔

وہ اُس کے اختیار کے تعلق سے ظاہری نشان دیکھنا چاہتے تھے۔ اگر وہ خدا کی طرف سے تھا تو پھر

اُسے واضح طور پر خدا کی قدرت کا مظاہرہ کرنا چاہئے۔ خداوند یسوع نے اُنہیں کہا کہ وہ ہیکل کو گرا کر تین روز میں دوبارہ کھڑا کر دے گا۔

یہودی یہ سمجھے کہ وہ حقیقی طور پر ہیکل کی طرف اشارہ کر رہا ہے۔ یہ تو بڑا دلچسپ، اثر انگیز کارہائے نمایاں ہونا تھا۔ اُنہوں نے اُسے یاد کرایا کہ اِس ہیکل کی تعمیر میں 46 سال کا عرصہ لگا۔ تاہم خداوند اُس ہیکل کی بات نہیں کر رہے تھے۔ خداوند تو اپنے بدن کی بات کر رہے تھے۔ اُس کا بدن قبر میں رکھا جانا تھا۔ بدکاروں نے اُس کے بدن کو نیست کرنا تھا لیکن خداوند نے تین روز کے بعد مُردوں میں سے زندہ ہو جانا تھا۔ اُس کی مصلوبیت، مُردوں میں سے جی اُٹھنے کے معجزہ نے ہی اُس کے اختیار کو ثابت کرنا تھا۔ صرف موعودہ مسیح (وعدہ شدہ) نے ہی ایسا کرنا تھا۔

یروشلیم میں رہتے ہوئے بہت سے معجزات کے وسیلہ سے خداوند نے مذہبی راہنماؤں پر یہ ثابت کر دیا تھا کہ اُسے باپ کی طرف سے اختیار دیا گیا ہے۔ بہت سے مرد و زن اُس کے معجزات کو دیکھ کر اُس پر ایمان لے آئے تھے۔ 24 آیت ہمیں بتاتی ہے کہ اگر چہ یہ لوگ اُن معجزات کے سبب سے اُس پر ایمان لے آئے تھے، تو بھی خداوند اُن لوگوں پر بھروسہ نہیں کرتے تھے۔ کسی پر بھروسہ کرنے کا مطلب اُس شخص پر اعتماد کرنا ہوتا ہے۔ کیوں خداوند نے پورے طور پر اپنے آپ کو اُن لوگوں پر ظاہر نہیں کیا تھا؟

یہ لوگ تو صرف معجزات اور روٹیوں کی حد تک اُس کی پیروی کرنے کے لئے تیار تھے۔ وہ اُس پر ایمان تو رکھتے تھے لیکن نجات دہندہ کے طور پر نہیں بلکہ معجزات دکھانے والے شخص کے طور پر۔ خداوند اُن کے دلوں سے واقف تھے۔ خداوند کو معلوم تھا کہ ہیکل میں موجود صرافوں اور تجارت پیشہ لوگوں کی طرح اُنہیں بھی اپنی اپنی فکر ہے اور یہ اپنے مفادات اور اغراض و مقاصد کے پیچھے بھاگ رہے ہیں۔ یہی وجہ ہے کہ خداوند اُس دَور کے لوگوں پر اپنے آپ کو ظاہر کرنے سے گریز کرتے رہے۔ یہی وقت ہے کہ ہم اپنی زندگیوں، دلی محرکات اور سوچ و فکر کا جائزہ لیں۔

کیا ہمارے دلوں میں کوئی ایسی چیز تو نہیں جو ہمارے خداوند کو ہم پر بھروسہ اور اعتماد کرنے سے روک رہی ہے؟

چند غور طلب باتیں

☆۔کیا اِس باب کے مطالعہ کے دوران خدا آپ کی زندگی میں موجود ایسے محرکات اور روّیوں کو آپ پر ظاہر کرتا رہا ہے جو اُس کے نام کے لئے عزت اور جلال کا باعث نہیں ہیں؟

☆۔کیا خداوند نے آپ پر اعتماد کیا ہے؟ خداوند کے ہم پر اعتماد کرنے کا کیا مطلب ہے؟

☆۔اُس روز جو تجارت پیشہ لوگ ہیکل میں کاروبار کے ذریعہ سے خدمت گزاری کا کام کر رہے تھے اُن کے دلی محرکات کیا تھے؟ لوگوں کا رّویہ کیسا تھا؟ کیا آپ کو بھی ایسے ہی روّیوں سے جنگ کرنا پڑی ہے؟

چند اہم دُعائیہ نکات

☆۔خداوند سے دُعا کریں کہ وہ آپ کی زندگی میں ایسی رکاوٹیں آپ پر عیاں کرے جو اُس کے ساتھ گہری قربت کا رشتہ استوار کرنے میں رکاوٹ بنی ہوئی ہیں۔

☆۔خداوند سے دُعا کریں کہ وہ خدمت میں آپ کے حقیقی محرکات اور ارادوں کو آپ پر منکشف کرے۔

☆۔خداوند کی شکرگزاری کریں کہ وہ تب بھی وفادار رہتا ہے جب ہم بےوفا ہو جاتے ہیں۔

باب 6

نئے سرے سے پیدا شدہ

یوحنا 3:1-10

''نئے سرے سے پیدا شدہ'' اصطلاح کے حقیقی معنی و مفہوم کی بجائے کچھ اور ہی مطلب بن گیا ہے۔ دُنیادی معاشرے نے اِس اصطلاح کو اپنے مفاد کے لئے استعمال کرنا شروع کر دیا ہے۔ یہ اصطلاح خداوند یسوع مسیح کی ایک فریسی (نیکدیمس) سے بات چیت کے دوران منظر عام پر آئی۔ بائبل مقدس کی اہم تعلیمات میں سے یہ ایک اہم تعلیمی بات ہے۔ اِس باب میں ہم اِس اصطلاح کے حقیقی معنی و مفہوم کا جائزہ لیں گے۔

ہیکل کی صفائی کے بعد، خداوند یسوع مسیح شہر ہی میں رہے۔ یوحنا 3:23 آیت ہمیں بتاتی ہے کہ اُن دنوں اُس نے یروشلیم میں بہت سے معجزات دکھائے تھے۔ بہت سے لوگ اُن معجزات کو دیکھ کر اُس پر ایمان لے آئے تھے۔ اُن میں سے ایک شخص نیکدیمس بھی تھا۔ یوحنا 3:1-2 آیات میں ہم نیکدیمس کے بارے میں اہم باتیں سیکھتے ہیں۔

اول، نیکدیمس ایک فریسی تھا۔ اُس دَور میں فریسی لوگ اہم ترین اور خال الخاص مذہبی راہنما مانے جاتے تھے۔ لوگوں پر اُن کا بڑا اثر ورسوخ تھا۔ موسیٰ کی شریعت پر یہ لوگ بڑی سختی سے عمل پیرا ہوتے تھے۔ یا پھر یوں کہیں کہ شریعت پرستی اُن کے کردار کا خاصہ تھی۔ موسیٰ کی شریعت کی نافرمانی سے بچنے کے لئے اُنہوں نے اپنے بھی کئی طرح کے قوانین واحکام بنا لئے تھے۔ نیکدیمس بطور ایک فریسی شریعت کا بڑا پابند تھا۔ وہ ایک ''مذہبی'' آدمی تھا۔ دوئم، نیکدیمس خداوند کے پاس آیا (آیت 2) ظاہر ہے کہ اُس کے ذہن میں کچھ سوالات تھے جن کے جوابات اُسے درکار تھے۔ اِنہی جوابات کے حصول کے پیشِ نظر وہ خداوند کے پاس آیا تھا۔

اُس نے خداوند کو معجزات کرتے ہوئے دیکھا تھا۔ یہ معجزات بغیر کسی شک کے یہ ثابت کر رہے تھے کہ وہ خدا کی طرف سے آیا ہے، نیکدیمس اور زیادہ جاننے کا خواہش مند تھا۔

سوئم۔ ہم دیکھتے ہیں کہ نیکدیمس رات کے وقت یسوع کے پاس آیا۔ ہم یہ بھی دیکھتے کہ اُس دَور میں فریسیوں کا خداوند کے لئے روّیہ اچھا نہیں تھا۔ فریسی لوگ تو خداوند سے جان چھڑانا چاہتے تھے۔ یوحنا 9 باب میں ہم دیکھتے ہیں کہ اُنہوں نے ایک اندھے شخص کو ہیکل سے نکال دیا تھا کیوں کہ وہ ایمان لے آیا تھا کہ خداوند یسوع خدا کی طرف سے آیا ہے۔ نیکدیمس نے خداوند سے میل ملاقات کر کے بہت بڑا خطرہ مول لیا تھا۔ اگر لوگوں کو یہ علم ہو جاتا کہ وہ خداوند یسوع مسیح کے پاس گیا ہے تو پھر فریسیوں کے درمیان اُس کا عہدہ، وقار و مقام خطرے میں پڑ جانا تھا۔

کیا اُسے اپنے سوالات کے ساتھ خداوند کے پاس جاتے ہوئے یہ خطرہ مول لینا چاہئے تھا؟ لیکن آپ اندازہ لگا سکتے ہیں کہ اُن سوالات کے جوابات کتنے اہم تھے کہ اُس نے اپنی عزت اور وقار کو داؤ پر لگا دیا۔ تاہم وہ رات کے وقت گیا یعنی اُس وقت جب اُس کے رنگے ہاتھوں پکڑے جانے کا خطرہ قدرے کم تھا۔

چہارم۔ نیکدیمس نے خداوند کو بتایا کہ وہ جانتا ہے کہ وہ (یسوع) خدا کی طرف سے آیا ہے۔ خداوند کے معجزات دیکھ کر وہ اِس بات کا قائل ہو گیا تھا کہ وہ خدا کی طرف سے آیا ہے۔

نیکدیمس ایک مثالی زندگی بسر کرنے والا شخص تھا۔ وہ شریعت سے محبت رکھتا اور بڑی احتیاط سے اُس پر عمل پیرا ہوتا تھا۔ لیکن اِس کے ساتھ ہی یہ ایک ایسا شخص تھا جس کے اندر یسوع کو جاننے کی جلتی ہوئی خواہش موجود تھی۔ اُس نے خداوند یسوع کے قدموں میں آ کر بیٹھنے سے اپنے عہدے اور مقام کو داؤ پر لگا دیا۔ نیکدیمس ایمان رکھتا تھا کہ یسوع خدا کی طرف سے ہے، جو حقائق اُس نے دیکھے تھے اُن سے وہ اپنی آنکھیں بند نہیں کر سکتا تھا۔ اُس نے اپنے دل کو کھولا اور موقع دیا کہ مسیح کے معجزات اُس سے ہم کلام ہوں۔ اس کے دل میں گہری قائلیت تھی کہ یسوع خدا کی طرف سے اُستاد ہو کر آیا ہے۔ (2 آیت)

قابلِ غور بات یہ ہے کہ خداوند نے نیکدیمس سے کہا۔ ''جب تک کوئی نئے سرے سے پیدا نہ ہووہ خدا کی بادشاہی کو دیکھ نہیں سکتا۔'' (3 آیت) اگر آپ نیکدیمس ہوتے تو کیسا محسوس کرتے ؟ نیکدیمس تو یہی محسوس کرتا چلا آیا تھا کہ وہ اپنے اچھے کاموں اور عقائد کی بنا پر آسمان کی بادشاہی میں داخل ہوگا۔ لیکن خداوند یسوع مسیح اُسے کچھ اور ہی بتا رہے تھے۔ خداوند نے اُسے بتایا تھا کہ جب تک وہ ''نئے سرے سے پیدا'' نہ ہووہ خداوند کی بادشاہی کو دیکھ بھی نہیں سکتا۔

جو کچھ خداوند یسوع نیکدیمس کو بتا رہے تھے اُس کی سمجھ سے بالاتر تھا۔ وہ یہ سمجھا کہ خداوند جسمانی پیدائش کی بات کر رہے ہیں۔ اُس نے خداوند سے پوچھا کہ جب وہ بوڑھا ہو چکا ہے تو کیوں کر نئے سرے سے پیدا ہو سکتا ہے۔ اِس سوال کے جواب میں، خداوند یسوع مسیح نے نیکدیمس کو بتایا کہ جب تک کوئی شخص پانی اور رُوح سے پیدا نہ ہو، وہ خدا کی بادشاہی میں داخل نہیں ہو سکتا۔

وہ بچہ جو ابھی پیدا نہیں ہوا ہوتا، ماں کے رحم میں اُس کے پانی (رطوبت) میں رہتا ہے۔ لیکن جب وقت پورا ہو جاتا ہے، وہ پانی خارج ہو جاتا ہے اور بچہ پیدا ہو جاتا ہے۔ بچے کی پیدائش کا یقینی نشان ''پانی کا اخراج'' ہے۔ ''پانی سے پیدا ہونا'' جسمانی پیدائش کی طرف اشارہ ہے۔ خداوند نے یہاں پر ہی اپنی بات ختم نہیں کی۔ اُنہوں نے نیکدیمس کو بتایا کہ جسمانی پیدائش ہی کافی نہیں۔ خداوند نے کہا'' جب تک کوئی آدمی پانی اور رُوح سے پیدا نہ ہووہ خدا کی بادشاہی میں داخل نہیں ہوسکتا۔ (5 آیت)

خداوند یسوع مسیح نیکدیمس کو یہ بتا رہے تھے کہ اصل میں دو قسم کی پیدائش ہوتی ہے۔ ایک جسمانی پیدائش ہے جس سے ہم اِس دُنیا میں آتے ہیں۔ (پانی سے پیدا ہونا) اور ایک روحانی پیدائش ہے۔ جو ہمیں خدا کی بادشاہی میں لاتی ہے۔ (رُوح سے پیدا ہونا)

جو کچھ خداوند یسوع مسیح یہاں پر کہہ رہے تھے اِس بات کو سمجھنے کے لئے ہم بچے کی پیدائش کی مثال کو دیکھتے ہیں۔ حمل سے قبل، ماں کا رحم بے پھل ہوتا ہے۔ جب مادہ تولید انڈے کو زرخیز بناتا ہے تو پھر زندگی کا آغاز ہوتا ہے۔ عورت اپنے طور پر بچہ پیدا کرنے کی صلاحیت نہیں رکھتی۔

لازم ہے کہ اُس کا انڈا آدمی کے مادہ تولید سے زرخیز ہو۔ جب انڈا زرخیز ہو جاتا ہے تو پھر زندگی کا آغاز ہو جاتا ہے۔ پھر نو ماہ کے عرصہ میں جب بچہ پرورش پا رہا ہوتا ہے تو ماں مختلف اقسام کی جسمانی اور جذباتی تبدیلیوں کے تجربے سے گزرتی ہے۔

روحانی پیدائش بھی کئی لحاظ سے جسمانی پیدائش کی طرح ہی ہوتی ہے۔ کسی بھی شخص کی رُوح بھی عورت کے رحم کی طرح بنجر اور بے پھل ہوتی ہے۔ نئی روحانی زندگی کے آغاز کے لئے لازم ہے کہ خدا کی طرف سے رُوح میں گہرا کام ہو۔ یہی وہ کام ہے جو روحانی پیدائش کے وقت ہوتا ہے۔ خدا کا روح اپنی زندگی روح میں ڈالتا ہے۔ ایک دفعہ جب ہماری باہمی رضامندی سے خدا کی زندگی ہم میں آجاتی ہے، تو پھر یہ زندگی درجہ بدرجہ ہم میں پروان چڑھنا شروع ہو جاتی ہے۔ ہم جلد ہی اُس نئی زندگی کے نتائج اور اثرات اپنی زندگی میں دیکھنا شروع کر دیتے ہیں۔

اِس نئی فطرت کو روحانی خوراک کی ضرورت ہوتی ہے۔ اِس سے ہماری روح میں خدا کی چیزوں کی بھوک پیاس پیدا ہونا شروع ہو جاتی ہے۔ ہماری زندگی میں تبدیلی پیدا ہونا شروع ہو جاتی ہے۔ ہم اپنے اندر نئی زندگی اور نئی بھوک پیاس سے واقف اور آگاہ ہوتے ہیں۔ جن چیزوں سے پہلے ہم لطف اندوز ہوتے تھے اب وہ ہماری خوشی نہیں رہتیں۔ اب ہماری روحوں میں خدا کی چیزوں کے لئے بھوک پیاس پیدا ہونا شروع ہو جاتی ہے۔

خداوند یسوع مسیح نے اُس سے کہا، ''جو جسم سے پیدا ہوا ہے جسم ہے۔ اور جو روح سے پیدا ہوا ہے۔ روح ہے۔ (6 آیت) آپ کی جسمانی پیدائش آپ کو خدا کی بادشاہی میں نہیں لے کر جائے گی۔ اپنی جسمانی پیدائش سے تو آپ اِس دُنیا میں پیدا ہوئے۔ اور اِس دُنیا کے فرزند کہلائے، لیکن روحانی پیدائش سے آپ خدا کے فرزند بنتے ہیں۔ اگر آپ خدا کی بادشاہی کو دیکھنا چاہتے ہیں، تو پھر آپ کو نئے سرے سے پیدا ہونا لازم ہے۔

ایک شخص نئے سرے سے کیوں کر پیدا ہو سکتا ہے؟ یہ تو خدا کے روح کا کام ہے۔ ہوا کی طرح، رُوح جدھر جاتی ہے چلتی ہے۔ ہوا کی طرح روح کی حرکات و سکنات کے بارے میں کوئی نہیں جانتا کہ وہ

کس جانب اور کس رُخ پر جائے گی۔ جب خدا کے پاک روح کی ہوا آپ پر چلتی ہے اگرچہ آپ اُسے نہیں دیکھتے تو بھی اُس کی حضوری کو محسوس کر سکتے ہیں۔

میں اور میری اہلیہ کئی سال تک مورشیس اور بحر ہند میں ری یونین کے جزیروں میں رہے۔ جب ہمیں علم ہوتا کہ کوئی سمندری طوفان اُس طرف آ رہا ہے تو ہم ہر ایک چیز کو اندر لے آتے تھے۔ جب تک سمندری طوفان گزر نہ جاتا ہم سب دروازے بند کر کے خود کو کمرے کے اندر محصور رکھتے تھے۔ جب تک ہمیں مکمل طور پر یقین دہانی نہ ہو جاتی کہ طوفان گزر گیا ہے ہم دروازے کھولنے کی جرأت نہیں کرتے تھے۔ اکثر و بیشتر ہم خدا کے روح کو بھی اِسی طور سے لیتے ہیں۔ جب خدا کا روح آپ سے ہم کلام ہو تو اپنے دل کے دروازوں کو بند نہ کریں۔ اپنے دلوں کو کھولیں اور اُسے موقع دیں کہ آپ کے دلوں پر جنبش کرے۔ روح القدس کو موقع دیں کہ جو چیزیں اُس کے جلال کا باعث نہیں ہیں اُنہیں آپ کی زندگی سے دُور کر دے۔

جن چیزوں کو تبدیلی کی ضرورت ہے، رُوح القدس کو موقع دیں کہ وہ اُن چیزوں کو تبدیل کریں۔ بعض اوقات اپنی زندگی کو خدا کے لئے کھولنا بہت خوفناک سا لگتا ہے۔ ہم خوفزدہ ہوتے ہیں کہ کیا ہوگا۔ جب تک خدا کا روح آپ کی زندگی میں جنبش کر کے ابدی زندگی کا بیج آپ کی زندگی میں بو نہ دے آپ خدا کی بادشاہی کو دیکھ بھی نہیں پائیں گے۔ اگر خدا کے روح کی زندگی آپ کی زندگی میں کام نہیں کر رہی تو پھر آپ کبھی بھی خدا کے نہیں ہیں۔ مقدس پولس رسول رومیوں 9:8 میں ہمیں بتاتے ہیں کہ جس میں خدا کا رُوح نہیں وہ خداوند یسوع مسیح کا نہیں۔ کیا ہم میں خدا کا رُوح بسا ہوا ہے؟ کیا آپ اِس روحانی پیدائش کا تجربہ حاصل کر چکے ہیں؟

آپ کیسے اِس بات کی وضاحت کر سکتے ہیں کہ آپ اِس نئی پیدائش کا تجربہ حاصل کر چکے ہیں؟ ایک وقت تھا جب آپ روحانی چیزوں کے اعتبار سے مُردہ تھے۔ لیکن اب آپ اپنی زندگی میں مسیح کی زندگی سے باخبر اور آگاہ ہے۔

ایک وقت تھا جب آپ کی زندگی میں مسیح کے لئے کوئی بھوک پیاس نہیں تھی۔ لیکن اب آپ کے اندر

مسیح کیلئے گہری تشنگی موجود ہے۔آپ کی زندگی میں آنے والی تبدیلیاں صرف آپ ہی نہیں، آپ کے اِردگرد کے لوگ بھی محسوس کریں گے۔

لوگوں کا راہنما ہونے کے باوجود نیکدیمس کبھی بھی نئے سرے سے پیدا نہیں ہوا تھا لیکن وہ دوسروں کی آسمان کی بادشاہی کی طرف راہنمائی کر رہا تھا جب کہ آپ اُس راہ سے ابھی بہت دُور تھا۔کیا آپ اِس نئی پیدائش کا تجربہ حاصل کر چکے ہیں؟ صرف وہی لوگ جو اِس نئی پیدائش کے تجربہ سے خدا کے خاندان میں پیدا ہو چکے ہیں وہی خدا کے بیٹے اور بیٹیاں ہیں۔نیکدیمس ایک روحانی راہنما کے طور پر خدا کی بادشاہی کو دیکھ نہیں سکتا تھا۔آپ کی صورتحال کیسی ہے؟ کیا آپ خدا کے خاندان میں پیدا ہو چکے ہیں؟

چند غور طلب باتیں

☆۔فردوس میں جانے کے لئے لوگ کن باتوں پر بھروسہ کرتے ہیں؟

☆۔نئی پیدائش کیا ہے؟ نئی پیدائش کیوں کر ضروری ہے؟

☆۔کیا آپ کو اِس نئی پیدائش کا تجربہ حاصل ہوا ہے؟ اِس نئی پیدائش کے کون سے شواہد آپ کی زندگی میں موجود ہیں؟

چند ایک دُعائیہ نکات

☆۔اگر آپ کو اِس نئی پیدائش کا کبھی تجربہ نہیں ہوا تو ابھی خداوند سے کہیں ہ وہ ابدی زندگی آپ کی روح میں ڈال دے۔آپ ایک نئے سرے سے پیدا شدہ مسیحی سے صلاح کاری بھی حاصل کریں۔

☆۔اگر آپ اِس نئی پیدائش کی حقیقت سے آگاہ ہیں۔تو پھر چند لمحات کے لئے خدا کے حضور شکر گزاری کریں کہ اُس نے آپ کی زندگی میں کیسا گہرا اور عظیم کام کیا ہے

☆۔چند لمحات کے لئے ایسے لوگوں کے لئے بھی دُعا کریں جو نیکدیمس کی طرح اپنی کاوشوں سے آسمان کی بادشاہی میں جانے کی کوشش کر رہے ہیں۔خداوند کے حضور ایسے لوگوں کے لئے شفاعت کریں تا کہ خدا نئی پیدائش کے تعلق سے مسیح کی تعلیم اُن پر عیاں کرے۔خداوند سے دُعا کریں کہ وہ آپ کے لئے مواقع مہیا کرے تا کہ آپ ایسے لوگوں کی آسمان کی بادشاہی اور نئی پیدائش کے لئے راہنمائی کر سکیں۔

باب 7

ابنِ آدم کا اُونچے پر چڑھایا جانا

یوحنا3:11-21

اِس باب میں بھی نیکدیمس کے ساتھ سلسلہ گفتگو جاری ہے۔خداوند یسوع مسیح نے نیکدیمس پر نئی پیدائش کی اہمیت کو اُجاگر کر دیا ہے۔ایک مذہبی راہنما ہوتے ہوئے بھی نیکدیمس خداوند کی باتوں کو سمجھ نہیں رہا۔اُسے کبھی بھی اس نئی پیدائش کا تجربہ نہیں ہوا تھا۔

اِس باب کا آغاز خداوند یسوع مسیح کے نیکدیمس کے لئے اِس بیان سے ہوتا ہے۔

''میں تجھ سے سچ کہتا ہوں کہ جو ہم جانتے ہیں وہ کہتے ہیں،اور جسے ہم نے دیکھا ہے اُس کی گواہی دیتے ہیں اور تم ہماری گواہی قبول نہیں کرتے۔''(11 آیت)

خداوند یسوع مسیح نے جب ''ہم'' استعمال کیا تو وہ کس کی طرف اشارہ کر رہے تھے؟بعض لوگوں کا خیال ہے کہ ''ہم'' سے مراد خداوند یسوع مسیح اور اُس کے شاگرد ہیں۔لیکن مسئلہ یہ ہے کہ اُس وقت تک تو شاگردوں کو بھی اِس تعلیم کی واضح سمجھ بوجھ حاصل نہیں تھی۔اِس سے بعض لوگ یہ سمجھتے ہیں کہ اِس حوالہ میں ''ہم'' سے مراد وہ انبیاءُ اکرام ہیں جنہوں نے خداوند یسوع مسیح کے تعلق سے پیش گوئیاں کی تھیں۔اِس حوالہ کے متن میں ہم دریافت کرتے ہیں کہ خداوند روح القدس کے تعلق سے بات کر رہے ہیں۔جو ہوا کی مانند جدھر چاہتا ہے جاتا ہے۔(8 آیت)عین ممکن ہے کہ خداوند یسوع مسیح نیکدیمس کو یہ بتا رہے ہوں کہ وہ اور روح القدس اُن آسمانی چیزوں کے بارے میں گواہی دینے آئے ہیں جو اُنہوں نے دیکھی ہیں۔خداونداور روح القدس کے سوا اور کون ہے جو اُن چیزوں کی گواہی دے سکے جو اُنہوں نے دیکھی اور سنی ہیں؟

خداوند یسوع مسیح نے نیکدیمس کو بتایا کہ اَز خود اُس نے اور روح القدس نے اسرائیل کے روحانی راہنماؤں کو اُن چیزوں کی گواہی دی ہے جو اُنہوں نے دیکھی اور سنی ہیں۔لیکن اُنہوں نے اُن کی

گواہی پر کان نہ لگایا۔ خدا نے کلام تو کیا پر اُنہوں نے اُس کی آواز کو نہ پہچانا۔ نیکدیمس اور اُس کے ہم خدمت لوگ اسرائیل کے راہنما تھے۔ وہ خدا کے لوگوں میں سے اکابرین (اعلیٰ ترین/ممتاز شخصیات) کی نمائندگی کرتے تھے۔ تو بھی خدا کی آواز سننے سے قاصر تھے۔

نیکدیمس خدا کی روحانی چیزوں کو دیکھنے کے لئے روحانی بینائی سے محروم تھا۔ خداوند یسوع مسیح نے عام فہم زبان میں اُس سے بات کی تھی۔ خداوند نے پیدائش اور ہوا کی مثال کو استعمال کیا تا کہ نیکدیمس کو سمجھا سکیں کہ نئے سرے سے پیدا ہونے اور خدا کی بادشاہی میں داخل ہونے کا کیا معنی ہے۔ اِن مثالوں کے باوجود نیکدیمس خداوند کی بات سمجھنے سے قاصر رہا۔ خداوند یسوع مسیح تو کچھ اِس طرح سے بیان کر رہے تھے۔ اگر تو زمینی اصطلاحات میں اِن باتوں کو نہیں سمجھ سکا تو کیوں کر گہری روحانی باتوں کو سمجھ سکے گا؟ ''اور آسمان پر کوئی نہیں پڑھا سوا اُس کے جو آسمان سے اُترا یعنی ابن آدم جو آسمان میں ہے۔'' (13 آیت) صرف وہی اِن باتوں کو آپ پر واضح کر سکتا ہے۔ صرف اُسے ہی (خداوند یسوع مسیح کو) خدا کی گہری باتوں کی سمجھ بوجھ حاصل ہے۔ آپ اِس لئے خدا کی باتوں کو سمجھ نہیں سکتے کیوں کہ آپ اِس دُنیا سے ہیں۔

آسمان کی بادشاہی میں داخل ہونے کے معنی و مفہوم کو اور بھی واضح اور گہرے طور پر سمجھانے کے لئے خداوند یسوع مسیح نے ایک اور مثال استعمال کی۔ گو خداوند نے پیدائش اور ہوا کی مثال کو استعمال کیا تھا لیکن نیکدیمس کچھ نہ سمجھ سکا۔ پھر خداوند نے روحانی مثال کو استعمال کیا۔ خداوند نے اُسے عہد عتیق میں سے ایک مثال پیش کی۔

''اور جس طرح موسیٰ نے سانپ کو بیابان میں اونچے پر چڑھایا اُسی طرح ضرور ہے کہ ابن آدم بھی اونچے پر چڑھایا جائے۔ تا کہ جو کوئی اُس پر ایمان لائے، اُس میں ہمیشہ کی زندگی پائے۔''

(15-14)

یہ مثال گنتی 21:4-9) سے لی گئی۔ خدا کے لوگ بیابان میں تھے، وہ ہر روز من کھانے سے اُکتاہٹ محسوس کرنے لگے تھے۔ اُن کے پاس پانی کی بھی قلت گئی تھی۔ وہ خدا اور موسیٰ کے

خلاف بولنے لگے۔خدا نے اپنے قہر وغضب میں اُن کے خیموں میں جلانے والے سانپ بھیجے۔اُن سانپوں نے بہت سے لوگوں کوڈسا اور وہ مر گئے۔زندہ بچ جانے والے اپنی جان بچانے کے لئے موسیٰ سے فریاد کرنے لگے۔اُنہوں نے اپنے گناہ کا اقرار کر کے خدا سے دُعا کی۔

''تب وہ لوگ موسیٰ کے پاس آکر کہنے لگے کہ ہم نے گناہ کیا، کیوں کہ ہم نے تیری اور خداوند کی شکایت کی۔سو تو خداوند سے دُعا کر کہ وہ اُن سانپوں کو ہم سے دُور کر دے۔'' (گنتی 21:7) موسیٰ نے خدا سے دُعا کی تو خدا نے اُس سے کہا کہ پیتل کا ایک سانپ بنا کر اُسے بلی پر لٹکا دے۔جو کوئی سانپ کا ڈسا ہوا اُس پر نگاہ کرے گا وہ شفا پائے گا۔خداوند نے نیکدیمس کو یہ واقعہ یاد دلایا۔موسیٰ کے سانپ کی طرح خداوند یسوع بھی اُونچے پر چڑھایا جائے گا تا کہ سبھی اُس پر نگاہ کر سکیں۔جو کوئی اُس پر نگاہ کرے اور اُس پر ایمان لائے گا وہ اپنے گناہوں سے مخلصی پائے گا۔

بہت سے لوگ اِس بات پر ایمان رکھتے ہیں کہ خداوند یسوع صلیب پر مصلوب ہوئے۔حتیٰ کہ شیطان بھی اِس تاریخ ساز حقیقت کا منکر نہیں ہے۔موسیٰ کے دَور کے لوگوں کے لئے صرف اتنا ہی کافی نہیں تھا کہ بلی پر سانپ لٹکا ہوا ہے۔بلکہ اُن کے لئے یہ بھی لازم تھا کہ وہ اِس بات کو پہچانتے کہ صرف بلی پر لٹکے ہوئے سانپ پر نگاہ کرنا ہی وہ واحد اُمید ہے جس سے اُنہیں شفا مل سکتی ہے۔اُنہیں تائب دلی کے ساتھ اُس سانپ کے پاس آنا تھا۔اِس بات کے اقرار کے ساتھ کہ اُنہوں نے خدا کے پاک نام پر کفر بکا ہے۔اُنہیں اِس بات کا احساس کرنے کی ضرورت تھی کہ وہ خدا کے انتظام کے بغیر مر جائیں گے۔

ہمیں بھی اِسی طرزِ فکر کے ساتھ صلیب کے پاس آنے کی ضرورت ہے۔صرف اتنا ہی کافی نہیں کہ ہم اِس بات کو تسلیم کر لیں کہ صلیب ایک ایسا حقیقی واقعہ ہے جو بہت سال پہلے وقوع پذیر ہوا تھا۔ہمیں موسیٰ کے دَور کے لوگوں کی طرح صلیب کے پاس آنا چاہئے جو بلی کے پاس آئے تھے۔صلیب کے بغیر ہم بھی اپنے گناہ میں مر جائیں گے۔کوئی اور راستہ نہیں جس سے ہم گناہ کے زہر سے شفا پا سکیں۔صرف خداوند یسوع ہی ہمیں اپنی موت اور بہائے ہوئے خون کے وسیلہ سے خدا کے قہر و

غضب سے مخلصی دے سکتا ہے۔ہمیں اِس طور سے صلیب کی طرف دیکھنا چاہئے کہ گویا یہی واحد اُمید ہے۔

یوحنا3:16 بائبل مقدس کی ایک معروف آیت ہے۔ اِس آیت میں خداوند اپنی محبت اور انصاف کو ثابت کرتے ہیں۔ وہ ثابت کرتے ہیں کہ وہ گناہ کی سزا دینے میں راست ہے۔ ساتھ ہی انسان کے گناہ کی سزا اپنے اوپر لے کر خدا ثابت کرتا ہے کہ وہ محبت ہے۔ اُس نے اپنے بیٹے کو دُنیا میں بھیجا کہ وہ ہماری جگہ پر آ کر قربان ہو۔ خداوند یسوع مسیح کی موت خدا کے انصاف کے تقاضوں کو پورا کرتی ہے۔ ہمارا صرف یہی کام ہے کہ ہم خداوند یسوع مسیح کی موت پر اعتماد کریں۔

آپ اِس بات کو تسلیم کریں اور پہچانیں کہ وہ آپ کی جگہ پر موا۔ خداوند یسوع مسیح کی موت سارے جہاں کو نجات نہیں دیتی۔ یہ تو صرف اُن کے لئے مخلصی کی راہ ہے جو اُس کی طرف رجوع کرتے اور اُس پر ایمان لاتے ہیں۔ جب روزِ عدالت آپ خدا کے تختِ عدالت کے سامنے کھڑے ہوں گے تو آپ صرف اور صرف اِس وجہ سے خدا کی بادشاہی میں داخل ہو سکیں گے کیوں کہ آپ نے اِس بات کو تسلیم کیا کہ خداوند یسوع مسیح نے شخصی طور پر آپ کے گناہ کی قیمت ادا کی۔ کیا آپ صلیب کو واحد اُمید اور سہارا سمجھتے ہوئے اُس سے لپٹے ہوئے ہیں؟ کیا آپ اِس بات کو سمجھتے ہیں کہ وہ شخصی طور پر آپ کے لئے قربان ہوا؟ آپ کی مخلصی کی قیمت ادا کر دی گئی ہے۔ آپ کا کام صرف اور صرف یہی ہے کہ آپ خداوند یسوع مسیح کے سرانجام دیئے گئے کام پر ایمان رکھیں۔

15 اور 16 آیت پر غور کریں کہ خداوند فرماتے ہیں کہ وہ لوگ جو اُس پر اور اُس کے صلیبی کام پر ایمان رکھیں گے ابدی زندگی پائیں گے۔ یہ کوئی ایسی چیز نہیں جو اُنہیں ایک دن مل جائے گی بلکہ ایمان لانے والے تو پہلے ہی سب کچھ حاصل کر چکے ہیں۔ (ابدی زندگی، گناہوں کی معافی، آسمان کی بادشاہی) خداوند یسوع دُنیا کو مجرم ٹھہرانے نہیں آئے تھے۔ وہ تو معافی اور زندگی دینے کے لئے آئے تھے۔ اُس پر ایمان نہ لانے سے ہلاکت اور بربادی آئے گی۔ اگر آپ ابھی تک اُس پر ایمان نہیں لائے، تو آپ مجرم ٹھہرائے جا چکے ہیں۔ گناہ کا زہر آپ کے رگ و ریشے میں گردش کر رہا ہے۔

اِس گناہ کا صرف ایک ہی حل باقی ہے۔ خداوند یسوع ہی اپنے صلیبی کام کے وسیلہ سے آپ کو گناہ سے کامل شفا دے سکتا ہے۔ آپ اُس پر نگاہ کرنے سے بچ سکتے ہیں۔

19 آیت ہمیں یاد دلاتی ہے کہ خدا نے اپنے بیٹے کو اِس دُنیا میں نجات اور مخلصی کے لئے بھیجا۔ دُنیا نے اُسے رد کر دیا۔ وہ اُنہیں اپنا نور دینے کے لئے آیا، لیکن لوگوں نے تاریکی کو نور سے زیادہ پسند کیا۔ جس طرح کھٹمل کسی اینٹ یا پتھر کے نیچے ہوتا ہے اور وہ تاریکی ہی میں رہنا پسند کرتا ہے۔ اِسی طرح بنی نوع انسان بھی اُس سے اور اُس کی نجات سے دُور بھاگے۔ خدا کے بیٹے یسوع کی یہ کس قدر تذلیل ہے۔ وہ ہمیں گناہ کے جرم سے رہائی دینے کے لئے آیا۔ وہ تو اپنے اوپر گناہ کی سزا لینے کے لئے آیا۔ لیکن ہم نے اُس کی طرف اپنی پشت پھیری اور اُس کی اچھی اور بیش قیمت پیش کش ٹھکرا دی۔

خداوند یسوع مسیح نے اِس بیان کے ساتھ نیکدیمس کے ساتھ اپنی گفتگو کا اختتام کیا کہ جو کوئی بدی کرتا ہے، وہ نور سے دشمنی رکھتا ہے اور نور کے پاس نہیں آتا ایسا نہ ہو کہ اُس کے کام ظاہر ہو جائیں۔ گناہ میں زندگی بسر کرنے والے گناہ کے غلام ہوتے ہیں۔ وہ خداوند کے پاس آنا نہیں چاہتے کیوں کہ وہ بدی سے زیادہ پیار کرتے ہیں۔ ایسے لوگ ہلاک ہوں گے کیوں کہ وہ نور کے پاس آنا نہیں چاہتے تا کہ اُن کا اصل چہرہ بے نقاب نہ ہو جائے۔ اُن کا تکبر اُن کی ہلاکت کا باعث ہو گا۔ وہ نور کی بہ نسبت تاریکی میں رہنا پسند کرتے ہیں اور اپنے گناہ کی سزا پاتے ہیں۔

وہ لوگ جو سچائی پر چلتے ہیں، وہ تاریکی میں زندگی بسر کرنے والوں سے قطعی مختلف ہوتے ہیں۔ (21 آیت) وہ نہ صرف نور کے پاس آتے ہیں بلکہ خدا کا نور اُن میں بستا ہے۔ یہی نور اُن کی زندگی میں پھل پیدا کرتا ہے۔ وہ خدا کے نور کی قدرت سے واقف ہوتے ہیں جو اُن میں متحرک اور کارفرما ہوتی ہے۔ وہ اپنی روزمرہ زندگی میں اُس کی حضوری سے واقف ہوتے ہیں۔ کیا آپ کا بھی یہی تجربہ ہے؟ خداوند یسوع مسیح کی صلیب ہی ہماری ابدی زندگی کی واحد اُمید ہے۔ یہ آسان کام نہیں کہ نور ہمارے گناہ کو بے نقاب کر دے۔ بہت سے لوگوں نے نور سے دُور بھاگنے کا چناؤ کیا

ہے۔ یہ لوگ اب بھی تاریکی میں زندگی بسر کر رہے ہیں۔ اگر آپ سچائی سے واقف ہونا چاہتے ہیں۔ تو پھر لازم ہے کہ آپ نور کو موقع دیں کہ وہ آپ کے گناہ اور آپ کی اصل گناہ آلودہ حالت کو آپ پر ظاہر کرے۔ خداوند سے دُور بھاگنا چھوڑ دیں۔ اُس کے نور کو اپنی زندگی میں چمکنے دیں۔ اُس کے کلام کو موقع دیں کہ آپ کے دل کے پوشیدہ محرکات آپ پر ظاہر کردے۔ ابن آدم کو صلیب پر اُونچے پر چڑھایا گیا، یہی ہماری ابدی نجات کی واحد اُمید ہے۔ اُس پر نگاہ کریں اور کثرت کی زندگی پائیں۔

چند غور طلب باتیں

☆۔ لوگوں کے لئے یہ کیوں کر مشکل ہے کہ وہ اپنے لئے ایک نجات دہندہ کی ضرورت کو محسوس کریں؟

☆۔ کیا ایسا ممکن ہے کہ لوگ اِس بات پر ایمان رکھیں کہ یسوع صلیب پر مر گیا تو بھی وہ ابدی زندگی کے لئے اُس صلیب پر کیئے گئے یسوع کے کام پر ایمان نہ لائیں؟

☆۔ کیا آپ نے اپنی واحد اُمید کے طور پر یسوع پر نگاہ کی ہے؟ اگر نہیں، تو پھر کونسی ایسی چیز ہے جو آپ کو پورے طور پر اُس پر توکل اور بھروسہ کرنے سے روکے ہوئے ہے؟

چند اہم دُعائیہ نکات

☆۔ چند لمحات کے لئے خداوند کے شکر گزار ہوں کہ اُس نے آپ کی نجات کے لئے بندوبست کیا ہے۔

☆۔ کیا آپ کے دوست احباب یا ایسے عزیز و اقارب ہیں جنہوں نے ابھی تک نجات کے لئے خدا کے اُس انتظام کو قبول نہیں کیا جو اُس نے اپنے بیٹے خداوند یسوع کے وسیلہ سے کیا ہے؟ چند لمحات کے لئے اُن کے لئے شفاعتی دُعا کریں۔

باب 8

خداوند یسوع اور یوحنا رسول کا موازنہ

یوحنا 3:22-36

کیا کبھی آپ نے اپنے اندر اُس وقت حسد کی چنگاری کو سلگتے ہوئے محسوس کیا ہے جب خداوند کسی اور کو برکت دے رہا ہو۔ اگر ہم دیانتداری سے کام لیں، تو ہم جانتے ہیں کہ حسد ایک ایسا گناہ ہے جس پر ہم سب کو غالب آنے کی ضرورت ہے۔ یوحنا 3:22-36 کا حوالہ ہمیں حسد کے معاملہ پر غور وفکر کے لئے بہت کچھ دیتا ہے۔ نیکدیمس سے گفتگو کے بعد، خداوند یروشلیم سے روانہ ہو کر یہودیہ کے ملک میں آئے۔ 22 آیت ہمیں بتاتی ہے کہ خداوند نے اپنے شاگردوں کے ساتھ وقت گزارا۔ لوگ اُس سے بپتسمہ لینے کے لئے آنے لگے (2:4 آیت بیان کرتی ہے کہ گو خداوند یسوع آپ نہیں بلکہ اُس کے شاگرد بپتسمہ دیتے تھے۔) یوحنا بھی اُسی علاقہ میں بپتسمہ دیتا تھا۔ (23 آیت)

یہ بات قابلِ غور ہے کہ یوحنا کی خدمت بڑی کامیاب جارہی تھی۔ بائبل مقدس بیان کرتی ہے کہ لوگ جوق در جوق اُس کے پاس بپتسمہ لینے کے لئے آرہے تھے۔ (23) یوحنا اپنی خدمت میں بڑے بڑے کام ہوتے دیکھ رہا تھا۔ یوحنا اور اُس کے شاگردوں کے لئے بڑی خوشی کا وقت تھا۔ اِس کے ساتھ ساتھ یوحنا کی خدمت مشکلات سے بھی دوچار تھی۔ ایک موقع پر یہودیوں اور یوحنا کے شاگردوں کے درمیان بحث مباحثہ ہوگیا۔ (25) یہ بحث طہارت کی بابت تھی۔ ہمیں یہ تو نہیں بتایا گیا کہ کون سی بات اِس بحث کا سبب بنی۔

تاہم یہ بات بالکل واضح ہے کہ طہارت کے موضوع پر اس بحث کا نکتۂ آغاز یوحنا کا بپتسمہ تھا۔ عہدِ عتیق کے مطابق اگر کوئی یہودی کسی طور سے اپنے آپ کو ناپاک کر لیتا تھا تو اُسے معافی کے لئے

قربانی چڑھانا پڑتی تھی۔اور پھر یا تو نہانا پڑتا تھا یا پھر پانی چھڑکے جانے سے اُس کی ناپاکی دُور ہوتی تھی۔(گنتی 19 باب) ہوسکتا ہے کہ یہودی لوگ یوحنا کے بپتسمہ کو یہودیوں کی طہارت کے ساتھ گڈ مڈ کر رہے ہوں۔اگرچہ ہمیں اِس بحث کی تفصیل کا کچھ علم نہیں، تو بھی یہ بات بالکل واضح ہے کہ یوحنا کی خدمت یہودیوں کی مخالفت کے نشانے پر تھی۔یہ بات یقینی طور پر کہی جاسکتی ہے کہ جب خدا ہمیں برکت دیتا ہے تو پھر مخالفت بھی ہوتی ہے۔یوحنا کی خدمت کی مخالفت یہودی مذہبی راہنماؤں کی طرف سے ہوئی۔ہوسکتا ہے بڑی تعداد میں لوگ یوحنا سے بپتسمہ لینے کے لئے آرہے تھے، یہودی اِس وجہ سے حسد سے بھر گئے ہوں۔

ابھی یوحنا یہودی راہنماؤں سے طہارت کے موضوع پر بحث کررہا تھا کہ یوحنا کے شاگرد ایک اور مسئلہ لے کر اُس کے پاس آئے۔خداوند یسوعؔ مسیح بھی اُسی علاقہ میں تھے اور لوگ بپتسمہ پانے کے لئے اُس کے پاس جارہے تھے۔یہ ساری صورتحال یوحنا کے شاگردوں کے لئے بڑی فکر کا باعث تھی اور وہ اِس بات کو اپنی خدمت کے لئے ایک بہت بڑا خطرہ محسوس کرنے لگے تھے۔

کیا کبھی ایسا ہوا کہ کوئی شخص آپ کی کلیسیا کو چھوڑ کر کسی اور کلیسیا میں جا ملا ہو؟ آپ کیسا محسوس کرتے ہیں جہاں آپ ناکام اور کوئی دوسرا شخص خدمت میں کامیاب ہوتا ہے؟ یوحنا کے شاگرد حسد سے بھرے ہوئے تھے۔وہ کسی بھی اِس بات پر خفگی کا اظہار کرسکتے تھے جو لوگوں کو اُن کی پیروی سے روکے اور اُن کی خدمت میں بڑھوتی اور ترقی کی راہ میں رکاوٹ ہو۔لوگ اُنہیں چھوڑ کر خداوند یسوعؔ مسیح کے پیچھے جارہے تھے۔ہوسکتا ہے کہ وہ سوچ و بچار کررہے ہوں کہ کس طرح وہ اُن لوگوں کو واپس لاسکتے ہیں۔

جب یوحنا کے شاگردوں کا ردِعمل حسد اور مقابلہ بازی تھا، تو اِس صورتحال میں یوحنا کے روّیہ اور ردِعمل کو دیکھنا بھی بڑی اہمیت کا حامل ہے۔خدا کا کلام 27-30 آیات میں ہمیں چار چیزیں بتاتا ہے۔جو حسد سے بھر جانے کی صورت میں، حسد پر غالب آنے میں ہماری معاونت کریں گی۔

یوحنا نے اپنے شاگردوں کو بتایا ’’کہ انسان کچھ نہیں پاسکتا جب تک اُس کو آسمان سے نہ دیا

جائے۔‘‘(27 آیت)

یوحنا یہاں پر اِس بات کو تسلیم کرتا ہے کہ سب کچھ خداوند کی طرف سے ملتا ہے۔حتیٰ کہ وہ مسئلہ جس سے وہ اُس وقت دوچار تھے خدا کی طرف سے ہی آیا تھا۔جو کچھ خداوند خدا یوحنا کی زندگی میں کر رہا تھا وہ اُس سے مطمئن تھا۔

جب آپ لوگوں کی زندگیوں میں برکت اور ترقی کے کام خدا کی طرف سے ہوتے ہوئے دیکھیں،تو بس یہی ایمان رکھیں کہ خدا اُنہیں برکت دے رہا ہے۔جب آپ یہ محسوس کریں کہ آپ کو بھی اپنی زندگی اور خدمت میں پھل داری کو دیکھنا چاہئے تو یاد رکھیں کہ آپ اُسی قدر پھلدار ہو سکتے ہیں جس قدر خدا آپ کو پھل دار ہونے دے۔یوحنا خدا کے مقاصد کو اپنی زندگی میں قبول کرنا سیکھ چکا تھا۔کتنی ہی بار ہم اپنی زندگی میں اپنے اہداف و مقاصد کا تعین کرتے ہیں؟جب سب کچھ ہماری مرضی اور سوچ کے مطابق نہیں ہوتا تو ہم مایوسی کا شکار ہو جاتے ہیں۔

جو کچھ خدا کی طرف سے ہمیں ملا ہوتا ہے اُس پر مطمئن اور شکرگزار نہ ہونے کی وجہ سے ہم بڑی بڑی برکات کھو دیتے ہیں۔کیا آپ مطمئن ہو سکتے ہیں کہ جو کچھ خدا آپ کو دینا اور بنانا چاہتا ہے آپ وہی کچھ حاصل کریں اور وہی کچھ بنیں؟اکثر و بیشتر حسد وہ کچھ حاصل کرنے کی کوشش کے نتیجہ میں پیدا ہوتا ہے جو چیز خدا نے ہمیں نہیں دی ہوتی۔یا پھر ہم دوسروں کے مقابلہ میں وہ کچھ بننے کی کوشش کرتے ہیں جو خدا ہمیں نہیں بنانا چاہتا۔

دوسری بات 28 آیت میں دیکھیں کہ یوحنا نے اپنے شاگردوں کو بتایا کہ وہ مسیح نہیں ہے بلکہ اُس کے آگے بھیجا گیا ہے تاکہ لوگوں کو اُس کی آمد کی خبر دے۔وہ مسیح کا خادم ہونے کے لئے بلایا گیا تھا۔وہ اپنی خدمت کو پہچانتا تھا۔اور وہ اِس بات پر مطمئن تھا کہ خدا اُسے کس حد تک استعمال کرتا ہے۔وہ مسیح نہیں تھا۔وہ اُس کا پیامبر تھا۔

یوحنا کے دل کی خوشی مسیح کا بہترین پیامبر ہونا تھا۔وہ اپنی اسی خدمت میں مطمئن اور خوش تھا۔کسی کی خدمت اور نعمتوں و برکات پر نظر کرنا اور پھر وہ سب کچھ حاصل کرنا کس قدر آسان معلوم ہوتا ہے۔

لیکن خدا تو یہ چاہتا ہے کہ ہم اپنی زندگی میں اپنی خدمت اور بلاہٹ پر مطمئن، خوش اور شکر گزار رہیں۔ خواہ ہماری بلاہٹ اور خدمت بڑی ہو یا پھر معمولی نظر آنے والی ہو۔ جس مقصد کے لئے خدا نے ہمیں چنا ہے ہمیں اُسی پر مطمئن اور شکر گزار رہنا چاہیئے۔

سوئم، یوحنا نے اپنے شاگردوں کو وضاحت سے یہ سمجھانے کے لئے روزمرّہ زندگی سے ایک مثال استعمال کی کہ جب خداوند یسوع مسیح کو جلال ملا تو اُسے کیسا محسوس ہوا۔ اُس نے دلہے اور اُس کے دوست (شہ بالا) کی مثال کو استعمال کیا۔ کیا آپ کسی دوست کی شادی پر اُس کے شہ بالا (Best Man) بنے ہیں؟ اُس لمحہ آپ کے خیالات اور احساسات کیسے تھے؟ کیا آپ کا دل خوشی سے بھر گیا تھا اور آپ پھولے نہیں سما رہے تھے؟ دلہے میاں کو خوشی وخرمی کا دن نصیب ہوا ہے۔ سب کی آنکھیں دُلہے اور دُلہن پر لگی ہوتی ہیں۔ کوئی بھی شہ بالے کی طرف توجہ نہیں کرتا۔ کوئی بھی شہ بالے کے پاس آکر اُسے مبارک نہیں دیتا کہ اُسے دلہے میاں کے ساتھ کھڑے ہونے کے لئے چنا گیا۔ سب کی توجہ دلہے کی طرف ہوتی ہے۔ محض ایک شہ بالا ہوتے ہوئے آپ کچھ بھی تو نہیں کر سکتے۔ شہ بالا تو دلہے کی خوشی کے تعلق سے کوئی حسد محسوس نہیں کرتا۔ شہ بالے کو تو اُس کے دوست کی شادی پر خوشی محسوس ہوتی ہے۔

یہی یوحنا کا تجربہ تھا۔ اُسے تو خداوند کے آگے راہ تیار کرنے کے لئے بھیجا گیا تھا۔ شہ بالے کی طرح وہ دُلہے کی آمد کا منتظر تھا۔ یوحنا کو اُس وقت بڑی خوشی محسوس ہوئی جب خداوند یسوع منظر عام پر آئے۔ سب کی توجہ یوحنا سے ہٹ کر خداوند کی طرف لگ گئی۔ اصل میں ایسا ہی ہونا تھا۔ یوحنا کا دل خوشی سے بھر گیا۔ کیوں کہ یہ خداوند کا دن تھا۔

چہارم، یوحنا نے اپنے شاگردوں سے کہا کہ "ضرور ہے کہ وہ (یوحنا) "گھٹے" تا کہ خداوند یسوع "بڑھے" (آیت 30) یوحنا سمجھتا تھا کہ اُس کی خدمت لوگوں کی راہنمائی خداوند کی طرف کرنا ہے۔ یوحنا چاہتا تھا کہ لوگ خداوند یسوع پر نظر کریں۔ جب ہم اُس جلال اور عزت کو حاصل کر لیتے ہیں جو صرف اور صرف خداوند کو ہی زیبا ہے تو یہ اُس کی کس قدر تذلیل ہے۔

یوحنا کی طرح ہمیں ایسے خادمین بننا ہے جو خداوند کے نام کو جلال کو دیں۔ جب یوحنا نے خدا کی طرف سے بلاہٹ کو قبول کیا، تو اُس نے اپنی زندگی کو خداوند کے نام کو سر بلند کرنے کے لئے وقف کر دیا۔ وہ اپنی خودی کے اعتبار سے مر گیا اور اپنے آپ کو جلال دینے کا خیال تک اُس کے ذہن سے نہ گزرا۔ خدا کے خادمین ہوتے ہوئے ہمارا مقصد لوگوں کی توجہ اور راہنمائی خداوند کی طرف کرنا ہوتا ہے۔ یہی ہمارا مقصد حیات ہے اور یہی ہمارے دل کی خوشی وخرمی ہونی چاہئے۔

یوحنا بپتسمہ دینے والے نے 31-36 آیات میں اپنے شاگردوں کو یسوع کے اصل تشخص کے بارے بتاتے ہوئے اپنی گفتگو ختم کی۔ ''جو اُوپر سے آتا ہے وہ سب سے اُوپر ہے۔'' (31 آیت) خداوند یسوع مسیح اُوپر سے ہے۔ اُسے ہی سب چیزوں پر اختیار اور قدرت حاصل ہے۔ وہ بادشاہوں کا بادشاہ اور خداوندوں کا خدا ہے۔ وہ سب چیزوں کو اپنے اختیار اور قبضہ میں رکھتا ہے۔ ''جو کچھ اُس نے دیکھا اور سنا اُسی کی گواہی دیتا ہے۔'' (32) خداوند یسوع مسیح نے جو کلام کیا وہ اپنے ذاتی تجربہ سے کیا۔ جس طرح اُس نے کلام کیا، کوئی اُس طور سے کلام نہ کر سکا۔ کوئی آسمان پر نہیں چڑھا تھا اور نہ ہی کوئی باپ کے مقاصد اور اُس کے منصوبوں سے واقف اور آگاہ تھا۔ یسوع نے خدا کا کلام بیان کیا۔ وہ روح ناپ ناپ کر نہیں دیتا۔ (34 آیت)

باپ بیٹے سے محبت رکھتا ہے اور اُس نے اُسے پورا اختیار دیا ہے۔ (35 آیت) خداوند یسوع مسیح باپ کی طرف سے ہر ایک کام کرتا ہے اور کچھ بھی نہیں جو وہ اُس کی مرضی کے بغیر کرتا ہو۔ کائنات کی دیکھ بھال اور اُس کا سارا اختیار اُسی کے ہاتھوں میں ہے۔ یسوع پر ایمان لانے سے ابدی زندگی ملتی ہے۔ اُسے رد کرنے کا مطلب آسمانی باپ کے قہر وغضب اور اُس کی عدالت کے نیچے آنا ہے۔ (36 آیت)

یوحنا کو اِس بات سے کوئی حسد نہ ہوا کہ یسوع کے شاگرد اُس سے بھی زیادہ لوگوں کو بپتسمہ دے رہے ہیں کیوں کہ وہ حقیقی طور پر جانتا تھا کہ یسوع کون ہے۔ لیکن یوحنا کے شاگردوں کا مسئلہ یہ تھا کہ وہ یسوع سے واقف نہیں تھے۔ یسوع کو سمجھنے اور جاننے کا مطلب اُس کے تابع ہو جانا ہے۔ اُسے

پہچاننے کا مطلب پورے دل سے یہ کہنا ہے۔ ''ضرور ہے کہ وہ بڑھے اور میں گھٹوں'' میری دُعا ہے کہ خدا ہم سب کو یوحنا جیسا روّیہ عطا فرمائے، آمین۔

چند غور طلب باتیں

☆۔ اُس وقت کو یاد کریں جب آخری مرتبہ آپ کو کسی پر حسد محسوس ہوا تھا۔ یوحنا بپتسمہ دینے والے کی مثال آپ کو حسد کی حقیقی وجہ کے تعلق سے کیا سیکھاتی ہے؟

☆۔ اِس باب میں آپ نے جو اصول سیکھے ہیں اُن پر غور کریں۔ حسد سے نبرد آزما ہونے کے لئے آپ کو کون سا اصول کارآمد اور مفید لگتا ہے؟

☆۔ جب سب کچھ آپ کی سوچ وفکر اور دلی محرکات کے مطابق ہوتا ہوا دکھائی نہ دے تو کیسا روّیہ اختیار کرنا چاہئے؟ اِس تعلق سے آپ اِس باب میں کیا سیکھتے ہیں؟

چند اہم دُعائیہ نکات

☆۔ خداوند سے اُس وقت کے لئے معافی مانگیں جب آپ کو اپنی زندگی میں کسی کے تعلق سے حسد محسوس ہوا۔

☆۔ خداوند سے مدد مانگیں تاکہ آپ اپنی زندگی میں اُس کی طرف سے ملنے والی خدمت کے حصے پر اظہار اطمینان کر سکیں۔

☆۔ چند لمحات کے لئے کسی خادم کی خدمت اور نعمت و برکات کے لئے خدا کی شکرگزاری کریں۔ (بالخصوص کسی ایسے خادم کی خدمت اور نعمت و برکات کے لئے جس پر آپ کو رشک آتا ہے۔)

باب 9

سامری عورت

یوحنا4:1-42

خداوند کس قسم کے شخص کو اپنی خدمت کے لئے استعمال کرسکتا ہے؟ آپ کو بہت زیادہ علم الٰہیات کی ضرورت نہیں کہ خدا آپ کو استعمال کرے۔ نہ ہی بہت سالوں کا تجربہ اِس کے لئے درکار ہوتا ہے۔ آپ جیسے بھی ہیں خداوند آپ کو استعمال کرسکتا ہے۔ سامری عورت کا واقعہ اِس کی ایک زبردست مثال ہے۔

خداوند یسوع مسیح کے شاگرد یہودیہ کے ملک میں اُن لوگوں کو بپتسمہ دے رہے تھے جو اُن کے پاس آ رہے تھے۔ فریسیوں نے بھی خداوند یسوع کی خدمت کے بارے سنا۔ تیسرے باب میں ہم نے دیکھا کہ کس طرح فریسیوں نے یوحنا بپتسمہ دینے والے کی خدمت کو اپنے تعصب کا نشانہ بنایا۔ ایسی صورتحال سے دوچار ہونا نہ تو مفید اور نہ ہی دل پسند ہوتا ہے۔ یہی وجہ ہے کہ خداوند کو فریسیوں سے بات کرنا اچھا نہ لگا اور وہ یہودیہ سے چلے گئے۔

خداوند نے گلیل کو جانے کا فیصلہ کیا۔ بالعموم سیدھا اور مختصر راستہ سامریہ سے ہی گلیل کو جاتا تھا۔ یہودی لوگ تو سامریہ کے علاقہ سے گزرتے بھی نہیں تھے کیوں کہ وہ سامریوں سے نفرت کرتے تھے۔ یسوع کے دَور کے یہودی تو یہاں سے گزرنے کی بجائے کسی اور علاقہ سے گزرنے کو ترجیح دیتے تھے خواہ انہیں کتنا بھی لمبا سفر طے کرنا پڑتا۔ چوتھی آیت میں ہم پڑھتے ہیں کہ ''اور اُس کو سامریہ سے ہو کر جانا ضرور تھا۔'' ظاہری بات ہے کہ خدا اُس علاقہ کے تعلق سے ایک منصوبہ اور مقصد رکھتا تھا۔

ہمارا خداوند سامریہ میں سوخار نام کے ایک شہر میں آیا، (5 آیت) سوخار اُس قطعہ اراضی کے قریب

ہے جو یعقوب نے اپنے بیٹے یوسف کو دیا تھا۔ یعقوب کا کنواں بھی اُسی علاقہ میں تھا۔ یہ کنواں بڑی تاریخی اہمیت کا حامل تھا۔

جب شاگرد شہر میں کھانا لینے گئے ہوئے تھے تو خداوند کچھ دیر آرام کرنے کے لئے اُس کنواں پر بیٹھ گئے۔ یہ دوپہر کا وقت تھا۔ خداوند یسوع مسیح وہاں پر بیٹھے ہوئے تھے تو ایک عورت اُس کنویں پر آئی۔ اُس عورت کے تعلق سے بہت سی باتیں قابل غور ہیں۔

اول۔ وہ ایک عورت تھی، یہودی تہذیب کے مطابق ایک مرد کا سرعام ایک عورت سے بات چیت کرنا مناسب خیال نہیں کیا جاتا تھا۔ اُس عورت سے باتیں کرنے سے خداوند یہودی تہذیب و ثقافت کی خلاف ورزی کر رہے تھے۔ جب شاگرد شہر سے واپس لوٹے، تو وہ اپنے خداوند کو ایک عورت سے باتیں کرتے ہوئے دیکھ کر بہت حیران ہوئے۔ (27 آیت)

قابلِ غور بات یہ ہے کہ وہ عورت ایک سامری تھی۔ 9 آیت واضح کرتی ہے کہ یہودی لوگ سامریوں سے کسی طرح کا برتاؤ اور میل جول نہیں رکھتے تھے۔ ہم پہلے ہی ذکر کر چکے ہیں کہ کسی اُچھوت سامری کا سامنا کرنے کی بہ نسبت یہودی لوگ لمبا سفر کر کے گلیل کو جانے پر ترجیح دیتے تھے۔ خداوند یسوع مسیح سامری لوگوں کے تعلق سے ایسے احساسات اور جذبات نہیں رکھتے تھے۔

تیسری بات، یہ عورت پانچ شوہر کر چکی تھی۔

اور اب جس شخص کے ساتھ زندگی بسر کر رہی تھی وہ اُس کا شوہر نہیں تھا۔ (16-18 آیات) اِن آیات سے ہمیں اِس عورت کے تعلق سے کچھ معلومات ملتی ہیں۔ اُس کے پانچ شوہروں کو کیا ہوا تھا؟ اگرچہ بائبل مقدس ہمیں اِس تعلق سے کچھ نہیں بتاتی، اِس بات پر ایمان رکھنا کہ وہ سب مر چکے تھے ناقابل یقین سا لگتا ہے۔ جس شخص کے پاس وہ رہ رہی تھی وہ اُس کا منکوحہ شوہر نہیں تھا، اِس سے ہمیں یہ اندازہ ہوتا ہے کہ یہ عورت اخلاقیات کی حدود و قیود سے بالکل آزاد تھی۔ قیاس آرائی کی جا سکتی ہے کہ اِس عورت کو کئی بار طلاق ہوئی ہوگی۔ ظاہری بات ہے کہ اِس عورت کو رشتے ناطے نبھانا نہیں آتا تھا۔

خداوند یسوع مسیح کے سامنے ایک پریشان حال عورت کھڑی تھی۔ وہ پانچ شوہر کر چکی تھی۔ اب جس شخص کے ساتھ زندگی بسر کر رہی تھی اُس کے ساتھ اُس نے نکاح کی بھی زحمت گوارا نہیں کی تھی۔ کیا وہ تنہائی محسوس کر رہی تھی؟ کیا وہ خود کو رد کی ہوئی عورت محسوس کرتی تھی؟ کیا وہ پریشان حال عورت تھی؟ کیا وہ اپنے آپ کو غیر محفوظ محسوس کرتی تھی؟ اِن سارے سوالات کے جوابات کیلئے ہم صرف قیاس آرائی ہی کر سکتے ہیں۔

خداوند یسوع مسیح نے اُس عورت سے پانی مانگتے ہوئے اپنی گفتگو کا آغاز کیا۔ سامری عورت کو بہت تعجب محسوس ہوا کہ یسوع اُس سے باتیں کر رہا ہے۔ اُس نے اپنی اِس حیرت اور تعجب کا اظہار بھی کیا۔ (9 آیت) ایسا کرنے سے اُس عورت نے خداوند کو یہودیوں اور سامریوں کے درمیان رخنہ یاد دلایا۔

خداوند نے اُسے جواب دیا کہ کاش وہ جانتی کہ جو اُس سے پانی مانگتا ہے وہ کون ہے۔ اُس کے پاس بھی دینے کو پانی ہے۔ تاہم جو پانی یسوع دیتا ہے وہ زندگی کا پانی ہے۔ جو اُس پانی سے کہیں بہتر تھا جو سامری عورت یعقوب کے کنویں سے نکالتی تھی۔ (10 آیت)

یوں لگتا ہے کہ اِس تجویز پر وہ عورت ناراض ہوئی، کیا ممکن ہے کہ اُسے اپنی قوم کے لئے یہ بات ایک بے عزتی محسوس ہوئی؟ یہ بات صاف ظاہر ہے کہ جو کچھ خداوند نے کہا وہ اُس عورت کو ناگوار سا لگا۔ اُس عورت نے کہا ''کیا تو ہمارے باپ یعقوب سے بڑا ہے جس نے ہم کو یہ کنواں دیا اور خود اُس نے اور اُس کے بیٹوں نے اور اُس کے مویشی نے اُس میں سے پیا؟'' (12 آیت)

خداوند نے یعقوب کے کنویں کے پانی اور اِس پانی میں فرق بیان کیا جو وہ دینے کی قدرت رکھتا ہے۔

خداوند یسوع مسیح نے 14 ویں آیت میں کہا، جو پانی میں اُسے دوں گا وہ اُس میں ایک چشمہ بن جائے گا جو ہمیشہ کی زندگی کے لئے جاری رہے گا۔'' خداوند اُس نجات کی طرف اشارہ کر رہے تھے جو وہ بنی نوع انسان کو پیش کرنے کے لئے آتے تھے۔ نجات آبِ حیات کی مانند ہے۔

پانی کے بغیر ہم زندہ نہیں رہ سکتے۔ پانی کے بغیر ہر طرف بنجر پن اور قحط سالی ہوتی ہے۔ وہ نجات جو خداوند دیتا ہے وہ ترستی جانوں کو تسکین بخشتی اور روئیدگی اور شادابی کا باعث ہوتی ہے۔ جو کوئی خداوند کی نجات کے چشموں سے پانی پی لیتا ہے، وہ کبھی پیاسا نہ ہوگا۔

بلکہ ہمیشہ کے لئے اپنے اندر ایک آسودگی کا تجربہ کرتا ہے۔ کیا آپ نے اپنے اندر ایسی پیاس محسوس کی ہے؟ کیا آپ نے کبھی محسوس کیا ہے کہ آپ کی زندگی میں ایک خلا اور تشنگی پائی جاتی ہے؟ کیا آپ کی زندگی بے مقصد اور بے معنی سی معلوم ہوتی ہے؟ کیا آپ کی زندگی بیابان کے صحرا کی مانند ہے؟ اگر ایسا ہے تو پھر آپ کو نجات کے چشموں سے پینے کی ضرورت ہے۔ نجات کا آبِ حیات جو خداوند دیتا ہے اِس طور سے آپ کے اندر پائی جانے والی پیاس کی تسکین کرے گا جو کوئی اور نہیں کر سکتا۔ آئیں اور اِسی وقت جی بھر کر پئیں۔ نجات کا یہ پانی بلا قیمت مفت ملتا ہے۔

جو کچھ خداوند کہہ رہا تھا سامری عورت سمجھ نہ سکی۔ اُس عورت نے اُس سے کہا، ''اَے خداوند وہ پانی مجھ کو دے تاکہ مَیں نہ پیاسی ہوں نہ پانی بھرنے کو یہاں تک آؤں۔'' آیت 15) وہ ابھی تک دنیاوی پانی کے بارے میں خیال کر رہی تھی۔ وہ ابھی تک خداوند کی بات نہیں سمجھی تھی۔

خداوند نے اُس کو سمجھانے کے لئے کہا کہ وہ پہلے اپنے شوہر کو بلا کر لائے۔ یہی بات اُس کے دل پر نشتر محسوس ہوئی۔ اُس نے خداوند سے کہا، ''میں بے شوہر ہوں۔''

(17) خداوند یسوع مسیح نے اُس سے کہا، ''تو نے خوب کہا کہ میں بے شوہر ہوں، کیوں کہ تو پانچ شوہر کر چکی ہے اور جس کے پاس تو اَب ہے وہ تیرا شوہر نہیں ہے۔ یہ تو نے سچ کہا۔'' (17-18) وہ خداوند سے اپنا حال چھپا نہ سکی۔ خداوند یسوع مسیح اُس کی زندگی کی حالت سے پردہ اُٹھاتے ہوئے اُسے ایک نجات دہندہ اور نجات کے چشموں سے پانی پینے کی ضرورت کا احساس دلا رہے تھے۔ یہی پانی اُس کی زندگی کے اندرونی دُکھوں اور غموں سے اُسے رہائی دے سکتا تھا۔ کیا وہ مردوں کے ساتھ تعلقات استوار کر کے اپنی زندگی کے دُکھوں اور غموں کو چھپانے کی کوشش کر رہی تھی؟ وہ پانی جو خداوند یسوع مسیح نے پیش کیا وہ تنہائی، خالی پن، عدم تحفظ اور دیگر کئی

ایک خراب حالتوں سے شفا کی مجرب دوا تھا۔خداوند یسوع مسیح اُس کی ضرورت سے آگاہ اور باخبر تھے۔اُنہوں نے اُس کی اہم ضرورت پر اُنگلی رکھ دی۔اور پھر اُس کا حل بھی بتا دیا۔

خداوند یسوع مسیح کے اِس بیان سے اُس عورت کو بڑا دھچکا سا لگا۔اب اُس عورت کو اِس بات کا احساس ہوا کہ جو اُس سے باتیں کر رہا ہے وہ محض ایک یہودی آدمی نہیں ہے۔اُس کے سامنے ایک نبی تھا۔یہ شخص تو صرف اُسی صورت میں ہی اُس عورت کے تعلق سے سب کچھ جان سکتا تھا اگر خدا اُس پر سب کچھ ظاہر کرتا۔

خداوند یسوع کو نبی سمجھنے کے بعد، سامری عورت نے خداوند یسوع مسیح کی توجہ اپنے سے ہٹانے کی کوشش کرتے ہوئے سامریوں اور یہودی لوگوں کے درمیان پائے جانے والے تضادات اور تفرقات کو بیان کرنا شروع کر دیا۔اُس عورت نے ایک پرانا قصہ چھیڑ دیا کہ دونوں گروہوں کو کہاں پر خدا کی عبادت اور پرستش کرنی چاہئے۔

تاہم خداوند یسوع مسیح نے اپنی توجہ میں خلل پیدا نہ ہونے دیا۔خداوند نے بتایا کہ وہ وقت آتا ہے جب جغرافیائی حدود خداوند کی پرستش میں کوئی اہمیت نہ رکھیں گی۔خدا تو جگہ کی بجائے پرستش کے لئے دل کے روّیہ پر زیادہ نگاہ کرتا ہے۔خداوند یسوع مسیح نے اُس سامری عورت کو بتایا کہ سچے پرستار "روح اور سچائی" سے پرستش کرنے کے لئے فکرمند ہوتے ہیں۔(24)

بہت سے لوگ ہیں جو خداوند کی سچائیوں کو ذہنی طور پر قبول کرتے ہیں، وہ علم الٰہیات سے لطف اندوز ہوتے ہیں لیکن اُن کی روحوں میں کوئی جنبش پیدا نہیں ہوتی۔حقیقی پرستش اُسی وقت ہوتی ہے جب ہماری روحیں خدا کے ساتھ محوِ گفتگو ہوتی ہیں۔حقیقی پرستش خدا کے روح کے ہمارے دلوں میں کام کرنے سے پیدا ہوتی ہے۔حقیقی پرستش خدا کے روح کی راہنمائی سے اور خدا کے کلام سے متحرک ہوتی ہے۔حقیقی پرستش ہماری دلوں اور روحوں کو چھوتی اور ہمیں خدا کی حضوری میں لاتی ہے۔

اگرچہ سامری عورت خداوند کے جواب کی حکمت سے متاثر ہوئی تو بھی اُس نے خداوند کی بات کو قبول نہ کیا۔اُس نے بیان کیا کہ جب مسیح آئے گا تو وہ سب باتیں ہمیں سمجھا دے گا۔خداوند یسوع

مسیح نے اُسے کہا، ''میں جو تجھ سے بول رہا ہوں، وہی ہوں۔'' (26 آیت) یہ سن کر اُس عورت کو ایک جھٹکا سا لگا ہوگا۔ وہ خداوند کے ساتھ بحث مباحثہ کرتی چلی آئی تھی لیکن جب اُس نے یسوع کی بات سنی، اُس نے پانی کا گھڑا وہیں چھوڑا اور شہر میں چلی گئی۔ اُس نے اپنے دوست احباب اور عزیز و اقارب سے کہنا شروع کر دیا، آؤ اور دیکھو، کیا ممکن ہے کہ یہی مسیح ہو۔ اُس شہر کے لوگ از خود دیکھنا چاہتے تھے کہ جو کچھ وہ عورت بیان کر رہی ہے واقعی سچ ہے۔ وہ لوگ شہر سے نکل کر اُس کے پاس آنے لگے۔ (30 آیت)

اُسی دوران شاگرد جو کھانا لینے کے لئے گئے ہوئے تھے واپس آ گئے۔ جب اُنہوں نے اُسے کھانا پیش کیا تو خداوند نے اُنہیں بتایا کہ اُس کے پاس ایسا کھانا ہے جس کے بارے وہ نہیں جانتے۔ (32 آیت) یہ سن کر شاگرد کشمکش و پیچ کا شکار ہو گئے۔ اُنہیں خداوند یسوع کی بات سمجھ نہ آئی۔ سامری عورت کی طرح وہ بھی سمجھے کہ خداوند جسمانی عقل سے بات کر رہے ہیں۔ لیکن خداوند یسوع مسیح تو روحانی کھانے کی بات کر رہے تھے۔

اُس کا کھانا تو آسمانی باپ کی مرضی کو پورا کرنا تھا۔ اُسے کچھ دیر پہلے سامری عورت کو گواہی دینے کا موقع ملا تھا، اِسی سے اُس کی جان آسودہ ہو گئی تھی۔ کاش خداوند کی مرضی کو جاننا اور اسے پورا کرنا ہی ہمارے دل کی خوشی و خرمی بنا جائے!

کیا آپ خداوند کی اُس تسلی اور آسودگی سے واقف ہیں جو خدا کی خدمت کر کے حاصل ہوتی ہے؟ اُس کی خدمت کرنا کس قدر خوشی اور خرمی کی بات ہے! اِس سے بڑھ کر اور کون سے بات خوشی اور مسرت کا باعث ہو سکتی ہے کہ خدا آپ کو کسی کی برکت اور تسلی کے لئے استعمال کرے۔ خدا کی خدمت باعث برکت ہوتی ہے۔ وہی مسیحی روحانی طور پر ناتواں، کمزور اور بھوکے پیاسے رہتے ہیں جو خداوند کی خدمت سے حاصل ہونے والی برکت سے محروم ہوتے ہیں۔

خداوند یسوع مسیح جانتے تھے کہ اُس سامری عورت سے ملاقات ایک بہت بڑے کام کا آغاز ہے۔ خداوند نے اپنے شاگردوں کو بتایا تھا کہ فصل تو بہت زیادہ ہے جسے جمع کرنے کی ضرورت

ہے۔اُنہوں نے اُس کے لئے کوئی کام نہیں کیا تھا۔جو فصل دوسروں نے بوئی تھی اُسے اُنہوں نے کھتے میں جمع کرنا تھا۔تھوڑی ہی دیر میں وہ خوشی منارہے ہوں گے۔(35-38 آیات)

جو کچھ خداوند بیان کررہے تھے شاگردوں کو اُس کی سمجھ نہ آئی۔جس فصل کا خداوند ذکر کررہے تھے وہ جلد ہی سامنے آ گئی۔شاگردوں کو ابھی شہر سے واپس آئے ہوئے تھوڑا وقت ہی گزرا تھا۔یعقوب کے کنویں کے گرد سامری متلاشی جوق در جوق جمع ہورہے تھے۔وہ بہت سے سوالات لے کر وہاں آئے تھے۔وہ اِس لئے آئے تھے کیوں کہ سامری عورت نے اُنہیں مدعو کیا تھا۔اُنہوں نے خداوند کی باتیں بغور سنی تھیں۔خدا کے روح نے اُن کے درمیان جنبش کی اور وہ خداوند یسوع مسیح پر ایمان لے آئے۔(39 آیت)اب وہ سامری عورت کی وجہ سے خداوند یسوع مسیح پر ایمان نہیں لائے تھے۔بلکہ خداوند کے کلام کو سن کر اُس پر ایمان لے آئے تھے۔اُنہوں نے اُسے مدعو کیا کہ وہ اُن کے ہاں قیام کرے،۔خداوند نے اپنے شاگردوں کے ساتھ دو دن وہاں قیام کیا۔اور سامریہ میں کلام کی منادی کرتے اور تعلیم دیتے رہے۔

(40 آیت)اُس دن اُنہوں نے عہدِ عتیق کی بہت بڑی بیداری کو دیکھا۔

یہ بیداری کیسے شروع ہوئی؟ یہ بیداری اُس وقت شروع ہوئی جب وہ عورت خداوند کے تعلق سے سچائی اور اپنی گناہ آلودہ حالت سے واقف ہوئی۔اُس کے پاس وقت نہیں تھا کہ وہ اپنے گناہوں کا اقرار کر کے اُن کو ترک کردے۔وہ اپنے دوست احباب کے پاس گئی،جو کچھ اُس نے سنا تھا اُس کی منادی کرنا شروع کر دی۔خدا نے عجیب طور سے اُس سامری عورت کے وسیلہ سے بہت سی زندگیوں کو چھوا۔خدا کسی کو بھی استعمال کرسکتا ہے۔اُسے کسی ماہر مرد یا بہت تعلیم یافتہ عورت یا پھر بہت زیادہ قابل شخص کی ضرورت نہیں جو اُس کی مرضی کو پورا کرے۔خداوند یسوع وہی کام کسی بہت زیادہ پڑھے لکھے شخص سے لے سکتا ہے جو سادہ سی سامری عورت سے لے سکتا ہے۔آپ جیسے بھی ہیں خدا آپ کو استعمال کرسکتا ہے۔کیا آپ خود کو اُس کے تابع نہیں کریں گے کہ وہ آپ کو استعمال کرے؟ جو کچھ خدا آپ کے وسیلہ سے کرے گا آپ اُسے دیکھ کر حیران رہ جائیں گے۔

چند غور طلب باتیں

☆۔کیا آپ کے محلے میں سامری عورت جیسے لوگ موجود ہیں (تنہا، غیر اہم، رد کئے ہوئے)؟ کیا آپ اُن تک پہنچنے کے لئے تیار ہوں گے؟

☆۔وہ کون سے ایسے طریقے ہیں جن میں آج کی کلیسیا خداوند یسوع کے دَور کے یہودیوں جیسی بن گئی ہے (متعصب، مغرور، متکبر)؟

☆۔خدا کے کلام کا یہ حصہ ہمیں اِس تعلق سے کیا سیکھاتا ہے کہ خدا کس قسم کے لوگوں کو استعمال کر سکتا ہے؟

چند اہم دُعائیہ نکات

☆۔کیا سامری عورت آپ کے محلے میں موجود کسی شخص کی یاد دلاتی ہے؟ چند لمحات کے لئے دورِ جدید کے سامری لوگوں کے لئے دُعا کریں۔

☆۔خداوند یسوع مسیح جیسی حلیمی اور فروتنی کے لئے خدا سے دُعا کریں تاکہ آپ بھی دُنیا کے رد کئے ہوئے لوگوں تک رسائی حاصل کر سکیں۔

☆۔اِس بات کے لئے خداوند کا شکر کریں کہ آپ جیسے بھی ہیں وہ آپ کو استعمال کرنے کی قدرت رکھتا ہے۔

رشتے بنانے سے نہیں بلکہ نبھانے سے بنتے ہیں

باب 10

بادشاہ کے ملازم کا بیٹا

یوحنا 4:43-54

خداوند یسوع مسیح نے سامریہ میں دو دن گزارے تھے، بہت سے سامری لوگ مسیح پر ایمان لے آئے تھے۔ اُس وقت کیسی خوشی اور مسرت کا سماں تھا! جو کچھ ہو رہا تھا اُس سے شاگردوں کے حوصلے بلند ہو رہے تھے۔ خداوند یسوع پر سامریوں کو ایمان لاتے دیکھ کر شاگردوں کا ایمان مضبوط ہوا ہوگا۔ جب اُنہوں نے دیکھا کہ خدا ایسے ردکئے ہوئے لوگوں کے لئے بھی پُرفضل منصوبہ رکھتا ہے تو اِس سے اُن کا تعصب پاش پاش ہو گیا ہوگا۔

خداوند سامریہ سے گلیل کے علاقہ کی طرف چلے گئے۔ یوحنا 4:3 کے مطابق یہی خداوند کی اصل منزل تھی۔ 44 آیت کے مطابق خداوند اِس لئے یہود یہ سے چلے گئے تھے کیوں کہ اُس کے اپنے لوگوں نے اُسے ایک نبی کے طور پر قبول نہیں کیا تھا۔ (متی 13:54-58) گلیل کو جاتے ہوئے تھوڑی دیر کے لئے سامریہ میں رُکنے سے اُسے اپنے علاقہ سے کہیں مختلف اور مثبت ردِعمل دیکھنے کو ملا۔ کھلے دل سے سامریہ کے لوگوں نے اُسے قبول کیا اور اُس پر ایمان لے آئے۔

45 آیت ہمیں بتاتی ہے کہ گلیل کے لوگوں نے بھی اُسے خوش آمدید کہا، یوں لگتا ہے کہ اُنہوں نے اُسے یروشلیم میں عیدِفسح کے دوران بہت سے معجزات کرتے ہوئے دیکھا تھا۔ اُس کا چرچا عام ہو رہا تھا۔ 46 آیت ہمیں بتاتی ہے کہ خداوند یسوع اور اُس کے شاگرد قانائے گلیل کو گئے جہاں خداوند نے پانی کو مے بنایا تھا۔ وہاں سے سولہ میل (25 کلومیٹر) دُور کفرنحوم میں بادشاہ کا ایک ملازم رہتا تھا۔ جس کا بیٹا بیمار اور قریب المرگ تھا۔ اُس افسر نے خداوند یسوع اور اُس کے معجزات کا تذکرہ سن رکھا تھا۔ جب اُسے علم ہوا کہ یسوع اِس علاقہ میں ہے تو اُس نے شخصی طور پر اپنے بیٹے کی

شفا کے لئے یسوع سے بات کرنے کا فیصلہ کیا۔

اُس افسر نے خداوند کے پاس آ کر کہا کہ وہ اُس کے گھر آ کر اُس کے بیٹے کو شفا دے۔ اُس نے خداوند کو بتایا کہ اُس کا بیٹا مرنے کو ہے۔ خداوند کا جواب بڑا حیران کن تھا۔ ''جب تک تم نشان اور عجیب کام نہ دیکھو ہرگز ایمان نہ لاؤ گے؟'' (48 آیت) کیا یہاں پر یسوع اُس افسر سے مخاطب تھے؟ خداوند کو اُس سے اِس طور سے بات نہیں کرنی چاہئے تھی۔

وہ شخص تو اپنے دل میں ایک بوجھ رکھ کر آیا تھا کہ اُس کا بیٹا شفا پا جائے۔ خداوند یسوع ہی اُس کی واحد اُمید تھی۔ جب خداوند نے یہ کہا۔ ''جب تک تم نشان اور عجیب کام نہ دیکھو ہرگز ایمان نہ لاؤ گے؟'' تو خداوند کس سے مخاطب تھے؟ ہوسکتا ہے کہ یہ بات خداوند نے اُن گلیلی لوگوں سے کہی ہو جو اُس کے اِرد گرد محض ایک اور معجزہ دیکھنے کے منتظر تھے۔ 45 آیت کو دوبارہ ذہن میں لائیں تو آپ کو یاد آئے گا کہ گلیلی لوگوں نے اِس لئے خداوند کو جلد قبول کر لیا تھا کیوں کہ اُنہوں نے یروشلیم میں عید فسح کے موقع پر اُس کے بہت سے معجزات دیکھے تھے۔

وہاں پر جمع شدہ بھیڑ کے لئے یہ کس قدر خوشی کی بات اور پر جوش لمحہ ہوگا کہ ایک شخص نے اُس سے کچھ کرنے کی درخواست کی ہے۔ اُنہوں نے یسوع کے معجزات کا تذکرہ سن رکھا تھا۔ کیا ممکن ہے کہ بہت سے لوگ اِس لئے بھی اُس کے پیچھے ہو لئے ہوں کہ اُس کی معجزانہ قدرت کو ایک بار پھر سے کام کرتا ہوا دیکھیں؟ اُس کا ایک اور معجزہ دیکھنے کے لئے اِس سے اچھا موقع اور کون سا ہوسکتا تھا؟ خداوند نے لوگوں کا روّیہ دیکھا۔

خداوند لوگوں کی تفریح کے لئے ایک اور معجزہ کرنے کے لئے بالکل تیار نہ تھے۔ اُس نے اُن کے غلط روّیوں اور بے اعتقادی پر اُنہیں ڈانٹا۔ جب خداوند بھیڑ سے مخاطب تھے، اُس افسر نے اُس کی بات کاٹتے ہوئے کہا، ''اَے خداوند میرے بچہ کے مرنے سے پہلے چل۔'' (49 آیت) خداوند یسوع مسیح جلدی میں نہیں تھے۔ سب کچھ اُس کے اختیار میں ہے۔ اُس نے بادشاہ کے ملازم سے کہا، ''تیرا بیٹا جیتا ہے۔'' (50 آیت)

خداوند یسوع مسیح بادشاہ کے ملازم کے گھر نہیں گئے۔ اگر وہ اُس کے گھر جاتے تو بھیڑ نے بھی اُس کے پیچھے جانا تھا۔ وہ سب لوگ تو پہلے ہی اُس کی قدرت کو کام کرتا ہوا دیکھنے اور معجزات سے لطف اندوز ہونے کے لئے وہاں جمع ہوئے تھے۔ خداوند یسوع مسیح وہاں پر اپنی قدرت کا مظاہرہ کرنے کے لئے تیار نہ تھے۔ اُس نے دُور ہی سے صرف کہہ کر اُس لڑکے کو شفا دی۔ وہ بھیڑ اپنی بے اعتقادی اور دل کے غلط روّیوں سے اِس معجزہ کو نہ دیکھ سکی۔ خداوند نے اُن پر اپنی قدرت ظاہر کرنا نہ چاہا۔

اُس دن اُنہوں نے خدا کی قدرت کو اپنی آنکھوں سے کام کرتے ہوئے نہ دیکھا۔ وہ صرف معجزات میں دلچسپی رکھتے تھے لیکن خداوند یسوع کے ذات میں بالکل دلچسپی نہ لیتے تھے۔ اور نہ ہی اُنہیں اُس مرتے ہوئے بچے کی فکر تھی۔

اب رہی بادشاہ کے ملازم کی بات، جب خداوند نے اُسے کہا کہ وہ گھر لوٹ جائے، اُس نے ایسا ہی کیا۔ اُس نے اُس کلام پر ایمان رکھا کہ خداوند نے اُس کی درخواست سن لی ہے۔ اور وہ اُس کے بچہ کو شفا دے گا۔ وہاں پر جسمانی طور پر قدرت کا مظاہرہ نہ ہوا۔ نہ ہی آسمان سے کوئی بادل گرجا اور نہ بجلی کڑکی۔ خداوند اُس کے گھر تک نہ گئے۔ یہ معجزہ تو بڑی خاموشی سے اور بڑی پوشیدگی میں ہوا تھا۔

جب وہ افسر گھر واپس پہنچا تو اُس کے ملازم اِس اچھی خبر کے ساتھ اُسے ملنے کو دوڑے کہ اُس کا بچہ صحت یاب ہو گیا ہے۔ جب اُس نے پوچھا کہ اُسے کس وقت شفا ملنا شروع ہو گئی تھی تو اُسے معلوم ہوا کہ بالکل اُسی وقت وہ اچھا ہونا شروع ہو گیا تھا جب خداوند نے اُسے کہا تھا کہ وہ اپنے گھر چلا جائے اُس کا بیٹا جیتا رہے گا۔

خدا کی راہیں ہماری راہیں نہیں ہیں۔ ہمیں یہ تو معلوم نہیں کہ جب وہ افسر خداوند کے پاس گیا ہو گا تو اُس کی کیا توقعات ہوں گی۔ وہ تو یہ چاہتا تھا کہ یسوع اُس کے ساتھ اُس کے گھر آئے۔ لیکن خداوند نے ایسا نہیں کیا۔ اِسی طرح بھیڑ بھی یسوع کی قدرت کا مظاہرہ دیکھنے کی خواہش مند

تھی۔ایک بار پھر خداوند نے اُنہیں مایوس کیا۔

اُس واقعہ میں کچھ اور بھی ہے جو ہمیں سمجھنے کی ضرورت ہے۔اگرچہ خداوند نے اُس افسر کی توقع اور سوچ کے مطابق کام نہ کیا تو بھی وہ شخص تابعداری کے ساتھ گھر کو لوٹا اِس ایمان کے ساتھ کہ اُس کی درخواست سن لی گئی ہے۔کیا ممکن ہے کہ بادشاہ کے اِس ملازم کی طرح آپ کی دُعا بھی سن لی گئی ہے؟ جب اِس افسر کی درخواست پہلے ہی سن لی گئی تھی، اگر وہ بار بار خداوند سے کہتا کہ وہ اُس کے گھر جا کر اُس کے بیٹے کو شفا دے تو یہ کس قدر احمقانہ روّیہ ہوتا۔

اب تو اُسے تابعداری سے ایمان کا قدم اُٹھانا تھا۔گھر لوٹتے وقت اُس شخص کے پاس سوائے یسوع کے کلام کے اور کچھ نہ تھا۔اُسے اور کس بات کی ضرورت تھی؟ بہت سے ایسے لوگ ہیں جو خداوند کے پاس آنے کے لئے ایمان اور تابعداری سے قدم اُٹھانے سے قبل آسمان سے کسی گرج چمک کے منتظر رہتے ہیں۔کیا آپ نے خداوند کی دھیمی آواز سن لی ہے؟ جی ہاں آپ کو صرف اِسی آواز کی ضرورت ہے۔بالکل بادشاہ کے ملازم کی طرح جس نے کلام کو قبول کیا اور خداوند پر توکل اور بھروسہ کرتے ہوئے تابعداری سے قدم اُٹھایا اور گھر چلا گیا۔

چند غور طلب باتیں

☆۔آپ کے خیال میں کونسی چیزیں ہیں جو آج خداوند کو اپنی قدرت کو ظاہر کرنے سے روکے ہوئے ہیں؟

☆۔ہماری توجہ کیوں معجزات اور نشانات پر مرکوز ہو جاتی ہے؟ خدا کے کلام پر سادگی سے ایمان اس قدر مشکل کیوں لگتا ہے؟

☆۔کیا ممکن ہے کہ جو درخواست آپ خداوند سے کر رہے ہیں، اُس کا جواب آپ کو پہلے ہی مل چکا ہے؟ کیا ممکن ہے کہ آپ اُس درخواست کے جواب کو دیکھنے سے قاصر ہیں کیوں کہ آپ کسی اور طریقہ سے جواب کے منتظر ہیں؟

چند اہم دُعائیہ نکات

☆۔اِس بات کے لئے خداوند سے معافی مانگیں کہ آپ یہ توقع کرتے رہے کہ خداوند آپ کی سوچ اور طریقہ کے مطابق آپ کی دُعا کا جواب دے۔

☆۔خدا کی مرضی کے تابع ہو جائیں۔خداوند سے توفیق اور فضل مانگیں کہ آپ اُن منصوبوں کو تسلیم اور قبول کر سکیں جو وہ آپ کے لئے رکھتا ہے۔حتیٰ کہ یہ بھی ہو سکتا ہے کہ وہ منصوبے آپ کی مرضی اور سوچ سے مختلف ہوں۔

☆۔اِس بات کے لئے خداوند کے شکرگزار ہوں کہ وہ آپ کی عملی ضروریات سے واقف ہے۔اور وہ اپنے ٹھہرائے ہوئے وقت اور طریقہ سے جواب دے گا۔

باب 11

مفلوج کی شفا

یوحنا5:1-15

یہ واقعہ یروشلیم کے شہر یہودیہ کا ہے۔خداوند یسوع مسیح یہودیوں کی ایک خاص عید کے لئے یروشلیم آئے تھے۔اِس شہر میں اُس کے بدترین دشمن تھے۔لیکن یہ بات خداوند یسوع کے لئے کوئی رکاوٹ کا باعث نہ ہوئی۔اِس موقع پر، ہمارے خداوند شہر کے پھاٹکوں کے قریب حوض کے پاس گئے۔ بیمار اور مفلوج اُس حوض کے گرد جمع تھے۔اُن کا یہ ایمان تھا کہ اُس حوض کے پانی میں شفا دینے کی قدرت ہے۔لوگوں کا اِس بات پر قوی ایمان تھا کہ خدا کا فرشتہ آسمان سے آکر اُس حوض کے پانی کو ہلاتا ہے اور جو کوئی پانی ہلائے جانے کے بعد سب سے پہلے حوض میں اُتر پڑے، وہ شفا پائے گا۔(4 آیت)

حوض کے گرد جمع ہونے والوں میں ایک 38 برس کا بیمار اور مفلوج شخص بھی تھا۔14 آیت اِس بات کی طرف اشارہ کرتی ہے کہ یہ شخص اپنے کسی گناہ کی وجہ سے بیماری اور کمزوری کی حالت میں تھا۔اِس سے ہمیں یہ نہیں سمجھ لینا چاہئے کہ ہر طرح کی بیماری کسی گناہ کا نتیجہ ہی ہوتی ہے جو ہم سے سرزد ہوتے ہیں۔بہت سے ایسے حوالہ جات ہیں جو اِس بات کو بیان کرتے ہیں کہ ایسا بالکل نہیں ہوتا۔(یوحنا9:3، ایوب1:8، لوقا13:2,3) اِس خاص صورتحال میں، مفلوج شخص کی بیماری اور گناہ میں ایک تعلق دکھائی دیتا ہے۔

جب خداوند یسوع مسیح نے اُس شخص کو وہاں پڑے ہوئے دیکھا تو اُس کے پاس جا کر اُس سے پوچھا کیا تو شفا پانا چاہتا ہے۔(6 آیت) اُس مفلوج نے خداوند یسوع مسیح کو بتایا کہ اُس کے پاس کوئی ایسا شخص نہیں ہے جو پانی ہلائے جانے کے وقت حوض میں سب سے پہلے اُترنے میں اُس کی مدد کرے۔وہ زندگی میں تنہائی کا شکار تھا۔اُس کے خاندان کے لوگ اور دوست احباب کہاں

تھے؟ وہ ضرورت کے وقت اُس کے پاس نہیں تھے۔ اُسے اُس کے حال پر چھوڑ دیا گیا تھا۔ خداوند یسوع مسیح نے اُس پر ترس کھا کر اُس سے کہا، اُٹھ اور اپنی چار پائی اُٹھا کر چل پھر۔" (8 آیت)

جب خداوند یسوع مسیح نے کلام کیا تو کچھ وقوع پذیر ہوا۔ وہ ٹانگیں جو گزشتہ 38 برس سے مفلوج ہو چکی تھیں اُن میں نئی طاقت اور توانائی آ گئی۔ وہ شخص فوراً تندرست ہو گیا اور اُٹھ کر چلنے پھرنے لگا۔ جب اُس نے یہ معجزہ حاصل کیا تو وہ کس قدر خوشی اور حیرت اُس پر طاری ہوگئی ہوگی۔

یہ بات قابل غور ہے کہ جس دن یہ معجزہ ہوا وہ سبت کا دن تھا۔ جب یہودی لوگوں نے اُس شخص کو سبت کے روز اپنی چار پائی اُٹھا کر چلتے ہوئے دیکھا، اُنہوں نے اُسے یاد دلایا کہ شریعت کے دن وزن اُٹھانے سے منع کرتی ہے۔ یرمیاہ نبی کا صحیفہ اِس بات کو واضح کرتا ہے۔

"خداوند یوں فرماتا ہے کہ تم خبردار رہو، اور سبت کے دن بوجھ نہ اُٹھاؤ اور یروشلیم کے پھاٹکوں کی راہ سے اندر نہ لاؤ۔" (یرمیاہ 21:17)

مذہبی راہنماؤں کے مطابق، شفا پا جانے والا شخص موسیٰ کی شریعت کی خلاف ورزی کر رہا تھا۔ جب اُس شخص سے پوچھا گیا تو اُس نے کہا کہ جس شخص نے مجھے شفا دی ہے، اُسی نے مجھے کہا کہ اپنی چار پائی اٹھا کر چل پھر۔

خداوند یسوع مسیح کیسے کسی شخص کو شریعت کی نافرمانی کا درس دے سکتے ہیں؟ کیا خداوند اُس شخص کو شفا دینے کے لئے چند گھنٹے انتظار نہیں کر سکتے تھے؟ کیا ایسا نہیں ہوسکتا تھا کہ وہ شخص اپنی چار پائی وہیں حوض پر چھوڑ کر چلا جاتا اور سبت گزر جانے کے بعد آ کر دوبارہ چار پائی لے جاتا؟ کیا ایسا نہیں ہوسکتا تھا کہ وہ چند گھنٹے حوض پر ہی ٹھہرا رہتا تاکہ سبت کے تعلق سے شریعت کی عدول حکمی نہ ہو؟ یہودیوں کی نظر میں تو خداوند یسوع مسیح شریعت کی نافرمانی کے مرتکب تھے۔ یہی بات فریسیوں اور خداوند یسوع کے درمیان تنازع کا باعث ہوئی۔ خداوند یسوع اُس دَور کے فریسیوں کی طرح سبت کے لئے ایسا معیار نہیں رکھتے تھے۔ خداوند یسوع مسیح کی خدمت میں ترس اور رحم اور فیاض دلی ہمیشہ بے حسی اور شریعت پرستی پر غالب رہی۔

فریسی لوگ اُس شخص کا نام معلوم کرنا چاہتے تھے جس نے مفلوج کو شفا دی تھی۔ لیکن شفا پا جانے والا شخص یسوع کے نام سے واقف نہیں تھا۔ وہ اپنی شفا سے اِس قدر خوش ہوا کہ اُس نے شفا دینے والے پر غور ہی نہ کی۔ یہ کس قدر افسوسناک بات ہے۔ یہاں ہمارے سامنے 38 برس کا بیمار شخص ہے، ایک اجنبی شخص آ کر اُسے شفا دیتا ہے۔ وہ خوشی سے پھولا نہ سمایا، ایسا کہ اُسے اُس اجنبی کا نام اور اتہ پتہ پوچھنا تک یاد نہ رہا۔

ہم کس قدر عظیم خدا کی پرستش اور عبادت کرتے ہیں! خواہ ہم مسیحی ہوں یا غیر مسیحی ہماری زندگیاں، ہماری جائیداد و املاک اور ہمارے خاندان خدائے عظیم کی مرہونِ منت ہیں۔ کیا آپ اُس خدا سے واقف ہیں؟ اُس نے کتنی ہی بار آپ کو برکت دی ہے؟ ہوسکتا ہے کہ اِس واقعہ میں موجود مفلوج شخص کی طرح اُس نے آپ کو بھی شفا دی ہو۔ ہوسکتا ہے کہ اُس نے زندگی میں کسی مشکل صورتحال سے آپ کو رہائی دی ہو۔ ہوسکتا ہے کہ اُس نے آپ کو آپ کے گناہوں سے رہائی دی ہو۔ آج میں آپ سے یہ سوالات پوچھنا چاہتا ہوں۔ کس نے آپ کو چلنے پھرنے کے قابل کیا؟ کیا آپ اُس خدا سے واقف ہیں جس نے آپ کو اِس قدر برکتوں سے نوازا ہے۔ میں یہ نہیں پوچھ رہا کہ کیا آپ اُس خدا کے بارے جانتے ہیں بلکہ یہ کہ کیا آپ اُس خدا کو شخصی طور پر جانتے ہیں؟

مفلوج شخص جس نے شفا پائی تھی یسوع کے بارے جانتا تھا کہ اُس نے اُس کو شفا دی ہے۔ لیکن وہ شخصی طور پر یسوع سے واقف نہیں تھا۔ کیا آپ اُس خدا کو شخصی طور پر جانتے ہیں جس نے آپ کو اِس قدر برکات سے نوازا ہے؟

خداوند یسوع شفا پا جانے والے شخص کو ہیکل میں ملنے کے لئے آئے۔ (14 آیت) یہاں پر خداوند یسوع مسیح نے اُسے اُس کا گناہ یاد کرایا۔ خداوند یسوع مسیح نے

اُسے کہا کہ آئندہ گناہ نہ کرنا ایسا نہ ہو کہ تجھ پر اِس سے بھی زیادہ آفت آئے۔ جنہیں خداوند چھوتا ہے، وہ گناہ میں زندگی بسر کرنا جاری نہیں رکھ سکتے۔ شفا پا جانے والے شخص کے لئے خداوند کا انتباہ قابلِ غور ہے۔ خداوند نے اُسے آگاہ کیا کہ خداوند کی قدرت کے اُس کو چھونے اور شفا پانے کے

بعد اگر وہ گناہ میں زندگی بسر کرنا جاری رکھے گا تو اُس پر اِس سے بھی زیادہ آفت آئے گی۔ 38 برس اپاہج پن کی حالت میں رہنے سے بڑی آفت اور مصیبت کیا ہو سکتی ہے؟

آج یہ بات ہمارے لئے بھی چیلنج ہے۔ اگر خدا نے آپ کو چھوا ہے اور آپ نے اپنی شخصی زندگی میں خدا کی شفا بخش قدرت کو کام کرتے ہوئے دیکھا ہے تو یہ حوالہ شخصی طور پر آپ سے بھی ہم کلام ہے۔ مقدس پطرس رسول ذیل کے حوالہ میں ہم سے جو کہہ رہے ہیں اُسے بغور سنیں۔

'' اور جب وہ خداوند اور منجی یسوع مسیح کی پہچان کے وسیلہ سے دُنیا کی آلودگی سے چھوٹ کر پھر اُن میں پھنسے اور اُن سے مغلوب ہوئے تو اُن کا پچھلا حال پہلے سے بھی بدتر ہوا۔ کیوں کہ راستبازی کی راہ کا نہ جاننا اُن کے لئے اِس سے بہتر ہوتا کہ اُسے جان کر اُس پاک حکم سے پھر جاتے جو اُنہیں سونپا گیا تھا۔'' 2 پطرس 2:20-21)

اِس حوالہ میں چیلنج حقیقی ہے۔ اگر خداوند نے ہمیں چھوا ہے تو پھر ہم پہلے جیسی زندگی بسر کرنا جاری نہیں رکھ سکتے۔ لازم ہے کہ ہم اپنی زندگیاں اُس کے سپرد کر دیں۔ جنہیں خداوند چھوتا ہے وہ اپنی زندگی میں حقیقی تبدیلی کا تجربہ کرتے ہیں۔ لازم ہے کہ وہ گناہ سے منہ موڑ کر اُس کے چہرہ اور دیدار کے طالب ہوں۔ یہی وہ سبق تھا جو شفا پا جانے والے شخص کو سیکھنے کی ضرورت تھی۔ یہ ہمارے لئے بھی اہم سبق ہے۔

چند غور طلب باتیں

☆۔ کس طور سے خداوند نے آپ کی زندگی کو چھوا ہے؟ جو کچھ خداوند نے آپ کے لئے کیا ہے اُس کی چند ایک مثالیں پیش کریں۔

☆۔ جو کچھ خداوند نے آپ کے لئے کیا ہے، اُس کے جواب میں خداوند کے لئے آپ کا ردِعمل کیسا رہا ہے؟

☆۔ کیا آپ نے کبھی سختی سے شریعت پرستی کرتے ہوئے اپنے اِردگرد کے لوگوں کے لئے رحم اور ترس کو نظر انداز کیا ہے؟

☆۔ خداوند یسوع مسیح کے بارے جاننے اور اُس کو شخصی طور پر جاننے میں کیا فرق ہے؟

چند اہم دُعائیہ نکات

☆۔ وہ بہت سی مہربانیاں جو خداوند نے آپ پر کی ہیں، اُن سب کے لئے اُس کے حضور شکر گزاری کریں۔

☆۔ جب خداوند نے آپ کو چھوا ہے تو اُس سے درخواست کریں اور فضل مانگیں کہ آپ دوبارہ سے پرانی راہوں پر نہ جائیں۔

☆۔ جب آپ اُس کے معیار پر پورے نہ اُترے، خداوند صبر اور تحمل سے آپ کے ساتھ پیش آتا رہا، اِس بات کے لئے بھی اُس کے شکر گزار رہوں۔

باب12

جیسا باپ، ویسا بیٹا

یوحنا5:16-30

یہ ساری بات چیت سبت کے روز ہوئی۔ خداوند نے ایک مفلوج کو شفا دی جو 38 برس سے بیمار تھا۔ یہودیوں نے خداوند یسوع مسیح سے بحث مباحثہ شروع کر دیا کیوں کہ اُس نے سبت کے روز ایک مفلوج کو شفا دی تھی۔ اور صرف یہی نہیں بلکہ یسوع نے اُسے اپنی چارپائی اُٹھانے کے لئے بھی کہا تھا۔ یہودیوں کے نزدیک تو یہ موسوی شریعت کی کھلم کھلا خلاف ورزی تھی۔ اِس حصہ میں خداوند یسوع مسیح یہودیوں کے الزامات کے دفاع میں بات چیت کرتے ہیں۔ خداوند یسوع مسیح کا دفاع یہی ہے۔

خداوند یسوع مسیح کا دفاع اِس بات پر مبنی ہے کہ وہ (خداوند یسوع) وہی کچھ کرتا ہے جو باپ کرتا ہے۔

"میرا باپ اب تک کام کرتا ہے اور میں بھی کام کرتا ہوں۔" 17 آیت) خداوند یسوع مسیح فریسیوں کو یاد دلا رہے ہیں کہ باپ سبت کے روز اپنے کام بند نہیں کرتا۔ وہ سبت کے روز بھی اپنی مخلوق کو شفا دیتا اور اُن کی ضروریات پوری کرتا ہے۔ یہ بیان یہودی راہنماؤں کو بہت ناگوار گزرا۔ اگرچہ وہ اِس بات پر تو کوئی مباحثہ نہ کر سکے کہ باپ کبھی بھی کام نہیں روکتا۔ تو بھی جو کچھ خداوند نے کہا تھا اُنہیں بہت بُرا لگا۔

یہودیوں کے نزدیک تو یہ بات بہت ہی ناقابل برداشت تھی کہ خداوند اپنے آپ کو باپ کے برابر ٹھہرا رہا تھا۔ وہ یہ کہہ رہا تھا چونکہ باپ کام کرتا ہے اس لئے وہ بھی سبت کے روز کام کرتا ہے۔ یہودی لوگوں کی سوچ کے مطابق یہ کفر تھا۔ خدا جیسے چاہے کرنے کا حق رکھتا ہے۔ کیوں کہ وہ صاحب اختیار ہے۔

یہ لوگوں کا فرض ہے کہ باپ کی شریعت کے تابع ہوں۔ جو کچھ خداوند یسوع مسیح کہہ رہے تھے یہودی لوگوں کو قبول نہ تھا۔ اُنہیں یہ بات اِس قدر بُری لگی کہ وہ اُسے قتل کرنے کی حد تک جا پہنچے۔(18 آیت) یہودیوں کے خیالات اور سوچ معلوم کرکے خداوند یسوع نے یہودیوں کے سامنے اپنے باپ کے ساتھ اپنے رشتے کی وضاحت کی۔

خداوند یسوع مسیح نے یہودیوں کو یہ بتانے اور سمجھانے سے آغاز کیا کہ وہ خود سے کچھ نہیں کر سکتا۔(19) بلکہ جو کچھ وہ باپ کو کرتے ہوئے دیکھتا ہے وہی کرتا ہے۔

خداوند یسوع مسیح یہودی راہنماؤں کو یہ بتا رہے تھے کہ وہ باپ کی مرضی کے بغیر آزادانہ طور پر کچھ نہیں کرسکتا۔ باپ اور بیٹے میں رشتہ اِس قدر گہرا تھا کہ وہ سب کاموں میں ایک دوسرے سے متفق تھے۔ بیٹا وہی کچھ کرتا تھا جس میں باپ کی خوشنودی ہوتی تھی۔

پھر خداوند نے اُنہیں بتایا کہ باپ بیٹے سے محبت رکھتا ہے اور اُسے سب کچھ دکھایا ہے جو اُس نے کیا ہے۔ باپ اور بیٹے میں رشتہ اِس قدر گہرا تھا کہ باپ نے بیٹے کو وہ سب کچھ دکھایا جو وہ کرنا چاہتا تھا۔ ہم پہلے ہی حوض پر پڑے 38 برس کے بیمار شخص کی شفا میں اس بات کا جائزہ لے چکے ہیں۔ خداوند یسوع مسیح نے محض اِس لئے مفلوج کو شفا نہیں دی تھی کہ اُس نے سوچا کہ چلو اِس کو شفا دے دیں کیوں کہ یہ نیکی کا کام ہے۔ خداوند نے اِس لئے اُس مفلوج کو اچھا کیا تھا کیوں کہ باپ نے اُس پر ظاہر کیا تھا کہ وہ اُس شخص کو بیماری اور کمزوری سے رہائی دینا چاہتا ہے۔

اُس حوض پر کچھ اور لوگ بھی تھے جن کو شفا نہ ملی۔ خدا نے اپنے بیٹے پر اُسی شخص کے لئے اپنے منصوبے اور مرضی کو ظاہر کیا تھا۔ باپ نے اِس لئے بیٹے پر یہ ظاہر کیا تھا کیوں کہ وہ اُس سے محبت رکھتا تھا اور اُس نے اپنے دل کی بات اُس پر ظاہر کردی۔ کیا یہ باپ کی خواہش اور سوچ نہیں کہ وہ اپنی مرضی اور خواہش کو ہم پر عیاں کرے؟ وہ ہمیں اپنا محرم راز بنانا چاہتا ہے۔

اگر میں اُس کی راہنمائی کا طالب ہوں اور اُس کی آواز پر کان اور دھیان لگاؤں تو وہ میری بھی راہنمائی کرے گا۔ میں نے اکثر و بیشتر اُسے اپنے دل میں کلام کرتے یا مجھے کسی کام کے لئے اُبھارتے

ہوئے محسوس کیا ہے۔ اُس کی راہنمائی اور اُس کا میرے دل میں کلام کرنا ہی مجھے اِس خدمت میں لے کر آیا۔

اُس کی راہنمائی ہی مجھے میرے اپنے وطن میں واپس لائی تا کہ میں اپنے لوگوں کے درمیان خدمت کروں۔ کتابیں تصنیف کرنے کی یہ خدمت باپ کی آواز سننے کا نتیجہ ہے۔ خدا کیوں کر اپنے مقصد کو مجھ پر ظاہر کرنے کی فکر کرے گا؟ کیوں کہ خدا مجھ سے محبت رکھتا ہے۔ یہ کس قدر شرف و استحقاق کی بات ہے کہ میں ایسے خدا کو مانتا ہوں جو مجھ سے محبت رکھتا ہے۔ اور چاہتا ہے کہ اِس دُنیا میں، میں اُس کے منصوبے اور عظیم کام کا حصہ بنوں۔

خداوند یسوع مسیح نے یہودیوں کو بتایا کہ حوض پر مفلوج شخص کا شفا پانا، خدا کے اُن کاموں کی چھوٹی سی مثال ہے جو باپ کرنا چاہتا ہے۔ (21-22) وہ اِس سے بھی بڑے بڑے کام دیکھیں گے۔ خداوند یسوع مسیح نے اُن بڑے بڑے کاموں کی دو مثالیں اُن کے سامنے پیش کیں۔

اوّل۔ جس طرح باپ جس کو چاہتا ہے زندہ کرتا ہے اُسی طرح اُس نے بیٹے کو بھی یہ اختیار دیا ہے۔ اور بیٹا بھی جسے چاہتا ہے زندہ کرتا ہے۔ خداوند یسوع مسیح کے پاس مُردوں کو زندہ کرنے کے لئے باپ کی قدرت موجود ہے۔ اُسی طرح بیٹے کے پاس قدرت اور اختیار ہے کہ جسے چاہے ابدی زندگی عطا کرے۔ (21 آیت)

دوئم۔ خداوند یسوع مسیح نے مذہبی راہنماؤں کو بتایا کہ باپ نے بیٹے کو عدالت کا اختیار بھی دیا ہے۔ (22 آیت) بنی نوع انسان کا ابدی مستقبل خداوند یسوع مسیح کے ہاتھ میں ہے۔ باپ بغیر کسی سوال کے بیٹے کی عدالت کو قبول کرتا ہے۔ جسے بیٹا مجرم ٹھہراتا ہے، اُسے باپ بھی مجرم ٹھہراتا ہے۔ جنہیں بیٹا معاف کرتا ہے اُنہیں باپ بھی معاف کرتا ہے اور اُنہیں ان کے گناہوں کی معافی ملتی ہے۔

اُس روز جو یہودی خداوند کے سامنے کھڑے تھے۔ ہم اُن کے ردِعمل کے بارے میں محض قیاس آرائی ہی کر سکتے ہیں۔ وہ اُس پر الزام تراشی ہی کر رہے تھے کیوں کہ وہ اُن کے نزدیک شریعت کو

توڑنے والا تھا۔صرف یہی نہیں بلکہ اب وہ خداوند خدا کے برابر ہونے کا دعویٰ کر رہا تھااور اُن کو یہ بتا رہا تھا کہ اُن کا ابدی مستقبل اُس پر (خدا) منحصر ہے۔اِس بات کو سمجھنا اور قبول کرنا اُن یہودی لوگوں کے لئے آسان نہیں تھا۔

خداوند یسوع مسیح نے یہودیوں کو بتایا کہ جو بیٹے کی عزت نہیں کرتا وہ باپ کی بھی عزت نہیں کرتا جس نے اُسے بھیجا ہے۔باپ اور بیٹے میں اِس قدر گہرا رشتہ اور تعلق پایا جاتا ہے کہ ایک کی عزت کرنا گویا دوسرے کی عزت کرنا ہے۔وہ سارا جلال جو ہم خدا باپ کو دیتے ہیں لازم ہے کہ وہ جلال،عزت اور بزرگی بیٹے کو بھی دی جائے۔ایسا کبھی نہیں ہوسکتا کہ آپ بیٹے کو رد کر دیں اور باپ کی عزت کریں۔بیٹے سے منہ موڑنا باپ سے منہ موڑنے کے مترادف ہے۔

بیٹا باپ سے کسی طور پر بھی کم نہیں ہے۔وہ سارا جلال اور عزت جو باپ حاصل کرتا ہے بیٹا بھی اُس ساری عزت اور بزرگی کے لائق ہے۔

24 آیت ہمیں بتاتی ہے کہ خداوند یسوع مسیح کا کلام سن کر اُس پر ایمان لانا ابدی زندگی پانا ہے۔یہ وہ قدرت اور اختیار ہے جو باپ نے بیٹے کو دیا ہے۔ہم یسوع مسیح کو معمولی نہیں سمجھ سکتے۔وہ دن قریب آرہا ہے جب وہ بلند آواز سے مُردوں کو پکارے گا۔(25 آیت) باپ کی طرف سے بیٹے کو یہ اختیار ملا ہے کہ وہ تمام مرد وزن کی عدالت کرے۔(26-27) روز عدالت مُردے قبروں میں سے زندہ ہوں گے۔جنہوں نے نیک زندگی بسر کی ہوگی وہ ہمیشہ کی زندگی کے لئے جی اُٹھیں گے۔نیکی کرنے کا کیا مطلب ہے؟ نیکی کرنے والوں کا اَجر یہی ہے کہ وہ غیر فانی حالت میں زندہ ہوں گے اور مسیح کے ساتھ ابدی زندگی بسر کریں گے۔(29 آیت)

خداوند یسوع مسیح نے پہلے ہی یہ کہہ دیا ہے کہ وہ جو اُس کی آواز سنتے ہیں اور اُس پر ایمان لاتے ہیں ہمیشہ کی زندگی پائیں گے۔(24 آیت) اِس متن میں نیکی کرنے سے مراد مسیح پر ایمان لانا، اُس کی سننا اور اُس کے کلام کی تابعداری کرنا ہے۔

دوسری طرف، بدکار ابدی ہلاکت کے لئے زندہ ہوں گے۔(29 آیت) بدی کرنے کا مطلب

خداوند یسوع مسیح پر ایمان لانے سے انکار کرنا، اُس کی آواز کو نہ سننا اور اُس کی تابعداری میں زندگی بسر نہ کرنا ہے۔ بدی سے مراد اپنی من چاہی زندگی بسر کرنا ہے۔ بدکاروں کا حصہ ابدی ہلاکت ہوگا۔

جب خداوند یسوع مسیح اِس زمین پر چلتے پھرتے تھے تو باپ کے ساتھ مسلسل رابطے میں تھے۔ اگر خداوند کو باپ کے ساتھ مسلسل رابطے میں رہنے کی ضرورت تھی تو کس قدر ہمیں زیادہ ہمیں باپ کے ساتھ رابطہ قائم رکھنے کے ضرورت ہے؟ جو کچھ ہم کرتے ہیں وہ کس قدر زیادہ ہماری اپنی سمجھ اور عقل پر مبنی ہوتا ہے کہ ہمیں کیا کرنا چاہئے اور کیا نہیں کرنا چاہئے۔ جب خداوند یسوع باپ کی خدمت کے لئے اِس زمین پر موجود تھے تو وہ بخوشی و رضا اپنی مرضی کے اعتبار سے مر چکے تھے۔ اُنہوں نے مکمل طور پر اپنے آپ کو خدا باپ کی مرضی کے تابع کر دیا تھا۔

وہ اِس بات کا طالب رہتا تھا کہ مسلسل باپ کے ساتھ رابطے میں رہے۔ اُس نے بیماروں کو شفا بھی اُسی وقت دی جب اُس نے باپ کی طرف سے راہنمائی اور تحریک محسوس کی۔ جو کچھ باپ نے اُس کے دل پر رکھا، اُس نے وہی کلام کیا۔ حتیٰ کہ وہ عدالت بھی اُسی طور سے کرے گا جس طور سے باپ اُس کی راہنمائی کرے گا۔ باپ اور بیٹے میں کامل ہم آہنگی پائی جاتی ہے۔ ہمیں بھی اِسی طور سے باپ کو جاننے اور اُس سے ہم آہنگی کا رشتہ قائم کرنے کی ضرورت ہے۔

کیا آپ نے خداوند کو قبول کر لیا ہے؟ کیا آپ نے اُسے خدا کا بیٹا مانتے ہوئے اُس کے سامنے گھٹنے ٹیک دیئے ہیں؟ یسوع کو رد کرنا باپ کو رد کرنے کے مترادف ہے۔ میری یہ دلی دُعا ہے کہ ہر ایک پڑھنے والا خداوند کے سامنے گھٹنے ٹیکے اور اُسے اپنا خداوند اور منجی قبول کرے۔ یہی ابدی زندگی کے لئے ہماری ضمانت ہے۔

چند غور طلب باتیں

☆۔اِس باب میں ہم باپ اور بیٹے کے درمیان رشتہ کے تعلق سے کیا سیکھتے ہیں؟

☆۔کیا آپ خداوند کی آواز سن رہے ہیں؟ آج خدا کس طرح ہماری راہنمائی کر رہا ہے؟ یہ کس قدر اہم ہے کہ ہم اُس کی راہنمائی کو جانیں؟ باپ کی راہنمائی یسوع کے لئے کس قدر اہم تھی؟

☆۔کیا خدا نے آپ کی زندگی کا کوئی ایسا حصہ ظاہر کیا ہے جہاں پر آپ اُس کی آواز نہیں سن رہے؟ آپ کا ردِعمل کیسا ہونا چاہئے؟

چند اہم دُعائیہ نکات

☆۔خداوند سے ایسے وقتوں کے لئے معافی مانگیں جب آپ نے اُس کی آواز سننے کے لئے وقت نہ نکالا۔

☆۔اِس حقیقت کے لئے بھی خداوند کا شکر کریں کہ اگرچہ وہ خدا کے برابر ہے تو بھی اُس نے اپنے آپ کو پست کر دیا اور ہمارے درمیان رہا۔

☆۔اِس حقیقت کے لئے بھی اُس کے شکر گزار ہوں کہ وہ آج بھی اپنے فرزند جانتے ہوئے ہماری راہنمائی کرنا چاہتا ہے۔خداوند سے دُعا کریں کہ وہ اپنی راہنمائی اور آواز کے لئے آپ کے دلوں اور کانوں کو کھولے۔اپنی روحانی بصارت اور سماعتوں کی بحالی کے لئے دعا کریں۔

کیوں کہ کجرو سے خداوند کو نفرت ہے۔لیکن راستباز اُس کے محرم راز ہیں امثال 32:3

باب13

پانچ گواہ

یوحنا5:31-47

خداوند نے ایسے مفلوج شخص کو شفادی ہے جو گزشتہ اڑتیس (38 آیت) برس سے بیماری اور کمزوری کی حالت میں تھا۔ خداوند نے اُسے کہا تھا کہ وہ اپنی چارپائی اُٹھا کر چلے پھرے۔ فریسیوں نے خداوند یسوع پر سبت کا حکم توڑنے کا الزام لگایا تھا۔ یہودیوں کے مطابق اِس جرم کا مرتکب شخص سزائے موت کا سزاوار ہوتا تھا۔ پچھلے باب میں ہم نے دیکھا کہ خداوند یسوع مسیح نے اپنا دفاع کیا اور جو معجزہ کیا تھا اُس کے تعلق سے بھی دفاعی گفتگو کی۔ یسوع نے یہودیوں کو اپنے باپ کے ساتھ اپنے تعلق اور رشتہ کے بارے میں بتایا تھا۔ یہاں پر وہ یہودی راہنماؤں کے سامنے جو اُس پر الزام لگا رہے تھے اپنے دفاع کے لئے پانچ گواہوں کو سامنے لاتے ہیں۔ اُس دَور کی شریعت اور قانون کے مطابق عدالت میں صرف ایک شخص کا بیان کافی نہیں ہوتا تھا۔ (31 آیت) اپنی گواہی کو سچا ثابت کرنے کے لئے اُسے ایک اور شخص کی بھی ضرورت ہوتی تھی۔ خداوند اپنے کردار اور الوہیت کو ثابت کرنے کے لئے پانچ گواہ سامنے لائے۔

مسیح کی الوہیت اور کردار کی گواہی کے لئے پہلا گواہ یوحنا بپتسمہ دینے والا تھا۔ (32-35 آیات) خداوند یسوع مسیح نے یوحنا بپتسمہ دینے والے کی وفاداری سے درست گواہی دینے پر اُس کی تعریف کی۔ (32) یوحنا بپتسمہ دینے والے نے خداوند کے تعلق سے کیا گواہی دی تھی؟ اُس نے اپنے شاگردوں کو بتایا تھا کہ وہ ''خدا کا برّہ ہے جو جہان کے گناہ اُٹھا لئے جاتا ہے۔'' (1:29) خداوند یسوع مسیح کی شخصیت کے تعلق سے یوحنا کی تعلیم پر کسی قسم کا کوئی شک نہیں کیا جا سکتا۔ کیوں کہ یسوع ہی وہ شخص تھا جس نے باپ کی طرف سے جہان کے گناہ اُٹھانے کے لئے آنا تھا۔

یوحنا35:5 ہمیں بتاتا ہے کہ یہودی لوگ یوحنا کی منادی بڑی دلچسپی سے سنتے تھے۔اُس نے مسیح کی آمد کے تعلق سے منادی کی۔اور اپنے سامعین کو اِس بات کے لئے اُبھارا اور تیار کیا کہ وہ اُس کی آمد کے لئے اپنے آپ کو تیار کریں۔جب یہودیوں کی ملاقات یسوع سے ہوئی تو وہ بہت مایوس ہوئے۔وہ کسی اور طرح کے مسیح کی توقع کر رہے تھے۔

وہ تو ایک سیاسی راہنما کے منتظر تھے۔اُنہوں نے اُس کی طرف اپنی پشت پھیر دی۔اور یوحنا بپتسمہ دینے والے کی گواہی کو رد کر دیا۔خداوند اپنا دوسرا گواہ پیش کرتے ہیں۔(36 آیت) اُس کے اپنے کام اِس بات کے گواہ تھے کہ وہ خدا کی

طرف سے آیا ہے۔اُس کے معجزات اُس کے گواہ تھے کہ وہ خدا کی قدرت سے معمور ہے۔جب نیکدیمس یسوع کے پاس آیا، تو اُس نے بھی اِس بات کو تسلیم کر لیا کہ وہ خدا کی طرف سے آیا ہے۔

کیوں کہ جو معجزات خداوند نے کئے تھے اِس وجہ سے وہ اِس بات کا قائل تھا۔(2:3) فریسیوں سے بات چیت کرتے ہوئے خداوند نے اُنہیں کہا کہ وہ اُس کے کاموں کو دیکھ کر ہی اُس پر ایمان لے آئیں۔

"لیکن اگر میں کرتا ہوں تو گو میرا یقین نہ کرو، مگر اُن کاموں کا تو یقین کرو تا کہ تم جانوں اور سمجھو کہ باپ مجھ میں ہے اور میں باپ میں۔" (یوحنا10:38)

خداوند یسوع مسیح کی معجزانہ قدرت کی وضاحت اِس سے بڑھ کر اور کیا ہو سکتی ہے کہ خدا اُس میں کام کر رہا تھا؟ یہودیوں نے اُن کاموں پر ایمان لانے سے انکار کر دیا۔

اگر چہ اُن کے گرد بہت سے شواہد تھے تو بھی اُنہوں نے اپنی آنکھیں اور اپنے کان بند کر لئے اور دیکھتے ہوئے بھی دیکھنے سے انکار کر دیا۔

اِس کے بعد خداوند اپنا تیسرا گواہ پیش کرتے ہیں۔(37-38) اُنہوں نے باپ کو اپنے گواہ کے طور پر پیش کیا۔اِس سے بڑھ کر اور کوئی بڑی گواہی اور ثبوت کیا ہو سکتا ہے؟ خدا باپ نے بیٹے کے حق میں گواہی دی۔جب خداوند یسوع مسیح نے بپتسمہ لیا، تو اُس وقت جو لوگ موجود تھے آسمان سے

اُنہوں نے ایک آواز سنی تھی اور وہ آواز باپ کی طرف سے تھی۔

''اور یسوع بپتسمہ لے کر فی الفور پانی کے پاس سے اوپر گیا اور دیکھو اُس کے لئے آسمان کھل گیا اور اُس نے خدا کے روح کو کبوتر کی مانند اُترتے اور اپنے اُوپر آتے دیکھا اور دیکھو آسمان سے یہ آواز آئی کہ یہ میرا پیارا بیٹا ہے جس سے میں خوش ہوں۔'' (متی 3:16-17)

یوحنا 1:32-34 میں ہم پڑھتے ہیں کہ یہ واقعہ ایک قطعی نشان تھا کہ یسوع خدا کا بیٹا ہے اور باپ کی طرف سے آیا تھا۔

''اور یوحنا نے یہ گواہی دی کہ میں نے روح کو کبوتر کی طرح آسمان سے اُترتے دیکھا ہے اور وہ اُس پر ٹھہر گیا۔ اور میں تو اُسے پہچانتا نہ تھا۔ مگر جس نے مجھے پانی سے بپتسمہ دینے کو بھیجا اُسی نے مجھ سے کہا کہ جس پر تو روح کو اُترتے اور ٹھہرتے دیکھے وہی روح القدس سے بپتسمہ دینے والا ہے۔ چنانچہ میں نے دیکھا اور گواہی دی ہے کہ یہ خدا کا بیٹا ہے۔''

باپ نے یہ گواہی دی کہ یسوع اُس کا پیارا بیٹا ہے۔ اگر آپ دیگر گواہیوں اور شواہد کو رد بھی کر دیتے ہیں تو صرف باپ کی گواہی ہی کافی ہے کہ یسوع خدا کا بیٹا اور دُنیا کا واحد نجات دہندہ ہے۔ یہودیوں نے خدا کی آواز سننے سے انکار کر دیا۔ کیا اِس سے یہ ظاہر نہیں ہو جاتا ہے کہ انسان کس قدر سنگدل ہے؟

خداوند یسوع مسیح اپنا چوتھے پیش کرتے ہیں۔(39-40) وہ کتاب مقدس کو پیش کرتے ہیں۔ کیوں کہ یہودی لوگ کتابِ مقدس کا بہت احترام کرتے تھے۔ آپ کو بہت زیادہ گہرا اور طویل مطالعہ کرنے کی ضرورت نہیں کہ مسیح ہی کتابِ مقدس کا مرکزی مضمون ہے۔ کتاب مقدس کا ہر ایک صفحہ گناہ گار کی نجات دہندہ کی طرف راہنمائی کرتا ہے۔ مسیح یسوع ہی کتابِ مقدس کی تکمیل ہے۔ یہودی لوگ بڑی احتیاط کے ساتھ کتاب مقدس کا مطالعہ کرتے تھے۔ وہ کتاب مقدس سے بڑی اچھی طرح واقف اور آگاہ تھے۔ اِسی لئے تو وہ الزام لگا رہے تھے کہ یسوع نے شریعت کو توڑا ہے۔ تو بھی وہ کتاب مقدس کے مرکزی مضمون کو سمجھ نہیں پا رہے تھے۔

وہ اپنی دل پسند باتوں کو دیکھ رہے تھے اور دیگر باتوں کو نظر انداز کر رہے تھے۔ کتابِ مقدس کے حوالہ جات نے بہت سے لوگوں کو اِس بات کے لئے قائل کر لیا تھا کہ یسوع ہی خدا کا بیٹا اور دُنیا کا نجات دہندہ ہے۔ لیکن یسوع کے دَور کے یہودی لوگ اِس بات کو سمجھنے اور دیکھنے سے قاصر رہے کہ یسوع ہی خدا کا بیٹا اور دُنیا کا واحد نجات دہندہ ہے۔

خداوند یسوع آخری گواہ پیش کرنے سے قبل، اپنے دَور کے یہودیوں کے بارے میں کچھ بتاتے ہیں۔ وہ ہمیں اُس کی دو وجوہات بتاتے ہیں جن کی بنا پر اُنہوں نے یسوع کی الوہیت کے تعلق سے ہر گواہی کو رد کر دیا تھا۔ پہلی وجہ یہ ہے کہ اگرچہ یہودی خدا کی خدمت کرتے تھے تو بھی وہ خدا کی محبت سے خالی تھے۔ (42) دوسری وجہ یہ تھی کہ وہ خدا سے عزت حاصل کرنے کی بجائے آدمیوں سے عزت کروانا زیادہ پسند کرتے تھے۔ (41-44 آیت) آدمیوں کی ستائش اور خوشامد بڑی آسانی سے ہمارے زوال کا باعث ہوسکتی ہے۔ بہت سے خدا کے خادمین خدا کے کلام سے بھٹک گئے ہیں کیوں کہ وہ فریسیوں کی طرح خدا کی بہ نسبت آدمیوں سے عزت کروانا زیادہ پسند کرتے تھے۔ وہ دوسروں سے عزت اور ستائش حاصل کرنے کے چکر میں سچائی پر سمجھوتہ کرنے کے لئے تیار ہو گئے۔ یہودی راہنماؤں نے مسیح کے حق میں تمام گواہیوں اور شواہد کو اِس لئے رد کر دیا کیوں کہ اُن کے دل خدا کی محبت سے خالی تھے۔ وہ انسانوں سے ہی عزت اور ستائش کے طالب تھے۔

خداوند یسوع اپنا آخری اور پانچواں گواہ پیش کرتے ہیں۔ وہ موسیٰ کا حوالہ دیتے ہیں۔ (45-47) یہودی لوگ موسیٰ کو اپنا روحانی باپ مانتے تھے۔ اِس لئے اُن کی نگاہ میں موسیٰ کی بڑی عزت اور وقار تھا۔ اُنہوں نے اِس لئے یسوع پر سبت کو توڑنے کا الزام لگایا تھا کیوں کہ اُن کے دل میں موسیٰ کی شریعت کا بڑا احترام اور عقیدت تھی۔ خداوند نے اُنہیں بتایا کہ جب اُن کی عدالت کا وقت آئے گا تو موسیٰ خود اُن کی عدالت کرے گا۔ جس شخص کی پیروی کے وہ دعویٰ کر رہے تھے وہی اُن پر جرم ثابت کرے گا۔ یسوع نے اُنہیں بتایا کہ موسیٰ مسیح پر ایمان رکھتا تھا۔

موسیٰ اُس کو مسیح مانتے ہوئے اُس کی تابعداری میں اُس کے سامنے جھک گیا۔ اُس کی شریعت تو مسیح

کی طرف اشارہ کرتی اور اُسی کی طرف راہنمائی کرتی ہے۔لیکن یہودیوں نے اپنے ہی روحانی راہنما کی تعلیمات کو ماننے سے انکار کر دیا۔اُنہوں نے موسیٰ کی بات پر بھی کان نہ لگایا۔

آپ ہی انصاف کرو، یسوع نے پانچ گواہ پیش کیئے، سبھی گواہ متفق ہیں۔

وہ اُسے خدا کے بیٹے کے طور پیش کرتے ہیں۔کیا آپ یسوع کے دَور کے یہودیوں کی طرح اُس کی طرف اپنی پشت پھیر دیں گے یا پھر یہاں پر بیان کیئے گئے حقائق کو تسلیم کر لیں گے؟ آپ کا فیصلہ کیا ہے؟

چند غور طلب باتیں

☆۔یسوع خدا کا بیٹا ہے، اِس کے لئے آپ کیا ثبوت پیش کریں گے؟ آپ کی زندگی میں کیا ثبوت ہے؟

☆۔آپ کے خیال میں زیادہ تر لوگ یسوع کو کیوں رد کر دیتے ہیں؟

☆۔آج کونسی چیزیں ہمیں خدا کی باتوں کو سمجھنے سے قاصر رکھتی ہیں؟

☆۔کونسی باتیں ہمیں روحانی طور پر اندھا کر دیتی ہیں کہ ہم خداوند یسوع کو نہ دیکھ سکیں؟ خداوند ہمارے لئے حقیقی بن جائیں، اِس کے لئے کیا درکار ہے؟

چند اہم دُعائیہ نکات

☆۔کیا آپ ایسے لوگوں سے واقف ہیں جنہوں نے اپنی زندگی میں مسیح کی حقیقت کو رد کر دیا ہے؟ چند لمحات کے لئے خدا سے دُعا کریں کہ وہ اُن کی زندگیوں میں خود کو اِس طور سے ظاہر کرے کہ وہ اُس کا انکار نہ کر سکیں۔

☆۔کیا آپ خداوند یسوع مسیح کو اپنا شخصی نجات دہندہ جانتے اور مانتے ہیں؟ اِس بات کے لئے اُس کے شکر گزار رہوں کہ اُس نے خود کو آپ پر ظاہر کیا۔

☆۔اِس بات کے لئے خداوند یسوع مسیح کے شکر گزار رہوں کہ وہ بخوشی و رضا اِس دُنیا میں آپ کے گناہوں کی خاطر قربان ہونے کے لئے دُنیا میں آ گیا۔

باب 14

پانچ ہزار کو کھانا کھلانا

یوحنا6:1-15

یروشلیم میں فریسیوں سے ملاقات کے بعد کچھ عرصہ گزر چکا تھا۔ خداوند یسوع مسیح اَب گلیل کی جھیل کے پار دُور افتادہ علاقہ میں تھے۔ خداوند یسوع اور اُس کے شاگردوں کے گرد ایک بہت بڑی بھیڑ جمع ہوگئی تھی۔ بھیڑ اِس لئے یسوع کے پیچھے پیچھے تھی کیوں کہ اُنہوں نے اُس کے معجزات دیکھے تھے۔ جو بھیڑ اُس کے پیچھے تھی وہ حقیقی طور پر اُس پر ایمان رکھنے والے لوگ نہیں تھے۔ وہ اُس میں دلچسپی تو رکھتے تھے لیکن اپنے خداوند اور منجی کے طور پر نہیں بلکہ وہ اُس کے معجزات سے حیران تھے اور ایک کے بعد ایک اور معجزہ دیکھنے کے خواہشمند تھے۔

ہوسکتا ہے کہ خداوند نے ایسے لوگوں کی سوچ اور روّیے سے اُکتا کر اپنے شاگردوں کے ساتھ پہاڑ پر جانے کا فیصلہ کیا ہو۔ تیسری آیت اِس بات پر ایمان لانے میں ہماری راہنمائی کرتی ہے کہ وہ خود بھیڑ کو لے کر جھیل کی دوسری طرف نہیں گیا تھا۔ بلکہ وہ تو شخصی طور پر علیحدگی میں اپنے شاگردوں کے ساتھ وقت گزارنا چاہتے تھے۔

وہ پہاڑ پر چڑھ کر اپنے شاگردوں کے ساتھ وہاں بیٹھ گئے۔ ہمیں یہ تو نہیں بتایا گیا کہ وہ پہاڑ پر کیا کر رہے تھے۔ ہوسکتا ہے کہ خداوند اپنے شاگردوں کو اپنی اگلی خدمت کے تعلق سے بتا رہے ہوں اور اُن کو ذہنی طور پر تیار کر رہے ہوں۔ لیکن یہ بات تو ظاہر ہے کہ اُنہیں لوگوں سے دُور الگ تھلگ تنہائی اور خاموشی میں کچھ وقت گزارنے کی ضرورت تھی۔ آج بھی خاموشی اور تنہائی میں کچھ وقت گزارنے کی اہمیت کسی طور سے کم نہیں ہے۔ ہمارے لئے یہ بات کس قدر اہم ہے کہ ہم بھیڑ سے الگ ہو کر، دُنیا اور اُس کے مسائل اور مشکلات، حالات وواقعات کے شوروغل سے الگ ہو کر تنہائی میں کچھ

وقت اپنے خدا وند کے ساتھ گزاریں۔ چوتھی آیت ہمیں بتاتی ہے کہ عیدِ فسح قریب تھی۔ یوحنا رسول نے ہمیں یہ بات بتانے کے لئے اپنے اندر کیوں بوجھ محسوس کیا؟ امکانِ غالب ہے کہ بہت بڑی بھیڑ جو خداوند کے پیچھے پیچھے تھی وہ عیدِ فسح منانے کے لئے یروشلیم میں اکٹھی ہوئی تھی۔ اگر یہ بات قرین قیاس ہے تو پھر عین ممکن ہے کہ مختلف مقامات سے یہودی لوگ اس بھیڑ کا حصہ بن گئے تھے۔ بھیڑ نے یسوع کو پہاڑ پر تلاش کر ہی لیا۔ جب خداوند نے اُس بھیڑ کو دیکھا تو اُسے اُس پر ترس آیا۔(5) خداوند کو معلوم تھا کہ اُنہوں نے کچھ وقت سے کھانا نہیں کھایا۔ خداوند نے فلپس کی طرف متوجہ ہو کر کہا کہ وہ کہاں سے اُن لوگوں کے لئے کھانا خریدیں۔

فلپس کا جواب قابل فہم ہے۔ ''دوسو دینار کی روٹیاں اُن کے لئے کافی نہ ہوں گی کہ ہر ایک کو تھوڑی سی مل جائے۔''(7 آیت) شاگردوں کے پاس اتنی بڑی رقم کہاں سے آنی تھی؟ وہ تو اپنا سب کچھ چھوڑ کر خداوند کے پیچھے ہو لئے تھے۔ فلپس کو خداوند کی بات سمجھ نہ آئی۔ چھٹی آیت سے ہمیں معلوم ہوتا ہے کہ خداوند نے وہ بات فلپس کو آزمانے کے لئے کہی تھی۔ میری زندگی میں بھی کچھ ایسے وقت آئے جب خداوند نے مجھے بھی اِسی طور سے آزمایا۔ ہوسکتا ہے کہ آپ کی زندگی میں بھی ایسا وقت آیا ہو جب خداوند نے آپ کو اِس طرح سے آزمایا ہو۔ کئی دفعہ خداوند ہماری زندگی میں ایسی ناممکن صورتحال آنے دیتا ہے جب وہ یہ دیکھنا چاہتا ہے کہ آیا ہم اُس مشکل کے حل کے لئے اُس کی طرف رجوع لائیں گے یا نہیں۔

اندریاس نے یسوع کو فلپس سے باتیں کرتے سن لیا ہوگا۔ اُس نے یسوع کے پاس آکر کہا یہاں ایک چھوٹا لڑکا ہے جس کے پاس جو کی پانچ روٹیاں اور دو مچھلیاں ہیں۔

اُنہیں اُس بھیڑ میں سے یہی کھانا مل سکا۔ اگر کافی تعداد میں لوگ کھانا لے کر آئے ہوتے تو وہ آپس میں بانٹ کر کھا سکتے تھے۔ ہوسکتا ہے کہ سب کو کافی کھانا مل جاتا۔ تلاش کے بعد اُنہیں صرف پانچ روٹیاں اور دو مچھلیاں ہی مل سکیں۔ اتنی بڑی بھیڑ جسے کھانا درکار تھا اُس کے لئے یہ تھوڑا سا کھانا تو کچھ بھی نہیں تھا۔

اِن دوشاگردوں کا رِدِعمل دلچسپی کا حامل ہے جب خداوند نے اُن سے پوچھا کہ وہ اُن کے لئے کہاں سے کھانا لائیں۔ اُنہوں نے اپنی طرف دیکھا، فلپس نے اپنی جیب کی طرف جبکہ اندریاس نے اپنے اِردگرد لوگوں کی طرف دیکھا۔ اُن دونوں میں سے کسی نے بھی مسیح یسوع کی طرف نہیں دیکھا۔ اِس طرح کے پھندے میں پھنس جانا کس قدر آسان ہے۔ یسوع ہی اِس مسئلے کا واحد حل تھا۔ لیکن کسی نے بھی اُس کی طرف رجوع نہ کیا، کسی نے بھی اُس سے نہ کہا کہ تو ہی اِس مشکل کا حل ہے۔

خداوند یسوع مسیح نے لوگوں کو گھاس پر بٹھایا۔ بائبل مقدس ہمیں بتاتی ہے کہ وہاں پر پانچ ہزار مرد موجود تھے۔ ہم یہ بھی جانتے ہیں کہ وہاں پر ایک چھوٹا بچہ بھی تھا جس نے اپنا کھانا خداوند کو پیش کیا تھا۔ عین ممکن ہے کہ وہاں پر اُس چھوٹے بچے کے علاوہ اور بھی بچے ہوں۔ جن کے ساتھ عورتیں بھی موجود تھیں۔ جب یہ جمِ غفیر (بہت بڑی بھیڑ) بیٹھ گئی، خداوند نے پانچ روٹیاں اور دو مچھلیاں لے کر خدا کا شکر ادا کیا اور اپنے شاگردوں کو دے دیں کہ وہ اُنہیں بانٹ دیں۔

ہمیں یہ تو نہیں بتایا گیا کہ یہ معجزہ کس طرح رونما ہوا۔ میں تو یہ خیال کرتا ہوں کہ جب خداوند نے شکر کرنے کے بعد اُنہیں پانچ روٹیوں اور دو مچھلیوں کی ٹوکری تھمائی ہوگی تو اُس میں اضافہ نہیں ہوا ہوگا بلکہ جب وہ لوگوں کو تقسیم کرتے چلے گئے تو اُس کھانے میں اضافہ ہوتا چلا گیا ہوگا۔

11 ویں آیت ہمارے لئے خاص توجہ کی حامل ہے۔ بائبل مقدس ہمیں بتاتی ہے کہ سب نے جی بھر کر کھانا کھایا۔ جب آپ کو معلوم ہو کہ کھانا کم ہے تو آپ جی بھر کر نہیں کھاتے بلکہ اپنا ہاتھ کھینچ لیتے ہیں تاکہ سب کو کچھ نہ کچھ کھانے کو مل جائے۔ لیکن یہاں پر اُنہیں جی بھر کر کھانا ملا، اُنہیں اِس بات کی قطعاً فکر نہ تھی کہ اُن کے ساتھ بیٹھے ہوئے شخص کو بھی کچھ ملے گا یا نہیں، بلکہ وہاں پر روٹیاں اور مچھلیاں افراط سے تھیں۔ کسی طرح سے قلت کا سوال ہی پیدا نہیں ہو رہا تھا۔ جب آسمانی باپ کی طرف سے کچھ ملتا ہے تو پھر آپ کو اِس بات کی فکر اور خوف نہیں ہوتا کہ کافی طور سے ملے گا بھی یا نہیں۔ خدا کے فضل کی کوئی حد نہیں ہوتی۔ وہ افراط سے سب کچھ مہیا کرنے کی قدرت رکھتا

ہے۔آپ اُس کے وسائل کو ختم نہیں کر سکتے۔ ہماری زندگی میں کچھ ایسے وقت بھی آتے ہیں جب ہم اپنی مشکلات اور سوالات اُس کے پاس لانے میں ہچکچاہٹ محسوس کرتے ہیں۔ہم ڈرتے ہیں کہ کس طرح ہم اپنی درخواستیں اُس کے پاس لے کر جائیں۔گویا کہ ہم اپنی چھوٹی چھوٹی مشکلات اور درخواستوں سے اُسے تنگ نہیں کرنا چاہتے. ہم بعض اوقات اِس توقع سے دُعا کرتے ہیں کہ خدا کی طرف سے بڑی بڑی اور فوری توجہ کی حامل درخواستوں کا جواب ہی ملے گا۔ یہ آیت ہمارے حوصلوں کو بلند کرتی ہے کہ ہم ہر طرح کی درخواست اُس کے حضور لا سکتے ہیں۔کبھی یہ خیال نہ کریں کہ اُس کا فضل اور مہیا کرنے کی قدرت ختم ہو جائے گی۔اُس کے پاس آپ کی ہر ایک درخواست کے لئے کافی فضل موجود ہے، اِس کے باوجود باقی دُنیا کے لئے بھی اُس کے پاس بے حد اور بے انتہا فضل اور برکات موجود ہیں۔

دُعا میں بڑی دلیری کے ساتھ آئیں۔دلیری سے ہاتھ بڑھائیں اور جتنا چاہیں ٹوکری میں سے اپنے لئے کھانا لے لیں۔اگر آپ بھوکے ہی چلے گئے تو یہ اِس وجہ سے نہیں ہوگا کہ کھانا کم تھا بلکہ اِس کا سبب یہ ہوگا کہ آپ نے وہ کچھ لیا ہی نہیں جو خداوند نے آپ کو پیش کیا ہے۔

بائبل مقدس بیان کرتی ہے کہ جتنے لوگ وہاں پر موجود تھے سب نے پیٹ بھر کر کھایا۔خداوند یسوع مسیح نے اپنے شاگردوں سے کہا کہ بچے ہوئے ٹکڑوں کو جمع کرو۔جتنی خوراک سے اُنہوں نے شروع کیا تھا اُس سے کئی گناہ زیادہ بچ گئی۔اِس سے ہم خدا کے فضل کے تعلق سے کچھ اور بھی سیکھتے ہیں۔جس قدر آپ لیتے جاتے ہیں اُسی قدر یہ بڑھتا جاتا ہے۔

اِس معجزہ کو دیکھ کر لوگوں کا ردِعمل اور روّیہ کیسا تھا؟ اُنہیں اِس بات کی سمجھ لگ گئی کہ خداوند یسوع مسیح کوئی عام شخص نہیں ہے۔وہ اِس پر ایمان لے آئے کہ آنے والا نبی یہی ہے۔(14 آیت) وہ اُسے بادشاہ بنانا چاہتے تھے۔وہ کیسا بادشاہ ہوگا۔وہ ایسا بادشاہ تھا جس کے پاس اِس بات کی گارنٹی تھی کہ اَب کوئی بھوکا نہیں رہے گا۔یہ وہ بادشاہ ہے جو اِس بات کی ضمانت دیتا ہے کہ اب کوئی بیمار اور کمزور نہیں رہے گا، لیکن کون؟ جو اُس کے پاس آئیں گے، اُسے اپنا خداوند اور منجی قبول کر لیں گے۔

وہ ایسے ہی بادشاہ کی اُمید اور آس لگائے بیٹھے تھے۔ ایسا بادشاہ جو اُن کے مسائل اور مشکلات کا حل نکالے۔

ایسا وقت آرہا ہے جب خداوند اپنی بادشاہی میں بادشاہ کے طور پر راج کرے گا۔ پھر کوئی بیماری، بھوک اور موت نہ رہے گی۔ تاہم جس وقت لوگ اُس کے بادشاہ ہونے کی توقع کر رہے تھے، یہ مناسب وقت نہیں تھا، خداوند بھیڑ کو چھوڑ کر چلے گئے۔ خداوند پہاڑ پر تنہائی میں اپنے باپ کے ساتھ وقت گزارنے کے لئے چلے گئے۔ لوگوں کا ردِعمل اور روّیہ دیکھ کر اُنہیں دُکھ تو پہنچا ہوگا۔ وہ اپنی دھن میں مگن تھے اور وہ تو بس یہی سوچ رہے تھے کہ یسوع بادشاہ بن جائے تو اُنہیں کس قدر فائدہ ہوگا۔ خداوند یسوع مسیح کے تعلق سے یہ بات بہت خوبصورت اور زبردست ہے کہ آپ اپنے ہر ایک مسئلے اور مشکلات کے ساتھ اُس کے پاس آسکتے ہیں۔

چونکہ وہ ایک ترس اور رحم سے بھرا ہوا خدا ہے اِس لئے وہ آپ کو ہر ایک دُکھ درد سے شفا دینے اور آپ کی ہر ایک ضرورت پورا کرنے کی قدرت رکھتا ہے۔ اگرچہ وہ ترس اور رحم سے بھرا خدا ہے تو بھی اُسے اپنی ہر ضرورت کی فراہمی کے لئے کوئی فارمولا یا جادوئی شے نہ سمجھا جائے۔ خداوند یسوع کے گرد جمع ہونے والی بھیڑ کا نکتۂ نظر اور طرزِ فکر کچھ ایسا تھا۔ خداوند اُن کی سوچ اور روّیے سے قطعی مختلف تھا۔ اُس روز اُس ہجوم نے خداوند کے ساتھ کس قدر بے انصافی کی۔ اُس بھیڑ کو خداوند کی کوئی فکر نہ تھی۔ اِسی وجہ سے خداوند اُنہیں چھوڑ کر چلے گئے۔ آج آپ خداوند یسوع مسیح کو کس طرح اپنی زندگی میں لیتے ہیں؟ کیا وہ آپ کا خداوند ہے یا پھر آپ کا خادم؟

چند غور طلب باتیں

☆۔کیا آپ خداوند کے ساتھ تنہائی اور خاموشی میں وقت گزارتے ہیں؟ یہ وقت آپ کے لئے کس قدر اور کیوں اہم ہے؟

☆۔بوقت ضرورت آپ لوگوں کی طرف دیکھتے ہیں یا سب کچھ مہیا کرنے والے یسوع کی طرف نگاہیں لگاتے ہیں؟ اپنی مشکل اور ضرورت کے وقت آپ کس چیز پر بھروسہ کرتے ہیں؟

☆۔ہمارے لئے خدا کے فضل کی ٹوکری سے کچھ لینا اِس قدر مشکل معلوم کیوں ہوتا ہے؟ بطور مسیح ہم تھوڑے پر ہی کیوں قناعت کر لیتے ہیں؟

☆۔اُس روز یسوع کے گرد جمع بھیڑ کیا تلاش کر رہی تھی؟ آپ کے خیال میں یسوع وہاں سے کیوں چلے گئے؟

چند اہم دُعائیہ نکات

☆۔ایسے وقتوں کے لئے خداوند سے معافی مانگیں جب ضرورت اور مدد کے وقت آپ نے یسوع کی طرف نگاہیں نہ لگائیں۔

☆۔خداوند سے کہیں کہ وہ آپ کا ایمان بڑھائے تاکہ آپ اُس پر زیادہ سے زیادہ توکل اور بھروسہ کر سکیں۔ایسے وقتوں کے لئے بھی اُس کا شکریہ ادا کریں جب اُس نے آپ کو ایسی ناممکن صورتحال سے دوچار ہونے دیا تاکہ وہ اپنا فضل اور مہیا کرنے والی قدرت آپ کو دکھا سکے۔

☆۔کیا آپ کی زندگی میں کوئی ایسی صورتحال ہے جسے خداوند کے ہاتھوں میں دینے کی ضرورت ہے؟ چند لمحات کے لئے دُعا میں جھکیں اور خداوند کے ہاتھوں میں اپنی صورتحال کو دے دیں۔

☆۔اِس بات کے لئے خداوند کے شکرگزار ہوں کہ وہ آپ کو سب کچھ مہیا کرنے کی قدرت رکھتا ہے اور آپ کی ضروریات پوری کرنے ہی میں اُس کی خوشنودی ہے۔

باب15

جھیل پر معجزہ

یوحنا6:16-21

خداوند یسوع مسیح نے پانچ ہزار سے زیادہ مرد وزن کو پانچ روٹیوں اور دو مچھلیوں سے سیر اور آسودہ کیا تھا۔لوگوں کا ردِعمل یہ تھا کہ وہ زبردستی اُسے پکڑ کر بادشاہ بنانا چاہتے تھے۔جب شام ہوئی تو خداوند نے اپنے شاگردوں سے کہا کہ جھیل کے پار کفرِنحوم کو جائیں۔خداوند از خود تنہائی میں باپ کے ساتھ وقت گزارنے کے لئے پہاڑ پر چلے گئے۔اب شاگرد بالکل تنہا رہ گئے تھے۔اُنہیں اُس روز کوئی اندازہ نہیں تھا کہ اُس شام، یسوع سے رخصت ہوتے وقت اُنہیں کس قدر اُس کی ضرورت تھی۔کیوں کہ جھیل کے پار جانا ایک معمول کی بات تھی۔

تاہم خداوند کو علم تھا کہ کیا ہونے والا ہے تو بھی خداوند نے اُنہیں اپنے سے پہلے تن تنہا بھیج دیا تا کہ وہ اُنہیں اُس روز ایک اہم سبق سکھا سکے۔

کافی شام ہو چکی تھی جب شاگردوں نے جھیل کی دوسری طرف جانے کے لئے سفر شروع کیا۔جب وہ کشتی میں بیٹھ کر کفرنحوم کی طرف سفر کر رہے تھے ایک بہت بڑا طوفان آ گیا۔بڑی تند و تیز لہریں اُٹھنے لگیں۔مرقس 6:48 بیان کرتا ہے کہ وہ چپو چلاتے چلاتے تھک گئے تھے۔کیوں کہ ہوا اُن کے مخالف تھی۔شاگرد جھیل کے درمیان تھے۔واپسی کی سوچ بھی غیر محفوظ تھی اور اَب اندھیرا بھی چھا رہا تھا۔یہ خیال اُن کی فکر میں اور بھی اضافہ کر رہا ہوگا کہ زیادہ اندھیرا ہو جانے کی صورت میں اُنہیں ان کی منزل بھی دکھائی نہیں دے گی۔

اُنہوں نے سارا دن بہت مصروف گزارا تھا۔اب وہ تھک چکے تھے۔یوحنا رسول ہمیں بتاتے ہیں کہ اِس طوفان میں اب تک وہ تقریباً تین میل کا سفر طے کر چکے تھے۔(پانچ یا چھ کلومیٹر کا فاصلہ) ہوسکتا

ہے کہ آپ بھی شاگردوں کی طرح تھک چکے ہیں۔

آپ یہ نہیں جانتے کہ آپ کا مستقبل کیسا ہوگا۔ ہوسکتا ہے کہ آپ بھی اپنی مشکلات پر قابو پاتے پاتے تھک ہار چکے ہیں۔ ہوسکتا ہے کہ آپ کی مشکلات کا سبب بھی یہی ہو کہ آپ نے بھی شاگردوں کی طرح یسوع کو پیچھے چھوڑ دیا ہو۔ اوراب آپ اپنی طاقت سے طوفان پر غالب آنے کی کوشش کر رہے ہیں لیکن کامیابی دُور دُور تک دکھائی نہیں دے رہی۔ آپ شاگردوں کی طرح اپنے آپ کو جھیل کے درمیان پھنسے ہوئے دیکھ رہے ہیں۔

اِسی طوفان میں تھکے ہارے اور نڈھال شاگردوں نے پانی پر کسی سائے کو اپنی طرف آتے ہوئے دیکھا۔ اُنہیں اندازہ نہ ہوا کہ یہ کیا ہے۔ وہ خوفزدہ ہوگئے۔ مقدس مرقس ہمیں بتاتے ہیں کہ اُنہوں نے سمجھا کہ یہ کوئی بھوت ہے۔ (مرقس 49:6) ایسی صورتحال میں اِس طرح کی ناقابل فہم چیز کا نظر آنا اُن کی مشکلات میں اضافہ کرنے والی بات تھی۔

خداوند نے اُن کے خوف کو محسوس کرتے ہوئے اُنہیں پکار کر کہا۔ ''میں ہوں، ڈرو مت۔'' (20 آیت) مشکل، پریشانی اور فکرمندی کی اِس گھڑی میں شاگردوں کو یسوع کی آواز سن کر کس قدر تسلی اور سکون محسوس ہوا ہوگا۔ گویا پریشانی اور فکرمندی کے بادل چھٹ گئے۔ اور اُمید کی ایک کرن دکھائی دینے لگی ہوگی۔ اگرچہ وہ اُسے پانی پر چلتا ہوا دیکھ کر بہت حیران ہوئے ہوں گے۔ تو بھی اُنہوں نے اُسے بڑی خوشی سے کشتی پر سوار کرلیا۔

مرقس 48:6 کے مطابق خداوند یسوع شاگردوں سے جھیل میں رات کے چوتھے پہر ملا۔ یہ تقریباً صبح کے تین بجے کا وقت ہوگا۔ ہم کسی طور سے یہ تو نہیں بتاسکتے کہ شاگرد کتنی دیر سے اِس طوفان سے نبردآزما ہورہے تھے۔ لیکن یہ بات تو صاف ظاہر ہے کہ اُنہیں اِس طوفان سے لڑتے ہوئے کچھ وقت گزر گیا تھا۔ جب خداوند اُن سے ملے تو اُس وقت وہ تین میل کا سفر طے کرچکے تھے۔ صبح کے تین بجے یسوع سے مل کر اُنہیں بڑی خوشی اور مسرت ہوئی ہوگی۔ اِس میں کوئی حیرت کی بات نہیں کہ وہ اُسے کشتی میں چڑھا لینے کو راضی ہوئے۔ جب اُنہوں نے یسوع کو کشتی میں چڑھا لیا تو اُن کی

مشقت اور کشمکش بھی ختم ہوگئی۔ وہ اپنی مطلوبہ منزل پر فوراً جا پہنچے۔

یہ معجزے سے کم نہیں تھا۔ بہت سے ایسے لوگ ہیں جو شاگردوں کی طرح زندگی کے سمندر میں ہیں۔ اُن کی جانیں سمندر میں اُٹھنے والی موجوں سے دوچار اور پریشان ہیں۔ وہ تاریکی میں پڑے ہوئے اُن طوفانی ہواؤں سے لڑ رہے ہیں۔ اُنہیں اپنی منزل بھی دکھائی نہیں دے رہی۔ وہ تھک ہار چکے ہیں۔ کوئی پتہ نہیں کہ کب یہ طوفانی بھنور اُن کی زندگی کی کشتی کو ڈبو دے۔ جہاں وہ ہمیشہ کے لئے ہلاک ہو جائیں گے۔

کیا آپ بھی شاگردوں کی طرح محسوس کرتے ہیں؟ کیا آپ محسوس کرتے ہیں کہ آپ اپنی روحانی زندگی میں طوفانی بھنور کا شکار ہیں اور کسی سمت بڑھ نہیں رہے؟ کیا آپ روحانی طور پر محنت کرتے کرتے تھک چکے ہیں اور یوں لگتا ہے کہ آپ بے منزل بے ٹھکانہ محوِ سفر ہیں؟ ہوسکتا ہے کہ آپ کے مسئلے کا حل بھی وہی ہو جو شاگردوں کے مسئلے کا حل تھا۔ کیا ممکن ہے کہ آپ نے یسوع کو پیچھے چھوڑ دیا ہو۔ ابلیس کس قدر آسانی سے ہمیں اِس دھوکے میں ڈال دیتا ہے کہ ہم اپنی طاقت سے مسیحی زندگی بسر کر سکتے ہیں۔ ہم اچھے کام کرنے میں مصروف رہتے ہیں۔

ہم محنت کرتے کرتے تھک ہار جاتے ہیں لیکن کہیں پہنچ نہیں پاتے۔ بہت سے مسیحی اپنی طاقت سے مسیحی زندگی بسر کرنے کی کوشش میں مصروف ہیں۔ جس طرح ہم نے نجات کے لئے یسوع کو پکارا تھا لازم ہے کہ اُسی طرح ہم اپنی راہنمائی، طاقت اور توانائی کے لئے بھی اُس کی طرف دیکھیں۔ تاکہ قدم بہ قدم وہ ہماری راہنمائی کرے اور ہمارا زور اور توانائی بنے۔

جب شاگردوں نے یسوع کو کشتی میں مدعو کیا تو اُن کی کشمکش اور جدوجہد ختم ہوگئی۔ خداوند نے اُنہیں طوفان پر فتح بخشی۔ یسوع ہی شاگردوں کی مشکل اور مسئلے کا حل تھا۔ مجھے پورا بھروسہ اور کامل یقین ہے کہ آپ کی مشکل، ہر ایک مسئلے اور طوفانی صورتحال کا حل بھی یسوع ہی ہے۔

چند غور طلب باتیں

☆۔آپ نے کس قدر مسیحی زندگی اپنی طاقت ہی سے گزاردی ہے؟ یہ حوالہ آپ کی زندگی میں یسوع کی حضوری اور موجودگی کی اہمیت کے بارے میں آپ کو کیا تعلیم دیتا ہے؟

☆۔ہمارے لئے اِس بات کو سمجھنا کیوں کر مشکل ہوتا ہے کہ ہمیں ہر لمحہ خداوند کی مدد اور راہنمائی کی ضرورت ہوتی ہے؟

☆۔طوفان میں کشتی اور پھر یسوع کا آجانا، آپ اِس واقعہ سے کیا حوصلہ افزائی حاصل کرتے ہیں۔ یہ واقعہ آپ کو اُس رشتے اور تعلق کے بارے میں کیا سیکھاتا ہے جو خداوند ہم سے رکھنا چاہتا ہے؟

چند اہم دعائیہ نکات

☆۔خداوند سے دُعا کریں کہ وہ آپ کو اِس بات کی سمجھ اور فہم عطا فرمائے کہ اپنی زندگی کا اختیار اُس کو دینے کا کیا مطلب ہے۔

☆۔اِس بات کے لئے اُس کا شکر کریں کہ اگرچہ کئی دفعہ آپ نے اُسے پیچھے چھوڑا تو بھی وہ بچانے کے لئے آپ کے پاس آیا۔

باب 16

باپ کی طرف سے کھینچا جانا

یوحنا 6:22-45

پانچ ہزار سے زیادہ لوگوں کو کھانا کھلانے کے بعد شاگرد جھیل کی دوسری طرف جا چکے تھے۔ اُس بھیڑ نے رات بھر وہیں قیام کیا۔ اگلی صبح جب اُنہیں یسوع نظر نہ آیا، تو وہ اُس کی تلاش میں نکل کھڑے ہوئے، جھیل کے کنارے اُنہیں کچھ کشتیاں مل گئیں اُن میں سوار ہو کر وہ جھیل کی دوسری طرف گئے۔

جب بھیڑ نے یسوع کو جھیل کی دوسری طرف دیکھا تو وہ اُسے دیکھ کر پریشان ہوئے۔ وہ جانتے تھے کہ وہ تو کشتی میں سوار ہو کر اپنے شاگردوں کے ساتھ نہیں آیا۔ اُنہوں نے اُس سے سوال کیا کہ اُس نے کیسے جھیل کو پار کیا۔ یوں لگتا ہے کہ یسوع اُن کے سوال کا جواب نہیں دینا چاہتے تھے کیوں کہ، وہ اُس سوال کا جواب سننے کے لئے تیار نہ تھے۔

خداوند یسوع مسیح نے معجزات لوگوں کو اِس بات کو دیکھنے اور سمجھنے کے لئے کئے تھے کہ وہ خدا کا بیٹا ہے۔ یہ معجزات دیکھ کر تو اُنہیں خدا کے ممسوح کے سامنے گھٹنوں کے بل ہو جانا چاہئے تھا۔ خدا کی قدرت دیکھ کر لوگ یہ سوچنے لگے کہ کس طرح وہ اُس قوت اور قدرت کو اپنے مفاد کیلئے استعمال کر سکتے ہیں۔ وہ اِس لئے اُس کو ڈھونڈ رہے تھے کیوں کہ یسوع نے اُن کے پیٹ بھرے تھے۔ وہ اِس لئے اُسے ڈھونڈ نہیں رہے تھے کہ وہ خدا کا بیٹا ہے۔ آج لوگ یسوع کو کیوں ڈھونڈتے ہیں؟ معجزات اور نشانات کے ساتھ یسوع کی قدرت کو کام کرتا ہوا دیکھنا بہت اچھی بات ہے۔ لیکن یہ معجزات اور نشانات ہی حتمی چیز نہیں ہیں۔ اُنہیں دیکھ کر تو ہمارے اندر اور زیادہ خدا کے ساتھ چلنے کی جلتی ہوئی خواہش پیدا ہونی چاہئے۔

لوگوں کی سوچ اور خیال کو جانتے ہوئے، خداوند نے اُنہیں ایسی خوراک کی تلاش کے لئے اُبھارا جو ابدیت تک قائم رہتی ہے۔ یوحنا 4:34 میں خداوند نے اپنے شاگردوں کو بتایا کہ اُس کا کھانا تو بھیجنے والے (آسمانی باپ کی) کی مرضی کو پورا کرنا ہے۔ خداوند نے بھیڑ سے کہا کہ وہ ایک لمحہ کے لئے اپنی نگاہیں اپنے پیٹ سے ہٹا کر اپنی روحوں پر لگائیں۔ اگر وہ اپنے پیٹ بھر لیں اور اپنی روحوں کا نقصان کریں تو اُنہیں کیا فائدہ ہوگا۔ (مرقس 8:36) اُن کی سوچ وفکر موجودہ جسمانی ضروریات پر لگی ہوئی تھیں۔ '' فانی خوراک کے لئے محنت نہ کرو بلکہ اُس خوراک کے لئے جو ہمیشہ کی زندگی تک باقی رہتی ہے۔ جسے ابن آدم تمہیں دے گا کیوں کہ باپ یعنی خدا نے اُس پر مہر کی ہے۔''

(27 آیت)

خداوند نے اُنہیں یاد دہانی کرائی کہ صرف وہی اُنہیں یہ خوراک دے سکتا ہے۔ وہ روٹی جس کی خداوند بات کر رہے تھے وہ جسمانی روٹی نہیں تھی جس سے اُن کی بھوک کی تسکین ہوتی تھی۔ بلکہ خداوند تو اُس نجات کی بات کر رہے تھے جسے پیش کرنے کے لئے وہ اِس دُنیا میں آئے تھے۔ جس سے اُنہیں ابدی زندگی ملنی اور اُن کی روحانی تشنگی کی تسکین ہونی تھی۔

جو بات خداوند کہہ رہے تھے اُس کو بھیڑ سمجھ نہ پائی۔ ''پس اُنہوں نے اُس سے کہا ہم کیا کریں تا کہ خدا کے کام انجام دیں؟'' (28 آیت)

خداوند یسوع مسیح کا جواب یہ تھا۔ ''خدا کا کام یہ ہے کہ جسے اُس نے بھیجا ہے اُس پر ایمان لاؤ۔'' خداوند کی پیش کردہ روٹی حاصل کرنے کے لئے صرف واحد یہی شرط ہے۔ خداوند یسوع پر ایمان لائیں تو آپ اِس بات کو دریافت کریں گے کہ کس طرح وہ آپ کی جان اور دل کو آسودہ کرے گا۔ نجات کے لئے تو کوئی پیچیدہ بات نہیں ہے۔۔ مسیح پر توکل اور بھروسہ کریں تو آپ اپنی منزل کی یقین دہانی پائیں گے۔ آپ اُس کے صلیبی کام پر توکل اور اعتماد کریں تو آپ اُس کے آنے والے غضب سے بچ سکتے ہیں۔

جو بات خداوند کہہ رہے تھے ہجوم اُس کا قائل نہ ہوا۔ ''پس اُنہوں نے اُس سے کہا پھر تو کونسا نشان

دکھاتا ہے تاکہ ہم دیکھ کر تیرا یقین کریں؟''(30) گویا کہ اُس سے ایک معجزے کی توقع کرتے ہوئے اُنہوں نے اُسے یاد کرایا کہ اُن کے باپ دادا نے بیابان میں من کھایا۔ اصل میں تو وہ یہ کہہ رہے تھے کہ وہ اُنہیں پیٹ کی آگ بجھانے کے لئے کچھ کھانے کو دے۔ اُن کے اِس روّیے اور سوچ سے خداوند کی بات کی تصدیق ہوگئی جو اُنہوں نے کہی تھی کہ وہ جسمانی خوراک کے لئے اُس کی تلاش میں ہیں۔

جی ہاں واقعی وہ تو اپنی جسمانی ضروریات کی فکر میں تھے۔ اصل میں تو وہ یہ کہہ رہے تھے۔ ''ہمیں کھانا دے، تو ہم تیرے پیچھے چلے آئیں گے۔''

ایک بار پھر خداوند نے اُن کی توجہ جسمانی سے روحانی عالم کی طرف لگانے کی کوشش کی۔ خداوند نے کہا کہ وہ اُنہیں موسیٰ کی طرح کھانے کو روٹی نہیں دے گا۔

''کیوں کہ خدا کی روٹی وہ ہے جو آسمان سے اُتر کر دُنیا کو زندگی بخشتی ہے۔''(33) خداوند نے یہ بات تو اپنے تعلق سے کہی تھی کہ زندگی کی روٹی وہ (یسوع) ہے جو دُنیا کو زندگی بخشتی ہے۔ وہ ہماری روحانی تشنگی کی تسکین کے لئے اِس دُنیا میں آئے۔ وہ ہمیں زندگی دینے کے لئے اِس دُنیا میں آئے۔

''اُنہوں نے اُس سے کہا خداوند، یہ روٹی ہم کو ہمیشہ دیا کر۔''(34) وہ پھر بھی خداوند کی اِس بات کو نہ سمجھ پائے۔ اگرچہ وہ تیار تھے کہ اُس سے کچھ حاصل کر لیں لیکن جو چیز خداوند اُنہیں دینا چاہتے تھے، اُن کی سمجھ اور فہم سے بالاتر تھی۔

خداوند نے اُن سے کہا، ''زندگی کی روٹی میں ہوں۔''(35) جو میرے پاس آئے وہ ہرگز بھوکا نہ ہو گا اور جو مجھ پر ایمان لائے وہ کبھی پیاسا نہ ہوگا۔'' خداوند نے یہی بات سامری عورت سے بھی کہی تھی۔

''یسوع نے جواب میں اُس سے کہا، جو کوئی اِس پانی میں سے پیتا ہے وہ پھر پیاسا ہوگا، مگر جو کوئی اُس پانی میں سے پئے گا جو میں اُسے دوں گا وہ ابد تک پیاسا نہ ہوگا بلکہ جو پانی میں اُسے دوں گا وہ

اُس میں ایک چشمہ بن جائے گا جو ہمیشہ کی زندگی کے لئے جاری رہے گا۔" (14-13:4)

اُس روز خداوند اُس بھیڑ سے کتنا بڑا وعدہ کر رہے تھے۔ خداوند نے اُنہیں اُن کی روحوں کی مکمل تسکین کی پیش کش کی۔ خداوند نے اُنہیں ابدی زندگی کی پیش کش کر دی۔ خداوند اِس وقت آپ کو بھی ابدی زندگی پیش کر رہے ہیں۔ آپ کا کام اُس کے کلام کا یقین کرنا اور اُس پر ایمان لانا ہے۔

اِس کہانی کا افسوس ناک پہلو یہ ہے کہ یہودی لوگ اُس پر ایمان نہ لا سکے۔ اگرچہ اُنہوں نے خداوند کو اپنی آنکھوں سے دیکھا اور اپنے کانوں سے اُس کا پیغام سنا تھا۔

لیکن جو کچھ خداوند اُنہیں بتا رہے تھے وہ اُس پر ایمان نہ لا سکے۔ جو معجزات خداوند نے اُن کے سامنے کئے تھے وہ بھی اُن کے لئے ناکافی تھے۔ وہ ابھی تک خداوند اور اُس کی نجات کو دیکھنے سے قاصر تھے۔ وہ فہم سے خالی تھے۔ جب خداوند یہودیوں کی بے اعتقادی پر غور کر رہے تھے تو خداوند نے اُنہیں یاد دلایا کہ باپ کی مرضی یہ ہے کہ جو کوئی بیٹے کو دیکھے اور اُس پر ایمان لا کر ابدی زندگی پائے۔ (40 آیت) اگر وہ اُس کے پاس آئیں تو وہ اُنہیں نکال نہ دے گا۔ (37) جو کوئی اُس کے پاس آئے گا وہ اُسے ابد تک محفوظ رکھے گا۔ (39) اِن عالیشان وعدوں کے باوجود، یہودیوں نے اپنی پشت اُس کی طرف پھیر دی۔ زندگی کی روٹی ہونے کا دعویٰ اُن کی سمجھ میں نہ آیا۔ (41) وہ اُس کے والدین سے

واقف تھے۔ (42 آیت) اُنہوں نے اُسے جوان ہوتے دیکھا تھا۔ اُن کے نزدیک وہ صرف بڑے بڑے معجزات کرنے والا تھا جو اُن کی جسمانی ضروریات پوری کرنے کی قدرت رکھتا تھا۔

یہودی لوگ کیوں یسوع پر ایمان نہ لا سکے؟ سارے شواہد کے ساتھ یہ بات اظہر من الشمس (بالکل عیاں) نہ تھی کہ وہ جو کچھ دعویٰ کر رہا ہے واقعی سچ کہہ رہا ہے؟ خداوند ہمیں بتاتے ہیں کہ وہ کیوں اُس پر ایمان نہ لا سکے۔ خداوند 44 ویں آیت میں بتاتے ہیں کہ اُس پر ایمان لانے کا ایک ہی راستہ ہے اور وہ یہ ہے کہ باپ اُن کو اپنی طرف کھینچ لے۔ 45 ویں آیت خداوند بتاتے ہیں کہ جو کوئی باپ سے سنتا اور سیکھتا ہے وہ میرے پاس آتا ہے۔ اگر مجھے اور آپ کو نجات پانے کے لئے مسیح کے پاس

آنا ہے تو پھر ہمیں تین چیزوں کا واقع ہونا ضرور ہے۔اوّل۔ہمیں خدا کی آواز سننے کی ضرورت ہے۔دوئم،ضرورت اِس بات کی ہے کہ باپ ہمیں تعلیم دے۔

سوئم:۔ضرورت ہے کہ باپ ہمیں مسیح کی طرف کھینچ لے۔ہم میں سے کون یہ دعوٰی کر سکتا ہے کہ وہ اپنی مرضی اور ارادے سے خداوند کی طرف رجوع لایا ہے؟ جب تک روح القدس ہم سے کلام نہ کرے، ہم گناہ کی زندگی کو چھوڑ نہیں سکتے۔خدا کا پاک روح ہی ہمیں کلام کی صداقتوں کا فہم عطا کرتا ہے۔اور ہم مسیح کی طرف کھینچے چلے آتے ہیں اور اُس کے دعوؤں کو سمجھنا شروع ہو جاتے ہیں۔اور اُسے اپنا منجی اور خداوند قبول کر لیتے ہیں۔ہماری نجات تو خداوند کی طرف سے ہے۔اگر خدا ہمیں اپنی طرف نہ کھینچتا، ہمارے ذہنوں کو نہ کھولتا اور ہم اُس کے ارادوں اور مقاصد کو اپنے لئے نہ سمجھتے تو اِس وقت تک تاریکی ہی میں بھٹک رہے ہوتے۔یہودی لوگوں کا مسئلہ یہ تھا کہ وہ اُس روز خدا کے چھوئے جانے کے تجربہ کو حاصل نہ کر پائے۔

یہ سب کچھ ہمیں کیا سکھاتا ہے؟ جب ہم اپنے عزیز و اقارب اور دوست احباب کو انجیل سنانا چاہتے ہیں تو قبل اِس کے کہ ہم اُن تک خوشخبری کا پیغام لے کر جائیں ہمیں گھٹنوں کے بل جھکنا ہوگا۔خدا ہم میں کام کرے گا اور ہمارے وسیلہ سے اُنہیں اپنی صداقتوں اور بھیدوں کا فہم عطا کرے گا۔اگرچہ ہم اُس کا چنا ہوا وسیلہ ہیں۔تو بھی اُس کی قدرت سے وہ خداوند کی طرف کھینچے چلے آئیں گے۔ہمیں اِس بات کے لئے کس قدر شکرگزار ہونے کی ضرورت ہے کہ اُس نے ہماری زندگیوں کو چھوا اور ہمیں اپنی طرف کھینچ لیا۔اگر خداوند ہم پر مہربانی نہ کرتا، تو ہم بھی خداوند یسوع کے دَور کے یہودیوں کی طرح ہی ہوتے۔یعنی بے اعتقادی میں ہی زندگی بسر کر رہے ہوتے۔

چند غور طلب باتیں

☆۔کیا آپ نے خداوند کو اپنا شخصی نجات دہندہ اور خداوند قبول کر لیا ہے؟ کیا آپ میں اُس کی زندگی کا ثبوت پایا جاتا ہے؟ یہ ثبوت کیا ہے؟

☆۔خداوند یسوع مسیح نے اپنے تعلق سے کہا کہ وہ زندگی کی روٹی ہے، اِس سے خداوند کا کیا مطلب ہے؟ اُس کی نجات کس طرح ایک روٹی کی مانند ہے؟

☆۔اِس باب میں ہماری نجات کے لئے خدا کے کردار کے تعلق سے کیا سیکھتے ہیں؟

☆۔اگر آپ نے خداوند کو اپنا منجی اور خداوند قبول کر لیا ہے تو اپنی زندگی کے اُس دن کو یاد کریں جب آپ کو نجات کا تجربہ ہوا تھا۔آپ کی زندگی میں اِس بات کا کیا ثبوت ہے کہ باپ نے آپ کو اپنی طرف کھینچ لیا ہے؟

چند اہم دُعائیہ نکات

☆۔اِس حوالہ میں خداوند جس نجات کی روٹی کی پیش کش کر رہے ہیں اگر آپ نے اُس کو کبھی نہیں چکھا، تو چند لمحات دُعا میں جھک کر خداوند سے کہیں کہ وہ آپ کو اِس تعلق سے تعلیم دے۔

☆۔خداوند کے حضور اپنے گناہوں کا اقرار کریں۔اور ایمان سے گناہوں کی معافی اور نجات کی بخشش کو حاصل کریں۔

☆۔کیا آپ کسی ایسے شخص کو جانتے ہیں جو یہودیوں کی طرح یسوع کو حقیقی معنوں میں نہیں جانتا؟ اُس شخص کے لئے دُعا کریں تا اُس کے دل کی آنکھیں روشن ہو جائیں اور وہ سچائی کو پہچان سکے۔

باب 17

زندگی کی روٹی

یوحنا 6:46-71

خداوند یسوع اُس بھیڑ سے باتیں کرتے رہے جو جھیل کی دوسری طرف سے اُس کے پاس جمع ہوئی تھی۔ اُس نے اُنہیں بتایا کہ وہ آسمان سے اُترنے والی روٹی ہے۔ یہ کوئی ایسی روٹی نہیں تھی جس کی وہ تلاش میں تھے۔ وہ کسی اور طرح کے مسیح کی آس لگائے بیٹھے تھے۔ زندگی کی روٹی کے تعلق سے مسیح کی تعلیم نے بھیڑ کے لئے بہت سی مشکلات پیدا کر دیں۔ اِس باب میں ہم دیکھیں گے کہ زندگی کی روٹی کے تعلق سے خداوند کو کیا کہنا پڑا۔

خداوند نے یہ کہتے ہوئے اپنی تعلیم دینا شروع کی کہ جو کوئی اِس روٹی میں سے کھائے گا ابد تک زندہ رہے گا۔ خداوند نے واضح کیا کہ وہ زندگی کی روٹی ہے۔ (48) خداوند یہ کہہ رہے تھے کہ اگر تم ابدی زندگی پانا چاہتے ہو تو پھر لازم ہے کہ تم اُس میں سے کھاؤ۔ یہ بڑی سوچ و بچار اور غور و فکر کی بات ہے کہ مسیح کو کھانے کا کیا مطلب ہے؟ 52 آیت سے ہمیں اندازہ ہوتا ہے کہ یہودیوں کو مسیح کی اِس بات کو سمجھنے میں بڑی دشواری ہوئی۔ ''یہ شخص اپنا گوشت ہمیں کیوں کر کھانے کو دے سکتا ہے؟''

کچھ ایسی چیزیں ہیں جن سے ہمیں خداوند یسوع کے اِس بیان کو سمجھنے میں مدد ملے گی۔

اوّل۔ جب ہم اپنا کھانا کھاتے ہیں، تو وہ ہمارے جسم کا حصہ بن جاتا ہے۔ وہ خوراک جو ہم لیتے ہیں ہمارے بدن میں اُترتی ہے اور ریزہ ریزہ ہو کر ہمارے بدن کی رگ و ریشہ میں طاقت اور توانائی کا باعث بنتی ہے۔ دوسرے لفظوں میں، ہم یہ بھی کہہ سکتے ہیں کہ ''آپ وہی کچھ ہیں جو آپ کھاتے ہیں،'' یہ بات بالکل درست ہے۔ جب نظامِ انہضام کام کرتا ہے اور خوراک جزوِ بدن بنتی ہے۔ تو پھر یہ خوراک ہمارے وجود کے ہر ایک ٹشو اور خلیے تک جا پہنچتی ہے۔ خداوند یسوع مسیح یہی کہہ رہے

ہیں کہ وہ اِسی طور سے ہماری زندگی میں رہنا چاہتے ہیں۔ خداوند یہ ہرگز نہیں چاہتے کہ ہم صرف بروز اتوار اُس کے بارے میں تھوڑا بہت سوچیں یا پھر جب کبھی ہم پر کوئی مصیبت آئے تو ہم اُسے پکارنا شروع کر دیں۔ وہ تو ہماری زندگی میں مرکزی کردار چاہتے ہیں، ہمارے وجود کے ہر ایک خلیے کا حصہ بننا چاہتے ہیں۔ وہ ہماری زندگی کے ہر ایک فیصلے، خواہش اور مقصدِ حیات میں مرکزی کردار بننا چاہتے ہیں۔

دوئم۔ جو خوراک ہم کھاتے ہیں وہ ہماری زندگی اور توانائی کا منبع ہوتی ہے۔ اِس خوراک کے بغیر ہم ہلاک ہو جائیں گے۔ ہمارا وجود اور زندگی اِس خوراک کا مرہونِ منت ہوتا ہے۔ میرا یہ ایمان ہے کہ خداوند ہمیں اِس مقام پر لانا چاہتے ہیں جہاں پر ہمیں اِس بات کا گہرا احساس ہو کہ ہم اُس کے بغیر کچھ نہیں کر سکتے۔ ہم اپنی زندگی اور سانس کے لئے کلی طور پر اُس کے مرہونِ منت ہیں۔ وہ ہمیں بلا رہا ہے کہ ہم اپنی طاقت، توانائی، حکمت اور طاقت اُسی سے حاصل کریں۔ خداوند یہاں پر یہ کہہ رہے ہیں کہ ہم جو کچھ بھی کریں اُس میں وہ ہماری زندگی اور طاقت بنے۔ یہ کس قدر شرف و استحقاق کی بات ہے۔

اگرچہ یہ بات سچ ہے کہ ہمیں زندہ رہنے کے لئے خوراک لینا ضروری ہے، خوراک ہماری بقا اور سلامتی کے لئے لازمی ہے۔ اور خوراک ہمارے لئے بڑی شادمانی کا باعث ہوتی ہے۔ کھانا کوئی ایسی رسم نہیں جو بڑی اُکتاہٹ کا باعث ہوتی ہے۔ کھانا تو زندگی کا انتہائی خوش کن تجربہ ہے۔ یہ ایسا خوشگوار اور دل پسند تجربہ ہے کہ اکثر ہم دوسروں کو مدعو کرتے ہیں کہ وہ ہمارے اس تجربہ میں شریک ہوں۔ اسی طرح خداوند یسوع مسیح کو کھانے سے بڑھ کر کوئی اور خوشگوار تجربہ ہو نہیں سکتا۔ وہ بڑی شادمانی اور بڑی خوشی اور مسرت کا منبع ہے۔ اُسی میں بیان سے باہر آسودگی اور تسکین و تسلی ملتی ہے۔

جب خداوند یہ بیان کر رہے ہیں کہ ہم اُس کا گوشت کھائیں تو وہ علامتی طور پر یہ بات کہہ رہے ہیں۔ وہ تو ہمیں اِس بات کے لئے مدعو کر رہے ہیں کہ ہم زندگی کے انتہائی خوش کن اور خوشگوار تجربہ میں شریک ہوں۔ یہ ایک ایسا تجربہ ہے، جسے آپ دوسروں کے سامنے بھی بیان کرنا چاہیں گے۔ وہ

ہمیں اِس بات کے لئے مدعو کررہے ہیں کہ ہم اُسے اپنے خیالات اور زندگی کا حصہ بنالیں۔

وہ ہمیں اِس بات کے لئے مدعو کررہے ہیں کہ ہم اُسے قبول کرکے اِس بات کا موقع دیں کہ ہماری زندگی میں آئے اور ہمیں پاک اور صاف کرنے کے ساتھ ساتھ ہمیں طاقت اور توانائی بھی بخشے۔صرف وہی ہماری جانوں کو کامل آسودگی اور تسلی دینے کی قدرت رکھتا ہے۔

ایک بات پھر ہم خداوند کی اِس بات کی طرف متوجہ ہوتے ہیں جو اُس نے مسیح کا بدن کھانے کے تعلق سے کہی تھی۔وہ ہمیں یہی بتارہے ہیں کہ جو لوگ اُس میں سے کھائیں گے ابد تک زندہ رہیں گے۔خداوند یسوع مسیح نے چند آیات میں پانچ بار اِس بات کو دھرایا۔(دیکھیں 58,57,54,51.50 آیات) ظاہری بات ہے کہ خداوند اِس لئے اِس بات کو دہرارہے تھے کہ بھیڑ اِس نکتہ کو واضح طور پر سمجھ جائے۔خداوند یسوع یہاں پر ایک بہت اہم بات کررہے ہیں۔خداوند بھیڑ کو یہ بتارہے ہیں کہ ابدی زندگی پانے کا ایک ہی وسیلہ اور منبع ہے کہ وہ زندگی کی روٹی میں سے کھائیں۔یہی زندگی کی روٹی اُنہیں ابدی زندگی دے سکتی ہے۔اِس سے کچھ فرق نہیں پڑتا کہ آپ نے زندگی میں کتنے اچھے کام کیئے ہیں یا پھر ہفتہ میں کتنی بار آپ چرچ جاتے ہیں،اگر آپ نے زندگی کی روٹی (خداوند یسوع) میں سے نہیں کھایا تو آپ اپنے گناہوں میں مریں گے۔جب آپ آسمان پر جائیں گے،تو خدا صرف اِسی بات کو آپ کی زندگی میں دیکھے گا کہ آیا خداوند یسوع آپ کی زندگی میں ہے یا نہیں۔صرف یسوع ہی ابدی زندگی کی ضمانت ہے۔

53 آیت ہمیں واضح طور پر بتاتی ہے کہ اگر ہم زندگی پانا چاہتے ہیں،تو پھر لازم ہے کہ ہم ''ابن آدم کا گوشت'' کھائیں۔''غور کریں کہ یہاں پر زندگی پانے کے لئے ایک بنیادی تقاضا ہے۔ہر کسی میں یہ زندگی نہیں ہوتی۔صرف وہی جو ابن آدم کا گوشت کھاتے ہیں اپنے اندر اُس کی زندگی کو رکھتے ہیں۔بالفاظ دیگر اگر آپ ہمیشہ کی زندگی پانا چاہتے ہیں تو پھر آپ کو یسوع کو قبول کرکے اُسے اِس بات کا موقع دینا ہوگا کہ وہ آپ کی زندگی اور دل میں آئے۔اپنی زندگی کا منبع جانتے ہوئے آپ اُس پر مکمل طور پر توکل اور بھروسہ کریں۔صرف وہی جو ایسا کرتے ہیں۔

اُس کی زندگی سے آشنا ہوتے ہیں۔

ہم سب جانتے ہیں کہ بھوکے ہونے کا کیا مطلب ہے۔ہم نے یہ بھی تجربہ کیا ہے کہ بھوکی جان کے لئے اچھا کھانا کس قدر فرق پیدا کرتا ہے۔اِسی طرح، جب آپ خداوند کو اپنے دل میں اپنا منجی قبول کریں گے، تو پھر آپ کو بھی اپنے اندر نئی زندگی کا ایک انوکھا احساس ہوگا۔مسیح آپ کی زندگی میں ایک انقلابی تبدیلی پیدا کرے گا۔آپ محسوس کریں گے کہ اُس کی قدرت اور حضوری آپ کی زندگی میں سے بہنا شروع ہوگئی ہے۔اُس کی طاقت آپ کی طاقت، اُس کی خواہشات آپ کی خواہشات اور اُس کے مقاصد آپ کی زندگی کا نصب العین بن جائیں گے۔آپ اُس کی مرضی، کاوش اور مقاصد میں اُس کے ساتھ ایک ہو جائیں گے۔

جو لوگ اپنے اندر مسیح کی زندگی رکھتے ہیں اُن سے اُس کا یہ وعدہ ہے کہ وہ آخری دن پھر اُنہیں زندہ کرے گا۔(54 آیت) ایک بار پھر اُس وعدہ کے ساتھ جڑی ہوئی شرط پر غور کریں۔لازم ہے کہ آپ مسیح یسوع کے بدن میں شریک ہوں۔لازم ہے کہ وہ آپ کی زندگی کا اٹوٹ حصہ ہو۔لازم ہے کہ اُس کی زندگی آپ سے بہے۔آخری دن جلال میں زندہ کئے جانے کا وعدہ ہر ایک کے لئے نہیں ہے۔صرف وہی جو اپنے اندر مسیح کی زندگی رکھتے ہیں اُس ابدی زندگی کو جان سکتے ہیں اور اُنہیں ہی آخری دن زندہ کیا جائے گا۔

یہاں پر خداوند یسوع مسیح حقیقی خوراک کی طرح ہی کچھ پیش کر رہے ہیں۔وہ بیان کر رہے ہیں کہ اُس کا گوشت حقیقی خوراک ہے۔ہمیں اِس بات کو جسمانی طور پر نہیں سمجھنا چاہئے۔خداوند یسوع مسیح یہ بیان کر رہے ہیں کہ اُس کا بدن روحانی خوراک ہے۔یہ بالکل ایسی ہی خوراک ہے جو آپ جسمانی طور پر زندہ رہنے کے لئے کھاتے ہیں۔یہی وہ حقیقی تسلی ہے جو اُس کی زندگی کی روٹی کھانے سے ملتی ہے۔یہی وہ حقیقی روحانی زندگی ہے جو اُنہیں پیش کی جاتی ہے جو خداوند کا گوشت کھاتے ہیں، جو زندگی کی روٹی کھاتے ہیں اُن کے لئے ایک جلالی اور خوبصورت ابدیت تیار کی جاتی ہے۔یہ کوئی خام خیالی یا من گھڑت باتیں نہیں ہیں۔یہ زندگی بخش کلام ہے۔اِس روٹی کو کھانے

کے تعلق سے ایک زبردست بات یہ ہے کہ اِس کا ہماری زندگی میں دیرپا بلکہ مستقل اثر ہوتا ہے۔
زندگی کی روٹی کھانے سے قبل، اِس بات کو محسوس کرلیں کہ جو فیصلہ آپ کرنے جا رہے ہیں اُس کے آپ کی زندگی پر دُور رس اور مستقل اثرات مرتب ہوں گے۔ جب آپ زندگی کی اِس روٹی کو کھاتے ہیں، تو آپ پورے طور پر اپنے آپ کو خداوند کے تابع اور سپرد کر دیتے ہیں۔ ایک مرتبہ جب آپ جسمانی خوراک کھا لیتے ہیں، تو یہ ہضم ہو کر آپ کے جسم کا حصہ بن جاتی ہے۔ یہی حقیقت زندگی کی روٹی کے تعلق سے بھی درست ہے۔
ایک مرتبہ جب آپ خداوند یسوع مسیح کو قبول کر لیتے ہیں تو پھر آپ کی زندگی میں واپسی کا کوئی راستہ موجود نہیں رہتا۔ اُسے اپنی زندگی اور دل میں آنے کا جو فیصلہ آپ کر لیتے ہیں، ایک حتمی فیصلہ ہوتا ہے۔ خداوند یسوع مسیح نے کہا، ''جو میرا گوشت کھاتا اور میرا خون پیتا ہے وہ مجھ میں قائم رہتا ہے اور میں اُس میں۔'' (56 آیت) خداوند ہماری زندگی میں رہنے کے لئے آتا ہے۔ کیا آپ اِسی بات کے طالب ہیں؟ جب آپ اُس کے بدن میں شریک ہو جائیں گے تو پھر واپسی کا کوئی راستہ نہیں ہوگا، آپ ہمیشہ کے لئے تبدیل ہو جائیں گے۔
جس طرح زندہ باپ خداوند یسوع کو زندہ رکھتا ہے اُسی طرح خداوند یسوع اُن سب کو زندہ رکھے گا جو اُس کے گوشت اور خون میں شریک ہوتے ہیں۔ وہ آج آپ کو اپنی زندگی پیش کر رہا ہے ۔(57) اُس کے ساتھ پیوستہ ہو جائیں اور اُس کی زندگی کو اپنی زندگی بنا لیں۔ آپ ہمیشہ کے لئے زندہ رہ سکتے ہیں کیوں کہ وہ ابدی زندگی کا مالک اور بانی ہے۔ یہی ابدی زندگی ہے۔ ہمیشہ کی زندگی اُن سب کے لئے ہے جو اپنے آپ کو مکمل طور پر اُس کے تابع کر دیتے ہیں۔
اُس روز خداوند یسوع مسیح کے پیچھے آنے والوں کا ردِعمل کیا تھا؟ کیا خداوند کی یہ بات سن کر اُنہیں ٹھوکر لگی؟ اُنہوں نے یہ سوال اُٹھایا کہ یسوع کس طرح یہ دعویٰ کر سکتا ہے۔ اُن کے خیالات معلوم کر کے خداوند نے یہ پیش گوئی کی کہ وہ دن آتا ہے جب وہ اُسے آسمان پر اپنے باپ کے پاس واپس لوٹتے ہوئے دیکھیں گے۔(65) خداوند نے اُنہیں بتایا کہ جو باتیں اُس نے اُن سے کہیں وہ

زندگی بھی ہیں اور روح بھی۔ خداوند کا کلام کوئی معمولی کلام نہیں تھا۔ اِن باتوں میں خدا کی قدرت اور زندگی کا راز تھا۔ چونکہ اُن لوگوں میں خدا کا رُوح کام نہیں کر رہا تھا اِس لئے وہ خداوند یسوع مسیح کی باتیں سمجھ نہ پائے۔ جب تک باپ اُنہیں اپنی طرف کھینچ نہ لیتا اور اُنہیں سمجھ اور فہم عطا نہ کرتا، وہ کسی طور پر بھی اُن باتوں کو سمجھ نہیں سکتے تھے۔ (65 آیت)

خداوند یسوع کی باتیں سن کر، اُس بھیڑ میں سے بہت سے لوگ یسوع کو چھوڑ کر چلے گئے، خداوند یسوع کو یہ دیکھ کر کچھ حیرت نہ ہوئی۔ ایسا ممکن ہے کہ آپ مسیح کے پیچھے چلنے والے تو ہوں لیکن اُس پر حقیقی طور پر ایمان نہ رکھتے ہوں۔ جہاں کہیں خداوند جاتا تھا یہ لوگ اُس کے پیچھے پیچھے جاتے تھے، اُس کی منادی سنتے اور اُس کے معجزات کو دیکھتے تھے۔

وہ خداوند کے ساتھ ساتھ رہتے تھے لیکن اُنہوں نے کبھی بھی زندگی کی روٹی میں سے نہیں کھایا تھا۔ خداوند اُن کی زندگی نہیں بنا تھا۔ وہ یسوع کو اپنی زندگی میں بسانے کے تعلق سے کچھ نہیں جانتے تھے۔ جب خداوند نے اُس دن بھیڑ کو اُس کی طرف پشت پھیر کر جاتے دیکھا، اُس نے اپنے بارہ شاگردوں کے پاس آ کر اُن سے کہا، کہ آیا وہ بھی اُسے چھوڑ کر جانا چاہتے ہیں، اُنہوں نے جواب دیا، ''ہم ایمان لائے اور جان گئے کہ خدا کا قدوس تو ہی ہے۔'' (69 آیت) خداوند جانتے تھے کہ اُن بارہ میں سے ایک ایسا ہے جو حقیقی طور پر اُس پر ایمان نہیں لایا۔ یہودہ نے ایک دن اُسے دھوکے سے پکڑوا دینا تھا۔ خداوند یسوع مسیح کے انتہائی قریب رہنے والے شخص نے بھی زندگی کی اُس روٹی میں سے نہیں کھایا تھا۔

کیا آپ زندگی کی روٹی میں سے کھا چکے ہیں؟ ایک حقیقی ایماندار وہ ہوتا ہے جو زندگی کی روٹی میں سے کھا چکا ہوتا ہے۔ ایک حقیقی ایماندار محض یسوع کے پیچھے چلنے والے سے قطعی مختلف ہوتا ہے۔ کوئی بھی جاتی ہوئی بھیڑ میں شامل ہو سکتا ہے۔ ایک حقیقی ایماندار زندگی کی روٹی کے ساتھ ایک ہو چکا ہوتا ہے، ایک حقیقی ایماندار کی مرضی اور خواہشات خداوند یسوع مسیح سے ہم آہنگ ہوتی ہیں۔

وہ ایک ایسی طاقت اور قدرت سے واقف ہوتا ہے جو اُن کی اپنی نہیں ہوتی۔ مسیح کی زندگی اُن سے

بہنا شروع ہو جاتی ہے۔ یہ زندگی اُنہیں تبدیل کر کے رکھ دیتی ہے۔ مسیحی ہونا مذہبی رسوم اور عقائد کی پابندی سے کہیں بڑھ کر بہت مختلف بات ہے۔ یہ بائبل پڑھنے اور چرچ جانے سے بڑھ کر ہے۔ مسیحی ہونے کا مطلب ہے کہ زندگی اور کائنات کا خالق اور مالک آپ میں آ کر سکونت کرے۔ یہ تو خدا کی زندگی کا آپ میں سے جاری ہونے کا نام ہے۔ مسیحی ہونا خدا کی قدرت، زندگی اور حضوری کا تجربہ کرنے کا نام ہے جس کے بعد آپ پہلے جیسے نہیں رہتے۔ آپ کا دل اور ارادے یکسر بدل جاتے ہیں۔ کیا آپ اِس تجربہ کو حاصل کر چکے ہیں؟ بھیڑ کی طرح صرف اُس کے پیچھے چلنے والے نہ بنیں، بلکہ زندگی کی روٹی میں سے کھائیں۔

چند غور طلب باتیں

☆۔ کیا آپ زندگی کی روٹی میں سے کھا چکے ہیں؟ آپ میں اِس نئی زندگی کا کیا ثبوت دکھائی دیتا ہے؟

☆۔ زندگی کی روٹی کھانے کا کیا مطلب ہے؟

☆۔ مسیح کے ''پیچھے چلنے والے'' اور اُس شخص کے درمیان کیا فرق ہے جس نے زندگی کی روٹی میں سے کھا لیا ہو؟

چند اہم دُعائیہ نکات

☆۔ خداوند کا شکر کریں کہ آپ میں اُس کی زندگی کا ثبوت موجود ہے۔

☆۔ اگر آپ مسیح کی اِس زندگی سے ناواقف ہیں تو چند لمحات کے لئے دُعا میں جھکیں اور اُس سے التماس کریں کہ وہ اِس حوالہ کی صداقت آپ پر عیاں کر دے۔

☆۔ کیا آپ کسی ایسے شخص سے واقف ہیں جو محض مسیح کے پیچھے چلنے والوں میں سے ہے؟ دُعا کریں کہ خدا اپنے آپ کو اُس شخص پر واضح طور پر ظاہر کرے۔

باب18

یسوع کون ہے؟ (حصہ اوّل)

یوحنا7:1-24

یسوع کون ہے؟ دُنیا میں یہ سب سے متنازعہ (جس پر سب سے زیادہ بحث ہو) سوال ہے۔ مسیح کے دَور میں یہودی راہنما بھی اِس سوال پر بحث مباحثہ کرتے رہے۔

خداوند یسوع مسیح کے دَور میں یہودیوں راہنماؤں کے درمیان بھی اِس پر بہت بحث ہوا کرتی تھی۔ پیلاطیس نے بھی یسوع کو مصلوب کرنے سے پہلے اپنے دل میں یہ سوال پوچھا۔ رسولوں نے بھی اپنی خدمت کے دوران بہت دفعہ اِس سوال کا جواب دیا۔ ہمارے دَور میں بھی اِس سوال پر بحث جاری ہے۔ علم الٰہیات کی سیمنریوں اور یونیورسٹیز میں مختلف اقوام اور مذاہب میں آج بھی اِس سوال پر بحث جاری ہے۔ اِس باب میں اور اگلے باب میں ہم خداوند یسوع مسیح کی الوہیت کے تعلق سے لوگوں کے خیالات کا جائزہ لیں گے۔

یہودیوں کی عید خیام کا وقت قریب آ رہا تھا، خداوند یسوع مسیح یہودیہ کے علاقہ سے دُور ہی ٹھہرے ہوئے تھے۔ کیوں کہ یہودیہ کے لوگ اُسے ہلاک کرنے کے لئے موقع کی تلاش میں تھے۔ عید خیام سے پہلے خداوند یسوع گلیل کو چھوڑ کر یہودیہ کی طرف روانہ ہوگئے۔ جب اِس عید کی تیاریاں عروج پر تھیں تو خداوند یسوع مسیح کے بھائی اُس کے پاس ایک تجویز لے کر آئے، کہ یہ عید اُس کے لئے ایک نادر موقع ہے کہ وہ اپنا نام پیدا کرے۔ لوگ یروشلیم میں مختلف اطراف سے فراہم ہو رہے تھے۔ اپنی قدرت کا مظاہرہ کرنے اور بہت سے لوگوں کو اپنے پیروکار بنانے کے لئے اُس کے پاس ایک اچھا موقع تھا۔ اُس کے بھائیوں نے اُس سے کہا، ''کیوں کہ ایسا کوئی نہیں جو مشہور ہونا چاہئے اور چھپ کر کام کرے۔'' (4 آیت)

خداوند یسوع کے بھائیوں کا رویّہ ہمیں حیرت میں ڈال دیتا ہے کہ وہ اُس کی خدمت اور شخصیت کے تعلق سے کیسی سوچ اور خیال رکھتے تھے۔ 5ویں آیت ہمیں بتاتی ہے کہ وہ اُس پر ایمان نہ لائے تھے۔ کیا آپ اپنے خاندان میں اکیلے مسیحی ایماندار ہیں؟ خداوند یسوع مسیح جانتے ہیں کہ اپنے گھرانے کی روحانی حمایت اور مدد حاصل نہ ہونے سے کیسا محسوس ہوتا ہے۔ یسوع کے بھائیوں نے اُسے ایک عام شخص سمجھا۔ وہ تو محض اُسے ایک نئی سچائی کو فروغ دینے والے شخص کے طور پر دیکھ رہے تھے۔ وہ تو اُسے ایک نیک کام کرنے والے شخص کے طور پر دیکھ رہے تھے۔ اُن کے نزدیک وہ ایک معجزات دکھانے والے شخص تھا۔ اگرچہ اُس کے بھائی اُس کے کاموں کی وجہ سے اُس کا احترام کرتے تھے تو بھی وہ اُس پر ایمان نہ لائے تھے کہ وہ ابن خدا ہے۔

اِسی طرح کا رویّہ ہمارے دور میں بھی کارفرما ہے۔ بہت سے لوگ ہیں جو آج بھی یسوع کو اِسی طور سے دیکھتے ہیں۔ اُسے نیکی اور بھلائی کے کام کرنے والے شخص کے طور پر جانتے ہیں۔ وہ اُسے ایک اچھا اُستاد سمجھتے ہیں۔ وہ اُسے ایسے شخص کے طور پر پہچانتے ہیں جس کی تعلیمات کا احترام لازم ہے۔ اُن کی سوچ بس یہاں تک ہی محدود ہے۔ ایسے لوگوں کے نزدیک مسیحیت زندگی کا فلسفہ ہے۔ یہ ایک طرزِ زندگی ہے۔ وہ خداوند یسوع مسیح کی تعلیمات اور نمونے کو عزت وقدر کی نگاہ سے دیکھتے ہیں۔ وہ اِس لئے اُس کی پیروی کرتے ہیں کیوں کہ وہ اُسے ایک مثالی شخص اور اعلیٰ تعلیمات دینے والا سمجھتے ہیں۔

جب یسوع کے بھائی اُسے یروشلیم میں جا کر شہرت پانے کی تجویز لے کر اُس کے پاس آئے تو اُس نے اُنہیں اپنے لئے یہودیوں کی نفرت اور تعصب یاد کرایا۔ (6-7 آیت) اُس کے بھائی تو بے خوف وخطر یروشلیم میں جا سکتے تھے۔ اُن سے کسی کو نفرت نہ تھی۔ رہی یسوع کی بات تو اُس نے اُن کی ریاکاری کے خلاف منادی کی تھی۔ وہ اُنہیں اچھی طرح جانتا تھا۔ یسوع نے اُس دَور میں پائے جانی والی بدی کے خلاف منادی کی۔ یہودی اِس لئے اُس سے نفرت کرتے تھے کیوں کہ اُس نے اُن کا اصل چہرہ اُنہیں دکھایا تھا۔ وہ اِس لئے اُس سے نفرت کرتے تھے کیوں کہ اُس کی وجہ سے اُن

کی عزت وشہرت کوخطرہ لاحق ہو گیا تھا۔ خداوند یسوع نے اپنے بھائیوں سے کہا کہ وہ اُس کے بغیر یروشلیم کو جائیں۔ اُس کے لئے تو یہ وقت مناسب اور موزوں نہیں تھا۔

خداوند یسوع مسیح ایسے پیروکار تلاش نہیں کر رہا تھا جس قسم کے پیروکار اُس کے بھائی سمجھ رہے تھے ۔وہ تو جانتا تھا کہ وہ تھوڑے سے معجزات بھی دکھائے گا تو بہت سے لوگ اُس کے پیچھے چلے آئیں گے۔ لیکن جب خداوند اُن لوگوں کے گناہ پر اُنگلی رکھے گا تو وہ اُسے چھوڑ کر چلے جائیں گے۔

ہمارے دَور میں ایسے یسوع میں دلچسپی لینا کس قدر آسان ہے جو تحفظ فراہم کرتا ہو، تسلی اور شفا دیتا ہو، لیکن لوگ ایسے یسوع پر ایسا ایمان نہیں رکھتے جو خودی کا انکار کرنے اور خودی کو مصلوب کرنے کے لئے کہے۔ بعدازاں خداوند نے اپنے شاگردوں سے کہا کہ جو اُس کے پیچھے آنا چاہتے ہیں اُن کے لئے لازم ہے کہ وہ اپنی صلیب اٹھائیں۔ خداوند نے اُنہیں بتایا کہ اُس کی پیروی کا کوئی اور طریقہ نہیں ہے۔ اِس قسم کے یسوع کو قبول کرنا اُن کے لئے بہت کٹھن اور مشکل کام تھا۔

خداوند یسوع چپکے سے بعد میں یروشلیم گئے۔ یہودی اُس کی تلاش میں تھے۔ بھیڑ بھی یسوع کو ڈھونڈ رہی تھی۔ بھیڑ میں اُس کی شخصیت کے تعلق سے بڑی بحث ہوئی۔ بعض لوگوں کی سوچ یسوع کے بھائیوں جیسی تھی کہ وہ ایک نیک، اچھا اور قابل احترام شخص ہے۔(12 آیت) اُس کے معجزات اِس بات کا ثبوت تھے کہ وہ خدا کے بہت قریب چل رہا ہے۔ جب کہ دیگر لوگوں نے اُسے رد کر دیا۔ اُسے رد کرنے والوں نے تو اُسے دھوکے باز تک کہہ ڈالا۔ اُنہوں نے اُس کی تعلیمات سنی تھیں۔ اُنہوں نے اُس کے معجزات بھی دیکھے تھے لیکن اُنہوں نے اُس کے معجزات کو خدا کی قدرت سے منسوب کرنے سے انکار کر دیا۔ اُنہوں نے اُس کی تعلیمات کو ماننے سے انکار کر دیا۔ اُن کا یہی خیال، سوچ اور روّیہ تھا کہ یسوع اپنے مفاد اور مقاصد کے لئے لوگوں کو فریب دے رہا ہے۔

ہمارے دَور میں ذرائع ابلاغ اور مذہبی راہنما دھوکے اور فراڈ کی کہانیوں کو ہوا دے رہا ہے۔ وہ سچائی کا لبادہ اوڑھ کر اپنے کام کا آغاز کرتے ہیں۔ وہ معجزات اور نشانات کی قدرت کے ساتھ آتے ہیں۔ ایسے لوگ بہت شاطر اور بڑی خوبیوں کے مالک ہوتے ہیں۔ وہ بہت سے لوگوں کو اپنے پیچھے

لگالیتے ہیں۔ لیکن ایسے لوگ دھوکہ باز ہوتے ہیں۔ یہودی لوگ بھی ہمارے خداوند کو اِسی نگاہ سے دیکھ رہے تھے۔

ابھی عید کے کچھ دن ہی گزرے تھے کہ خداوند نے ہیکل میں تعلیم دینا شروع کر دی۔ یہودیوں نے اُس کی تعلیمات سنیں تو ہکا بکا رہ گئے۔ وہ اِس بات پر حیران تھے کہ اِس شخص کو علم الٰہیات کی تعلیم اور کتابِ مقدس کو جانے بغیر اِس قدر علم کیسے حاصل ہے۔ اُن کے اِس سوال کا خداوند نے یوں جواب دیا۔ ''میری تعلیم میری نہیں بلکہ میرے بھیجنے والے کی ہے۔'' (16 آیت) خداوند نے اُنہیں مزید بتایا کہ اگر وہ خدا کی مرضی کے مطابق زندگی بسر کریں تو اُنہیں اُس تعلیم کی پہچان حاصل ہو جائے گی کہ وہ صداقت کی باتیں ہیں۔ (17 آیت)

ہر وہ شخص جو کھلے دل سے آسمانی باپ کی مرضی پر چلنا چاہتا ہے اُسے علم ہو جائے گا کہ یسوع حق بات کہہ رہا ہے۔ اگر آپ کو حق بات کا علم نہیں تو آپ اُس کی پرکھ بھی نہیں کر سکتے۔ اگر آپ کو شخصی طور پر خدا کی سچائیوں اور صداقتوں کا عملی تجربہ نہیں ہے تو آپ کسی شخص پر کیسے اُنگلی اُٹھا سکتے ہیں کہ وہ گمراہی کے راستہ پر چل رہا ہے؟ یہ بات فریسیوں کے منہ پر گویا طمانچہ تھا۔ خداوند اُنہیں کہہ رہے تھے کہ اُنہیں خود تو سچائی کا علم نہیں، اور وہ سچائی کو جاننے کا دعویٰ کرتے ہیں۔ وہ تو خود گمراہی میں زندگی بسر کر رہے تھے۔ وہ کسی طور سے بھی اِس بات کو پرکھ نہیں سکتے تھے کہ اُس کی تعلیم صداقت پر مبنی ہے۔ خداوند یسوع مسیح نے اُنہیں بتایا کہ وہ آدمیوں سے عزت پانے کے لئے نہیں آیا۔ کیوں کہ ایسے لوگ بھی تھے جو اُس پر یہ الزام لگا رہے تھے کہ وہ اپنی عزت چاہتا ہے۔ کیا خداوند یسوع ایسا شخص تھا جو اپنی عزت و وقار حاصل کرنے کی دُھن میں تھا؟ کیا اُس نے اپنی ساری زمینی زندگی لوگوں سے عزت، تعریف اور ستائش کے حصول میں صرف کر دی؟ کچھ لوگوں کا یہی خیال تھا کہ یسوع کا نصب العین یہی ہے۔ خداوند یسوع مسیح کی حیاتِ اقدس پر نگاہ کریں تو ہمیں اندازہ ہو جاتا ہے کہ اُن کے خیالات غلط تھے۔ خدا کے کلام میں کہیں بھی اِس بات کا شائبہ تک نہیں ملتا کہ یسوع نے کبھی اپنے بارے میں سوچا ہو۔ خداوند یسوع نے تو ہمیشہ دوسروں کی خدمت کرتے ہوئے

زندگی گزاری، جب خداوند نے لوگوں کو شفا دی اور بدروحوں کو نکالا تو اُنہیں تاکیداً کہا کہ کسی کو نہ بتانا۔ جب لوگ اُسے بادشاہ بنانے کو آئے تو وہ وہاں سے چلا گیا۔ جب اُس کے بھائیوں نے اُسے مشورہ دیا کہ اگر وہ مشہور ہونا چاہتا ہے تو لوگوں میں جائے لیکن اُس نے اُن کی بات پر کان نہ لگایا۔ ایک دن شیطان نے بھی ہمارے خداوند سے کہا کہ اگر وہ اُس کے سامنے جھک جائے تو وہ اُسے دُنیا کی سلطنتیں دے دے گا۔ لیکن یسوع نے اُس پیش کش کو ٹھکرا دیا۔

یسوع کو علم تھا کہ فریسی اُس پر خفا ہیں کیوں کہ اُس نے ایک مفلوج شخص کو سبت کے روز شفا دی تھی۔ (یوحنا 5 باب) اُنہوں نے اُسے شریعت کو توڑنے والے شخص کے طور پر دیکھا۔ وہ اُس کی خدمت کو شک کی نظر سے دیکھتے تھے۔ خداوند نے اِس نکتہ پر اُنہیں چیلنج کیا۔ خداوند نے اُنہیں یاد دلایا کہ وہ سبت کے روز ایک آدمی کا ختنہ کرنے پر تو راضی ہو جاتے ہیں لیکن جسمانی شفا کی اجازت نہیں دیتے۔ خداوند نے اُنہیں اُن کی اصلیت بتائی کہ وہ کس قدر سخت دل ہیں۔

کیوں کہ اُس نے اڑتیس (38) برس کے مفلوج پر ترس کھا کر اُسے شفا دی تھی۔ وہ اُسے قتل کرنے کی کوشش میں تھے، خداوند یسوع مسیح نے اُن پر اُن کی ریاکاری ظاہر کر دی تھی۔ اُنہیں لوگوں سے بڑھ کر اُن کی اپنی مذہبی رسومات اور روایات کی زیادہ فکر تھی۔ یہودی اِس بات کا دعویٰ کر رہے تھے کہ اُس نے سبت کے روز مفلوج کو شفا دے کر بہت بُرا کام کیا ہے۔ شریعت کو توڑا ہے۔ لیکن اُنہیں یسوع سے جان چھڑانے کے لئے اُسے قتل کرنے میں کوئی خرابی نظر نہیں آتی تھی۔ ان کے قول و فعل میں بڑا تضاد پایا جاتا تھا۔

خداوند یسوع مسیح کی بات فریسیوں کو نشتر محسوس ہوئی۔ اُنہوں نے اُس پر یہ الزام بھی لگایا کہ وہ بدروح گرفتہ ہے۔ (20 آیت) یہودی یہی سمجھتے تھے کہ یسوع ایک نئی مذہبی تعلیم کو فروغ دے رہا ہے۔ وہ سمجھتے تھے کہ وہ اُن کی مذہبی رسومات اور مذہبی عقائد کا دشمن ہے۔ وہ یسوع اور اُس کے مقصد حیات کے مخالف تھے۔

اُنہوں نے تو اُس پر یہ بھی الزام لگایا کہ وہ بعلز بول کے زیر سایہ ہے۔ اور اُن کے روحانی باپ دادا

کی طرف سے جو مذہبی رسومات اور عقائد اُنہیں سونپے گئے ہیں وہ اُن کا مخالف ہے۔

خداوند یسوع مسیح کے دَور کے لوگ اُس کے بارے میں کیا خیال کرتے تھے؟ خدا کے کلام کے اِس حصہ میں ہم نے کم از کم چار تجاویز پر غور کیا ہے۔ ہم سب جنہوں نے خداوند یسوع مسیح کو اپنا شخصی نجات دہندہ اور خداوند قبول کیا ہے اُن کو ایسے لوگوں کا روّیہ اور ردِعمل کس قدر ناگوار لگتا ہے۔ جو الزامات یہودیوں نے یسوع پر لگائے اُن میں سے ایک بھی درست نہیں تھا۔ یوحنا رسول اِس کتاب کو لکھتے وقت خداوند یسوع مسیح کی ذات کے تعلق سے پائے جانے والی اُلجھن سے بخوبی واقف اور آگاہ تھے۔ اِس انجیل کی تصنیف میں یوحنا کا مقصد اِس اُلجھن کو ختم کرنا تھا۔ ''لیکن یہ اِس لئے لکھے گئے کہ تم ایمان لاؤ کہ یسوع ہی خدا کا بیٹا مسیح ہے اور ایمان لا کر اُس کے نام سے زندگی پاؤ،'' (31:20 آیت) میرا ایمان ہے کہ یوحنا کی انجیل کی تفسیر کا مطالعہ کرتے ہوئے آپ کو یسوع کی ذاتِ اقدس اور الوہیت کے تعلق سے مشہور زمانہ سوال کا جواب مل جائے گا۔

چند غور طلب باتیں

☆۔اِس دَور میں آپ نے یسوع کے تعلق سے لوگوں کی کیسی رائے سنی ہے؟

☆۔لوگوں کے لئے یہ بات اِس قدر مشکل کیوں ہے کہ وہ یسوع کو خدا کے بیٹے اور اپنے نجات دہندہ کے طور پر قبول کریں؟

☆۔کیا آپ کی کلیسیا میں ایسے لوگ موجود ہیں جو یسوع کو جاننے کا تحفظ اور تسلی تو پانا چاہتے ہیں لیکن نہیں چاہتے کہ یسوع اُن کے گناہ کے بارے میں اُن سے کلام کرے؟

☆۔ہماری کلیسیائی رسومات اور یسوع کے درمیان کیا فرق پایا جاتا ہے؟ کیا آپ نے کبھی خود کو یسوع سے زیادہ اُن رسومات کے پیچھے بھاگتے پایا ہے؟

چند اہم دُعائیہ نکات

☆۔اگر آپ یسوع مسیح کے تعلق سے اپنی سوچ میں کامل یقین سے مالا مال نہیں ہیں تو خداوند سے کہیں کہ وہ اِس کتاب کے مطالعہ کے دوران واضح طور پر یسوع کو آپ پر ظاہر کرے۔

☆۔کیا آپ کے واقف کاروں، دوست احباب اور عزیز واقارب میں کچھ ایسے لوگ ہیں جو یسوع کو خدا کے بیٹے کے طور پر نہیں پہچانتے؟ خداوند سے دُعا کریں کہ وہ ایسے لوگوں پر اپنے آپ کو ظاہر کرے۔

☆۔اگر آپ یسوع سے واقف ہیں، تو اِس بات کے لئے شکرگزار ہوں کہ اُس نے خود کو آپ پر ظاہر کیا ہے۔

باب19

یسوع کون ہے؟(حصہ دوئم)

یوحنا7:25-52

خداوند یسوع کے تشخص پر بحث مباحثہ جاری ہے۔ بھیڑ کے سامنے خداوند یسوع مسیح فریسیوں سے ہم کلام تھے، بھیڑ کو کیا معلوم کہ اُن کے روحانی راہنما (جو یسوع کو ہلاک کرنے پر ڈٹے ہوئے تھے) کیوں کر آزادانہ طور پر اُس سے بات چیت کر رہے ہیں۔ بعض تو اِس شش و پنج میں تھے کہ شاید فریسیوں میں سے بعض نے یسوع کو مسیح کے طور پر قبول کر لیا ہے۔ بھیڑ کے لئے ایک مسئلہ یہ تھا کہ اُنہیں مسیح کی جائے پیدائش کا علم تھا۔ وہ سوچ بھی نہیں سکتے تھے کہ مسیح اُن جیسا انسان ہی ہوگا۔ کیوں کہ وہ اُس کے گھر بار، خاندان کے لوگوں اور دیگر عزیز و اقارب کو جانتے تھے۔ بعض کے دیکھتے ہوئے یسوع جوان ہوا تھا۔ اُن کے نزدیک یہ سبھی شواہد اِس بات کا ثبوت تھے کہ یسوع خدا کی طرف سے نہیں آیا ہے۔

اُن کے خیالات معلوم کر کے یسوع نے اُنہیں یاد دلایا کہ اگر چہ وہ اُن کے درمیان پیدا ہوا ہے تو بھی خدا کی طرف سے آیا ہوں۔ (28-29 آیات) خداوند نے اُنہیں کہا کہ وہ اِس لئے اُسے نہیں پہچانتے کیوں کہ وہ اُس کے بھیجنے والے کو نہیں جانتے۔ یہ بات سن کر بھیڑ غصے سے بھر گئی۔ اُنہوں نے اُسے پکڑنے کی کوشش کی۔ اُس کی باتیں اُن کے لئے بے عزتی کا سبب تھیں۔ کیوں وہ اپنے آپ کو ایسے مذہبی راہنما گردانتے تھے جو خدا کی خدمت میں ہمہ تن مصروف و مشغول تھے۔ خداوند نے اُنہیں بتایا کہ وہ اپنے آپ کو بیوقوف بنا رہے ہیں۔

بھیڑ یسوع کو کوئی گزند (نقصان) نہ پہنچا سکی۔ ’’اِس لئے کہ ابھی اُس کا وقت نہیں آیا تھا۔‘‘ (30 آیت) یہاں پر ہمیں کس قدر خوبصورت اُمید دکھائی دیتی ہے۔ جب تک ہمارا مقصدِ

حیات تکمیل کو پہنچ نہیں جاتا خدا ہماری حفاظت کرتا رہتا ہے۔ ہم بڑی دلیری کے ساتھ آگے بڑھتے رہتے ہیں کیوں کہ خدا ہمارے ساتھ ہوتا ہے اور ہمیں وہ کام کرنے کی اہلیت بخشتا ہے جس کے لئے اُس نے ہمیں بلایا ہوتا ہے۔ اُس بھیڑ میں سے کچھ ایسے بھی تھے جو یسوع پر ایمان لے آئے کہ یسوع ہی خدا کا بیٹا ہے۔ (30 آیت) جو معجزات اُنہوں نے دیکھے تھے اُن کے لئے بس یہی کافی ثبوت تھا کہ یسوع ہی "مسیح" ہے۔ جب فریسیوں نے یہ دیکھا کہ بعض لوگ یسوع کی تعلیمات اور معجزات کو دیکھ کر اُس کی طرف راغب ہو گئے ہیں تو اُنہوں نے اُس کے پکڑنے کو پیادے بھیجے۔ (32 آیت)

34 ویں آیت میں، خداوند نے بھیڑ کو بتایا کہ خداوند تھوڑی دیر اُن کے ساتھ رہے گا پھر اپنے بھیجنے والے کے پاس واپس چلا جائے گا۔ وہ اُسے ڈھونڈیں گے مگر نہ پائیں گے۔ خداوند یسوع اپنی موت، مُردوں میں سے زندہ ہونے اور آسمان پر جانے کی بات کر رہے تھے۔ اُس دن وہاں پر موجود یہودیوں کو یہ بات سمجھ نہ آئی۔ بعض نے یہ سمجھا کہ وہ اُنہیں چھوڑ کر کہیں اور چلا جائے گا اور وہاں پر درس و تدریس (تعلیم دینا) کا سلسلہ جاری رکھے گا۔ (35-36 آیات)

پیادے جو اُس کو گرفتار کرنے کو بھیجے گئے تھے۔ وہ بھی اُس کے پیچھے پیچھے تھے، وہ اُس کو گرفتار کرنے کے لئے مناسب وقت کا انتظار کر رہے تھے۔ جب وہ اُس کے پیچھے پیچھے تھے تو اُنہوں نے بھی اُسے بھیڑ سے کلام کرتے ہوئے سنا۔ پیادے بڑے غور سے اُس کی باتیں سن رہے تھے۔ اگرچہ وہ اِس نیت کے ساتھ غور سے اُس کا کلام سن رہے تھے کہ الزام لگانے اور پھر اُسے گرفتار کرنے کا موقع حاصل کر سکیں، تو بھی اُنہوں نے لوگوں پر اُس کی باتوں کے اثر کی گواہی دی۔

ایک موقع پر یسوع نے بلند آواز سے پکار کر کہا، کہ اگر کوئی پیاسا ہو تو اُس کے پاس آ کر پئے۔ (37 آیت) اُس نے اُنہیں بتایا کہ اگر وہ اُس پر ایمان لائیں گے تو کتاب مقدس کے وعدہ کے مطابق اُن میں سے زندگی کے پانی کی ندیاں جاری ہو جائیں گی۔ زندگی کے پانی کی یہ ندیاں ہی اُن کی روحانی تشنگی کو آسودگی میں تبدیل کر دیں گی۔

یوحنا رسول ہمیں بتاتے ہیں کہ خداوند یسوع مسیح یہاں پر روح القدس کی بات کر رہے تھے۔ خداوند نے اِس زندگی کے پانی کی بات کی تھی۔(39 آیت)

بھیڑ پر خداوند کی باتوں کا بہت اثر ہوا۔ بعض نے کہا کہ یسوع واقعی خدا کی طرف سے ایک نبی ہے۔ بعض نے کہا، وہ نبی سے بڑھ کر ہے، اَوروں نے کہا وہ مسیح ہے۔

(41 آیت) اِس کے باوجود بعض کے دل بہت سخت ہی رہے اور وہ اُسے پکڑنا چاہتے تھے۔ رہی اُن پیادوں کی بات جو اُسے گرفتار کرنے کے لئے بھیجے گئے تھے اُن کے دلوں پر بھی یسوع کی باتوں کا بہت گہرا اثر ہوا۔ 45ویں آیت ہمیں بتاتی ہے کہ وہ خالی ہاتھ اپنے بھیجنے والوں کے پاس چلے گئے۔ اُن کے راہنماؤں نے اُن سے پوچھا۔ "تم اُسے کیوں نہ لائے؟" پیادوں کا جواب یہ تھا۔ "انسان نے کبھی ایسا کلام نہ کیا۔" (46 آیت)

پیادے جو یسوع کو گرفتار کرنے کے لئے بھیجے گئے تھے، جب اُنہوں نے اُس کی تعلیم کو سنا تو اُن پر بھی یسوع کے کلام کا گہرا اثر ہوا، ایسا کہ وہ اُس کو گرفتار نہ کر سکے۔ مسیح کا کلام ایسا پُرقدرت تھا کہ اُنہوں نے یسوع کو گرفتار کرنے کی بجائے اپنے افسران کی نافرمانی کا فیصلہ اور اُس کے نتائج بھگتنے کو ترجیح دی۔ وہ خدا کے قصوروار نہیں ہونا چاہتے تھے۔ فریسیوں نے بڑے تکبر سے اُنہیں بتایا کہ صرف جاہل اور گمراہ لوگ جو شریعت سے واقف نہیں یسوع پر ایمان لائے ہیں۔ (48-49) چونکہ وہ شریعت کے معلم ہیں اِس لئے وہ اُس کے دھوکے میں نہیں آ سکتے۔ جب فریسی پیادوں سے بات کر رہے تھے نیکدیمس نے بھی پیادوں کی طرح کچھ وقت نکال کر یسوع کی تعلیمی باتیں سنی تھیں، اُس نے اُن سے کہا کہ ہماری شریعت کسی شخص کو مجرم نہیں ٹھہراتی جب تک اُس کی سن کر جان نہ لے کہ وہ کیا کرتا ہے۔ ن (3 باب) نیکدیمس کی بات سن کر اُنہوں نے کہا، "کیا تو بھی گلیل کا ہے؟" (52 آیت) یہ کہہ کر وہ اُس کی بے عزتی کر رہے تھے۔ اُن کے نزدیک گلیل سے کسی اچھی بات کی توقع نہیں کی جا سکتی تھی۔ یہودیوں نے یسوع کو اُس کے علاقہ کی بنیاد پر پرکھا نہ کہ اُس کی تعلیمات اور اُس پر مسیح کے شواہد کو دیکھا۔ اُنہوں نے ہر اُس بات کے لئے اپنے

کانوں کو بند کرلیا جو وہ سننا نہیں چاہتے تھے۔

نیکدیمس کی مشورت ہمارے لئے بھی بہت اچھی ہے۔ جب تک آپ یسوع کی تعلیمات اور اُس کے دعوؤں کا باریک بینی سے جائزہ نہ لے لیں اُس وقت تک اُس سے منہ نہ موڑیں۔ جب تک آپ اُس کے کاموں کو جانچ پرکھ نہ لیں اُس وقت تک اُسے رد نہ کریں۔ بھیڑ میں سے کچھ لوگ ایسے تھے جنہوں نے اپنی آنکھوں اور کانوں کو اُس کے کام اور کلام کو جانچنے اور پرکھنے کے لئے کھولا۔ وہ اِس نتیجہ پر پہنچے کہ یسوع وہی ہے جو وہ دعویٰ کرتا ہے کہ وہ ہے۔

پیادوں، نیکدیمس اور بھیڑ میں سے بعض لوگوں نے وقت نکال کر یسوع کی باتیں سنیں اور اُس کے کاموں کو دیکھا، اور اِس بات کو پہچانا کہ یسوع ہی مسیح ہے۔ جبکہ فریسیوں اور بھیڑ میں سے زیادہ تر لوگوں نے اپنے کانوں اور آنکھوں کو اُس کے کلام اور کاموں کو جانچنے پرکھنے کے لئے نہ کھولا۔ اُنہوں نے اپنی روایات اور اپنے گناہ آلودہ دلوں کی آواز پر کان لگایا۔

آپ کا روّیہ کیسا ہے؟ یسوع کون ہے؟ اگر آپ اِس سوال کا جواب دینا چاہتے ہیں تو پھر آپ کو اپنے کانوں اور آنکھوں کو کھول کر دیکھنا اور سننا ہوگا۔ فریسیوں کی مانند نہ بنیں۔ اپنے ذہن اور دل کو کھولیں۔ خدا کے کلام کو موقع دیں کہ آپ کے دلوں سے ہم کلام ہو۔ خدا کا روح آپ کے دلوں کو قائل کرے۔ جو شواہد آپ کے سامنے رکھے جاتے ہیں اُن کا بغور جائزہ لیں۔ تب ہی آپ اِس اہم سوال کا جواب دے پائیں گے۔

چند غور طلب باتیں

☆۔کون سی بات فریسیوں کے لئے رکاوٹ کا باعث بنی کہ وہ یسوع کے دعوؤں پر کان نہ لگائیں؟

☆۔آپ کیوں یہ سمجھتے ہیں کہ فریسیوں اور بھیڑ نے اُن شواہد کو قبول کرنے سے انکار کر دیا جو مسیح کی تعلیمات اور معجزات کے ذریعہ اُن کے سامنے پیش کئے گئے؟

☆۔آج یسوع کے دعوؤں کی حقیقت کو ثابت کرنے کے لئے کون سا ثبوت موجود ہے؟

چند اہم دُعائیہ نکات

☆۔کیا آپ کا کوئی ایسا دوست ہے جو مسیح کے شواہد اور اُس کی نجات کے لئے سخت دل ہے؟ اُس کے لئے چند لمحات کے لئے دُعا کریں کہ خدا اُس کے دل کو نرمائے تا کہ وہ خدا کے کلام میں پائے جانے والے شواہد کو قبول کر سکے۔

☆۔یسوع نے کس طرح خود کو آپ پر ظاہر کیا تھا؟ اِس بات کے لئے اُس کے شکر گزار رہوں کہ اُس نے آپ کی آنکھوں اور کانوں کو کھولا تا کہ آپ اُس کے کلام مقدس میں موجود اُس کے دعوؤں کو سمجھ کر قبول کر سکیں۔

باب20

زناکارعورت

یوحنا8:1-11

شہر یروشلیم کے پھاٹکوں میں صبح سویرے کا وقت تھا۔خداوند یسوع مسیح زیتون کے پہاڑ سے ہیکل کے صحن میں آگئے تھے۔لوگ اُس کی تعلیم سننے کے لئے اُس کے گرد جمع ہو گئے تھے۔اُنہوں نے پہلے ہی اُس کی تعلیم کا بہت چرچا سن رکھا تھا۔گردونواح میں اُس کی شہرت پھیل چکی تھی۔اِس صبح خداوند یسوع مسیح کا سلسلہ تعلیم خلل کا شکار ہو گیا جب فریسیوں اور شرع کے معلمین اچانک وہاں پر آگئے۔جب وہ وہاں پر پہنچے تو وہ ایک عورت کو اپنے سامنے ہانکتے اور دھکیلتے ہوئے لا رہے تھے۔حاضرین کی توجہ یسوع سے اُس منظر کی طرف مبذول ہوگئی۔اُس عورت کو لوگوں کے سامنے دھکیل کر گرادیا گیا۔سب کی آنکھیں اُس عورت پر لگی تھیں۔بھیڑ میں سے ایک شخص بولا

''اَے اُستاد!یہ عورت زنا میں عین فعل کے وقت پکڑی گئی ہے،توریت میں موسیٰ نے ہم کو حکم دیا ہے کہ ایسی عورتوں کو سنگسار کریں۔پس تو اِس عورت کی نسبت کیا کہتا ہے؟''(4-5 آیت)

اصل حقیقت تو یہ ہے کہ وہ اُس عورت کو یسوع کے پاس اِس لئے نہیں لائے تھے کہ یسوع سے اُس کے جرم کے تعلق سے صلاح مشورہ کریں۔وہ تو پہلے ہی جانتے تھے کہ موسیٰ کی شریعت میں ایسی عورت کے تعلق سے کیا لکھا ہے۔یہ سب تو ماہرین شریعت تھے۔وہ اُس عورت کو اِس لئے یسوع کے پاس لائے تھے کیوں کہ وہ اُس پر الزام تراشی کا موقع ڈھونڈ رہے تھے۔

وہ دیکھنا چاہتے تھے کہ یسوع اُنہیں کیا کہتا ہے۔اگر وہ اُس عورت کو معاف کردینے کے لئے کہتا ،تو اُنہوں نے اُس پر شریعت کو توڑنے کا الزام لگانا تھا۔اگر وہ شریعت کے مطابق اُنہیں اُس عورت کو سنگسار کردینے کے لئے کہتا تو اُس کے تعلق سے بھیڑ کی سوچ اور رائے بالکل بدل جانی تھی۔بھیڑ تو یسوع کو گناہ گاروں کا دوست سمجھتی تھی۔اُس نے تو محبت اور زندگی کی باتیں کی تھیں۔بھیڑ تو اُسے

ترس اور محبت سے بھرا ہوا شافی سمجھتی تھی۔ اُس عورت کے لئے سزائے موت کا حکم صادر ہوتے ہوئے دیکھ کر بھیڑ نے اُس کے تعلق سے جو کچھ سوچ رکھا تھا بالکل اُلٹ ہو جانا تھا۔ اور پھر یہ کہ اگر وہ اُسے معاف کر دیتا تو اُس نے کفر کا مرتکب ٹھہرنا تھا، کیوں کہ خدا کے بغیر کون گناہ معاف کر سکتا ہے۔

فریسیوں کو یسوع کے تعلق سے یہ مسئلہ بھی تھا کیوں کہ اُن کے نزدیک وہ شرع کا مخالف تھا۔ اگر وہ موسیٰ کی شریعت کے مطابق اُس عورت کو مجرم ٹھہراتا تو اُنہوں نے اُس پر الزام لگانا تھا۔ وہ کیوں کر ایسا کر سکتا تھا کہ زنا کے تعلق سے تو موسیٰ کی شریعت کی پیروی کرتا اور سبت کے تعلق سے موسیٰ کی شریعت کو نظر انداز کر دیتا۔ اُنہوں نے یسوع پر اُس کے قول و فعل میں تضاد کا الزام لگا دینا تھا۔

فریسی اور شرع کے معلم نیک نیتی سے اُس عورت کو خداوند کے پاس نہیں لائے تھے، اُن کی زبان پر کچھ تھا جبکہ اُن کے دل میں کوئی اور ہی ارادہ تھا۔ وہ تو اُس عورت کو استعمال کر کے یسوع کو نشانہ بنانا چاہتے تھے۔

خداوند یسوع جانتے تھے کہ یہودی راہنما صرف اور صرف اُس کو آزمانے کے لئے ایسا کر رہے تھے۔ اُن کا ردعمل دیکھ کر خداوند نے جھک کر زمین پر لکھنا شروع کر دیا۔ خداوند نے زمین پر کیوں لکھا؟ یہ بات مفسرین کے لئے اُلجھن کا باعث ہے؟ اِس سوال کے کئی ایک ممکنہ جوابات ہیں۔

ایک ممکنہ جواب تو یہ ہے کہ خداوند اُنہیں کوئی جواب نہیں دینا چاہتے تھے۔ کنگ جیمز ورژن ترجمہ یوں بیان کرتا ہے ''گویا خداوند نے اُن کی بات نہ سنی۔'' وہ اُس عورت کو اُس کے پاس لانے کی وجہ سمجھتا تھا۔ وہ اُس سے مشورہ نہیں کرنا چاہتے تھے بلکہ اُس کو ہلاک کرنے کا کوئی موقع ڈھونڈ رہے تھے۔

ایک اور ممکنہ جواب یہ ہے کہ یسوع زمین پر کچھ خاص ہی لکھ رہے تھے۔ ہو سکتا ہے کہ وہ کتابِ مقدس میں سے کوئی حوالہ ہی لکھ رہے ہوں، یہ بھی ممکن ہے کہ وہ الزام لگانے والوں کے گناہ ہی لکھ رہے ہوں، خداوند نے اُن کی ریاکاری دیکھی، ہو سکتا ہے کہ زمین پر تحریر کے وسیلہ سے وہ اُنہیں یاد دلا رہا

ہو کہ وہ از خود خدا کے حضور کتنے گناہ گار ہیں۔ ہر آنکھ اُس پر لگی تھی کہ وہ کیا لکھ رہا ہے۔

ہو سکتا ہے کہ خداوند دُعا کر رہے ہوں، کیا وہ آسمانی باپ سے حکمت مانگ رہے تھے؟ کیا وہ کچھ کہنے کے لئے کلام کا انتظار کر رہے تھے؟ ہمیں یہاں پر کچھ نہیں بتایا گیا۔ یہودی اُس سے سوال کرتے ہی رہے، وہ اُس کے منہ سے کچھ سننا چاہتے تھے۔ بالآخر خداوند یسوع اُٹھ کھڑے ہوئے اور کہا۔ ''جو تم میں بے گناہ ہو وہی پہلے اُس کے پتھر مارے'' (7 آیت) خداوند یہ کہنے کے بعد پھر زمین پر لکھنے لگے۔ خداوند نے اُن پر ہی فیصلہ چھوڑ دیا۔

جب وہ خاموشی سے لکھ رہا تھا، روح القدس نے اپنا کام شروع کر دیا۔ یہ لمحہ بڑے ذہنی دباؤ کا لمحہ تھا۔ فریسی اور شرع کے عالم سوچ میں پڑ گئے کہ وہ کیا کریں۔ اگر وہ اُس کے پتھر مارتے تو گویا اُنہوں نے بھیڑ کو یہ بتانا تھا کہ وہ بے گناہ ہیں۔ اُنہیں معلوم تھا کہ وہ یہ نہیں کہہ سکتے۔ ایسا کہنے سے لوگوں میں اُن کی عزت ختم ہو جانی تھی۔ وہ ایک ایک کر کے وہاں سے کھسکنا شروع ہو گئے، پھر یسوع ہی اُس کے عورت کے پاس رہ گئے۔

وہ پہلا شخص جو اُس عورت کو پتھر مار سکتا تھا یسوع ہی تھا۔ کیوں کہ وہی بے گناہ تھا۔ اُس کی عدالت کیسی تھی؟ خداوند نے زمین پر لکھنا چھوڑ کر اُس عورت کی طرف متوجہ ہو کر کہا، ''اے عورت یہ لوگ کہاں گئے،؟ کیا کسی نے تجھ پر حکم نہیں لگایا؟ اُس نے کہا، اے خداوند کسی نے نہیں، یسوع نے کہا میں بھی تجھ پر حکم نہیں لگاتا، جا پھر گناہ نہ کرنا۔'' (10-11- آیات)

اُس دن اُس عورت کی زندگی بچ گئی، اگر وہ فریسیوں کے رحم و کرم پر چھوڑ دی جاتی تو وہ اُسے سنگسار کر ڈالتے، خداوند ہم انسانوں جیسا نہیں ہے۔ وہ معاف کرنے کے لئے تیار رہتا ہے۔ فریسی اُس عورت کو اُس کے پاس لائے تھے جسے گناہ معاف کرنے کا بھی اختیار ہے۔ اُس مجرم عورت نے یسوع سے معافی حاصل کر لی۔ جب وہ یسوع کے پاس سے گئی تو وہ اپنے جرم سے واقف تھی، فریسیوں نے تو اُسے سر عام ذلیل کیا تھا۔ اُس دن سے اُس عورت کی زندگی پہلے جیسی نہ رہی۔ اُس پر زانیہ ہونے کا دھبہ لگ چکا تھا۔ اُس دن اور اِس واقعہ کے بعد سبھی نے اُس کو ایک مختلف روشنی میں

دیکھنا تھا۔اب سوال یہ تھا کہ آیا وہ اُسی علاقہ اور محلّہ میں رہائش رکھے گی یا کہیں اور شفٹ ہو جائے گی۔اگر چہ لوگوں کے لئے اُس عورت کو معاف کرنا اور بھول جانا بہت مشکل تھا۔لیکن دوسری طرف خداوند یسوع تو ایسا کر چکے تھے۔

یہ بات قابلِ غور ہے کہ اگر چہ خداوند نے اُس عورت کو معاف کر دیا تھا تو بھی اُس سے کہا کہ پھر گناہ نہ کرنا۔معافی کے ساتھ ایک فرض بھی تھا۔اب سے اُس کی ذمہ داری تھی کہ وہ اپنے دل کی حفاظت کرتی رہے تا کہ پھر گناہ میں نہ گر جائے۔لازمی نہیں کہ ایسا کرنا اُس کے لئے آسان ہوتا۔اگر خدا نے ہمیں معاف کر دیا ہے تو پھر لازم ہے کہ ہم گناہ کی طرف نہ لوٹیں،خدا ہم سے یہ توقع کرتا ہے کہ ہم اُس فتح میں زندگی بسر کریں جو خداوند یسوع مسیح میں ہمیں حاصل ہے۔

آج یسوع آپ کو کھلے بازوؤں کے ساتھ قبول کر کے معاف کرنے کے لئے تیار ہے،اِس سے کچھ فرق نہیں پڑتا کہ آپ پہلے کیا کر چکے ہیں،خدا کے لئے کوئی بھی گناہ معاف کرنا کوئی بڑی بات نہیں ہے۔اگر خداوند آپ کو معاف نہ کرے تو پھر آپ اُس عورت کی طرح گناہ ہی میں مریں گے۔صرف وہی آپ کو معاف کر سکتا ہے۔آج ہی معافی پانے کے لئے یسوع کے پاس آجائیں۔

چند غور طلب باتیں

☆۔ یہ حوالہ ہمیں معافی کے تعلق سے کیا تعلیم دیتا ہے؟

☆۔ کیا کوئی ایسا شخص ہے جو آپ کا قصووار ہے؟ یہ باب آپ کے سامنے کیا چیلنج رکھتا ہے؟

☆۔ کیا کوئی ایسا گناہ ہے جن کی طرف آپ واپس لوٹ گئے ہیں؟ ہوسکتا ہے کہ آپ کئی بار خداوند کے پاس معافی مانگنے کے لئے آئے ہوں، لیکن پھر اُسی گناہ میں گر جاتے ہیں، یہ کون سا گناہ ہے؟

چند اہم دُعائیہ نکات

☆۔ خداوند سے کہیں کہ وہ آپ کے قصورواروں کو معاف کردے۔

☆۔ اِس بات کے لئے خداوند کے شکرگزار ہوں کہ اُس نے آپ کے گناہوں کو مکمل طور پر معاف کردیا ہے اور پھر وہ آپ کو اُن کے لئے قصوروار نہیں ٹھہرائے گا۔

☆۔ خداوند سے اُن گناہوں پر مکمل فتح مانگیں جن میں آپ اکثر گر جاتے ہیں۔

باب21

یسوع، دُنیا کا نور

یوحنا8:12-30

یوحنا8:12 میں خداوند یسوع نے دُنیا کا نور ہونے کا دعویٰ کیا۔''دُنیا کا نور میں ہوں، جو میری پیروی کرے گا، وہ اندھیرے میں نہ چلے گا بلکہ زندگی کا نور پائے گا۔''

جب خداوند یسوع نے یہ دعویٰ کیا تو فریسی بھی اِس موقع پر موجود تھے۔ اُنہوں نے اِس بات پر اُسے چیلنج کر دیا کہ جو کچھ اُس نے کہا ہے درست نہیں ہے۔ کیوں کہ اُن کی نظر میں وہ اپنے منہ سے میاں مٹھو بن رہا تھا۔ جو کچھ وہ کہہ رہا تھا اُس کے لئے کوئی گواہی موجود نہ تھی۔ جب تک اِس بات کی تصدیق کے لئے کوئی گواہ نہ ہوتا، اِس بات کو صداقت کے طور پر قبول نہیں کیا جا سکتا تھا۔

اِس اعتراض کے جواب میں، خداوند یسوع مسیح نے اُنہیں کہا کہ اگرچہ وہ اپنی طرف سے ہی یہ بات کہہ رہا تو بھی اُس کی بات سچ برحق ہے۔ (14 آیت) وہ سچائی سے واقف تھا۔ کیوں کہ اُسے معلوم تھا کہ وہ کہاں سے آیا ہے۔ فریسی اُسے نہیں جانتے تھے۔ نہ ہی اُنہیں اِس بات کا علم تھا کہ وہ کہاں سے آیا ہے۔ اُن کی باتیں اُس کے خلاف تھیں اور اُنہیں اُس کے بارے میں کچھ علم نہ تھا۔

15 آیت میں، خداوند نے اُنہیں بتایا کہ وہ جسم کے مطابق اُس کو جانچ پرکھ رہے ہیں۔ وہ اُس سے اُس کی الوہیت کے بارے میں انسانی گواہ طلب کر رہے تھے۔ زمین پر کوئی ایسا شخص نہیں تھا جو خداوند یسوع مسیح کی الوہیت اور اُس دعویٰ کی تصدیق کر سکتا کیوں کہ بنائے عالم سے پیشتر کسی نے بھی یسوع کو آسمانی باپ کے ساتھ نہیں دیکھا تھا۔ کسی نے بھی یسوع کو زمین پر آنے سے قبل اُس کے جلال میں نہیں دیکھا تھا۔ کسی نے بھی خدا کے روح کو اُسے مریم کے بطن میں رکھتے ہوئے نہیں دیکھا تھا۔ اِس سلسلہ میں کوئی بھی یسوع کے گواہ کے طور پر کھڑا نہیں ہو سکتا تھا۔

خداوند یسوع مسیح نے فریسیوں سے کہا کہ وہ بغیر گواہ کے نہیں ہے۔خدا باپ اُس کے گواہ کے طور پر کھڑا ہوا ہے۔(16) شریعت کے مطابق دو اشخاص کی گواہی قابل قبول ہوتی ہے۔یسوع پہلا جب کہ آسمانی باپ دوسرا گواہ تھا۔یوحنا سے بپتسمہ لیتے وقت باپ نے بیٹے کے حق میں گواہی دی تھی۔اُس روز جب خدا کا روح اُس پر ٹھہرا تھا تو وہاں پر موجود لوگوں نے آسمان سے یہ آواز سنی تھی ''یہ میرا پیارا بیٹا ہے جس سے میں خوش ہوں۔''(لوقا3:22) کائنات کے خالق و مالک سے بڑھ کر سچی اور اچھی گواہی اور کیا ہو سکتی ہے جو کبھی جھوٹ نہیں بول سکتا۔

اِس مثال کے علاوہ، وہ کام بھی یسوع کے گواہ تھے جو باپ یسوع میں رہ کر کرتا تھا۔یسوع نے واضح طور پر کہا کہ وہ اپنی مرضی سے کچھ نہیں کرتا، بلکہ وہی کچھ کرتا ہے جو باپ اُسے کرنے کے لئے کہتا ہے۔(19:5) جو کام خداوند یسوع کرتا تھا وہ اِس بات کے گواہ تھے کہ باپ اُس میں ہے۔(10:14-11 آیت)

فریسیوں کے لئے بس یہی کافی نہ تھا۔اُنہوں نے اُسے کہا،''تیرا باپ کہاں ہے؟''یسوع کی طرف سے اُنہیں یہ جواب ملا۔''تم مجھے جانتے ہو نہ میرے باپ کو۔اگر تم مجھے جانتے تو میرے باپ کو بھی جانتے۔''(19 آیت) باپ کو صرف بیٹے کے وسیلہ سے ہی جانا جا سکتا ہے۔یسوع کو رد کر کے فریسی باپ کو نہیں جان سکتے تھے۔

خداوند نے بات جاری رکھتے ہوئے وہاں پر موجود لوگوں کو بتایا کہ وہ ایسی جگہ پر جا رہا ہے جہاں پر وہ اُنہیں ڈھونڈنے سے بھی نہیں ملے گا۔(21 آیت) وہ اپنے باپ سے ملنے جا رہا تھا۔فریسیوں نے بعد میں اُسے تلاش کرنا تھا پر اُس نے اُنہیں نہیں ملنا تھا۔اُن کی بے اعتقادی کے سبب سے، اُنہوں نے اپنے گناہوں میں مر کر ہمیشہ کے لئے خدا سے جدا ہو جانا تھا۔وہ اِس دُنیا کے تھے، وہ کبھی بھی خدا کی بادشاہی میں پیدا نہیں ہوئے تھے۔اُنہوں نے خدا کے بیٹے کو دُنیا کے نور کے طور پر رد کر دیا تھا۔وہ اِس لئے دیکھ نہیں سکتے تھے کیوں کہ وہ ابھی تک اپنے گناہوں میں جکڑے اور پکڑے ہوئے تھے۔اور اُس نور کو قبول کرنے سے انکار کر دیا تھا جو خدا نے اُن کے درمیان بھیجا تھا۔

دیکھیں کس طرح سارا منظر تبدیل ہو گیا، یہودی تو یسوع پر الزام لگانے کے لئے آئے تھے۔ اور اب وہ خود الزام کے نیچے تھے۔ یسوع نے اُن سے کہا، ''مجھے تمہاری نسبت بہت کچھ کہنا اور فیصلہ کرنا ہے '' (26 آیت) ایک دن اُنہوں نے خالقِ کل اور مالکِ کل کے سامنے کھڑے ہو کر اُس کے بیٹے کو رد کرنے کے لئے جواب دہ ہونا تھا۔ فریسی خداوند یسوع مسیح کے دعوؤں اور کلام کو سمجھ نہ سکے۔ یسوع نے اُن سے کہا کہ وقت آئے گا جب اُنہیں اِس بات کا احساس ہو گا کہ جو کچھ اُس نے اُن سے کہا وہ سچ ہی تھا۔

''پس یسوع نے کہا کہ جب تم ابنِ آدم کو اُونچے پر چڑھاؤ گے تو جانو گے کہ میں وہی ہوں اور اپنی طرف سے کچھ نہیں کرتا بلکہ جس طرح باپ نے مجھے سکھایا اُسی طرح یہ باتیں کہتا ہوں۔'' (28 آیت)

یہ اُونچے پر چڑھائے جانا اُس کی مصلوبیت کی طرف اشارہ تھا۔ اُس کی مصلوبیت نے پوری دُنیا پر ثابت کرنا تھا کہ وہ خدا کا بیٹا ہے۔ یسوع نے اپنی موت اور مُردوں میں سے جی اُٹھنے کے وسیلہ سے سب پر یہ بات ثابت کرنا تھی کہ وہ قبر پر فاتح ہے۔ اپنی موت کے وسیلہ سے اُس نے شیطان اور گناہ پر فتح پائی تھی۔ اُس کی موت کے وسیلہ سے ہی دُنیا بھر کے خواتین و حضرات نے اِس بات کو سمجھنا تھا کہ وہ گناہ گار ہیں، اور پھر اُس کے نام سے گناہوں کی معافی حاصل کرنا تھی۔

یہ منظر عدالت کے کمرے کی طرح تھا۔ یسوع کو موردِ الزام ٹھہرایا جا رہا تھا۔ فریسی اُس پر الزام لگانے والے تھے۔ لوگ فیصلہ کرنے والے تھے۔ الزام لگانے والوں کا یہ موقف تھا کہ یسوع کا کوئی گواہ نہیں ہے۔ اِس لئے اُس کی گواہی قابلِ قبول نہیں ہے۔ اُس میں کوئی وزن نہیں ہے۔ یسوع نے اُن سے کہا کہ اُسے غلط ثابت کرنے کے لئے اُن کے پاس بھی کوئی گواہ نہیں ہے۔ رہی اُن کے دعوؤں کی بات جو بغیر کسی گواہ کے تھے، اِس لئے وہ باتیں جو وہ یسوع کے حق میں کہہ رہے تھے سراسر غلط تھیں۔ خداوند یسوع مسیح نے آسمانی باپ کو خالقِ کل مالکِ کل، زندگی کے پروردگار کے طور پر پکارا تھا، اُس کا باپ اُس کے ساتھ کھڑا تھا تاکہ وہ اُسے اپنے بیٹے کے طور پر لوگوں کے سامنے ثابت

کرے۔ وہی اُس کا گواہ تھا۔

وقت گزرنے کے ساتھ ساتھ دُنیا بھر سے لوگ یسوع کی مصلوبیت، اُس کی موت اور مُردوں میں سے جی اُٹھنے کی برکات سے مستفید ہوئے ہیں۔ ہزاروں لاکھوں لوگ اِس بات کی گواہی دے چکے ہیں کہ یسوع نے اُنہیں تاریکی کے قبضہ سے رہائی دی۔ یسوع کی صلیب کی قدرت سے بے شمار زندگیاں تبدیل ہو چکی ہیں۔ خداوند کی باتیں سن کر بہت سے لوگ فیصلہ کن موڑ پر آرہے تھے۔ 30ویں آیت ہمیں بتاتی ہے کہ مرد وزن اُس پر ایمان لا رہے تھے۔ اُن کی رائے یسوع کے بارے میں مثبت اور اچھی تھی۔

فریسیوں کو یہی اُمید تھی کہ وہ یسوع پر الزام تراشی میں کامیاب ہو جائیں گے۔ وہ لوگوں کو شک میں مبتلا کر دیں گے۔ لیکن ہوا کچھ یوں کہ جس قدر وہ اُس پر الزام لگاتے تھے اُسی قدر لوگ اُس کی طرف کھنچے چلے آتے تھے۔ لیکن اب الزام لگانے والے ہی اُس کے سامنے ملزم بن کر کھڑے تھے۔ وہ دن آرہا ہے جب ہم اُس کے بیٹے کے ساتھ اپنے سلوک اور روّیہ کے لئے آسمانی باپ کے حضور جواب دہ ہوں گے۔ آپ نے اِس مقدمہ کی رُوداد سن لی ہے، آپ کی کیا رائے اور فیصلہ ہے؟ کیا آپ اپنا دل کھول کر اُس روشنی کو اپنے اندر چمکنے کا موقع دیں گے یا پھر فریسیوں کی طرح گناہ کی تاریکی ہی میں زندگی بسر کرنا جاری رکھیں گے؟

چند غور طلب باتیں

☆۔آج بعض لوگوں کے لئے یسوع کو قبول کرنا اِس قدر مشکل کیوں لگتا ہے؟

☆۔اِس بات کا کیا ثبوت ہے کہ یسوع اپنے دعوؤں کے مطابق ہی ہے؟

☆۔آپ کیسے جانتے ہیں کہ خداوند یسوع مسیح وہی ہے جو وہ کہتا ہے کہ وہ ہے؟

☆۔آپ کی زندگی میں مسیح کے نور کا کیا ثبوت ہے؟

☆۔گناہ کی تاریکی اور مسیح کے نور میں زندگی بسر کرنے میں کیا فرق ہے؟

چند اہم دُعائیہ نکات

☆۔خداوند سے کہیں کہ وہ آپ کی زندگی کے تاریک پہلوؤں کو آپ پر عیاں کرے، اُن گناہوں کا اقرار کریں اور اُس کے نور کے تابع ہو جائیں۔

☆۔اِس بات کے لئے خداوند کے شکر گزار ہوں کہ اُس نے اپنے آپ کو دُنیا کے نور کے طور پر آپ پر ظاہر کر دیا ہے۔

☆۔اِس بات کے لئے اُس کے شکر گزار ہوں کہ آپ یسوع کے صلیبی کام کی بدولت آسمانی باپ کے ساتھ اعتماد اور بھروسے کے ساتھ کھڑے ہو سکتے ہیں، آپ کے سب گناہ معاف ہو چکے ہیں۔

باب22

حقیقی شاگرد

یوحنا8:31-32

ایک شاگرد سے کیا مراد ہے؟ اِن دو مختصر آیات میں خداوند ہمیں ایک حقیقی شاگرد کے تین اوصاف بتاتے ہیں۔

اوّل، ایک حقیقی شاگرد وہ ہوتا ہے جو اُس کی (یسوع کی) تعلیمات پر قائم رہتا ہے۔ ''اگر تم میرے کلام پر قائم رہوگے تو میرے شاگرد ٹھہروگے۔'' (31 آیت) اگر آپ کے دل میں خدا کے کلام پر قائم رہنے اور اُس کی تابعداری میں زندگی بسر کرنے کی کوئی خواہش نہیں پائی جاتی تو آپ کبھی بھی اِس بات کی یقین دہانی حاصل نہیں کر سکتے کہ آپ خدا کے فرزند ہیں۔

لفظ'' قائم رہنے'' پر غور کریں۔ یہ الفاظ'' ثابت قدم رہنے کا مفہوم دیتے ہیں۔ اِس کا مطلب یہ ہے کہ'' قائم رہنے والا شخص'' مشکلات سے دوچار رہوگا۔ مسیحی زندگی میں سب کچھ سہل نہ ہوگا۔ حقیقی شاگرد فرماں بردار رہوتا ہے۔ حتیٰ کہ اُسے موت کا بھی سامنا کرنا پڑے وہ وفادار اور تابعدار رہتا ہے۔ مکاشفہ کی کتاب میں یوحنا نے جب ساتوں کلیسیاؤں کو خط لکھے تو وہاں پر ہمارے لئے یہ بات یاددہانی کے طور پر لکھی گئی ہے۔

'' جو غالب آئے میں اُسے اُس زندگی کے درخت میں سے جو خدا کے فردوس میں ہے پھل کھانے کو دوں گا۔'' (مکاشفہ 2:7)

'' جو غالب آئے اُس کو دوسری موت سے نقصان نہ پہنچے گا۔'' (مکاشفہ 2;11)

''جو غالب آئے میں اُسے اپنے خدا کے مقدس میں ایک ستون بناؤں گا۔'' (مکاشفہ 3:12)

اِن آیات کے مطابق حقیقی شاگرد وہی ہیں جن کے دل میں خداوند یسوع مسیح کی تعلیمات کے

مطابق زندگی بسر کرنے کی خواہش پائی جاتی ہے۔ بوقت ضرورت وہ خوشی سے دُکھ اُٹھانے کے لئے تیار ہوں گے۔ تاکہ اپنے خداوند کو خوش کریں اور اُس کی راہوں پر چلیں۔

خداوند یسوع مسیح کو اپنا نجات دہندہ قبول کرنے سے ہی ہماری زندگی میں تبدیلی آتی ہے۔ روح القدس ایک ایماندار کی زندگی پر گہرے اثرات مرتب کرتا ہے۔ روح القدس دلوں کو نیا بناتا ہے، وہی دلوں میں یسوع کی تابعداری اور اُس کے لئے زندگی گزارنے کی خواہش پیدا کرتا ہے۔ بعض اوقات تابعداری کی راہ پر چلتے ہوئے

پرخار راہوں سے بھی گزرنا ہوگا۔ لیکن حقیقی شاگرد بخوشی ورضا سب کچھ برداشت کرلیتا ہے۔ اگرچہ حقیقی شاگرد کبھی کبھار ڈگما جائے لیکن پھر بھی وہ ہر قیمت پر اپنے مالک اور خداوند کی پیروی کرتا ہے۔ حقیقی ایمانداروں کی دلی خواہش اپنے خداوند کے تابع رہنا اور اپنی زندگی کے لئے اُس کے مقصد کو پورا کرنا ہوتی ہے۔

ایک حقیقی شاگرد کی نشانی اُس کے اندر نیا دِل پیدا ہونا اور اُس کے اندر یسوع کی تابعداری اور خدمت کی خواہش کا موجود ہونا ہے۔ ایک حقیقی شاگرد مسیح کے کلام پر قائم رہتا ہے۔ ایک حقیقی شاگرد اپنے نجات دہندہ سے بے وفائی کی بہ نسبت دُکھ اُٹھا کر بھی وفادار رہنے کو ترجیح دیتا ہے۔ آپ ایک حقیقی شاگرد کو اِس بات سے پہچان سکتے ہیں کہ آیا اُس کے دل میں خدا کے کلام کی تابعداری کی خواہش اور لگن پائی جاتی ہے یا نہیں۔

حقیقی شاگرد کی دوسری بڑی پرکھ یہ ہے کہ وہ سچائی سے واقف ہوتا ہے۔ (31 آیت) یسوع نے فریسیوں کو بتایا کہ وہ اِس لئے اُس کا کلام قبول نہیں کرتے کیوں کہ وہ اُس کے باپ کو نہیں جانتے۔ وہی لوگ جنہوں نے باپ کی مرضی کو پورا کرنے کا فیصلہ کرلیا ہوتا ہے وہی جان پائیں گے کہ جو کچھ یسوع نے تعلیم دی وہ خدا باپ کی طرف سے تھی۔

"اگر کوئی اُس کی مرضی پر چلنا چاہے تو وہ اِس تعلیم کی بابت جان جائے گا کہ وہ خدا کی طرف سے ہے یا میں اپنی طرف سے کہتا ہوں۔" (17:7 آیت)

ایک حقیقی شاگرد کو خدا کے کلام کی صداقتوں کی فطری طور پر یقین دہانی ہوتی ہے۔ اِس طرح کی یقین دہانی روح القدس کے ایماندار کی زندگی میں بس جانے سے آتی ہے۔ خدا کا روح ہی ہماری زندگی میں کلام کی تصدیق کرتا ہے۔ پولس رسول دمشق کی راہ پر زندہ مسیح سے ملے، پولس کا ایمان واعتقاد یکسر بدل گیا۔ مسیح سے اِس ملاقات کے بعد، جس کے خلاف وہ پہلے لڑائی کرتا تھا اُسی کے لئے اُس کے اندر ایک جذبہ پیدا ہو گیا۔ اب اُس کے دل میں یسوع اور اُس کی تعلیمات کے تعلق سے کوئی شک وشبہ نہیں تھا۔ خدا کا روح جو پولس رسول کی زندگی میں سکونت کرنے کیلئے آیا اُس نے یسوع کی تعلیم کی صداقت کی تصدیق کر دی۔ روح القدس کی خدمت یہ بھی ہے کہ وہ ہمارے اندر مسیح کی تعلیم کے لئے قائلیت پیدا کرتا ہے۔ جس کے اندر خدا کا روح ہے وہ خدا کے کلام کی صداقت کو پہچان لے گا۔

یوحنا 10:27 آیت ہمیں بتاتی ہے کہ حقیقی بھیڑیں اپنے چرواہے کی آواز پہچان لیتی ہیں۔ وہ کسی دوسرے چرواہے کی آواز سے دُور بھاگیں گی۔ حقیقی شاگرد ہونے کا مطلب اپنے خداوند کی آواز کو پہچاننے کی صلاحیت اور اہلیت رکھنا بھی ہے۔ حقیقی شاگرد اپنے خداوند اور کسی اَور کی آواز میں فرق کرنے کی اہلیت رکھتا ہے۔ اِس کا ہرگز یہ مطلب نہیں کہ خداوند کے شاگرد ہوتے ہوئے کلام کی تفسیر کے تعلق سے ہماری مختلف آرا نہیں ہوں گی۔ ہمارے اندر مسیح کے کلام، اُس کے صلیبی کام کی قائلیت پائی جاتی ہے۔ قربت کا یہی معیار اور درجہ خداوند اور اُس کی بھیڑ (حقیقی شاگرد) میں پایا جاتا ہے۔ اُن کے درمیان ایک گفتگو اور رفاقت کا سلسلہ چلتا رہتا ہے۔ ایک حقیقی شاگرد کو اِس بات کا علم ہوتا ہے کہ یسوع کی باتیں سچی اور قابلِ بھروسہ ہیں۔ ایسی یقین دہانی اُس کی زندگی میں روح القدس کے کام کا نتیجہ ہوتی ہے۔

آخری بات:۔ حقیقی ایماندار سچائی کو جاننے کے وسیلہ سے آزاد ہو چکا ہوتا ہے۔ ''تم سچائی سے واقف ہو گے تو سچائی تم کو آزاد کرے گی۔'' (32 آیت)

سچائی ایماندار کی زندگی پر گہرے اثرات مرتب کرتی ہے۔ سچائی ہی ایماندار کو رہائی مل جاتی ہے۔

ایک طرح سے سچائی اُن کی زندگیوں سے منعکس ہوتی ہے۔

سچائی ہی ایماندار کو خدا کے غضب سے مخلصی بخشتی ہے۔ایک وقت تھا جب وہ خدا سے دُور تھے۔ایک دن وہ سچائی سے واقف ہوئے کہ خداوند یسوع مسیح اُن کے گناہوں کی خاطر صلیب پر موئے۔اُنہیں معلوم ہوا کہ کس طرح اُن کے گناہ معاف ہوسکتے ہیں۔اُنہیں اِس بات کا علم ہوا کہ یسوع اِس لئے مصلوب ہوا اور پھر مردوں میں سے جی اُٹھا تا کہ روح القدس اُن کی زندگیوں میں آ سکے۔اِس سچائی کی حقیقت نے اُن کی زندگیوں کو تبدیل کر کے رکھ دیا۔جب اُنہوں نے اِس سچائی کو قبول کرلیا تو خدا کے ساتھ اُن کا رشتہ پھر سے بحال ہوگیا۔وہ ہر طرح کی الزام اور جرم سے رہائی پا کر ایک نئی اُمید اور نئے مقصد سے واقف ہوگئے۔

دوسری بات:۔ایماندار مقصد حیات کی کبھی نہ ختم ہونے والی تحقیق سے رہائی پا جاتے ہیں۔اُنہیں مسیح میں اپنا صحیح تشخص معلوم ہو جاتا ہے۔کتابِ مقدس کے صفحات پر اُن کا تعارف اُس شخصیت سے ہوتا ہے جو اُن کی جانوں کو کامل آسودگی بخشنے کی قدرت رکھتا ہے۔اُن کے سارے سوالوں کا حل یسوع مسیح میں مل جاتا ہے۔

تیسری بات، حقیقی شاگرد اپنی زندگی میں گناہ کی قوت اور زور سے رہائی پا جاتا ہے۔کتابِ مقدس سے وہ گناہ پر غالب آنا سیکھتے ہیں۔اُنہیں معلوم ہوتا ہے کہ خدا کا روح اُن میں رہتا ہے۔وہ اِس بات کو سمجھتے ہیں کہ اب شیطان اُنہیں شکست نہیں دے سکتا۔جب شیطان اپنے جھوٹوں کے وسیلہ سے اُن پر حملہ آور ہوتا ہے تو پھر وہ روح کی تلوار یعنی خدا کے کلام کو لے کر اُس کا مقابلہ کرتے ہیں اُنہیں اُس سچائی سے اِس بات کا علم ہوتا ہے کہ کیا درست اور کیا خدا کے حضور مقبول ہے۔خدا کا کلام اُن کی بے دلی کی حالت میں ایک ڈھال اور حوصلہ بن جاتا ہے۔خدا کا کلام اُن کی آزمائشوں کے درمیان اُن کی رہنمائی بن جاتا ہے۔کلام کی اِس سچائی کے مطابق زندگی بسر کرنے سے، وہ دشمن پر فتح پا کر کامیاب و کامران اور غالب زندگی بسر کرتے ہیں۔اُنہیں گناہ کے زور سے مخلصی مل جاتی ہے۔

خداوند یسوع مسیح کے مطابق، حقیقی شاگرد کے تین اوصاف ہوتے ہیں، مسیح کے کلام پر قائم رہنا، خدا کے کلام کی سچائی کو پہچاننا اور اُسے قبول کرنا۔اور پھر اُس سچائی کے وسیلہ سے گناہ کے زور سے رہائی پانا۔کیا آپ میں ایک حقیقی شاگرد کی خصوصیات پائی جاتی ہیں؟

چند غور طلب باتیں

☆۔شیطان کس طرح آپ یا آپ کے معاشرے کی خدا کے کلام سے توجہ ہٹانے کی کوشش کرتا رہا ہے؟

☆۔ہمارے دشمن نے خدا کے کلام کی مخالفت کرنے میں بہت سا وقت صرف کیا ہے، اِس سے ہمیں خدا کے کلام کی اہمیت کے تعلق سے علم ہوتا ہے؟

☆۔خدا کے کلام نے آپ کو کس طرح مخلصی بخشی ہے؟

☆۔اِس باب میں بیان کئے گئے حقیقی شاگرد کے اوصاف کا جائزہ لیں، کیا آپ کو اپنی زندگی میں یہ اوصاف نظر آتے ہیں۔

چند اہم دُعائیہ نکات

☆۔کیا آپ ایسے وقتوں کو یاد کر سکتے ہیں جب آپ خدا کے کلام کی سچائیوں سے واقف ہوئے؟ خدا کا شکر کریں کہ اُس نے آپ کو سچائی کا فہم بخشا۔

☆۔خدا سے کہیں کہ وہ آپ کی زندگی کے ایسے حصوں کی نشاندہی کرے جہاں آپ نے دشمن کے جھوٹ اور فریب کا یقین کیا۔خدا سے فضل مانگیں تا کہ آپ کو کتابِ مقدس میں بیان کردہ سچائیوں کو جاننے اور اُن کے تابع ہونے کا فضل بخشے۔

☆۔خداوند سے کہیں کہ وہ زندگی کے ایسے حصوں کو آپ پر ظاہر کرے جہاں آپ اُس کے کلام کی سچائی کے مطابق زندگی بسر نہیں کر رہے۔خدا سے اُس کے کلام کی تابعداری کرنے کا فضل اور قوت مانگیں۔

باب23

فرزند یا غلام

یوحنا8:33-59

خداوند یسوع مسیح نے یہودیوں کو بتایا کہ جس سچائی کی اُس نے اُنہیں تعلیم دی ہے وہی اُنہیں آزاد کرے گی۔(31-32 آیت) یہودی اِس بات کو نہ سمجھ پائے کہ اُنہیں کیوں کر آزاد ہونے کے ضرورت ہے۔ وہ تو ابرہام کی اولاد تھے۔اُن کے خیال میں وہ کسی چیز کے غلام نہیں تھے۔ ہمارے دَور میں بھی اُن یہودیوں جیسے لوگ پائے جاتے ہیں۔ وہ ابھی تک ابتدائی تعلیم، گرجہ گھر اور روایات سے لپٹے ہوئے ہیں۔ وہ اِس بات کو دیکھ نہیں پا رہے کہ وہ گناہگار ہیں اور اُنہیں ایک نجات دہندہ کی ضرورت ہے۔ وہ یہی سمجھتے ہیں کہ مسیحی گھرانے میں پیدا ہو جانا اور پھر مسیحی کلیسیا سے رفاقت رکھنا ہی کافی ہے اور یہی سب کچھ اُنہیں آسمان کی بادشاہی کا وارث ٹھہرائے گا۔

یہودیوں کو یہ سمجھانے کے لئے کہ اُنہیں کیوں کر آزاد ہونے کی ضرورت ہے، خداوند نے اُنہیں بتایا کہ جو کوئی گناہ کرتا ہے گناہ کا غلام ہے۔(34 آیت) ہم میں سے کوئی بھی ایسا نہیں ہے جس نے کبھی گناہ نہ کیا ہو۔ ہم سب پر گناہ کے دھبے موجود ہیں اور اُس کے گہرے اثرات ہماری زندگیوں میں دیکھے جا سکتے ہیں۔ بس یہی سمجھیں کہ ایک اُچھوت کی بیماری پھیلی ہوئی ہے اور ہر کوئی اِس سے متاثر ہو رہا ہے۔ یہ بیماری دُور ہونے کی نہیں تاوقتیکہ آپ یسوع مسیح میں اِس زہر کا تریاق نہ ڈھونڈ لیں۔

خداوند یسوع مسیح نے یہودیوں کو غلام اور فرزند کا فرق بتایا۔ ایک بیٹے یا بیٹی سے قطعی مختلف ایک غلام کا اپنے مالک کے گھر میں کوئی حصہ بخرہ نہیں ہوتا۔ خواہ وہ غلام ایک عرصہ سے مالک کے گھرانے سے وابستہ ہو اور اُن کی خاندانی زندگی میں بھی شامل حال ہو تو بھی وہ اُس خاندان کے اراکین کے ساتھ موروثی برکات کا حصہ دار نہ ہوتا۔

اگر آپ کو گناہوں کی معافی کا تجربہ نہیں تو پھر آپ خدا کے خاندان کا حصہ نہیں ہیں۔ ہوسکتا ہے کہ آپ مسیحی لوگوں کے اِرد گرد رہتے ہوں اور مسیحی سرگرمیوں میں حصہ بھی لیتے ہوں تو بھی آپ خدا کے خاندان کا حصہ نہیں ہیں۔ بہت سے لوگ ہیں جن کا یہ ایمان ہے کہ وہ خدا باپ کی ابدی برکات کے وارث ہوں گے، لیکن وہ تو کبھی خدا کے فرزند ہی نہیں بنے۔ بہت سے ایسے بھی ہیں جو خدا کے ایسے خاندان کی خدمت میں بھی مشغول اور مصروف ہیں تو بھی اُن کا اُس کے خاندان میں کوئی حصہ بخرہ نہیں ہے۔

یوحنا 12:1 میں خدا کا کلام بیان کرتا ہے جتنوں نے اُسے (یسوع کو) قبول کیا اُس نے اُنہیں خدا کے فرزند ہونے کا حق بخشا۔ صرف مسیح ہی ہمیں گناہ کی غلامی سے آزاد کر سکتا ہے۔ یہودی جو اُس روز خداوند کی باتیں سن رہے تھے، اُن کا دعویٰ تھا کہ وہ ابراہام کی اولاد ہیں اور اِس وجہ سے وہ خدا کے فرزند ہیں۔ وہ اِس بات کو سمجھ نہ پائے کہ خداوند اُنہیں کیوں کر آزاد ہونے کی تعلیم دے رہا ہے۔ وہ بطور غلام اور خادم خداوند کی خدمت میں مصروف اور محو تھے۔ لیکن وہ کبھی بھی آسمانی باپ کی برکات کے وارث نہیں ہو سکتے تھے۔ کیوں کہ وہ خادم اور غلام تھے نا کہ خدا کے فرزند۔

خداوند یسوع مسیح جانتے تھے کہ یہودی اُسے ہلاک کرنے کے لئے تیار ہیں۔ کیوں کہ اُنہوں نے اُس کی تعلیمات کو رد کر دیا تھا۔ (37 آیت) خداوند یسوع مسیح کے نزدیک یہی دو حقائق اس بات کا کافی ثبوت تھے کہ وہ اُس کے حقیقی شاگرد نہیں اور نہ ہی وہ خدا کے خاندان کا حصہ تھے۔ اگر وہ خداوند کے حقیقی شاگرد اور خدا کے فرزند تھے، تو پھر اُنہیں معلوم ہونا تھا کہ جو کچھ خداوند کہہ رہا ہے وہ سچ ہے۔ (31-32 آیت) ''اگر تم ابراہام کے فرزند ہوتے تو ابراہام کے سے کام کرتے، '' (39 آیت)

اگر وہ حقیقی طور پر ابرہام کے فرزند ہوتے تو کبھی بھی یسوع اور اُس کی تعلیمات کے خلاف بحث نہ کرتے اور نہ ہی اُسے ہلاک کرنے کی تدبیریں نکالتے۔

اُس روز وہاں پر موجود یہودیوں نے یسوع کو بتایا کہ اُن کا صرف ایک ہی باپ ہے اور وہ خدا

ہے۔(41 آیت) خداوند یسوع مسیح نے اُنہیں جواب دیا۔ ''اگر خدا تمہارا باپ ہوتا تو تم مجھ سے محبت رکھتے اِس لئے کہ میں خدا میں سے نکلا اور آیا ہوں۔'' (42 آیت) خداوند نے اُنہیں بتایا کہ وہ اِس لئے اُس کی باتیں سمجھ نہیں پا رہے کیوں کہ وہ خدا کے خاندان میں پیدا نہیں ہوئے۔ یسوع نے اُنہیں بتایا کہ وہ اپنے باپ ابلیس سے ہیں۔(44 آیت)

اپنے باپ ابلیس کی طرح اُنہوں نے بھی جھوٹ کو پسند کر کے سچائی کو رد کر دینے کا چناؤ کیا۔ شیطان جھوٹوں کا باپ ہے۔ وہ سچائی سے نفرت کرتا ہے۔ یسوع کے دَور کے یہودیوں نے اُس کی طرف پشت پھیر دی۔ خدا نے اُن سے کلام کیا لیکن اُنہوں نے اُس کے کلام کو رد کر دیا۔ اپنے باپ ابلیس کی طرح جو شروع سے خونی ہے، وہ بھی اُس کے قتل کی کوشش میں تھے۔ اُن کے باپ ابلیس کا خون اور جھوٹ اُن کے رگ و ریشے میں تھا۔ تمام شواہد سے یہ بات ثابت تھا کہ وہ (یسوع) بالکل اپنے دعوؤں کے مطابق ہی ہے۔ یہودی سچائی کو قبول نہ کر سکے۔ اگر وہ خدا کے فرزند ہوتے تو خدا کی سچائی کو بھی قبول کرتے۔

اِس کے برعکس اُنہوں نے اپنے باپ ابلیس کے جھوٹوں پر کان لگایا۔

اُس روز یسوع کی تعلیمات نے یہودیوں میں ایک افراتفری مچا دی۔ اُنہوں نے اُسے ایک سامری کہہ کر پکارنا شروع کر دیا۔(48 آیت) یہودی سامریوں سے نفرت کرتے تھے۔ وہ اُس کو رسوا کرنے کے لئے اُسے سامری کہہ رہے تھے۔ یہودیوں کے نزدیک، سامری لوگ سب سے کم تر انسان سمجھے جاتے تھے۔ اُنہوں نے ہمارے خداوند کو بھی انتہائی پست حال اور نیچی ذات سمجھا۔ صرف یہی نہیں، اُنہوں نے اُسے بدروح گرفتہ بھی کہا، اُن یہودیوں کے نزدیک یسوع سامریوں سے بھی بدترین تھا۔

یسوع نے اُنہیں بتایا کہ ''مجھ میں بدروح نہیں ہے۔'' خداوند نے اُن یہودی راہنماؤں کو بتایا کہ روزِ عدالت آ رہا ہے۔ وہ لوگ جو اُس کے حکموں پر قائم رہتے ہیں، وہ موت سے رہائی پائیں گے۔(51 آیت) موت سے اُس کا مطلب ہمیشہ کے لئے خدا سے جدائی تھا۔ خداوند

اُنہیں بتا رہا تھا کہ وہ دن آ رہا ہے جب خدا کے بیٹے کو رد کرنے پر اُن کی عدالت ہوگی۔ اِن باتوں کے باوجود، یہودی بے اعتقادی اور ہٹ دھرمی پر ڈٹے رہے۔ یہودی یہ سمجھ رہے تھے کہ یسوع اُنہیں یہ کہہ رہا ہے کہ وہ اُن کے باپ ابرہام سے بڑا ہے۔ اُنہیں بس اِس بات کی سمجھ نہ آئی اور وہ اُلجھن کا شکار ہو گئے۔ ''ہمارا باپ ابرہام جو مر گیا کیا تو اُس سے بڑا ہے؟'' اُنہوں نے بڑے ہتک آمیز لہجے میں کہا، ''تو اپنے آپ کو کیا ٹھہراتا ہے؟'' (53 آیت)

خداوند نے انہیں کہا کہ وہ اپنی بڑائی نہیں چاہتا۔ (54 آیت) یسوع نے اُنہیں بتایا کہ تمہارا باپ ابرہام یہ دن دیکھنے کا مشتاق تھا۔ (56 آیت) خدا نے ابرہام سے کلام کیا تھا کہ ایک دن مسیح آئے گا۔ ابرہام سے کہا گیا کہ وہ اپنے بیٹے کو قربان کر دے۔ یہ ایک مثال تھی کہ کس طرح خدا اپنے بیٹے کو قربان کرے گا۔ (پیدائش 22 باب)

خداوند نے اُن سے ایسے باتیں کیں گویا کہ وہ ابرہام کو جانتا ہے۔ یہودیوں نے اُس سے کہا ''تیری عمر تو ابھی پچاس برس کی نہیں ہوئی، پھر کیا تو نے ابرہام کو دیکھا ہے؟ یسوع نے اُنہیں جواب دیا، ''پیشتر اِس سے کہ ابرہام تھا، میں ہوں۔'' (58 آیت) خدا نے خروج 3:14 میں یہی تاثر استعمال کیا جب اُس نے کہا ''میں ہوں۔'' یسوع نے یہی انداز استعمال کرتے ہوئے اپنے آپ کو خدا سے مشابہ ٹھہرایا۔ یہ ساری باتیں یہودیوں کی سمجھ سے بالاتر تھیں۔ اُنہوں نے اُسے مارنے کو پتھر اُٹھائے، مگر یسوع وہاں سے چھپ کر ہیکل سے نکل گیا۔

یسوع کو رد کرنے سے اُنہوں نے اُس کے باپ کو رد کر دیا تھا۔ اور خدا کو رد کرنے سے اُنہوں نے یہ ثابت کر دیا کہ وہ خدا کے فرزند نہیں ہیں۔ وہ ابھی تک گناہ کے غلام تھے۔ وہ ابلیس کے اِس جھوٹ کا یقین کئے ہوئے تھے کہ چونکہ وہ ابرہام کے فرزند ہیں، اِس لئے خود بخود خدا کے فرزند ہیں۔ اِسی طرح ابلیس آج بھی لوگوں کو یہی بتاتا ہے، چونکہ وہ مسیحی گھرانوں میں پیدا ہوئے ہیں، اِس لئے وہ خدا کے خاندان کا حصہ ہیں۔ وہ اُن کے کانوں میں یہ جھوٹ اور فریب ڈالتا ہے، چونکہ وہ اچھی کلیسیا سے تعلق رکھتے ہیں، اِس لئے وہ خدا کے لوگ ہیں۔ وہ اُنہیں اِسی فریب میں مبتلا رکھتا ہے،

چونکہ اُنہوں نے بپتسمہ لیا ہوا ہے اِس لئے وہ خدا کے فرزند ہیں۔

ایک غلام خاندان کی خدمت تو کرتا ہے لیکن اُس کا حصہ نہیں ہوتا۔ غلام اِس لئے خاندان کی وراثت کا حصہ دار نہیں ہوتا کیوں کہ اُس کا خاندان کے لوگوں سے خون کا رشتہ نہیں ہوتا۔ کیا آپ خدا کے خاندان کا حصہ ہیں؟ مسیح کا خون آپ کی واحد اُمید ہے۔ اگرچہ اِس وقت آپ گناہ کے غلام ہیں، تو بھی اِسی وقت آپ یسوع کے خون کے وسیلہ سے خدا کے خاندان کا حصہ بن سکتے ہیں۔ صرف یسوع کا خون ہی آپ کو دھو کر کے صاف کر سکتا اور آپ کی غلامی کی حالت کو فرزندیت میں تبدیل کر سکتا ہے۔ آج اُس کے خون کو موقع دیں کہ وہ آپ کو ڈھانپ لے۔ یسوع کے خون کو موقع دیں کہ وہ آپ کو تبدیل کرے اور خدا کے فرزند بنا دے۔

چند غور طلب باتیں

☆۔ کیا آپ غلام ہیں یا خدا کے فرزند/ بیٹی ہیں؟ اِس کا آپ کی زندگی میں کیا ثبوت ہے؟

☆۔ کیا آپ جھوٹی باتوں پر ہی کان لگائے ہوئے ہیں؟ وہ کون سے جھوٹ ہیں؟

☆۔ آج اِس دَور میں لوگ ابلیس کی کن جھوٹی باتوں کا یقین کرتے چلے آ رہے ہیں؟ وہ کون سے ایسے جھوٹ ہیں جن کو ہمارا معاشرہ سچ مان رہا ہے؟

چند اہم دُعائیہ نکات

☆۔ خداوند سے کہیں کہ وہ ابلیس کے جھوٹوں کے تعلق سے آپ کے ذہن کو روشن کرے تاکہ جب اُن سے سامنا ہو تو آپ فوراً اُنہیں پہچان لیں۔

☆۔ کیا آپ خدا کے خاندان میں قبول کئے جا چکے ہیں؟

☆۔ چند لمحات کے لئے خدا کی شکر گزاری کریں کہ اُس نے آپ کو اپنے خاندان میں قبول کر کے اپنا فرزند/ بیٹی بنا لیا ہے۔

☆۔ خدا کے فرزند ہونے کی برکات کے لئے خدا کا شکر کریں۔ اپنی برکات کے لئے فرداً فرداً نام لے کر اُس کا شکر کریں۔

باب24

جا کر دھولے

یوحنا9:1-7

ایک موقع پر خداوند یسوع مسیح اور اُس کے شاگردوں نے ایک جنم کے اندھے کو دیکھا۔ جب وہ اُس آدمی کے پاس سے گزرے، شاگردوں نے یسوع سے پوچھا،

"اَے ربی، کس نے گناہ کیا تھا جو یہ اندھا پیدا ہو، اِس شخص نے یا اُس کے ماں باپ نے؟ "(2 آیت) یہ بات شاگردوں کے اعتقاد اور ایمان کی تصویر کشی کرتی ہے۔ وہ یہ محسوس کرر ہے تھے کہ خدا اِس شخص یا اُس کے خاندان کو اُن کے شخصی گناہ کی وجہ سے سزا دے رہا ہے۔

یہ بات سچ ہے کہ بعض اوقات ہماری زندگی میں گناہ کے نتیجہ میں بھی بیماری اور کمزوری آسکتی ہے۔ 1 کرنتھیوں 11 باب میں پولس رسول نے کرنتھس کی کلیسیا کے ایمانداروں کو اعشائے ربانی میں اُن کے روّیے کے تعلق سے خبردار کیا۔ بعض لوگ نا مناسب طور پر خداوند کی میز میں شریک ہو رہے تھے۔ جس وجہ سے کلیسیا کے بہت سے لوگ کمزور اور بیمار تھے۔ پولس رسول اِس بات کو بیان واضح کرتا ہے کہ وہ بیمار اور کمزور تھے اور خداوند اور اُس کی میز کی عزت نہ کرنے کے سبب سے مر بھی رہے تھے۔ یوحنا 9 باب میں خداوند نے اپنے شاگردوں کو بتایا کہ ایسی کوئی بات نہیں ہے۔ نہ تو یہ شخص اور نہ ہی اُس کے والدین گناہ کے مرتکب ہوئے تھے جس وجہ سے یہ شخص اندھا پیدا ہوا۔ وہ اِس لئے اندھا پیدا ہوا تا کہ خدا کی قدرت اُس کی زندگی میں ظاہر ہو سکے۔

خدا جس نے اِس اندھے پن کو واقع ہونے دیا اُس کے لئے ایک مقصد رکھتا تھا۔ زندگی میں کچھ بھی کسی مقصد کے بغیر نہیں ہوتا۔ ہوسکتا ہے کہ آپ اِس بات کو سمجھ نہ پائیں کہ کیوں خدا نے آپ کی زندگی میں بعض چیزوں کو واقع ہونے دیا، اِس بات پر یقین رکھیں کہ اگر چہ آپ اِس وقت اِس کا

سبب نہیں جانتے، تو بھی اِس کا ایک سبب تو ہے جس کے باعث خدا نے ایسا ہونے دیا، وہ اپنے جلال اور آپ کی بہتری اور بھلائی کے لئے ہر طرح کے حالات اور واقعات میں کام کرتا ہے۔

اُس جنم کے اندھے کی زندگی میں خدا اُس شخص کو جسمانی شفا دے کر اپنا جلال ظاہر کرنا چاہتا تھا۔ یرمیاہ نبی اور یوحنا بپتسمہ دینے والے کی طرح، اُس شخص کو بھی خدا نے ایک مخصوص کام کے لئے چن لیا تھا۔ یرمیاہ نبی نے چالیس برس تک بڑی رکاوٹوں میں سخت جدوجہد کی۔ اُس نے دیکھا کہ ایک کے بعد دوسرا شخص اُسے اور اُس کے پیغام کو رد کر رہا ہے۔ اُس شخص نے کبھی بھی اپنی آنکھوں سے نہیں دیکھا تھا، اُس شخص کا کردار بھی کم اہمیت کا حامل نہیں ہے۔ اُس کی شفا نے بھی بہت سے لوگوں کی زندگی پر اثر انداز ہونا تھا۔

اُس کے وسیلہ سے لوگوں نے خدا کی قدرت کو دیکھنا تھا۔ بعض اوقات جس کام کے لئے خدا ہمیں بلاہٹ دیتا ہے وہ بہت مشکل ہوتا ہے۔ بعض کے لئے وہ بلاہٹ لوگوں کی طرف سے رد کئے جانے کا تجربہ ہوتی ہے تو دوسرے لوگوں کے لئے جسمانی طور پر دُکھ کا باعث ہوتی ہے۔ خدا نے اُس شخص کو محروم رکھا۔ آپ کیا دینے کے لئے تیار ہیں تا کہ خدا کا جلال آپ کی زندگی میں ظاہر ہو؟

خداوند نے اپنے شاگردوں کو بتایا کہ اُسے اپنے بھیجنے والے کے کام دن ہی دن میں کرنا ضرور ہیں کیوں کہ وہ رات آنے والی ہے جس میں کوئی کام نہ کر سکے گا۔ (4 آیت) خداوند نے اپنے شاگردوں کو بتایا کہ وہ دُنیا کا نور ہے۔ خداوند اپنے شاگردوں کو یہ بھی بتا رہے تھے کہ وقت ختم ہوتا جا رہا ہے۔ جب تک وہ اِس زمین پر ہے اُسے باپ کے کام کرنے کی ضرورت ہے۔ وہ وقت آ رہا تھا جب روشنی کو ہٹا دیا جانا تھا۔ خداوند یسوع جو دُنیا کا نور تھا اُس نے اُن سے جدا ہو جانا تھا۔ جب تک وہ اُن کے درمیان تھا بہت سا کام کرنے کی ضرورت تھی۔ اُس شخص کی شفا بھی ایک کام تھا جسے اُس کے باپ نے کرنے کے لئے دیا تھا۔

ہمارے سمجھنے کے لئے یہ بات بڑی اہمیت کی حامل ہے کہ خداوند یسوع مسیح نے وہی کیا جو اُس کے باپ نے اُسے کرنے کے لئے کہا، وہ جانتا تھا کہ یہ آسمانی باپ کی مرضی ہے کہ وہ اُس شخص کو شفا

دے۔ جس طور سے یسوع نے اپنے شاگردوں کو بتایا یہ بات بالکل واضح ہو جاتی ہے کہ یہ شخص گناہ کے نتیجہ میں اندھا پیدا نہیں ہوا بلکہ اِس لئے کہ باپ کا جلال اُس شخص کے وسیلہ سے ظاہر ہو۔

ہمارے لئے یہ بات بھی قابلِ غور ہے کہ خداوند معاملات کو اپنے ہاتھ میں نہیں لیتا۔ اُس نے وہی کیا جس کے لئے اُس نے خدا کی راہنمائی محسوس کی۔ ہمارے لئے اِس بات کو سمجھنا کس قدر اہم ہے کہ ہم خداوند یسوع مسیح کے نمونے کی تقلید کریں۔ ہم لوگ جو خدمت میں ہیں ہمارے لئے اپنے طور سے کوئی کام کرنا کس قدر آسان ہوتا ہے۔ آج ہم خدمت میں کس قدر ترقی کر چکے ہوتے اگر ہم کچھ بھی کرنے سے قبل آسمانی باپ کی مرضی کے طالب ہوتے۔

شاگردوں کو یہ بتانے کے بعد کہ یہ خدا باپ کی مرضی ہے کہ یہ شخص شفا پائے۔ ''اُس نے زمین پر تھوکا اور تھوک سے مٹی سانی اور وہ مٹی اندھے کی آنکھوں پر لگا کر اُس سے کہا، جا شیلوخ (جس کا ترجمہ بھیجا ہوا ہے،) کے حوض میں دھولے۔'' (6 آیت) ہمیں یہ تو نہیں بتایا گیا کہ یسوع نے ایسا کیوں کیا۔ جب بادشاہ کا ملازم اپنے بیٹے کی شفا کے لئے خداوند کے پاس آیا تھا، تو خداوند اُس کے ساتھ اُس کے بیٹے کو دیکھنے کے لئے نہیں گئے تھے۔ (یوحنا 4 باب دیکھیں) خداوند نے دُور ہی سے اُس کے بیٹے کو اچھا کر دیا تھا۔ خداوند کے لئے یہ ضروری نہیں تھا کہ وہ کسی شخص کو شفا دینے کے لئے جسمانی طور پر چھوئے۔

اِس سے ہم یہ بھی سیکھتے ہیں کہ خداوند ہمیشہ ہمارے ساتھ ایک ہی طرح سے کام نہیں کرتا۔ خداوند نے بادشاہ کے ملازم کو دُور ہی سے شفا دے دی تھی۔ جبکہ اُس شخص کی آنکھوں پر گیلی مٹی لگانے سے اُسے شفا دی۔ اُس نے لعزر کو قبر سے باہر بلا کر زندہ کر دیا۔ اُس نے لنگڑوں اور بیماروں کو چھو کر شفا دی۔ یسوع کی پوشاک کا کنارہ چھو کر بھی عورت نے شفا پائی۔ خداوند ہم میں سے ہر ایک کے ساتھ انفرادی طور پر پیش آتا ہے۔ آپ معمولی شخص نہیں ہیں۔ وہ آپ کو بنام جانتا ہے اور وہ انفرادی اور شخصی طور پر آپ کی فکر کرتا ہے۔

اگرچہ خداوند نے اُس کی آنکھوں پر گیلی مٹی لگادی تھی تو بھی اُس شخص کو فی الفور شفا نہ ملی۔ اِس کا مطلب یہ نہیں کہ خداوند یسوع ناکام ہو گئے تھے۔ ہر طرح کی شفا کا کام آناً فاناً (فی الفور) نہیں ہو جاتا۔ شفا کے لئے سب کچھ ٹھیک تھا۔ خدا نے اُس شخص کو شفا کے لئے چنا تھا۔ خداوند یسوع مسیح نے اُسے چھوا تھا۔ شفا دینے کے لئے اُس کی آنکھوں پر مٹی بھی لگادی گئی تھی۔ پھر بھی ابھی تک شفا ظاہر نہیں ہوئی تھی۔ اب کیا مسئلہ تھا؟ مسئلہ یہ تھا کہ خداوند نے اُسے کہا تھا کہ جا کر شیلوخ کے حوض میں دھولے۔ اگرچہ سب کچھ ٹھیک تھا تو بھی اُس وقت تک شفا ظاہر نہیں ہونی تھا جب تک وہ شخص ایمان سے قدم اُٹھا کر آگے نہ بڑھتا اور جا کر شیلوخ کے حوض میں اپنی آنکھیں نہ دھولیتا۔

شیلوخ کے حوض میں جا کر دھونے کا عمل ایمان کا قدم تھا۔ الیشع نبی کے دَور میں، نعمان کوڑھی اُس کے پاس شفا کے لئے آیا۔ (2 سلاطین 5 باب) الیشع نے نعمان سے یہی کہا تھا کہ جا کر دریائے یردن میں سات بار غوطے مار اور وہ شفایاب ہو جائے گا۔ اُس نے اِس میں بہت بے عزتی محسوس کی۔ جب وہ گھر لوٹ رہا تھا اُس کے نوکروں نے اُسے اِس بات کے لئے قائل کیا کہ جو کچھ نبی نے کہا ہے اُسے ویسا ہی کرنا چاہئے۔ نعمان اپنا تکبر چھوڑ کر دریائے یردن پر گیا۔

جب اُس نے دریا میں سات بار غوطے مارے تو شفا پا گیا۔ نعمان کو بالکل ایسے ہی شفا ملی جیسا الیشع نبی نے کہہ دیا تھا۔ اِس سے پہلے کہ شفا ظاہر ہوتی، نعمان کو اپنا آپ اسرائیل کے خدا کے تابع کر کے وہی کرنا پڑا جو اُسے کرنے کے لئے کہا گیا تھا۔ یہ اُس کی مرضی تھی اگر وہ شفا کو چھوڑ کر چلا جاتا۔ اِسی طرح اندھا شخص بھی چاہتا تو یہ کہہ سکتا تھا کہ ''اِس کا کیا فائدہ؟ اگر مجھے اب شفا نہیں ملی تو پھر منہ دھونے سے بھی مجھے شفا نہیں ملے گی۔'' یہ اُس کی مرضی تھی کہ اگر وہ اُس روز اپنی شفا کو حاصل نہ کر پاتا جو خداوند اُسے دینا چاہتا تھا۔

آج بھی بہت سے لوگ اپنی شفا سے زیادہ دُور نہیں ہیں۔ میں نے بہت سے لوگوں کو یہ کہتے سنا ہے، ''اگر خداوند مجھے فتح بخشنا چاہتا تو وہ میرے کسی شخص کے پاس جائے بغیر بھی ایسا کر سکتا تھا۔'' اگر خدا مجھے نجات دینا چاہتا تو وہ ایسا کر سکتا تھا، اگر میں کسی گرجہ گھر میں نہ بھی جاتا تو بھی خدا ایسا کرنے کی قدرت رکھتا ہے۔''

اگر خدا مجھے اپنی قربت اور محبت میں ترقی دینا چاہتا تو یہ سب کچھ کسی کانفرنس میں جائے بغیر بھی ہو سکتا تھا۔'' یہ سب باتیں اپنی جگہ پر ٹھیک ہیں۔ لیکن خدا یہ سب کچھ آپ کے لئے اِسی طور سے کرنا چاہتا ہے؟ کیا ایسا نہیں ہو سکتا کہ خدا آپ کو کسی شخص کے پاس لے جا کر اور حلیم اور فروتن بنا کر پھر آپ کو شفایاب اور آپ کی زندگی کی تجدید کرنا چاہتا ہے؟ اگر خداوند چاہتا تو اُس روز اُس شخص کو شیلوخ کے حوض پر بھیجے بغیر بھی شفا دے سکتا تھا۔ لیکن اُس نے ایسا نہیں کیا۔ خداوند آپ سے کس طرح پیش آنا چاہتا ہے؟ جو کچھ خدا آپ کی زندگی میں کرنا چاہتا ہے اُس میں رکاوٹ نہ بنیں۔ آپ کی ہٹ دھرمی اور خداوند کی فرمانبرداری سے انکار اُس کو کام کرنے سے روک سکتی ہے۔

اگر خدا چاہتا ہے کہ آپ حوض پر جائیں تو پھر آپ کو حوض پر ہی جانا چاہئے۔ اگر خدا چاہتا ہے کہ آپ حلیم اور فروتن ہوں تو پھر آپ کو ایسا ہی کرنا چاہئے۔ اپنے دل کو سخت نہ کریں۔

جب سب کچھ ہماری شفا کے لئے ہو چکا ہے تو پھر ہمیں اندھا رہنے کی کوئی ضرورت نہیں ہے۔ اُس اندھے شخص کی طرح ایمان کا قدم بڑھائیں، اور ہر اُس برکت اور معجزے کا تجربہ کریں جو خدا آپ کے لئے رکھتا ہے۔

چند غور طلب باتیں

☆۔آپ کے خیال میں، بعض اوقات خدا اپنی برکات کو نازل کرنے سے پہلے کیوں یہ چاہتا ہے کہ ہم ایمان کا قدم اٹھائیں؟

☆۔چند لمحات کے لئے اُن کاموں پر غور کریں جو خدا نے آپ کی زندگی میں کئے ہیں؟ کیا کوئی ایسا طریقہ تھا جس میں آپ کو فتح پانے سے قبل ایمان کا قدم اٹھانا تھا؟

☆۔کیا خدا ہر شخص کی زندگی میں ایک ہی طریقے سے کام کرتا ہے؟ یہ حوالہ خدا کے ہم میں سے ہر ایک کی زندگی میں کام کرنے کے طریقے کے تعلق سے کیا سکھاتا ہے؟

☆۔کیا آپ کی زندگی میں ایسا وقت آیا جب آپ نے ایمان کا ضروری قدم نہ اُٹھایا؟ اِس کا کیا نتیجہ نکلا؟

چند اہم دُعائیہ نکات

☆۔خداوند سے ایسے وقت کے لئے معافی مانگیں جب آپ کو کچھ کرنے کے لئے کہا گیا لیکن آپ نظرانداز کر کے آگے بڑھ گئے۔

☆۔خداوند سے فضل اور توفیق مانگیں کہ آپ ہر کام اُس کی مرضی اور منصوبے کے مطابق کر سکیں نہ کہ اپنے طریقے سے۔

☆۔اِس بات کے لئے بھی خدا کے شکر گزار رہوں کہ وہ ہم میں سے ہر ایک کے ساتھ انفرادی اور شخصی طور پر پیش آتا ہے۔

باب25

روحانی بصارت

یوحنا9:8-38

خداوند نے ایک جنم کے اندھے کو شفا دی تھی۔ اگرچہ اُسے جسمانی طور پر شفا مل گئی تھی لیکن ابھی تک اُس کی روحانی بصارت کا مسئلہ باقی تھا۔ خداوند یسوع مسیح نے ابھی اُس شخص میں اپنا کام مکمل نہیں کیا تھا۔ جب اُس کے ہمسایوں نے دیکھا کہ وہ شخص شفا پا گیا ہے تو اُنہیں کچھ سمجھ نہیں آ رہا تھا۔" کیا یہ وہی نہیں جو بیٹھا بھیک مانگا کرتا تھا؟" (8 آیت) بعض کو یقین تھا کہ یہ وہی ہے۔ بعض کا خیال یہ تھا کہ وہ نہیں بلکہ یہ کوئی اور ہی ہے۔ اُن کو یہ توقع ہی نہ تھی کہ وہ کبھی دوبارہ بھی دیکھ سکے گا۔ اُن کا مسئلہ یہ نہیں تھا کہ وہ اُسے پہچان نہیں رہے تھے، بلکہ اصل مسئلہ تو معجزے پر بے اعتقادی کا اظہار تھا۔

بھیڑ نے شفا پا جانے والے شخص سے کہا کہ وہ بتائے کہ اُس کے ساتھ کیا واقع ہوا ہے۔ اُس نے اُنہیں یقین دلایا کہ وہ واقعی اندھا تھا۔ اُنہوں نے اُس سے پوچھا،" پھر تیری آنکھیں کیوں کر کھل گئیں؟" (10 آیت) اُس نے اُنہیں بتایا کہ کس طرح یسوع نے اُس کی آنکھوں پر گیلی مٹی لگا کر اُسے کہا کہ وہ جا کر شیلوخ کے حوض میں دھولے۔ جب اُس نے تابعداری کی تو اُسے اُس کے اندھے پن سے شفا مل گئی۔

اُنہوں نے اُس سے کہا،" وہ کہاں ہے؟" (12 آیت) اُس کا جواب یہ تھا۔" میں نہیں جانتا۔" اُس فقیر اور لوگوں کے درمیان ہونے والی گفتگو بڑی اہم ہے۔ اُس فقیر کے نزدیک یسوع ایک عام سا شخص تھا جس نے اُسے شفا دی تھی۔ اُسے تو اُس کا نام اور اُس کے ٹھکانے کا بھی کوئی علم نہیں تھا۔ لوگ اُس فقیر کو یہودی راہنماؤں کے پاس لائے تا کہ معلوم کریں کہ وہ اُس سے کیا کہتے ہیں۔ اُنہوں نے بھی اُس سے پوچھا کہ اُسے کیسے شفا ملی ہے۔

"اُس نے میری آنکھوں پر مٹی لگائی، پھر میں نے دھولیا اور اَب بینا ہوں۔" (15 آیت) چونکہ یہ معجزہ سبت کے روز ہوا تھا اِس لئے یہودیوں میں اُس کے سبب سے اختلاف پیدا ہوگا۔ بعض نے کہا چونکہ اُس نے سبت کی خلاف ورزی کرتے ہوئے اُس شخص کو سبت کے روز شفا دی ہے اِس لئے یہ شخص خدا کی طرف سے نہیں ہوسکتا۔

اُن کے وہم و گمان میں بھی نہیں تھا کہ کوئی شخص خدا کی طرف سے آ کر اُن کے سبت کی اہمیت کو ختم کرے گا۔ بعض کی رائے یہ تھی کہ کوئی بھی گنہگار شخص ایسا نہیں کرسکتا جیسے کام یسوع کرتا ہے۔ جب تک وہ خدا کی طرف سے نہ بھیجا گیا ہو۔ وہ جنم کے اندھے شخص کی طرف رجوع ہوئے جسے شفا مل گئی تھی اور اُس کی رائے جاننے کی کوشش کی۔

وہ بڑی نازک صورتحال سے دوچار تھا۔ اُس کی رائے بعضوں کے لئے بہت ناگوار ثابت ہونا تھی۔ ہر کوئی اُس کے جواب کا منتظر تھا۔ اُس آدمی نے کہا، "وہ نبی ہے،" اُس کا جواب یہ ظاہر کرتا ہے کہ اُسے ابھی تک اِس بات کی مکمل سمجھ بوجھ اور فہم حاصل نہ ہوا تھا کہ یسوع کون ہے۔ تاہم اُسے اِس بات کا کامل یقین تھا کہ خدا کی قدرت یسوع میں کام کر رہی ہے۔ اِسی لئے تو اُس نے یسوع کو نبی کہا تھا۔

لیکن یہودیوں کو یقین نہ آیا کہ وہ اندھا تھا اور اب بینا ہوگیا ہے۔ وہ شش و پنج کا شکار تھے کہ آیا اُس معجزے کے تعلق سے کیا رائے قائم کریں، مذہبی راہنماؤں نے اُس کے والدین کو بلا بھیجا۔ جب وہ آئے تو اُنہوں نے اُن سے پوچھا کیا یہ اُن کا بیٹا ہے جو اندھا پیدا ہوا تھا۔ اُس کے والدین نے بھی یہودی راہنماؤں کو اِس بات کی یقین دہانی کرادی کہ وہ اُن کا ہی بیٹا ہے جو اندھا پیدا ہوا تھا۔ لیکن جب اُس کے والدین سے پوچھا گیا کہ اُسے کیسے شفا ملی تو اُنہوں نے جواب دینے سے انکار کر دیا۔ وہ یسوع کے تعلق سے کسی قسم کی گفتگو کا حصہ نہیں بننا چاہتے تھے۔ یہودی پہلے ہی اِس بات کا عزم کر چکے تھے کہ جو کوئی یسوع کو مسیح کے طور پر قبول کرے گا اُسے عبادت خانہ سے خارج کر دیا جائے گا۔ (22 آیت)

ایک مرتبہ پھر سے مذہبی راہنماؤں نے اُس شخص کو مزید تفتیش وتحقیق کے لئے طلب کرلیا۔ اِس دفعہ اُن کا روّیہ بڑا واضح تھا اُنہوں نے سیدھی بات کی۔

''خدا کی تمجید کر، ہم تو جانتے ہیں کہ یہ شخص گنہگار ہے'' (24 آیت) شفا پا جانے والے شخص نے کہا ''میں نہیں جانتا کہ وہ گنہگار ہے یا نہیں، ایک بات جانتا ہوں، کہ میں اندھا تھا، اَب بینا ہوں۔'' وہ یسوع کو واضح طور پر نہیں پہچانتا تھا جیسا کہ اُسے پہچاننا چاہئے تھا۔ لیکن اِسے اِس بات کا علم تھا کہ یسوع نے اُس کی زندگی میں کچھ کیا ہے۔

کئی دفعہ ہمیں سارے سوالات کے جوابات نہیں مل جاتے۔ ہم میں سے کون سا ایسا شخص ہے جو خدا کے کاموں کی حقیقت کو پورے طور پر وضاحت سے بیان کر سکے؟ کیا آپ اِس بات کی وضاحت کر سکتے ہیں کہ خدا کیوں اور کیسے کام کرتا ہے؟ خواہ ہم لوگوں کو یہ تو وضاحت سے نہ سمجھا سکیں کہ جو کچھ خدا کرتا ہے کیوں کرتا ہے تو بھی ہم لوگوں کو یہ تو بتا سکتے ہیں کہ اُس نے ہماری زندگی میں کیا کیا ہے اور کس طرح ہماری زندگی کو بدلا ہے۔ یہی کام تو وہ شفا پا جانے والا شخص کر رہا تھا۔

اُس شخص کا جواب یہودیوں کو بڑا ناگوار سا لگا، اُنہوں نے اپنی تحقیق وتفتیش کا سلسلہ جاری رکھا۔ اُنہوں نے پھر اُس سے پوچھا کہ اُسے کیسے شفا ملی ہے؟ (26 آیت) شفا پا جانے والے شخص کے صبر کا پیمانہ لبریز ہو رہا تھا۔ ''اُس نے اُنہیں جواب دیا، میں تو تم سے کہہ چکا اور تم نے نہ سنا، دوبارہ کیوں سننا چاہتے ہو؟ کیا تم بھی اُس کے شاگرد ہونا چاہتے ہو؟'' اُس شخص کا جواب اُن یہودی راہنماؤں کو نشتر کی مانند لگا۔

وہ اُس کا یہ سوال سن کر آگ بگولا ہو گئے۔ ''اُنہوں نے اُس کو بُرا بھلا کہا'' (28 آیت) اور پھر کہنے لگے۔ ''تو ہی اُس کا شاگرد ہے، ہم تو موسیٰ کے شاگرد ہیں، ہم جانتے ہیں کہ خدا نے موسیٰ کے ساتھ کلام کیا، مگر اِس شخص کو نہیں جانتے کہ کہاں کا ہے'' یہ باتیں کہہ کر یہودیوں نے اپنے آپ کو یسوع کے اُس کام سے الگ کر لیا جو اُس اندھے بھکاری کی زندگی میں کیا تھا۔ یہودی راہنما سچائی کے لئے بڑا جوش وجذبہ رکھتے تھے لیکن شفا پا جانے والے شخص پر اُنہیں کوئی ترس اور رحم نہیں آرہا

تھا۔وہ اُس کی بینائی بحال ہو جانے پر خوشی منانے سے قاصر تھے۔کیوں کہ اُنہیں تو اپنی سچائی کے دفاع سے ہی فرصت نہیں مل رہی تھی۔

شفا پا جانے والے شخص نے فریسیوں کو جواب دیا۔"یہ تو تعجب کی بات ہے کہ تم نہیں جانتے کہ وہ کہاں کا ہے حالانکہ اُس نے میری آنکھیں کھولیں ہیں۔ "(30 آیت)اُس نے فریسیوں کو یہ بھی بتایا کہ خدا گنہگاروں کی نہیں سنتا لیکن اگر کوئی خدا پرست ہو اور اُس کی مرضی پر چلے تو وہ اُس کی سنتا ہے۔"(30 آیت)اِس سے ہمیں یہ بھی پتہ چلتا ہے کہ شفا پا جانے والے شخص نے یسوع کو نہ صرف ایک نبی بلکہ ایک خدا پرست شخص کے طور پر بھی دیکھا جو خدا کی مرضی کو پورا کر رہا تھا۔خدا باپ نے اِس لئے یسوع کی دُعا کا جواب دیا تھا کیوں کہ وہ اُس کی مرضی کے اندر زندگی بسر کر رہا تھا۔شفا پا جانے والے شخص کے پاس اُس معجزے کی وضاحت کا بس ایک ہی طریقہ تھا اور وہ یہ کہ یسوع خدا کی طرف سے تھا اور وہ آسمانی باپ کی مرضی کو پورا کر رہا تھا۔اُس نے اُنہیں بتایا"اگر یہ شخص خدا کی طرف سے نہ ہوتا،تو کچھ نہ کر سکتا۔"(33 آیت)

فریسیوں نے اُس کا جواب سن کر کہا،"تو تو بالکل گناہوں میں پیدا ہوا،تو ہم کو کیا سکھاتا ہے؟(34 آیت)اور اُنہوں نے اُسے باہر نکال دیا۔"فریسیوں کا اعتقاد بھی یسوع کے شاگردوں جیسا تھا(2 آیت کو دیکھیں)اُن کا یہ اعتقاد تھا کہ اُس شخص کا اندھا پن اُس کے شخصی یا پھر اُس کے ماں باپ کے گناہ کا نتیجہ تھا۔وہ محسوس کر رہے تھے کہ خدا اُسے گناہ کی سزا دے رہا ہے۔اِس طرح کا حقیر سا گنہگار شخص اُنہیں کس طرح تعلیم دینے کی جرأت کر سکتا تھا؟وہ اُنہیں کچھ نہیں سکھا سکتا تھا۔اُن کے ذہن بند تھے۔وہ اِس قدر خفا ہوئے کہ اُسے عبادت خانہ ہی سے نکال دیا۔اب سے اُسے سب لوگوں نے رد کیئے ہوئے اور عبادت خانہ سے نکال ہوئے شخص کے طور پر دیکھنا اور جاننا تھا۔

جب یسوع کو علم ہوا کہ شفا پا جانے والے شخص کو عبادت خانہ سے خارج کر دیا گیا ہے تو اُس شخص سے مل کر اُس سے کہا،"کیا تو خدا کے بیٹے پر ایمان لاتا ہے؟"(35 آیت)اُس شخص نے جواب دیا،"اَے خداوند وہ کون ہے کہ میں اُس پر ایمان لاؤں؟"اُسے واقعی علم نہیں تھا۔یسوع نے اُس سے

کہا''وہ جو تجھ سے باتیں کرتا ہے وہی ہے''(37 آیت)اُس شخص پر خداوند کی باتوں کا گہرا اثر ہوا۔اُس آدمی نے کہا،''اَے خداوند!میں ایمان لاتا ہوں اور اُسے سجدہ کیا۔''اُس لمحہ کچھ واقع ہوا۔یہ سب کچھ انسانی آنکھ تو نہیں دیکھ رہی تھی لیکن خدا کا ہاتھ اُس شخص کی روحانی آنکھوں کو چھو رہا تھا اور اُسے روحانی بصارت عطا کر رہا تھا۔

اَب اُسے معلوم ہوا کہ یسوع کون ہے۔اُس نے فریسیوں کے سامنے اُس کا دفاع تو کیا تھا لیکن حقیقی طور پر اُس سے واقف نہ تھا۔اُسے عبادت خانہ سے خارج کر دیا گیا اور اُس نے خداوند یسوع کو اپنا نجات دہندہ جانے بغیر اُس کی خاطر دُکھ اٹھایا۔اُس روز یسوع سے ملاقات ہونے پر اُس کی زندگی میں خدا کا مقصد کامل طور سے پورا ہو گیا۔یعنی جسمانی شفا کے ساتھ روحانی شفا۔

آپ کیسی صورتحال سے دوچار ہیں؟کیا آپ یسوع کو حقیقی طور پر جانے بغیر ہی اُس کی خدمت کر رہے ہیں؟ہوسکتا ہے کہ آپ سکول یا دفتر میں یسوع کے دفاع کے لئے کھڑے ہوتے ہیں،عین ممکن ہے کہ آپ نے روحانی یا مذہبی معاملات کے دفاع کی وجہ سے دُکھ اُٹھایا ہو۔کیا آپ اُس اندھے فقیر کی مانند ہیں(جس کو یسوع نے بینا کر دیا تھا۔)جو یسوع کو جانے بغیر اُس کی خدمت کر رہا تھا۔کیا آپ بھی اُس شخص کی طرح فروتنی سے اُس کے آگے جھک کر سجدہ کرتے ہوئے اپنی زندگی اُس کے تابع کر دیں گے؟

کیا آپ اُسے دُنیا کے منجی اور خدا کے بیٹے کے طور پر پہچان چکے ہیں؟آپ ایسے خدا کی خدمت میں یونہی زندگی نہ گزار دیں جسے آپ جانتے بھی نہیں۔جب اُس شخص نے یسوع کو حقیقی طور پر پہچان لیا تو اِس سے اُس شخص کی زندگی میں کیا فرق پیدا ہوا؟اُس نے یسوع کا دفاع اور اُس کی خدمت کا سلسلہ جاری رکھا۔لیکن اب اُس کی خدمت پہلے سے زیادہ بامقصد،بامعنی اور زبردست تھی۔اُس بھکاری نے ایسی بصارت حاصل کر لی جو اُس دوَر کے مذہبی راہنماؤں کے پاس نہیں تھی۔اپنی ساری تعلیم اور تجربے کے باوجود اُن کے پاس وہ کچھ نہیں تھا جو اُس شخص کے پاس تھا۔اُس نے یسوع کو خدا کے بیٹے کے طور پر دیکھا۔جبکہ فریسیوں نے اُسے رد کر دیا۔اُس شخص نے

اب اُس یسوع کی حضوری میں ابدالاباد رہنا تھا جس نے اُسے شفا دی تھی۔ جبکہ اُن فریسیوں نے ہلاک ہو کر خدا سے الگ ابدیت میں رہنا تھا۔ فریسی اپنی مذہبی روایات اور تعلیمات کے چکر میں وہ کچھ دیکھنے سے قاصر رہے جو اُس دن وہ شخص اپنی فروتنی اور ایمان سے دیکھنے کے قابل ہو گیا۔

چند اہم غور طلب باتیں

☆۔ یسوع کو جاننے کے لئے بھکاری کو کیا کرنا پڑا؟ کیا یسوع کو حقیقی طور پر پہچاننے کے لئے اُس کی جسمانی شفا کافی تھی؟ اُس کی جسمانی شفا اور اُس کی نجات میں کیا تعلق پایا جاتا ہے؟

☆۔ اس بھکاری کے یسوع کے ساتھ رشتے اور تعلق میں ہیکل میں یسوع سے ملنے اور بعد میں ملاقات سے کیا فرق پیدا ہوا؟

☆۔ کیا آپ اُس دن اور اُس گھڑی کو یاد کر سکتے ہیں جب آپ کی ملاقات یسوع سے ہوئی اور آپ نے اُسے اپنے خداوند اور نجات دہندہ کے طور پر قبول کر لیا؟

اِس سے آپ کی زندگی میں کیا فرق پیدا ہوا؟

☆۔ روحانی اندھے پن سے شفا پا جانے کا کیا مطلب ہے؟ کیا آج ہمارے اِردگرد روحانی اندھے پن کے شواہد موجود ہیں؟

چند اہم دُعائیہ نکات

☆۔ کیا آپ کسی ایسے شخص سے واقف ہیں جو اِس بھکاری کی طرح یسوع کو حقیقی طور پر جانے بغیر اُس کے نام کا دفاع کرتا اور اُس کے لئے جوش و جذبے سے معمور ہے؟ خداوند سے التماس کریں کہ وہ خود کو اُس شخص پر بڑے خاص طور پر ظاہر کرے۔

☆۔ اِس بات کے لئے خداوند کے شکرگزار ہوں کہ اُس نے آپ پر مہربانی کی اور خود کو آپ پر ظاہر کیا تاکہ آپ اُسے اپنا خداوند اور نجات دہندہ قبول کر سکیں۔

باب 26

ازخود اندھے بننا

یوحنا9:39-41

شفا پا جانے والے بھکاری کے ساتھ خداوند یسوع مسیح کی بات چیت اختتام پذیر ہو رہی تھی۔ اِس بات چیت کے دوران فریسی بھی وہاں پر موجود تھے۔ جو کچھ خداوند یسوع بیان کر رہے تھے، وہ سب اُن کی سمجھ سے بالاتر تھا۔ اور اِس لئے وہ بہت ہی شش و پنج کا شکار تھے۔ وہ خدا کا بیٹا ہونے کا دعویٰ کر رہا تھا۔ (35 آیت) فریسیوں کے نزدیک تو یہ سب کچھ کفر تھا۔

اِس باب میں خداوند حاضرین کو یہ بتا رہے ہیں کہ وہ کیوں اِس دُنیا میں آئے ہیں۔ ''میں دُنیا کی عدالت کے لئے آیا ہوں، تا کہ جو نہیں دیکھتے وہ دیکھیں اور جو دیکھتے ہیں وہ اندھے ہو جائیں۔'' ہمیں کچھ دیر کے لئے سوچ و بچار کرنے کی ضرورت ہے کہ اِس بات سے خداوند یسوع مسیح کا کیا مطلب ہے؟

ہمیں اِس حقیقت کو سمجھنے میں کوئی مسئلہ درپیش نہیں کہ خداوند یسوع مسیح گناہوں میں کھوئے ہوئے لوگوں کو روحانی بصیرت دینے کے لئے اِس دُنیا میں آئے۔ خداوند یسوع مسیح نے یہی روحانی بصارت جنم کے اندھے کو دی تھی۔ یہ شخص روحانی اندھے پن کے ساتھ زندگی بسر کر رہا تھا۔ اُس شخص کو نہ تو یسوع کا اور نہ ہی نجات کے وسیلہ کا علم تھا جب خداوند یسوع مسیح نے اُس کی روحانی آنکھیں کھولیں، اُس شخص کو پہلی بار اس بات کا فہم حاصل ہوا کہ یسوع ہی مسیح، خدا کا بیٹا اور اُسے اُس کے گناہوں سے مخلصی دینے کے لئے آیا ہے۔ اُس کے اندر نور چمکا۔ شفا پا جانے والے شخص کو روشنی حاصل ہو گئی اور اُس نے یسوع اور اُس نجات کی ضرورت کو سمجھا جو وہ دینے کے لئے آئے تھے۔ اُس شخص نے اپنا دل مسیح کے لئے کھولا اور اپنی زندگی مسیح کے تابع کر دی۔ اُس روز اُس کی زندگی تبدیل ہو گئی۔

جب خداوند یسوع نے اپنے سامعین سے یہ کہا تو اِس کا کیا مطلب تھا۔ ''میں دُنیا کی عدالت کے لئے آیا ہوں، تاکہ جو نہیں دیکھتے وہ دیکھیں اور جو دیکھتے ہیں وہ اندھے ہو جائیں۔'' (39 آیت) اندھے بھکاری کی شفا کے واقعہ میں، فریسیوں کو یہ فخر تھا کہ اُنہیں روحانی بصیرت حاصل ہے۔ وہ شرع کے عالم تھے۔ وہ سمجھتے تھے کہ اُنہیں روحانی روشنی حاصل ہے۔ وہ جنم کے اندھے شخص کو بہت حقیر جانتے تھے۔ وہ دعویٰ کرتے تھے کہ اُسے کسی بات کا کچھ علم نہیں ہے۔ (34) اُنہیں اِس بات کا یقین تھا کہ اُس بھکاری کے پاس اُنہیں سکھانے کے لئے کچھ نہیں ہے۔ صرف یہی نہیں وہ یہ بھی سمجھتے تھے کہ یسوع کے پاس بھی اُنہیں دینے کے لئے کوئی تعلیم نہیں ہے۔ یہ وہ لوگ تھے جو روحانی طور پر اندھے پیدا ہوئے تھے۔

ہمارے سامنے جو واقعہ ہے اِس میں ہم اِس بات کی مثال دیکھتے ہیں کہ یسوع بات چیت کر رہے ہیں۔ اندھا شخص اِس لئے پیدا ہوا تھا تا کہ یسوع کی حقیقت کو دیکھ سکے۔ وہ لوگ جو دیکھنے کا دعویٰ کرتے تھے۔ اُن پر یہ ہی منکشف ہو گیا کہ اُن کی حقیقت کیا ہے۔ حتیٰ کہ اُس سادہ سے بھکاری کو بھی فریسیوں کی سمجھ کا پتہ چل گیا۔ خداوند یسوع مسیح نے اُن کے روحانی اندھے پن کو بے نقاب کر دیا۔

فریسی جو کہ اندھے تھے اُنہوں نے فی الفور یسوع کی بات کو سمجھ لیا۔ اُنہوں نے کہا ''کیا، ہم بھی اندھے ہیں؟'' (40 آیت) خداوند یسوع مسیح نے کہا، ''اگر تم اندھے ہوتے تو گنہگار نہ ٹھہرتے، مگر اب کہتے ہو کہ ہم دیکھتے ہیں، پس تمہارا گناہ قائم رہتا ہے۔'' (41 آیت) آئیں زیادہ تفصیل کے ساتھ خداوند یسوع مسیح کی باتوں کا جائزہ لیں۔ خداوند یسوع مسیح نے کہا، ''اگر تم اندھے ہوتے تو گنہگار نہ ٹھہرتے۔'' کیا اِس کا مطلب ہے کہ اگر اُنہوں نے خوشخبری کا پیغام نہ سنا ہوتا تو وہ اپنے گناہوں کے ذمہ دار نہ ٹھہرتے؟ ایسا تو بہت مشکل ہے۔ اگر ایسی بات ہوتی تو یسوع کو کبھی بھی ہمارے گناہوں کے لئے مرنے کی ضرورت نہ ہوتی۔ اگر اندھے پن میں رہنے سے ہی دُنیا خدا کے حضور معصوم اور بے گناہ ٹھہرتی تو ہمارے لئے خدا کی بلاہٹ کو ترک کر دینا بہتر ہوتا اور ہم دُنیا کو

تاریکی ہی میں رہنے دیتے۔ یہ خدا کی بلاہٹ نہیں ہے۔ خداوند یسوع مسیح سچائی کو ظاہر کرنے کے لئے اِس دُنیا میں آئے۔ وہ نجات کی خوشخبری کی منادی کرنے کے لئے اِس دُنیا میں آئے۔

یہاں پر خداوند یسوع مسیح کیا کہہ رہے ہیں، اِس بات کی تفسیر لازم ہے کہ ہم خدا کے کلام کے دیگر حصوں کے ساتھ بھی کریں، رومیوں 1:18-21 میں خدا کا کلام بیان کرتا ہے۔

'' کیوں کہ خدا کا غضب اُن آدمیوں کی تمام بے دینی اور ناراستی پر آسمان سے ظاہر ہوتا ہے جو حق کو ناراستی سے دبائے رکھتے ہیں۔ کیوں کہ جو کچھ خدا کی نسبت معلوم ہو سکتا ہے وہ اُن کے باطن میں ظاہر ہے اِس لئے کہ خدا نے اُس کو اُن پر ظاہر کر دیا ہے۔

کیوں کہ اُس کی اندیکھی صفتیں یعنی اُس کی اَزلی قدرت اور اُلوہیت دُنیا کی پیدائش کے وقت سے بنائی ہوئی چیزوں کے ذریعہ سے معلوم ہو کر صاف نظر آتی ہیں۔ یہاں تک کہ اُن کو کچھ عذر باقی نہیں ۔اِس لئے کہ اگرچہ اُنہوں نے خدا کو جان تو لیا مگر اُس کی خدائی کے لائق اُس کی تمجید اور شکر گزاری نہ کی بلکہ باطل خیالات میں پڑ گئے۔ اور اُن کے بے سمجھ دلوں پر اندھرا چھا گیا۔''

مقدس پولس رسول یہاں پر بیان کرتے ہیں کہ خدا نے سب انسانوں پر اپنے آپ کو ظاہر کر دیا ہے۔ اگرچہ مرد وزن نے یسوع کا نام نہیں سنا، خدا کا کردار تخلیقِ کائنات سے ظاہر ہے۔ تخلیق کائنات سے ہمیں خدا کی فطرت اور قدرت کا فہم حاصل ہوتا ہے۔ خدا کے تعلق سے اندھے ہونے کا صرف ایک ہی طریقہ ہے اور وہ یہ ہے کہ ہم دانستہ طور پر اپنے اردگرد موجود شواہد سے منہ موڑ لیں۔ خدا ہی ہمیں ہر ایک سانس دیتا ہے۔

ہمارے دل کی ہر ایک دھڑکن خدا کی موجودگی کا ثبوت ہے۔ پوری کائنات پکار پکار کر کہہ رہی ہے کہ خدا موجود ہے۔ خدا نے ہمیں اپنی صورت اور شبیہ پر پیدا کیا ہے۔ ہم میں سے ہر ایک کی جان ہے اور ہم خدا سے گفتگو کر سکتے ہیں۔ اپنی فطرت میں ہم روحانی خواہشات کے طالب ہوتے ہیں۔ جب ہم خدا کی عطا کردہ معرفت کی طرف اپنی پشت کر دیتے ہیں تو پھر ہم روحانی طور پر اندھے پن کا شکار ہو جاتے ہیں۔ کوئی شخص بھی بے سبب مجرم نہیں ٹھہرے گا۔ ہم بھی اُسی وقت مجرم

ٹھہرتے ہیں جب ہم فریسیوں کی طرح اپنے سامنے موجود شواہد کو رد کر دیتے ہیں۔

فریسی اور یسوع کے دَور کے یہودیوں نے اُن شواہد کو رد کر دیا جو خدا نے اُنہیں دیئے تھے۔ وہ دعویٰ تو کرتے تھے کہ وہ سچائی سے واقف ہیں لیکن یسوع کو رد کرتے تھے۔ وہ محسوس کرتے تھے کہ اُن کے پاس یسوع سے زیادہ بہتر راہِ نجات ہے۔ خدا نے با آواز بلند اُن سے کلام کیا تھا۔ خداوند یسوع نے اندھے بھکاری کو شفا دے دی تھی۔ اُنہوں نے یسوع کو اپنے سے باتیں کرتے ہوئے سنا تھا۔ اُن کے پاس کتاب مقدس کی بھی گواہی تھی جس کا اُنہوں نے مطالعہ کیا تھا۔ اُن تمام شواہد کے مطابق، یہودیوں نے یسوع کو رد کر دیا۔ اُنہوں نے مسیح کو دیکھ کر اُسے رد کر دیا۔ اگر خدا نے تخلیق کائنات، اُن کی اندرونی فطرت، کتاب مقدس اور دیگر بہت سے وسیلوں سے کلام نہ کیا ہوتا تو اُن کے پاس اندھے ہونے کا ایک مناسب جواز موجود ہوتا۔ لیکن ایسا بالکل نہیں تھا۔ اُن کے پاس کوئی عذر نہیں تھا۔ کیوں کہ خدا نے واضح طور پر اپنے آپ کو اُن پر ظاہر کر دیا تھا۔

اصل حقیقت یہ ہے کہ ہم سب کے پاس یسوع کو رد کرنے کا کوئی عذر نہیں ہے۔ ہمارے پاس کافی ثبوت ہیں کہ یسوع وہی ہے جو اُس نے دعویٰ کیا کہ وہ ہے۔ کوئی بھی اُس کے حضور بے گناہ ہونے کا دعویٰ نہیں کر سکتا۔ خدا کے تعلق سے شواہد کو نہ دیکھنا ناممکن ہے۔ ہم اِس لئے مجرم نہیں ٹھہرتے کیوں کہ خدا نے کبھی بھی اپنے آپ کو ہم پر ظاہر نہیں کیا۔ ہم اِس لئے مجرم ٹھہرتے ہیں کیوں کہ ہم شواہد دیکھ کر بھی یسوع کو رد کر دیتے ہیں۔

خداوند یسوع مسیح اِس لئے آیا تا کہ جو نہیں دیکھ سکتے اُن کو نئی بصارت عطا کرے۔ وہ اِس لئے بھی آیا تا کہ جو دیکھنے کا دعویٰ کرتے اور دوسروں کو گمراہی کے راستہ پر ڈال رہے ہیں، اُن کی بدی کو بے نقاب کیا جائے۔

چند غور طلب باتیں

☆۔ایک شخصیت رکھنے والے خدا کا ہمارے اِرد گرد کیا ثبوت ہے؟

☆۔کیا کوئی شخص اِس دُنیا میں خدا کی حضوری کے تعلق سے روحانی طور پر اندھا ہونے کا دعویٰ کر سکتا ہے؟

☆۔خدا نے کس طرح خود کو آپ پر ظاہر کیا ہے؟

چند اہم دُعائیہ نکات

☆۔جس طور سے خدا نے اس دنیا میں خود کو آپ پر ظاہر کیا ہے اِس کے لئے اُس کی شکرگزاری کریں۔حالات وواقعات اور اِس تخلیق کائنات میں۔

☆۔کیا آپ کے کچھ ایسے دوست ہیں جو خداوند کی مرضی میں مزاحم ہو رہے ہیں؟ چند لمحات کے لئے خدا سے دُعا کریں کہ وہ اُن کی آنکھیں کھول دے تاکہ وہ خدا کی حقیقت کو پہچان سکیں۔

باب 27

اچھا چرواہا

یوحنا 10:1-21

یوحنا 10 باب میں خداوند نے خود کو اچھے چرواہے سے تشبیہ دی ہے۔ اِس مثال کے وسیلہ سے خداوند نے اپنے اور ہمارے اُس کے ساتھ رشتے اور تعلق کے بارے میں کچھ اہم روحانی سچائیوں کی تعلیم دی ہے۔ خداوند یسوع مسیح نے یہ کہتے ہوئے اپنی بات شروع کی۔ ''جو کوئی دروازہ سے بھیڑ خانہ میں داخل نہیں ہوتا، بلکہ اور کسی طرف سے چڑھ جاتا ہے وہ چور اور ڈاکو ہے۔'' (1 آیت)

بھیڑ خانہ بھیڑوں کے لئے ایک پناہ اور تحفظ کی جگہ ہوتی ہے۔ یوں لگتا ہے کہ خداوند بھیڑ خانہ کو نجات کے مختلف پہلوؤں کو اُجاگر کرنے کے لئے استعمال کر رہے ہیں۔

پہلی آیت میں ہم دیکھتے ہیں کہ بھیڑوں کے لئے لازم ہے کہ وہ ایک خاص دروازہ سے بھیڑ خانہ میں داخل ہوں۔ ساتویں آیت ہمیں بتاتی ہے کہ یسوع بھیڑ خانے کا دروازہ ہے۔ اگر آپ نجات کی پناہ اور تحفظ کا تجربہ کرنا چاہتے ہیں تو پھر آپ کو یسوع کے وسیلہ سے ہی داخل ہونا ہوگا۔ لوگ کئی ایک راستوں سے اِس بھیڑ خانہ میں داخل ہونے کی کوشش کرتے ہیں۔ بعض لوگ چرچ جانے کے وسیلہ کو استعمال کرتے ہیں، کچھ لوگ نیک اعمال کو بھی وسیلۂ نجات بناتے ہیں۔ اُن کا خیال ہے کہ اگر وہ چرچ جائیں اور نیک اعمال سر انجام دیں تو خدا اُنہیں قبول کر لے گا۔

خداوند یسوع مسیح ہمیں یہ بتا رہے ہیں کہ جو کوئی عدالت سے بچنے کے لئے ایسے حربے استعمال کرتا ہے وہ بالکل ایسے ہی ہے جیسے کوئی چور اور ڈاکو۔ اُنہیں بھیڑوں کے باڑے میں خوش آمدید نہیں کہا جاتا۔ وہ دغا باز اور فریبی ہوتے ہیں، ایسے لوگ حقیقی ایماندار نہیں ہوتے۔ حقیقی ایماندار تو دروازے سے ہی داخل ہوتے ہیں۔ حقیقی ایماندار اِس بات کو سمجھتا اور پہچانتا ہے کہ خدا کی نجات میں داخل ہونے کا واحد راستہ یسوع مسیح کا صلیبی کام ہے۔

بائبل کے دَور میں چرواہے رات کے وقت بھیڑوں کو مرکزی بھیڑ خانہ میں لے آتے تھے۔ یہ چرواہے کسی کو چوکیدار مقرر کرتے تھے تا کہ وہ رات کے وقت بھیڑوں کی رکھوالی کرے، جب صبح کے وقت چرواہے اپنی بھیڑوں کو چرانے کے لئے بھیڑ خانہ سے لے جانے کے لئے آتے تھے، تمام چرواہوں کی بھیڑیں آپس میں گھل مل جاتی تھیں۔

اپنی بھیڑوں کو الگ کرنے کے لئے چرواہے اپنی بھیڑوں کو با آواز بلند بلاتے تھے۔ بھیڑیں اپنے چرواہے کی آواز پہچان لیتی تھیں۔ جب وہ اپنے چرواہے کی آواز سن لیتی تو وہ اُس آواز کی طرف جاتی تھیں۔ تا کہ چرواہا اُنہیں چرانے کے لئے لے جائے۔ بھیڑیں کسی اجنبی کی آواز پر کان نہیں لگاتی تھیں۔ اگر کوئی اور چرواہا اُنہیں اپنی طرف بلانے کی کوشش کرتا تھا تو وہ اُس سے بھاگ آتی تھیں۔ وہ صرف اپنے چرواہے کی آواز سن کر اُس کی طرف جاتی تھیں۔

بطور ایماندار ہمارے لئے یہ ایک حقیقی چیلنج ہے جنہوں نے ایک خوبصورت نجات کا تجربہ کیا ہے۔ ہمارے اِردگرد بہت سی آوازیں ہیں۔ یہ آوازیں ہمیں اپنی طرف بلا رہی ہیں تا کہ ہم بھرپور زندگی کا تجربہ کریں۔ جو اچھے چرواہے کی بھیڑیں ہیں وہ اُن آوازوں سے دُور بھاگیں گی۔ وہ صرف ایک ہی آواز کے پیچھے جاتی ہیں۔ یعنی یسوع کی آواز کو سن کر اُس کے پیچھے جاتی ہیں۔

قابل غور بات یہ ہے کہ چرواہے اور بھیڑوں کے درمیان ایک گہرا تعلق ہوتا ہے۔ چرواہے میں بھی یہ صلاحیت پائی جاتی ہے کہ وہ اپنی ایک ایک بھیڑ کو پہچان سکتا ہے۔ ایک اچھا چرواہا گلہ میں سے ایک ایک بھیڑ کو بنام جانتا ہے۔ اگر چہ خداوند یسوع مجموعی طور پر کلیسیا میں دلچسپی رکھتے ہیں، وہ ہمیں بنام جانتا ہے۔ اُس نے ہمارے سر کے بال بھی گنے ہوئے ہیں۔ (متی 30:10) اِس سے معلوم ہوتا ہے جب حالات و واقعات ہمارے لئے ناسازگار ہوتے ہیں۔ وہ ہمارے دُکھوں سے بخوبی واقف ہوتا ہے اور ہماری فکر کرتا ہے۔

ہم یہ بھی دیکھ چکے ہیں کہ کیسے یسوع نے خود کو دروازے سے تشبیہ دی ہے۔ (7 آیت) خداوند یسوع مسیح نے اپنے سامعین کو مطلع کیا کہ کئی ایسے لوگ ہیں جو نجات کے لئے کسی اور دروازے کا

دعویٰ کرتے ہیں۔خداوند یسوع مسیح یہاں پر بالکل واضح کرتے ہیں۔''جتنے مجھ سے پہلے آئے سب چور اور ڈاکو ہیں، مگر بھیڑوں نے اُن کی نہ سنی۔''(8 آیت) ایسے لوگ گلہ میں سے نہیں تھے، وہ تو بھیڑوں کو گمراہی کے راستہ پر ڈالنے کے چکر میں تھے۔حتیٰ کہ اُس دَور میں جب خداوند یسوع مسیح اِس زمین پر چلتے پھرتے تھے، وہ''چور''اور''ڈاکو'' با آسانی پہچانے جاسکتے تھے۔خداوند یسوع مسیح کی فریسیوں کے ساتھ اکثر بحث ہو جاتی تھی۔

جو خود کو خدا کے لوگوں کا چرواہا سمجھتے تھے۔لیکن حقیقت میں تو وہ لوگوں کو حقیقی چرواہے سے موڑ کر گمراہ کر رہے تھے۔ہمارے دَور میں بھی نقلی چرواہے ہو سکتے ہیں۔خداوند یسوع مسیح حقیقی چرواہا ہے۔وہی اکیلا ہماری فکر کرتا ہے اور ہمیں خدا کی مکمل نجات دے سکتا ہے۔خداوند یسوع ہمیں یاد دلاتا ہے کہ اُس کی بھیڑیں آسانی سے گمراہ نہیں ہو جائیں گی۔وہ اُن نقلی چرواہوں کو پہچان لیں گی۔جب وہ خدا کے کلام کی صداقت کا جائزہ لیں گے تو خدا کا رُوح اُن پر سچی باتیں ظاہر کرے گا۔

9ویں آیت میں، ہم نجات کا ایک اور پہلو دیکھتے ہیں، غور کریں کہ اچھا چرواہا اپنی بھیڑوں کو اچھی چراگاہ میں لے جاتا ہے۔خداوند یسوع مسیح نہ صرف ہمیں نجات کے بھیڑ خانہ میں لے جاتا ہے بلکہ وہ ہمیں وہاں سے کثرت کی زندگی کی چراگاہوں کی طرف بھی ہماری راہنمائی کرتے ہیں۔(10 آیت دیکھیں) خداوند کے پاس ہمارے لئے نجات کے ایک دفعہ کے تجربہ کے علاوہ اور بھی بہت کچھ موجود ہے۔نجات تو محض آغاز ہے۔تصور کریں کہ بھیڑیں بھیڑ خانہ ہی میں سارا دن رہیں تو وہ کیسی خوشی سے محروم رہ جائیں۔

کثرت کی زندگی کی چراگاہیں، ہری ہری گھاس اور راحت کے چشموں سے بھری ہوئی ہیں۔اچھا چرواہا اپنے لوگوں کو نجات کے اُس مقام سے خدمت اور اُس کے ساتھ رفاقت کی خوشی میں لے جانا چاہتا ہے۔رشتہ ازدواج محض شادی کی ایک دن کی تقریب سے بڑھ کر ہوتا ہے۔نجات ایک شادی کی طرح، ہمیں ایک خوبصورت بندھن میں باندھ دیتی ہے۔اب ہم نے خداوند کے ساتھ ایک

رشتہ کا تجربہ کر لیا ہے، اب لازم ہے کہ ہم خداوند کے ساتھ رفاقت اور خدمت کی بلندیوں کی طرف چلیں۔ ہمیں اِس بات کو تسلیم کرنا پڑے گا کہ بھیڑ خانہ سے نکلنے کے لئے ایک جرأت درکار ہوتی ہے۔ لیکن خداوند نے ہماری راہنمائی کرنے کا وعدہ کیا ہے۔ پہلی بات تو یہ ہے کہ اگر ہم انجان راہوں پر چرواہے کے پیچھے چلنے کے لئے راضی ہیں، تو پھر وہ ہمیں راحت کے چشموں اور ہری ہری چراگاہوں کی طرف لے جائے گا۔

غور کریں کہ اِس باب میں کچھ ایسی چیزیں ہیں جو چرواہے اور بھیڑوں کے درمیان تعلق سے منسوب ہیں۔ پہلی بات تو یہ ہے کہ بھیڑیں دیگر چرواہوں کی آوازوں میں سے اپنے چرواہے کی آواز پہچان سکتی ہیں۔ (3 آیت) خدا کا روح جب ایماندار میں سکونت اختیار کر لیتا ہے تو اُسے اِس قابل بناتا ہے کہ وہ دُنیا میں بہت سی آوازوں میں سے مسیح کی آواز کو پہچان سکے۔

دوسری بات، چرواہا اپنی بھیڑوں کے آگے آگے چلتا اور اُن کی راہنمائی کرتا ہے۔ (3 آیت) اگر چہ ہمیں کئی طرح کے حالات و واقعات کا سامنا ہوتا ہے، ہم پُرامید اور پُریقین ہو سکتے ہیں کہ اچھا چرواہا جو ہمارے آگے آگے چلتا ہے ہماری راہنمائی اور حفاظت کرے گا۔ ہم پُراعتماد ہو کر آگے بڑھ سکتے ہیں۔ کیوں کہ اچھا چرواہا ہمارے آگے گیا ہے تا کہ دُشمن کو مار بھگائے۔

تیسری بات یہ ہے کہ بھیڑیں کسی اور کی آواز پر کان نہ لگائیں گی، (5 آیت) اگر چہ راہیں پرخار اور آزمائشوں سے بھری ہوئی ہیں، بھیڑیں ایک ہی راستہ پر چلنے کو ترجیح دیتی ہیں۔ وہ اپنے چرواہے کی جانی پہچانی آواز پر ہی توجہ دیتی ہیں۔ وہ کسی دوسرے چرواہے کی آواز سن کر بھاگ جاتی ہیں۔ یہ بات ہمیں سکھاتی ہے کہ ہم اچھے چرواہے کے ساتھ اپنے تعلقات استوار کریں۔

ہمیں اُس کی آواز پہچاننے کے قابل ہونا چاہئے۔ اور صرف اُسی کے پیچھے چلنا چاہئے، ہمیں دوسری آوازوں کی طرف متوجہ نہیں ہونا چاہئے جو ہماری توجہ حاصل کرنا چاہتی ہیں۔ ہمیں بھی پوری یکسوئی سے اُس کے پیچھے چلنا چاہئے۔

ایک چرواہے کی اپنی بھیڑوں کے لئے لگن اور محبت اِس قدر گہری ہوتی ہے کہ وہ بخوشی ورضا اپنی جان اُن کے لئے قربان کر دیتا ہے۔(11 آیت) ایک نقلی چرواہا کبھی بھی اپنی بھیڑوں کے لئے اپنی جان نہیں دیتا۔ اگر گلہ میں بھیڑیا آ گھسے، مزدُور تو بھاگ جائے گا۔ وہ بھیڑوں کو خطرہ میں چھوڑ کر اپنی جان بچانے کے لئے بھاگے گا۔ لیکن اچھا چرواہا اپنی ایک ایک بھیڑ کے لئے اپنی جان قربان کرنے کے لئے تیار رہتا ہے۔

اِس میں حیرت کی کوئی بات نہیں کہ ایک چرواہا اپنی بھیڑوں کے لئے ایسی محبت رکھتا ہے۔ اِس بات کو سمجھنا تھوڑا مشکل لگتا ہے کہ ایک انسان ایک جانور کو بچانے کے لئے اپنی جان قربان کر دے۔ تو پھر ہمارے لئے اِس بات کو سمجھنا کس قدر مشکل ہوگا کہ خدا کا بیٹا یسوع مجھے اور آپ کو بچانے کے لئے اپنی جان قربان کر دے۔ ایک قدوس، پاک اور پوتر خدا کیوں کر ایک گنہگار انسان کے لئے خود کو قربان کرے گا؟ یہ ایک راز ہے جو ہم اِس زمین پر رہتے ہوئے کبھی سمجھ نہیں پائیں گے۔

ایک اچھا چرواہا ہوتے ہوئے خداوند یسوع مسیح اپنی سب بھیڑوں کو جانتا ہے۔(14 آیت) کچھ ایسی بھیڑیں تھیں جو ابھی تک بھیڑ خانہ میں نہ آئی تھیں۔ یہ بھیڑیں مختلف قوموں اور قبیلوں میں سے تھیں۔ ہم میں سے بہت سے لوگ وہی بھیڑیں ہیں۔ اُس روز جن بھیڑوں کا ذکر خداوند یسوع مسیح نے کیا تھا، خداوند یسوع مسیح سب کو جانتا تھا۔ وہ اُنہیں بلائے گا۔ اور وہ اُس کی آواز سن کر اُس کے پیچھے جائیں گی۔

خداوند یسوع مسیح نے بخوشی ورضا اپنی بھیڑوں کے لئے اپنی جان صلیب پر قربان کر دی۔ کسی نے اُس کی جان نہیں لی تھی، اُس دَور کے مذہبی راہنما یہی سمجھتے تھے کہ اُن کے پاس اختیار ہے کہ اُس کی جان لے لیں، لیکن ایسی کوئی بات نہیں تھی۔ خداوند یسوع مسیح نے خود اپنی جان پیش کی، اُس نے آسمانی باپ کی مرضی اور مقصد کی تابعداری کے تحت اپنی زندگی قربان کی۔

جو کچھ یسوع اُنہیں بتا رہا تھا جب فریسیوں کو علم ہوا، تو اُن میں اختلاف پیدا ہو گیا۔ بعض نے یہ دعویٰ کیا کہ اُس میں بدروح ہے اور وہ پاگل ہو گیا ہے۔ اُنہوں نے دوسروں کو بے دل کرنے کی بھرپور

کوشش کی تا کہ وہ اُس کی تعلیم پر توجہ نہ دیں۔(20 آیت) بھیڑ میں کچھ ایسے لوگ بھی تھے جو اِس بات پر متفق نہیں تھے کہ اُس میں بدرُوح ہے۔وہ شش و پنج کا شکار تھے کہ ایک بدروح ایک اندھے شخص کی آنکھیں کیسی کھول سکتی ہے۔اگرچہ اُنہوں نے اُسے لازمی طور پر خدا کے بیٹے کے طور پر قبول نہ کیا تھا۔تو بھی وہ اپنی آنکھیں اور کان پیش کئے جانے والے حقائق کے لئے کھول رہے تھے

چند غور طلب باتیں

☆۔یسوع نجات کا واحد ذریعہ ہے، یہ حوالہ ہمیں اِس تعلق سے کیا سیکھاتا ہے؟ دورِ حاضرہ میں لوگ کس طرح نجات کے حصول کے لئے ایک معیار تک پہنچنے کی کوشش کر رہے ہیں؟

☆۔کیا نجات ہی سب کچھ ہے؟ اب جب ہم خداوند کے پاس آگئے ہیں تو وہ ہم سے کیا توقع کرتا ہے؟

☆۔ہمارے اِردگرد بہت سی آوازیں ہماری توجہ کے حصول کے لئے شور مچارہی ہے، ہم کس طرح اُن آوازوں اور خداوند کی آواز میں امتیاز اور فرق کر سکتے ہیں؟

☆۔اگر اچھا چرواہا بھیڑوں کے لئے اپنی جان دینے کے لئے راضی ہے، تو پھر گلہ کی اُن بھیڑوں کے لئے ہماری کیا ذمہ داری ہے جو نجات کے بھیڑ خانہ میں موجود نہیں ہیں۔

چند اہم دُعائیہ نکات

☆۔چند لمحات کے لئے ایسے "چوروں" اور "ڈاکوؤں" کے لئے دُعا کریں جو عصرِ حاضر میں کلیسیا میں آگھسے ہیں۔خداوند سے کہیں کہ وہ اُن کو اپنی طرف رجوع لانے کی توفیق دے۔یا پھر اُنہیں اُن کے اختیار و مقام سے ہٹادے۔

☆۔خداوند سے اُس کی آواز کی پہچان اور راہنمائی کو سمجھنے کے لئے بڑا فضل اور گہرا فہم مانگیں۔

☆۔خداوند سے کہیں کہ وہ کثرت کی زندگی کی چراگاہوں کی طرف آپ کی راہنمائی کرے۔

باب 28

برگزیدہ بھیڑیں

یوحنا 10:22-42

عیدِ تجدید منائی جا رہی تھی۔ یہ عید بہت برسوں کے بعد ہیکل کی تقدیس کی یاد دلاتی تھی۔ آج یہودیوں کے درمیان یہ عید Hanukkah کے طور پر منائی جاتی ہے۔

اِس موقع پر یہودیوں نے یسوع سے کہا، ''اگر تو مسیح ہے تو ہم سے صاف کہہ دے۔'' (24 آیت) وہ اُس پر الزام لگانے کا کوئی طریقہ ڈھونڈ رہے تھے۔ خداوند یسوع مسیح نے اُنہیں جواب دیا۔ ''میں نے تو تم سے کہہ دیا مگر تم یقین نہیں کرتے۔'' (25 آیت) اگرچہ اُنہوں نے اُس کے معجزات دیکھتے تھے۔ تو بھی یہودیوں نے یہ کہتے ہوئے اُسے رد کر دیا کہ اُس کی خدمت اور زندگی میں خدا کی طرف سے ہونے کا کوئی ثبوت نہیں ہے۔

خداوند یسوع مسیح نے اُنہیں کہا کہ وہ اِس لئے اُس پر ایمان نہیں لاتے کیوں کہ وہ اُس کی بھیڑوں میں سے نہیں ہیں۔ (26 آیت) خداوند یسوع مسیح نے ایک ایسے چرواہے کی مثال دی جو اپنی بھیڑوں کو بھیڑ خانہ میں بلاتا ہے۔ چرواہے کی آواز سن کر بھیڑیں فوراً چرواہے کے پیچھے آ جاتی ہیں۔ وہ جو مسیح کے ہیں اُس کی آواز سن کر اُس کے پیچھے آئیں گے۔ یہودی راہنما اُس کی آواز سننے سے قاصر رہے، کیوں کہ وہ اُس کی بھیڑوں میں سے نہیں تھے۔

بہت سے لوگوں کے لئے ایسی تعلیم قابل قبول نہیں ہوتی۔ ہم سب تو اِس بات پر ایمان رکھنا پسند کریں گے کہ ہم خدا کے فرزند ہیں۔ لیکن ایسا نہیں ہے۔ ابتدا ہی سے، خدا کے برگزیدہ لوگ ہوتے چلے آ رہے ہیں۔ خدا نے بنی اسرائیل کو روئے زمین کی تمام قوموں میں سے چنا تا کہ وہ اُس کے لوگ ہوں۔

خدا نے اپنے آپ کو اُن پر ظاہر کیا۔ اور اُنہوں نے اُس کی آواز سنی۔ آج بھی اُس کے لوگ ہیں، وہ

جواُس کے ہیں اُس کی آوازسن کراُس کواپنا نجات دہندہ اور خداوند قبول کریں گے۔ وہ اُن ہی کے لئے آیا تھا۔

اُس نے اُنہیں بنام بلایا ہے۔اُنہوں نے اُس کی آوازسن کراُس کو مثبت جواب دیا کیوں کہ اُنہیں خدا کی طرف سے اُس کی آواز سننے اوراُس کو پہچاننے کی اہلیت ملی تھی۔کیا یہ خدا کے پاک روح کی وجہ سے نہیں کہ اُس نے میرے کانوں کو کھولا تاکہ میں اُس کی آواز کو پہچانوں، اُس نے مجھے فہم عطا کیا، تاکہ میں خوشخبری کے پیغام کو سمجھ سکوں، جوکہ میں اپنی عقل سے سمجھ نہیں سکتا تھا۔میں اپنی نجات کے لئے خدا کا مرہونِ منت ہوں جس نے میرے کانوں کواپنی آواز کو سننے اور میرے ذہن کو کلام کو سمجھنے کے لئے کھولا۔

خداوند یسوع مسیح کے دَور میں یہودیوں نے یسوع کو کلام کرتے سنا تھا، اُنہوں نے اُس کے معجزات بھی دیکھے تھے۔اُنہوں نے اُس کی تعلیمات سنی تھیں۔لیکن پھربھی اُنہوں نے اُسے رد کر دیا۔اُن کے درمیان مسیح کی موجودگی اُن کے دلوں کو نرم نہ کر سکی۔شاید ہمیں بھی اپنے آپ کو یاد دلانے کی ضرورت ہے کہ اگر خدا ہمارے سنگین دلوں کو نکال کر ہمیں گوشتین دل عطا نہ کرتا تو آج ہماری بھی ایسی ہی حالت ہونی تھی۔

خدا اِس زمین پر ہر شخص کو نجات دے سکتا تھا۔لیکن وہ ایسا نہیں کرتا، جہنم ایک حقیقت ہے۔لاکھوں لاکھ لوگ جہنم کی آگ میں جل رہے ہوں گے۔کیوں کہ خدا نے مجھے جہنم کی آگ کے شعلوں سے بچالیا ہے لیکن میرے پڑوسی کو اُس نے نہیں بچایا؟ کیا ایسا اِس لئے ہے کیوں کہ میں اپنے پڑوسی سے بہتر ہوں، کیا اِس لئے کہ میں خدا کی باتوں میں فطری طور پر زیادہ دلچسپی رکھتا ہوں؟ میں کسی طور پر بھی اپنے پڑوسی سے بہتر نہیں ہوں۔

میں اِس لئے جہنم کی آگ کے شعلوں سے بچالیا گیا ہوں کیوں کہ خداوند نے اپنا ہاتھ بڑھا کر میری زندگی کو چھو لیا اور میرے گناہوں کو معاف کر دیا۔کیوں اُس نے مجھے چھونے اور میرے گناہ میرے معاف کرنے کا چناؤ کیا، جبکہ میرے ہمسائے پراُس نے ایسی مہربانی نہیں کی؟ شاید مجھے اِس سوال

کا جواب کبھی نہ مل سکے۔ میں تو صرف اُس کا شکریہ ادا کرسکتا ہوں کہ اُس نے ایسا کیا اور میری یہ دُعا ہے کہ خدا ایسی ہی مہربانی میرے ہمسائے پر بھی کرے۔

چونکہ میں خدا کی بھیڑ ہوں، میں نے اُس کی آواز کو سنا ہے، میں اُس میں محفوظ ہوں، اُس نے مجھے ابدی زندگی دی ہے۔کوئی اِس زندگی کو مجھ سے چھین نہیں سکتا۔(28 آیت) میرا چرواہا کسی بھی اُس مسئلے اور مشکل سے عظیم ہے جس کا مجھے کبھی سامنا ہوسکتا ہے۔وہ جہنم کی کسی بھی بدروح سے زور آور ہے۔زندگی میں کسی بھی

آزمائش (جو میری زندگی میں آسکتی ہے) پر بھی غالب ہے۔میرے شخصی فیصلے جو میرے مفاد میں نہیں ہوتے، وہ اپنا اختیار استعمال کرتے ہوئے اپنی مرضی کو پورا کرسکتا ہے۔۔وہ اچھا چرواہا ہے۔وہ کبھی اِس بات کی اجازت نہیں دے گا کہ میرا دشمن مجھ پر غالب آئے۔(28 آیت) باپ اور بیٹا ایک ہیں۔

جب یہودیوں نے یسوع کی باتیں سنیں، تو اُسے سنگسار کرنے کے لئے پتھر اٹھائے، اُس نے باپ کے ساتھ ایک ہونے کا دعویٰ کیا تھا، اور اِس دعویٰ سے اُس نے اپنے آپ کو خدا کے برابر ٹھہرایا تھا۔خداوند یسوع مسیح نے اُن سے کہا، ''میں نے تم کو باپ کی طرف سے بہتیرے اچھے کام دکھائے ہیں، اُن میں سے کس کام کے سبب سے مجھے سنگسار کرتے ہو؟'' (32 آیت) یہودیوں نے اُسے جواب دیا، ''اچھے کام کے سبب سے نہیں بلکہ کفر کے سبب سے تجھے سنگسار کرتے ہیں اور اِس لئے کہ تو آدمی ہوکر اپنے آپ کو خدا بناتا ہے۔''

اُن کے الزامات کے جواب میں خداوند یسوع مسیح نے اُن کی توجہ زبور 6:82، کی طرف دلائی، اِس زبور میں آسف اپنے دَور کے سیاسی راہنماؤں کو ''خدا'' کہتا ہے۔وہ اِس لئے خدا تھے کیوں کہ اُنہوں نے زمین پر اپنا اختیار اور تسلط قائم کیا تھا۔

اگرچہ وہ محض انسان تھے، زبور نویس خدا کے الہام سے اُنہیں ''خدا'' کہتا ہے۔خداوند یسوع مسیح جانتے تھے کہ یہودی کتابِ مقدس کا بڑا احترام کرتے ہیں۔

،خداوند یسوع مسیح اِس نکتہ کو سامنے لا رہے تھے،' اگر زبور نویس خدا کے الہام سے، محض آدمیوں کو'' اِلٰہ'' کہتا ہے۔تو پھر کس قدر وہ جو خدا کی طرف سے بھیجا گیا ہے اپنے آپ کو خدا کا بیٹا کہنے کا حق رکھتا ہے؟

وہاں سے جانے سے پہلے خداوند یسوع مسیح نے اُن راہنماؤں کی توجہ اپنے معجزات کی طرف مبذول کی، اُس نے اُنہیں یاد دلایا کہ اُس کے معجزات ہی اِس بات کا ثبوت ہیں کہ وہ خدا کی طرف سے ہے۔ جو کام اور کلام یسوع نے کیا تھا صرف خدا ہی کر سکتا تھا۔ اگرچہ اُنہوں نے اُس کے دلائل سنے اور معجزات دیکھے تھے، یہودیوں نے پھر بھی یسوع کو رد کر دیا۔ اُنہوں نے زبردستی اُسے پکڑنے کی کوشش کی۔ لیکن وہ اُن کے ہاتھ سے بچ کر نکل گیا۔

خداوند یسوع مسیح اُن کی بے اعتقادی کے سبب سے اُنہیں چھوڑ کر دریائے یردن کی دوسری طرف چلے گئے۔ یہاں پر لوگ اُس کے نام پر ایمان لے آئے۔ لوگوں کے اُن دو گروہوں میں کیسا تضاد پایا جاتا ہے۔ ایک گروہ اُس پر ایمان نہ لا سکا۔ جبکہ دوسرا گروہ اُس پر ایمان لائے بغیر نہ رہ سکا۔ خواہ کتنے ہی معجزات ہوئے، کچھ بھی یہودیوں کو قائل نہ کر سکا کہ یسوع خدا کا بیٹا ہے۔ اگر مجھ پر اور آپ پر خدا کا فضل نہ ہوتا تو ہم بھی آج یہودیوں کی طرح ہی ہوتے۔ اگر آج آپ یسوع سے واقف ہیں تو اُس کا شکر ادا کریں، اُسی نے آپ کو سننے والے کان اور سمجھے والا ذہن اور قبول کرنے والا دل عطا کیا ہے۔

چند غور طلب باتیں

☆۔آپ کیسے یسوع سے واقف ہوئے؟ وہاں پر کیا ثبوت تھا کہ یہ کام خدا کا ہی ہے؟

☆۔کون سی بات نے آپ کو اِس بات پر قائل کیا کہ یسوع وہی ہے جو اُس نے دعویٰ کیا ہے کہ وہ ہے؟

☆۔یہاں پر اِس باب میں چرواہے اور بھیڑوں کے درمیان کیسا تعلق موجود ہے؟ آپ کو اِس سے کیا تسلی ملتی ہے؟

چند اہم دُعائیہ نکات

☆۔خداوند کے شکر گزار رہوں کہ اُس نے خود کو آپ پر ظاہر کیا۔

☆۔روح القدس سے التماس کریں کہ ہمارے دَور میں بھی لوگوں کو قائل کرنے کا کام جاری رکھے۔

☆۔خداوند سے دُعا کریں کہ وہ آپ کے عزیز و اقارب کے دلوں کو کھولے تا کہ وہ اُس کے کلام کو سمجھ سکیں۔

باب 29

نور میں چلنا

یوحنا 11:1-16

جب خداوند یسوع مسیح یردن کی دوسری جانب خدمت کا کام کر رہے تھے تو اُن کے پاس یہ پیغام پہنچا کہ لعزر بیمار ہے۔ لعزر کی دو بہنیں تھیں، ایک کا نام مارتھا جبکہ دوسری کا نام مریم تھا۔

مارتھا اور مریم نے یسوع کو یہ کہہ کر بلا بھیجا۔ ''اَے خداوند! دیکھ جسے تو عزیز رکھتا ہے، وہ بیمار ہے۔'' (3 آیت) اِس بات سے خداوند یسوع مسیح اور لعزر کے درمیان تعلق کا بھی پتہ چلتا ہے۔ لعزر کے تعلق سے ہم یہاں پر پہلی بار پڑھ رہے ہیں۔ اِس کا مطلب ہے کہ لعزر یسوع مسیح کو اچھی طرح جانتا تھا۔ خداوند یسوع بھی لعزر سے محبت رکھتے تھے۔ اُن کے درمیان ایک قریبی اور گہرا تعلق پایا جاتا تھا۔ غور کریں کہ مارتھا اور مریم نے لعزر کا نام بیان کرنا ضروری نہ سمجھا۔

اُنہوں نے بس یہی کہہ دیا۔ ''جسے تو عزیز رکھتا ہے۔'' بس اتنا ہی کافی تھا۔ نام لینے کی تو ضرورت ہی نہ تھی۔ مارتھا اور مریم نے بس یہ کہہ کر ہی یسوع کو پیغام پہنچا دیا۔ اُن کا ایمان تھا کہ یسوع لعزر کو شفا بخشے گا۔ کیوں کہ وہ اُسے عزیز رکھتا تھا۔

یوحنا 9:3 کے مطابق خداوند یسوع مسیح نے اپنے شاگردوں کو یہ بتایا تھا کہ جنم کا اندھا اِس لئے اندھا پیدا ہوا تھا تا کہ اُس کی زندگی سے خدا کا جلال ظاہر ہو۔ خداوند یسوع مسیح نے اِس باب کی چوتھی آیت میں، اِس بات کو دھرایا۔ ''یسوع نے سن کر کہا کہ یہ بیماری موت کی نہیں بلکہ خدا کے جلال کے لئے ہے تا کہ اِس کے وسیلہ سے خدا کے بیٹے کا جلال ظاہر ہو۔''

اِس آیت میں یہ ایک ایسا مسئلہ ہے جو فوری طور پر سامنے آتا ہے۔ خداوند یسوع مسیح نے اپنے شاگردوں کو بتایا کہ اِس بیماری کا انجام موت نہیں ہوگا۔ لیکن آگے بڑھ کر ہم دیکھتے ہیں کہ لعزر فی الواقع مر گیا۔ ہم کیسے کہہ سکتے ہیں کہ جو کچھ یسوع نے کہا تھا ویسا ہی ہوا؟

یہ بات تو بالکل واضح ہے کہ لعزر مر گیا۔ وہ نہ صرف مر گیا بلکہ اُسے کفنایا اور دفنایا بھی گیا۔ تاہم لعزر کی موت عارضی تھی۔ خدا نے اُس کی زندگی میں اپنا کام ابھی مکمل نہیں کیا تھا۔ ابھی خدا کی مرضی یہ نہیں تھی کہ وہ ہمیشہ کے لئے اُس کے پاس آجائے، خدا تو یہ چاہتا تھا کہ اُسے مُردوں میں سے زندہ کر کے لوگوں پر ظاہر کر دے کہ اُس کے بیٹے کو موت پر بھی اختیار حاصل ہے۔

پانچویں آیت پر غور کریں کہ اگرچہ خداوند اُس گھرانے سے محبت رکھتے تھے تو بھی خداوند دو دن کے بعد اُن کے گھر آئے، یہ دو دن تو لعزر کے لئے انتہائی اہم تھے۔ خداوند ابھی یردن کی دوسری جانب ہی تھے کہ لعزر مر گیا۔ خداوند یسوع مسیح کو علم تھا کہ لعزر مر جائے گا۔ اگرچہ خداوند یسوع اِس خاندان سے محبت رکھتے تھے تو بھی اِس خاندان کو دُکھ اور قرب کی اِس گھڑی سے گزرنے دیا۔

خداوند یسوع مسیح ایک بہت بڑی تصویر کو دیکھ رہے تھے۔ وہ تو یہ دیکھ رہے تھے کہ اِس خاندان کے وسیلہ سے خدا کا جلال ظاہر ہو۔ اُنہوں نے یہ دیکھا کہ کس طرح اِس المناک واقعہ سے اِس خاندان کے ساتھ اُس کی قربت بڑے گی اور وہ خدا باپ کے بھی اور قریب ہو جائیں گے۔

بعض اوقات دُکھ درد حقیقی محبت میں ایک لازمی چیز یہ ہے۔ اپنے دُکھ درد اور تکلیف کی حالت میں آسمانی باپ کی محبت کو شک کی نظر سے نہ دیکھیں۔ اُس میں وہ کچھ دیکھنے کی صلاحیت اور قدرت پائی جاتی ہے جو آپ دیکھنے سے قاصر ہیں، وہ بہت بڑی تصویر کو دیکھتا ہے۔ وہ سب باتوں میں آپ کے لئے بھلائی پیدا کرے گا۔ اُس کے ذہن میں آپ کی بھلائی کے منصوبے ہیں۔

دو دن کے بعد، خداوند نے اپنے شاگردوں کو بتایا کہ وہ یہودیہ کی طرف واپس لوٹ رہے ہیں۔ شاگردوں نے یسوع کی سوچ تبدیل کرنے کی کوشش کی۔ اُنہوں نے اُسے یاد دلایا کہ ابھی تو یہودی تجھے سنگسار کرنا چاہتے تھے۔ خداوند نے شاگردوں کو کیا جواب دیا، آئیں سنیں۔

''کیا دن کے بارہ گھنٹے نہیں ہوتے؟ اگر کوئی دن کو چلے تو ٹھوکر نہیں کھاتا کیوں کہ وہ دُنیا کی روشنی دیکھتا ہے۔ لیکن اگر کوئی رات کو چلے تو ٹھوکر کھاتا ہے۔ کیوں کہ اُس میں روشنی نہیں۔''

(آیات 9-10)

خداوند یسوع اپنے شاگردوں کو کیا بتا رہے تھے؟اوّل، خدا نے ہم میں سے ہر ایک کو اپنی خدمت کے لئے ایک مخصوص وقت دیا ہے۔خداوند یسوع مسیح نے اپنے شاگردوں کو پہلے ہی بتا دیا تھا ''جس نے مجھے بھیجا ہے، ہمیں اُس کے کام دن ہی دن کو کرنا ضرور ہیں۔'' (4:9 آیت) ہر ایک کو خدا کی مرضی کو سرانجام دینے کے لئے ایک خاص وقت ملا ہوا ہے۔یہ وقت ایک روز، دن کے سائے کی طرح ڈھل جائے گا۔ہماری زندگی کے دن، موت یا بیماری کی صورت میں ایک دن ختم ہو جائیں گے۔

دوئم، خداوند اپنے شاگردوں کو یہ بھی بتا رہے تھے کہ اگر وہ روشنی میں چلیں گا، تو پھر اُنہیں راہ کی دشواریوں سے گھبرانے کی ضرورت نہیں ہے۔خدا باپ کی مرضی اور مقصد میں ہونا ہی ایک محفوظ ترین مقام ہے۔خداوند یسوع مسیح نے اپنے شاگردوں کو بتایا کہ جب تک وہ خدا باپ کی مرضی اور مقصد کو سرانجام دے رہا ہے اُسے ڈرنے کی ضرورت نہیں ہے۔خواہ دُکھ اور مصائب ہمیں گھیر لیں، تو بھی آسمانی باپ کی مرضی میں رہنا ہی ہمارا تحفظ ہے۔

یہ اپنی مرضی کے پرفریب سکون میں رہنے سے کہیں بہتر ہے۔خداوند یسوع مسیح کو اِس لئے یہودیوں سے خوفزدہ ہونے کی ضرورت نہیں تھی کیوں کہ یہ باپ کی مرضی تھی کہ وہ یہودیہ کو جائے۔جب تک وہ آسمانی باپ کی مرضی کی روشنی میں چل رہا تھا اُس وقت تک وہ محفوظ تھا۔خدا نے جو وقت ہمیں دیا ہے کیا ہم اُس وقت کو اُس کی مرضی کی روشنی میں چلنے کے لئے صرف کر رہے ہیں؟ خدا کرے کہ ہم خدا کے دیئے گئے وقت کو اُس کی مرضی اور منصوبے میں چلنے کے لئے استعمال کریں۔خداوند یسوع مسیح مخالفت کے گڑھ میں جانے سے نہ جھجکے۔اُنہیں معلوم تھا کہ جب تک وہ آسمانی باپ کی مرضی کی روشنی میں رہیں گے، اُس وقت تک وہ محفوظ رہیں گے۔وقت سے پہلے کوئی بھی اُن کی جان نہیں لے سکتا تھا۔خداوند نے اُن کو اِس بات کے لئے آمادہ کیا کہ وہ اُس کے پیچھے آئیں۔اُن کے لئے ایک برکت منتظر تھی۔ایمان سے قدم اُٹھا کر ہی اُنہوں نے اُس برکت کو دیکھنے کا شرف حاصل کرنا تھا۔

یہودیہ جانے کی وجہ بیان کرتے ہوئے خداوند نے اُنہیں صاف طور سے بتایا دیا۔" ہمارا دوست لعزر سوگیا ہے، لیکن میں اُسے جگانے جاتا ہوں"(11 آیت) شاگردوں کو خداوند یسوع مسیح کی یہ بات سمجھ میں نہ آئی۔ وہ سمجھے کہ آرام کی نیند کی بابت کہہ رہا ہے۔

اُنہوں نے یہ تو سن رکھا تھا کہ لعزر بیمار ہے۔ وہ یہ خیال کرتے تھے کہ اگر بیمار ہے تو اچھا ہو جائے گا۔ اِس کے لئے اچھا ہے کہ آرام کی نیند سوئے۔ خداوند یسوع مسیح آرام کی نیند کی بات نہیں کر رہے تھے۔ خداوند نے اُنہیں صاف صاف بتادیا کہ لعزر مر گیا ہے۔ (14 آیت)

غور کریں کہ خداوند یسوع مسیح نے لعزر کی موت کے بارے میں کیا کہا۔"اور میں تمہارے سبب سے خوش ہوں کہ وہاں نہ تھا تاکہ تم ایمان لاؤ لیکن آؤ ہم اُس کے پاس چلیں۔"(آیت15)اِس صورتحال میں خداوند کا جلال ظاہر ہونا تھا۔ مہربان قادرِ مطلق خدا اپنے لوگوں کی بھلائی کے لئے اپنے مقصد کو اُن پر ظاہر کر رہا تھا۔

توما نے یہ دیکھ کر کہ یسوع نے یہودیہ جانے کی ٹھان لی ہے، کہا۔" آؤ ہم بھی چلیں تاکہ اُس کے ساتھ مریں۔"(16 آیت) توما کا روّیہ اچھا نہیں تھا، اگر ہم نے مرنا ہے تو پھر مرنا ہے۔ وہ اِس صورتحال میں خدا کے مقصد اور منصوبے کو دیکھنے سے قاصر رہا۔

قسمت پر یقین رکھنے والے ہمیں یہی بتاتے ہیں کہ واقعات اور حالات کسی خاص وجہ کے بغیر ہی واقع ہوتے ہیں۔ جبکہ بائبل مقدس ہمیں بتاتی ہے کہ ہماری زندگی کے ہر ایک واقعہ میں قادرِ مطلق خدا کا ہاتھ ہوتا ہے۔ ہمارے خالق و مالک نے ہر ایک چیز کو ترتیب دیا ہے اور کچھ بھی اُس کی مرضی اور منصوبے کے بغیر ہمارے ساتھ واقع نہیں ہوسکتا۔ کچھ بھی اتفاقاً ہمارے ساتھ واقع نہیں ہوتا۔ حتیٰ کہ لعزر کی موت میں بھی خدا کا ایک مقصد اور منصوبہ تھا۔ جب ہمیں آزمائشوں، دکھوں اور مصائب و الم کا سامنا ہو تو کبھی یہ نہ کہیں کہ ہماری قسمت ہی میں ایسا لکھا ہوا تھا۔ بلکہ سب کچھ قادر مطلق اور محبت بھرے خدا کی طرف سے ایک مقصد اور منصوبے کے تحت واقع ہوتا ہے۔

جب کہ ابھی دن نہیں ڈھلا، جب ہمارے پاس وقت ہے، آئیں عہد کریں کہ ہم اپنی زندگی میں خدا

باپ کی مرضی اور منصوبے کو قبول کرتے ہوئے اُس کی روشنی میں چلیں۔ اگرچہ ہمیں پورے طور پر سب کچھ سمجھ نہیں آتا، تو بھی ہمیں اِس بات کی یقین دہانی ہونی چاہیئے کہ ہم خدا باپ کی کامل مرضی میں چل رہے ہیں اور ہم محفوظ ہی رہیں گے۔

چند غور طلب باتیں

☆۔ کیا آپ کی زندگی میں ایسے وقت آئے جب آپ نے دیکھا کہ خدا نے المناک واقعات اور حالات کو آپ کی بھلائی میں تبدیل کر دیا؟

☆۔ کیا آپ نے شاگردوں کی طرح کبھی آسمانی باپ کی مرضی میں مزاحم ہونے کی کوشش کی ہے کہ نہ جانے اِس کا کیا انجام ہو؟ کیا یہ باب اِس تعلق سے کچھ بیان کرتا ہے؟

☆۔ آپ کی زندگی کے لئے آسمانی باپ کی کیا مرضی ہے؟ خدا نے آپ کو کون سی نعمتیں اور برکات دے رکھی ہیں؟ خدا نے آپ کے دل میں کیسا بوجھ رکھا ہے؟ کیا آپ اُس میں وفادار ہیں؟

چند اہم دُعائیہ نکات

☆۔ خداوند میں جو تحفظ ہمیں حاصل ہے اُس کے لئے خداوند کی شکرگزاری کریں؟

☆۔ جب آپ خداوند کی مرضی میں چل رہے ہیں تو پھر مخالفت کا سامنا کرنے کے لئے اُس سے جرأت اور دلیری مانگیں۔

☆۔ جو وقت خدا نے آپ کو عطا کیا ہے اُس کو خدا باپ کے مقصد اور مرضی کے مطابق گزارنے کے لئے توفیق مانگیں۔

☆۔ خدائے قادر مطلق آسمانی باپ کے شکرگزار ہوں کہ وہ ہر طرح کے حالات و واقعات کو آپ کی بہتری اور بھلائی اور اپنے جلال کے لئے استعمال کرتا ہے۔

باب30

لعزر کا زندہ کیا جانا

یوحنا11:17-57

خداوند یسوع مسیح ابھی ابھی بیت عنیاہ میں پہنچے تھے۔اُس کے عزیز دوست لعزر کی بیماری کے سبب سے اُسے وہاں پر بلایا گیا تھا۔خداوند یسوع مسیح وہاں پر دوروز دیر سے آئے تھے۔جس وقت خداوند بیت عنیاہ میں پہنچے لعزر کو قبر میں رکھے ہوئے چار دن ہو چکے تھے۔مریم اور مارتھا،لعزر کی بہنیں تو اُس کے لئے نوحہ کناں تھیں۔بہت سے لوگ اُن کی تسلی وتشفی کے لئے بھی آئے ہوئے تھے۔

جب مارتھا کو علم ہوا کہ یسوع آ گیا ہے، وہ دَوڑ کر اُسے ملنے کو گئی۔مارتھا عملی شخصیت کی مالک تھی۔یوحنا12 باب میں،ہم مارتھا کو خداوند کی خدمت میں مصروف عمل دیکھتے ہیں۔

جب کہ مریم اور لعزر خداوند کے قدموں میں بیٹھ کر اُس کی تعلیم سن رہے تھے۔اگر کوئی کرنے کا کام ہوتا تھا تو مارتھا ہی کرتی تھی۔اِس کے برعکس مریم اُن لوگوں کے پاس بیٹھی رہی جو اُن کے ساتھ اظہارِ ہمدردی اور افسوس کے لئے آئے ہوئے تھے۔مارتھا نے یسوع سے کہا۔"اَے خداوند!اگر تو یہاں ہوتا،تو میرا بھائی نہ مرتا!اور اب بھی میں جانتی ہوں کہ جو کچھ تو خدا سے مانگے گا وہ تجھے دے گا۔" (21-22 آیات)

اصل میں مارتھا کیا کہہ رہی تھی؟ کیا اِن باتوں میں،مارتھا یسوع کو دھیمے لہجے میں ڈانٹ رہی تھی؟ کیوں اُس نے اُس کے بھائی کو مرنے دیا؟یسوع نے آنے میں اتنی دیر کیوں لگا دی؟ بلاشبہ اُس کے ذہن میں بہت سے سوالات تھے؟ تاہم،اگرچہ لعزر مر چکا تھا مارتھا اب بھی یسوع پر توکل اور بھروسہ رکھتی تھی۔"اور اب بھی میں جانتی ہوں کہ جو کچھ تو خدا سے مانگے گا وہ تجھے دے گا۔" (22 آیت-)

خداوند نے مارتھا سے کہا کہ اُس کا بھائی جی اُٹھے گا۔(23)مارتھا یسوع کے ساتھ متفق ہوئی،"میں

جانتی ہوں کہ قیامت میں آخری دن جی اُٹھے گا۔"(24 آیت) وہ اِس بات پر ایمان رکھتی تھی کہ یسوع یہ کہہ کر اُسے تسلی و تشفی دے رہا ہے کہ ایک دن آئے گا جب اُس کا بھائی جی اُٹھے گا اور وہ اُسے آسمان پر دیکھ سکے گی۔ لیکن خداوند یسوع اصل میں مارتھا کو یہ تو نہیں کہہ رہے تھے۔

خداوند نے مارتھا کو بتایا کہ زندگی اُس کے ہاتھوں میں ہے۔"قیامت اور زندگی تو میں ہوں، جو مجھ پر ایمان لاتا ہے گو وہ مر جائے تو بھی زندہ رہے گا۔ اور جو کوئی زندہ ہے اور مجھ پر ایمان لاتا ہے، وہ ابد تک کبھی نہ مرے گا۔ کیا تو اِس پر ایمان رکھتی ہے؟"(25-26 آیات)

مارتھا کا یہ ایمان تھا کہ یسوع ہی مسیح ہے۔ وہ اِس بات سے واقف تھی کہ خدا کا بیٹا ہوتے ہوئے اُس کے پاس زندگی دینے کی قدرت ہے۔ تو بھی جو کچھ خداوند کہہ رہے تھے اُسے وہ سمجھ نہ سکی۔ اُس کے وہم و گمان میں بھی نہ تھا کہ اُس وقت یسوع لعزر کو مُردوں میں سے زندہ کر دیں گے۔ اُس کا ایمان بہت اچھا تھا۔ وہ یسوع کو مسیح مانتی تھی۔ وہ یہ بھی ایمان رکھتی تھی کہ یسوع کے پاس زندگی کی قدرت ہے۔ اُس کا یہ بھی ایمان تھا کہ یسوع لعزر کو عزیز رکھتے تھے۔

اُس کا یہ بھی ایمان تھا کہ یسوع جو کچھ خدا سے مانگے گا اُسے ملے گا۔ مسئلہ یہ تھا کہ وہ اِس بات کی توقع اور اُمید نہیں رکھتی تھی کہ یسوع اُسی وقت کچھ کرے گا۔ میں نے اکثر اپنے آپ کو ایسی ہی صورتحال میں گھرے ہوئے دیکھا ہے۔

یسوع نے مریم کو بلا بھیجا، جب مریم وہاں پر پہنچی، تو اُس نے بھی بالکل ویسے ہی کہا جیسا کہ مارتھا نے یسوع سے کہا تھا۔"اَے خداوند! اگر تو یہاں ہوتا تو میرا بھائی نہ مرتا۔"(32 آیت) اُس کی باتوں سے اُس کا غم عیاں تھا۔ یسوع کے جواب پر غور کریں، خداوند یسوع اُس کے غم سے رنجیدہ ہوئے، بائبل مقدس بیان کرتی ہے کہ وہ دل میں نہایت رنجیدہ ہوا۔(33)"یسوع کے آنسو بہنے لگے۔"(35 آیت)

یسوع کیوں رو پڑا؟ ظاہری بات ہے کہ یسوع کا رونا اور غمزدہ ہونا مریم کی طرح نہیں تھا۔ مریم لعزر کے لئے روئی۔ اُس نے قیامت تک اُسے دوبارہ نہیں دیکھنا تھا۔ خداوند یسوع جانتے تھے کہ چند ہی

لمحوں میں وہ اپنے بھائی کو پھر سے زندہ دیکھے گی۔ یسوع لعزر کے لئے نہیں روئے تھے۔ کیا ممکن ہے کہ یسوع مریم کے غم میں شریک ہوئے تھے؟

اگرچہ یسوع نے دیر سے آنے سے اُسے اِس غم سے دوچار ہونے دیا تھا تو بھی وہ اُس کے دُکھ درد کو سمجھتے تھے۔ اگرچہ اِس غم نے تھوڑی ہی دیر میں خوشی میں بدل جانا تھا، تو بھی یسوع نہایت رنجیدہ اور غم زدہ ہوئے۔ یسوع نے اُس کے دُکھ کو محسوس کیا۔ وہ اُس کے دُکھ درد اور غم میں شریک ہوئے۔ اُنہوں نے اِس زمین پر گناہ کے اثرات سے پیدا ہونے والے کرب کو محسوس کیا۔ آج ہم اِس زمین پر جس دُکھ درد اور غم سے گزرتے ہیں، یسوع اِس کو محسوس کرتا ہے۔

حتیٰ کہ وہ یہودی جو مارتھا اور مریم کو تسلی دینے کے لئے وہاں آئے تھے، اُنہوں نے بھی یسوع کے غم اور رنجیدہ ہونے کو محسوس کیا۔ اُن کے ذہنوں میں یہ سوال تھا کہ یسوع کیوں کر جلدی نہ آیا۔ اُن کے ذہن میں یہ سوال تھا کہ جس نے یروشلیم میں اندھے کی آنکھیں کھولی تھیں، اِتنا بھی نہ کر سکا کہ لعزر نہ مرتا۔

جب یہ سب رونا دھونا اور یہودیوں کی طرف سے باتیں ہو چکیں، یسوع لوگوں کو قبر پر لے کر آئے، اُنہوں نے کہا کہ پتھر کو قبر پر سے ہٹایا جائے۔ مارتھا نے قبر ہٹانے پر اعتراض کرتے ہوئے کہا، کہ اُسے قبر میں رکھے ہوئے اب چار دن ہو گئے ہیں، اب تو اُس میں سے بدبو آ رہی ہو گی۔ مارتھا اِس خیال سے ہی پریشان ہو گئی کہ قبر سے پتھر کو ہٹایا جائے گا۔ یسوع نے اُسے یاد دلایا کہ اُس نے اُس سے کہا تھا کہ اگر وہ ایمان لائے گی تو خدا کا جلال دیکھے گی۔ وہ تائب دلی سے دیکھنے لگی کہ خداوند کیا کرتا ہے۔

یوں لگتا ہے کہ ہم اپنی زندگی کے بہت سے حصوں کو سر بمہر کر دیتے ہیں تا کہ کوئی اُن میں داخل نہ ہو سکے۔ اُن دروازوں کے پیچھے گناہ کی بدبو ہوتی ہے۔ جب پتھر کو ہٹایا جاتا ہے تو ناپاک خیالات، برے روّیوں اور بہت سی بداعمالیوں کی بدبو آنا شروع ہو جاتی ہے۔ خداوند آج اُس پتھر کے سامنے کھڑا کہہ رہا ہے کہ پتھر کو ہٹا دو۔ مارتھا کی طرح، ہم اعتراض کرتے ہیں، ہم نہیں چاہتے کہ کوئی اُس

پتھر کے پیچھے چھپی بدبودار چیزوں کو دیکھے۔ ہم کیسی فتح کا تجربہ کر سکتے ہیں اگر ہم صرف پتھر کو ہٹا دیں اور خداوند اُس کے پیچھے چھپی ہوئی گندگی کو دُور کرنے دیں۔ آج کون سی چیز آپ کو اُس پتھر کو ہٹانے سے روکے ہوئے ہے؟ کون سی چیز آپ کی زندگی اور دل میں یسوع کو مکمل رسائی سے روکے ہوئے ہے؟

پتھر ہٹائے جانے پر، خداوند یسوع نے لعزر کو پکارا، ہر کسی کی نظریں اُس جگہ پر لگی ہوئی تھیں جہاں لعزر کی لاش کو رکھا گیا تھا۔ دروازے پر ایک صورت ظاہر ہوئی۔ یہ سر تا پاؤں کفن میں لپٹی ہوئی تھی۔ ہم صرف محسوس ہی کر سکتے ہیں کہ اُس روز بھیڑ پر کیسی ہیبت چھا گئی ہوگی۔ یسوع نے کہا کہ کفن کو اُس پر سے اُتار دو، جب کفن اُتار دیا گیا، لعزر اُن کے سامنے کھڑا تھا، وہ مکمل طور پر زندہ ہو چکا تھا۔ وہ مُردوں میں سے جی اُٹھا تھا۔

اُس روز قبر کے اِرد گرد کھڑے لوگوں کا ردِعمل کیسا تھا؟ 45 آیت ہمیں بتاتی ہے، کہ بہت سے یسوع کا یہ کام دیکھ کر اُس پر ایمان لے آئے۔ لیکن بعض فریسیوں نے جا کر اپنے راہنماؤں کو یسوع کے کاموں کی خبر دی۔ مذہبی راہنماؤں کا ردِعمل سمجھنا مشکل ہے۔

''اگر ہم اُسے یوں ہی چھوڑ دیں، تو سب اُس پر ایمان لے آئیں گے اور رومی آکر ہماری جگہ اور قوم دونوں پر قبضہ کر لیں گے۔'' (48 آیت)

مذہبی راہنماؤں کو بس دو چیزوں کی فکر لاحق تھی۔ اوّل، وہ فکرمند تھے کہ مرد و زن یسوع پر ایمان لے آئیں گے، فریسیوں کے نزدیک تو یسوع بدروح گرفتہ تھا۔ وہ نہیں چاہتے تھے کہ لوگ اُس کے پیروکار ہو جائیں۔ حتیٰ کہ لعزر کو مُردوں میں سے زندہ کرنے جیسا عظیم معجزہ بھی اُنہیں اِس بات کا قائل نہ کر سکا کہ یسوع خدا کا بیٹا ہے۔

اُن کی دوسری بڑی فکر یہ تھی کہ وہ اپنی قوم کو اپنے ہاتھوں سے نکال دیں گے۔ یہودیوں اور رومیوں کے درمیان تعلقات بڑے نازک تھے۔ رومی اربابِ اختیار بلا تاخیر ہر طرح کی بغاوت کو سر اُٹھاتے ہی کچل دیتے تھے۔ یوحنا 6:15 میں، ہم دیکھتے ہیں کہ لوگ یسوع کو بادشاہ بنانا چاہتے تھے۔ اگر

اُنہیں یسوع میں رومی سلطنت سے مخلصی کی اُمید نظر آتی اور وہ اُسے بادشاہ بنانے کی کوشش کرتے تو رومیوں کا ردِعمل فوری طور پر سامنے آجانا تھا۔ اگر رومی لوگ خداوند یسوع مسیح میں غلامی سے سیاسی آزادی کی امید کو دیکھتے، تو اُن کا ردِعمل فوری ہونا تھا کیوں کہ اُن کی قوم اور پہچان ختم ہو جانے کا خطرہ ان کے سامنے دکھائی دیتا تھا۔

جب وہ اِس موضوع پر بحث کر رہے تھے تو کیفا نام کا ایک سردار کاہن بول اُٹھا، ''تم کچھ نہیں جانتے، اور نہ سوچتے ہو کہ تمہارے لئے یہی بہتر ہے کہ ایک آدمی اُمت کے واسطے مرے نہ کہ ساری قوم ہلاک ہو۔'' (49-50 آیات)

کیفا یہاں پر کیا کہہ رہا تھا؟ وہ یہ کہہ رہا تھا کہ اِس دوہری پریشانی کا سادہ سا حل ہے۔ یسوع مرنے جا رہا تھا، اگر یسوع نہ مرتا، تو پھر پوری قوم نے رومی تسلط کے نیچے آجانا تھا۔ یسوع پوری قوم کی نجات کے لئے مرنے جا رہا تھا۔ یہودیوں کو کیفا کی بات بالکل سمجھ نہ آئی کہ اُس نے نبوتی طور پر یہ سب کچھ بیان کیا ہے۔ یسوع کی موت اگرچہ اُن کی سیاسی مخلصی کا باعث نہیں تھی تو بھی اُن کی روحانی نجات کا باعث ہونا تھی۔ اُس دن سے یہودی یسوع کی موت کے لئے منصوبہ بندی کرنے لگے۔ یہ احکامات جاری کر دیئے گئے کہ اگر کوئی اُسے دیکھے تو وہ مذہبی راہنماؤں کو اطلاع دے کہ فوری طور پر اُسے گرفتار کر لیا جائے۔ (57 آیت)

اِن واقعات کے بعد، یسوع وہاں سے اپنے شاگردوں کے ساتھ افرائیم کے علاقہ میں چلا گیا۔

ہمیشہ ہی ایسے لوگ ہوں گے جو یسوع کو رد کر دیں گے، فریسیوں کے دل یسوع کے لئے سخت ہو چکے تھے۔ اُنہوں نے اپنے دلوں سے بغاوت اور بے اعتقادی کے پتھر کو ہٹانے سے انکار کر دیا۔ لیکن وہ جو اُس کے تابع ہو گئے، وہ پہلے جیسے نہ رہے۔

چند غور طلب باتیں

☆۔خدا کی باتوں کو سمجھنے کے لئے آپ کے دل کو نرم ہونے کے لئے کیا درکار تھا؟

☆۔کیا آپ کی زندگی میں کوئی ''پتھر'' ہے جسے ہٹائے جانے کی ضرورت ہے؟ یہ کونسا پتھر ہے؟

☆۔یہ حوالہ آپ کو یسوع پر توکل اور بھروسہ کرنے کے تعلق سے کیا سکھاتا ہے بالخصوص جب حالات وواقعات آپ کی مرضی کے مطابق نہ ہوں؟

☆۔اِس باب میں ہم انسانی دل کی سختی کے بارے میں کیا سیکھتے ہیں؟

چند اہم دُعائیہ نکات

☆۔خداوند سے اُس وقت کے لئے معافی مانگیں جب آپ اُس کے منصوبوں پر توکل کرنے میں ناکام ہو گئے۔

☆۔خداوند سے کہیں کہ آپ کے دل سے ''پتھر'' کو ہٹادے۔

☆۔اُن بہت سے وقتوں کیلئے خداوند کے شکرگزار ہوں جب اُس نے بہت سی چیزوں میں آپ کی زندگی کی بھلائی اور بہتری کے لئے کام کیا۔

باب 31

مریم کی قربانی

یوحنا12:1-11

لعزر کو مُردوں میں سے زندہ ہوئے کچھ عرصہ گزر چکا تھا۔اَب خداوند یسوع پھر سے بیت عنیاہ میں آئے جہاں لعزر رہتا تھا۔خداوند یسوع کی عزت و تکریم میں ایک خاص کھانے کا اہتمام کیا گیا۔یسوع کے شاگردوں کو بھی مدعو کیا گیا۔

یسوع کے اعزاز میں ایسی بڑی ضیافت کی کئی ایک وجوہات تھیں۔یسوع اِس خاندان کا قریبی دوست تھا۔ہم یوحنا11:3 آیت میں ہم اِس بات کو دیکھتے اور سمجھتے ہیں۔جہاں پر لعزر کے نام کی بجائے یہ کہا گیا''جسے یسوع عزیز رکھتا تھا۔''(3:11)اور یسوع نے لعزر کو بھی مُردوں میں سے زندہ کیا تھا۔مریم اور مارتھا تو لعزر کو ہاتھ سے نکال چکی تھیں۔لیکن یسوع نے دوبارہ لعزر کو اُنہیں واپس کر دیا۔اِن تمام ظاہری وجوہات کے علاوہ،ایک اور بھی اہم وجہ تھی جس کے باعث لعزر،مارتھا اور مریم نے یسوع کو اپنے گھر کھانے پر مدعو کیا تھا۔اُس نے شک سے بالاتر اُن پر یہ ظاہر کر دیا تھا کہ وہ خدا کا بیٹا ہے۔

اناجیل میں اکثر یسوع کو غریبوں اور محتاجوں کا دوست کہا گیا۔اور یہ حقیقت بھی ہے۔اُس نے ایسے لوگوں پر ترس کیا جن کے پاس زندگی کی بنیادی سہولیات اور ضروریات ناپید تھیں۔خداوند یسوع کو لعزر کی صورت میں ایک اُمیر دوست مل گیا تھا۔یہ ایک ایسا خاندان تھا جو یسوع کی ضروریات پوری کرنے کی اہلیت رکھتا تھا۔اناجیل میں جہاں کہیں خداوند یسوع مسیح کی خدمت مدارت اور مہمان نوازی کا ذکر آیا ہے،یہ واقعہ بھی اُن میں سے ایک ہے۔

لعزر کے خاندان کی مثال ہمارے لئے ایک چیلنج ہے۔خداوند یسوع مسیح متی8:10 میں ہمیں چیلنج

کرتے ہیں،''تم نے مفت پایا،مفت دینا۔'' خداوند یسوع مسیح نے دُنیا کو کس قدر دیا ہے تو بھی اُسے کس قدر تھوڑا لوٹایا جاتا ہے۔ ہوسکتا ہے آپ کے حلقۂ احباب میں ایسے لوگ ہوں جو اپنا وقت، کاوشیں اور وسائل میں سے مسلسل خداوند کو دیتے رہتے ہیں۔ ہوسکتا ہے کہ خداوند چاہتا ہے کہ آپ ایسے لوگوں کی خدمت کریں۔

مارتھا، خداوند کے لئے کھانا تیار کرنے میں مصروف تھی۔ جبکہ لعزر خداوند کے ساتھ میز پر بیٹھا ہوا تھا۔ کھانے کے دوران، مریم عطر دان لے کر آئی۔ یہ بہت مہنگا عطر تھا۔ جٹاماسی اسرائیل میں نہیں پایا جاتا۔ بلکہ یہ دوسرے ملکوں سے درآمد کیا (منگوایا) جاتا تھا۔ اُس عطر کی قیمت ایک سال بھر کی اجرت تھی۔ ایسا مہنگا عطر خریدنے کے لئے اُس کے پاس وسائل کا ہونا اِس خاندان کے دولتمند ہونے کی علامت ہے۔

خواہ مریم کتنی بھی دولتمند تھی، وہ ہمارے خداوند کے سامنے جھک گئی۔ اُس نے عطر دان کھول کر خداوند یسوع کے پاؤں پر ڈال دیا۔ کمرے میں موجود ہر شخص یہ سب کچھ دیکھ رہا تھا۔ اِس دولتمند عورت نے خداوند کے پاؤں اپنے بالوں سے پونچھے۔

اِس منظر میں کچھ ایسی اہم تفصیلات ہیں جن پر ہمارے لئے غور کرنا انتہائی ضروری ہے۔ اوّل، مہمانوں کے پاؤں دھونے کا کام گھر کے نوکروں پر چھوڑا جاتا تھا۔ یہ بڑا نامناسب سا لگتا تھا کہ گھر کا مالک جھک کر کسی مہمان کے پاؤں دھوئے۔ دوئم، مریم نے خداوند کے پاؤں اپنے بالوں سے خشک کئے۔ عورت کے بال اُس کی خوبصورتی اور زینت کا باعث ہوتے تھے۔ یاد کریں کہ مقدس پولس رسول نے کرنتھس کی کلیسیا کو کیا بتایا تھا۔

''کیا تم کو طبعی طور پر بھی معلوم نہیں کہ اگر مرد لمبے بال رکھے تو اُس کی بے حرمتی ہے؟ اور اگر عورت کے لمبے بال ہوں تو اُس کی زینت ہے کیوں کہ بال اُسے پردہ کے لئے دیئے گئے ہیں۔''(1 کرنتھیوں 11:14-15)

مریم نے اپنے بالوں سے خداوند کے پاؤں کی دھول صاف کر کے یہ ثابت کر دیا کہ اُس کے دل

میں اُس کے لئے کیسی محبت اور عقیدت ہے۔ وہ خود کو عام طریقہ سے اُس کے پاؤں صاف کرنے کے قابل نہ سمجھتی تھی۔ اُس کے پاؤں تو اُس کے پاس موجود اعلیٰ ترین چیز کے مستحق تھے۔ مریم کا یہ کام حقیقی طور پر ہم پر یہ ثابت کرتا ہے کہ وہ دل سے اِس بات پر ایمان رکھتی تھی کہ وہ خدا کا بیٹا ہے۔

دیکھنے والوں کے لئے یہ سب کچھ فضول تھا۔ بالخصوص یہوداہ اسکریوتی نے محسوس کیا کہ اُس عطر کو بیچ کر رقم غریبوں میں تقسیم کی جاسکتی تھی۔ خداوند یسوع اُس کی اِس سوچ اور خیال سے متفق نہ ہوئے۔ ساتویں آیت میں خداوند نے یہوداہ اسکریوتی کو بتایا کہ یہ عطر میرے دفن کی تیاری کے لئے رکھا ہوا تھا۔ یہ کہنا تو بہت مشکل ہے کہ مریم کو اِس بات کا فہم حاصل تھا کہ خداوند کو بہت جلد مصلوب کر دیا جائے گا۔ تاہم اُس کے اِس کام سے تو یہ ظاہر ہوتا ہے کہ یہ سب کچھ بہت جلد واقع ہونا تھا۔ خداوند کو دھوکے سے پکڑوایا جانا، اور دشمنوں کے حوالہ کر دیا جانا تھا۔ اور پھر اُسے صلیب دیا جانا تھا۔ مریم کا عمل شروع سے آخر تک کی نشاندہی کرتا ہے۔ کھانے کی میز پر بیٹھے ہوئے شاگرد اِس بات سے بالکل بے خبر تھے کہ اُن کا خداوند اب سے صرف ایک ہفتہ بعد مصلوب کر دیا جائے گا۔ خداوند کے لئے یہ بڑے لمحات تھے۔ مریم کا یسوع کو مسح کرنا گویا اُسے یاد کرانا تھا کہ اُس کا وقت بہت قریب ہے۔

اگرچہ خداوند کو غریبوں کی فکر تھی، کسی کو بھی اپنے قریبی دوست کے بدن کو موت کے لئے مسح کرنا نامناسب معلوم نہیں ہوتا۔ مریم کا یہ کام صرف اِس لئے ہی قابل قبول نہ تھا کیوں کہ یہ خدا کے بیٹے کے حضور ایک قربانی کے طور پر پیش کیا گیا تھا۔ بلکہ اِس لئے بھی کیوں کہ وہ یسوع کو اُس کی موت کے لئے تیار کر رہی تھی۔ مریم کی یہ مثال ہمیں اپنے وسائل کو فضول اُڑانے کا حق نہیں دیتی۔ اور اِس بات کی تعلیم نہیں دیتی کہ ہم غریبوں کی ضروریات کو نظر انداز کر دیں۔ ساتھ ہی ہمیں اِس کہانی سے یہ بھی سیکھنے کو ملتا ہے کہ کسی پر اُنگلی اُٹھانے میں جلدی نہ کریں۔ ہمیں کسی شخص کے دِلی محرکات کو سمجھے بغیر اُس پر الزام تراشی نہیں کرنی چاہیے۔

اِس حوالہ میں یہ آخری بات جو ہمیں یاد رکھنے کی ضرورت ہے۔ 9-11 آیات میں ہم دیکھتے ہیں کہ

بہت سے لوگوں نے لعزر کے گھر آنا شروع کر دیا تھا۔ وہ نہ صرف یسوع کو دیکھنے بلکہ اِس لئے بھی آئے تا کہ لعزر کو دیکھیں جسے یسوع نے مُردوں میں سے زندہ کر دیا تھا۔ لعزر کے مُردوں میں سے زندہ ہو جانے کا گردونواح کے علاقوں میں بڑا چرچا اور گہرا اثر ہوا تھا۔ اِس معجزہ کے باعث بہت سے لوگ یسوع پر ایمان لے آئے تھے۔ لعزر اِس بات کا زندہ ثبوت تھا کہ یسوع خدا کا بیٹا ہے۔ یہ بات یہودی راہنماؤں کو کسی طور سے اچھی نہ لگی۔ وہ لعزر کو بھی مار ڈالنے کی منصوبہ بندی کرنے لگے۔

اکثر و بیشتر یسوع کی پیروی کے لئے بہت بڑی قیمت ادا کرنا پڑتی ہے۔ ہم دیکھ چکے ہیں کہ مریم کے لئے یسوع کی پیروی کے کیا معنی تھے۔ ہم نے یہ بھی دیکھا کہ لعزر کے لئے بھی یسوع کے لئے زندہ رہنا کس قدر مشکل بات تھی۔ ہر روز لعزر کی زندگی خطرے میں تھے۔ جیسا کہ ہم پہلے ہی بیان کر چکے ہیں کہ لعزر کی زندگی اِس بات کا جیتا جاگتا ثبوت تھی کہ یسوع خدا کا بیٹا ہے۔ لعزر کا مُردوں میں سے زندہ ہو جانا یسوع کے تمام دعوؤں کی تصدیق اور اُن پر مہر تھی۔ آپ کی زندگی کیسی ہے؟ کیا آپ کی زندگی یسوع کے دعوؤں کی جیتی جاگتی گواہی اور ثبوت ہے؟ اگر ایسا ہے، تو پھر آپ کو بھی اُس کے لئے بہت سے خطروں سے گزرنا پڑے گا۔ دشمن کی آنکھ لعزر جیسے لوگوں پر ہوتی ہے۔

آپ کو مسیحی زندگی گزارنے کے لئے کیسی قیمت چکانا پڑ رہی ہے؟ بہت سے لوگ تو اپنے مفاد کی خاطر مسیحی زندگی گزار رہے ہیں۔ وہ زیادہ لیتے، اور تھوڑا لوٹا رہے ہیں۔ یہ حوالہ ایسے روّیوں کے لئے ایک بہت بڑا چیلنج ہے۔ مریم نے اپنی سب سے اچھی چیز کو خداوند کے حضور پیش کی۔ لعزر نے اپنی زندگی کو خطرے میں ڈال دیا۔ آپ اِن باتوں سے کیا سیکھتے ہیں؟

چند غور طلب باتیں

☆۔مسیحی ہونے میں آپ نے کیسی قربانیاں دی ہیں؟

☆۔خداوند یسوع مسیح کے نام کو جلال دینے کے لئے آپ کیسی قربانیاں پیش کرنے کے لئے تیار ہیں؟

☆۔دوسروں کی عدالت کرنے کے تعلق سے ہم یہاں پر کیا عملی اسباق سیکھتے ہیں؟

☆۔کیا آپ کی زندگی اِس حقیقت کا عملی ثبوت ہے کہ یسوع ہی خدا کا بیٹا ہے۔

چند اہم دُعائیہ نکات

☆۔خداوند سے کہیں کہ آپ کو توفیق دے کہ آپ دوسرے کے فعل وعمل کے تعلق سے اُن کی عدالت نہ کریں۔

☆۔اپنے آپ کو اور جو کچھ آپ کے پاس ہے اُسے خداوند کے حضور پیش کردیں۔خداوند سے توفیق مانگیں کہ آپ اُس کے جلال کے لئے سب کچھ قربان کردینے کے لئے تیار ہوسکیں۔

☆۔خداوند سے ایسے وقتوں کے لئے معافی مانگیں جب آپ نے اپنا سب سے اعلیٰ حصہ اُس کے حضور پیش نہ کیا۔

مٹادے اپنی ہستی کو اگر کچھ پانا ہے
کہ دانہ خاک میں مل کر گل وگلزار ہوتا ہے۔

باب32

یروشلیم میں داخلہ

یوحنا12:12-19

عیدِ فسح کی آمد آمد تھی۔خداوند یسوع مسیح جانتے تھے کہ وہ عیدِ فسح میں آخری بار شرکت کریں گے۔عید فسح اُس دَور کی یاد دلاتی تھی جب ملک مصر میں بنی اسرائیل نے اپنے دروازوں کی چوکھٹوں پر برّوں کا خون لگایا تھا۔(خروج 12 باب) جب موت کے فرشتہ نے اُس خون کو دیکھا، وہ اُن کے گھروں کے پاس سے گزر گیا اور اُن کے پہلوٹھوں کو ہلاک نہ کیا۔ ہر وہ گھر جس کے دروازے کی چوکھٹ پر برّے کا خون نہیں تھا اپنے پہلوٹھے کی جان گنواہ بیٹھا۔عیدِ فسح اِس بات کی بھی یاد تازہ کرتی تھی کہ کس طرح خدا نے اپنے لوگوں کو مصر کی غلامی سے اُسی رات رہائی بخشی جس دن مصریوں کے پہلوٹھوں کو مارا۔

خداوند یسوع مسیح جانتے تھے کہ وہ بہت جلد عیدِ فسح کا برّہ بن جائیں گے۔اُس کے خون کو اُس کے لوگوں کے گناہوں کی رہائی کے لئے چھڑکا جاتا تھا۔بیت عنیاہ کی مریم نے یسوع کو پہلے ہی اُس موت کے لئے مسح کر دیا تھا۔اُس روز یروشلیم جاتے ہوئے خداوند یسوع مسیح کن سوچوں میں گم ہوں گے؟،شاید ہی کوئی بتا سکے۔

جب بھیڑ کو معلوم ہوا کہ یسوع یروشلیم جا رہا ہے،وہ کھجور کی ڈالیاں ہاتھوں میں لے کر قطار در قطار کھڑے ہو گئے جہاں سے یسوع نے گزرنا تھا۔جب خداوند یسوع وہاں سے گزرے تو اُنہوں نے کھجور کی ٹہنیاں ہلا کر خداوند یسوع مسیح کو خوش آمدید کہا۔اور بلند آواز سے پکار پکار کر کہنے لگے۔

''ہوشعنا! مبارک ہے وہ جو خداوند کے نام پر آتا ہے اور اسرائیل کا بادشاہ ہے۔''(13 آیت)

اِس بیان کو زیادہ تفصیل کے ساتھ دیکھنا بہت اہم ہے۔بھیڑ پکار کر کہنے لگی۔''ہوشعنا'' جس کا مطلب ہے۔''اَب نجات دے۔''اُس دن بھیڑ نے یہی پکارا تھا کہ''اَب ہمیں نجات دے۔''

اُن کے خیال میں اُنہیں کس چیز سے نجات کی ضرورت تھی؟ ظاہری بات ہے کہ اُن کے یہ وہم و گمان میں بھی نہیں تھا کہ اُنہیں اُن کے گناہوں سے نجات کی ضرورت ہے۔

امکان غالب ہے کہ وہ سیاسی نجات کے لئے کہہ رہے تھے۔ وہ رومی سلطنت کے ماتحت تھے۔ وہ آزادی چاہتے تھے۔ خداوند یسوع مسیح نے یہ ثابت کر دیا تھا کہ وہ بڑے بڑے معجزات کرنے کی قدرت رکھتا ہے۔ اُن کا یہ ایمان تھا کہ وہ اُنہیں رومی ظلم وستم سے رہائی دینے کی بھی قدرت رکھتا ہے۔ یہ بات بھی قابلِ غور ہے کہ وہ یسوع کے بادشاہ ہونے کی آس لگائے بیٹھے تھے۔ پانچ ہزار کو کھانا کھلانے کے معجزہ کے بعد، اب وہ اُسے بادشاہ بنانا چاہتے تھے۔ لیکن اُن کی سوچوں کے مطابق بادشاہ بننا۔۔۔ یسوع کی سوچ وخیال میں کہیں دُور دُور تک بھی ایسی بات نہ تھی۔ بھیڑ تو سیاسی قوت واختیار والے مسیح کی منتظر تھی۔

بھیڑ کو چلاتے دیکھ کر یسوع کے ردِعمل پر غور کریں۔ یسوع نے ایک گدھا حاصل کر کے اُس پر سواری کی۔ اور اُسی پر بیٹھ کر یروشلیم میں داخل ہوئے۔ بھیڑ کے پکارنے اور یسوع کے گدھے پر سوار ہونے میں کیا تعلق واسطہ تھا؟

بھیڑ اِس بات کا دعویٰ کر رہی تھی کہ وہ ایسا بادشاہ بنے جو اُنہیں رومی دشمنوں سے رہائی بخشے۔ بھیڑ اُس کا اِس طور سے استقبال کر رہی تھی جیسے کوئی فاتح بادشاہ جنگ سے واپس لوٹتا ہے۔ وہ قطاروں میں بڑی عقیدت اور احترام سے کھڑے، کھجور کی ٹہنیاں لہرا رہے تھے جو کہ فتح کی علامت سمجھی جاتی تھیں۔ مسیح اُس دن جنگی گھوڑے پر بھی سوار ہو سکتے تھے۔ لیکن اُس نے ایسا نہ کیا۔ اُس نے ایک گدھے پر سوار ہونے کا چناؤ کیا۔

گدھا ایک ایسا جانور ہے جو صلح کے وقت استعمال کیا جاتا تھا۔ گدھے کو تجارتی مقاصد کے لئے بھی استعمال کیا جاتا تھا اور یہ ایک جگہ سے دوسری جگہ پر مال تجارت لے جایا کرتا تھا۔ کوئی بھی دشمن پر حملہ آور ہونے کے لئے گدھے پر سوار نہیں ہوتا تھا۔ یوحنا رسول ہمیں بتاتے ہیں کہ یسوع نے اُس دن گدھے پر سوار ہو کر زکریاہ نبی کی پیش گوئی کی تکمیل کی۔ ''اے بنت صیون تو نہایت شادمان

ہو،اَے دخترِ یروشلیم خوب للکار کیوں کہ دیکھ تیرا بادشاہ تیرے پاس آتا ہے۔وہ صادق ہے اور نجات اُس کے ہاتھ میں ہے۔وہ حلیم اور گدھے پر بلکہ جوان گدھے پر سوار ہے۔اور میں افرائیم سے رتھ اور یروشلیم سے گھوڑے کاٹ ڈالوں گا اور جنگی کمان توڑ دالی جائے گی اور وہ قوموں کو صلح کا مژدہ (خوشخبری) دے گا اور اُس کی سلطنت سمندر سے سمندر تک اور دریائے فرات سے انتہائی زمین تک ہوگی۔'' (زکریاہ 9:98-10)

اگر چہ یوحنا رسول نے اِس پیش گوئی کے پہلے حصہ کا ہی حوالہ دیا ہے۔لیکن یہ بہت اہم ہے کہ ہم اِس پیش گوئی کے دوسرے حصہ پر بھی غور کریں۔زکریاہ نبی بیان کرتے ہیں کہ اسرائیل کا بادشاہ گدھے پر سوار ہوکر آئے گا۔وہ آکر صلح کا مژدہ دے گا۔جنگی گھوڑے،رتھ اور تین کمان کو یروشلیم سے دُور کر دیا جائے گا۔یہ بادشاہ قوموں کے ساتھ صلح کا عہد باندھے گا۔اور اُس کی سلطنت سمندر سے سمندر تک ہوگی۔خداوند یسوع مسیح صلح کے جانور پر سوار ہوکر یروشلیم میں داخل ہوئے۔بھیڑ تو خون خرابے کے لئے پکار رہی تھی۔لیکن خداوند یسوع مسیح نے واضح کر دیا کہ وہ خون خرابہ کرنے والا نہیں بلکہ صلح پسند بادشاہ ہے۔وہ ایسا بادشاہ نہیں تھا جو اُن کی سوچوں اور خیالوں کے مطابق تھا۔

جو کچھ خداوند کر رہے تھے،شاگردوں کو اُس کی باتیں سمجھ نہ آئیں۔بعدازاں جب روح القدس اُن کی زندگیوں پر نازل ہوا تو اُنہیں یاد آیا کہ اُس دن اصل میں کیا واقع ہوا تھا۔روح القدس سے معمور ہونے کے بعد ہی اُنہیں اِس واقعہ کی اہمیت اور قدر و منزلت سمجھ آئی۔

17 ویں اور 18 ویں آیت بھی اہم ہیں۔یہ آیات ہمیں بتاتی ہیں کہ اُس روز کیوں اِتنے زیادہ لوگ یسوع کو دیکھنے کیلئے آئے تھے۔اُنہوں نے لعزر کے مُردوں میں سے زندہ ہوجانے کا ذکر سن رکھا تھا۔اور وہ اُس ہستی کو دیکھنے آئے تھے جس نے اُسے حیاتِ نو (نئی زندگی) بخشی تھی۔

کاش میری زندگی بھی لعزر جیسی ہو،میں چاہوں گا کہ میری زندگی بھی خدا کی قدرت کے اظہار کا ایسا نمونہ ہو کہ لوگ سڑکوں پر قطار در قطار کھڑے ہوکر میرے منجی کو دیکھنے کے خواہش مند ہوں جس نے میری زندگی میں اتنے بڑے بڑے کام کئے ہیں۔میں چاہتا ہوں کہ میری زندگی میں خدا ایسا گہرا

کام کرے کہ لوگ جانیں کہ یہ میں نہیں بلکہ مسیح کی قدرت میری زندگی میں کام کرتی ہے۔''اب میں زندہ نہ رہا بلکہ مسیح مجھ میں زندہ ہے۔''

تبدیل شدہ زندگی اپنے اندر قدرت رکھتی ہے۔لعزر خدا کی قدرت کی ایک اہم اور ناگزیر گواہی تھا۔لوگ لعزر کا رُعب مان کر نہیں بلکہ ایسے خدا کا رُعب مان کر سڑکوں پر قطاروں میں کھڑے تھے جس نے لعزر کی زندگی میں ایسا گہرا اور عظیم کام کیا تھا۔

کیا آپ کی زندگی بھی مسیح کی قدرت کی ایسی ہی عکاس ہے؟ کیا آپ کی زندگی میں لوگوں کو خدا نظر آتا ہے؟ کیا لوگ سڑکوں پر کھڑے ہوکر اُس شخصیت کو دیکھنے کے منتظر ہوں گے جس نے آپ کی زندگی کو انقلابی تبدیلی کے ساتھ منفرد بنا دیا ہے؟

خداوند یسوع مسیح اُس روز گدھے پر سوار ہوکر یروشلیم آئے تھے۔ کیوں کہ اُن کا مقصد سیاسی حکمران بننا نہیں تھا۔ وہ اپنے لوگوں کو رومی حکومت کے تسلط سے رہائی دینے کیلئے نہیں بلکہ وہ صلح کی پیش کش کے ساتھ آیا تھا۔ وہ خدا کی قدرت کے ساتھ زندگیوں کو تبدیل کرنے کے لئے آیا تھا۔ وہ بدی کے بندھنوں اور اُس کے زور سے ہمیں رہائی دینے کیلئے آیا تھا۔ اُس کی بادشاہی مرد و زن کے دلوں اور زندگیوں میں قائم ہونا تھی۔

چند غور طلب باتیں

☆ ۔ آپ کی زندگی میں خداوند یسوع مسیح کی بادشاہی اور قدرت کا کیا ثبوت ہے؟

☆ ۔ کون سی چیز آپ کو خداوند کی محبت اور قدرت کا بہت بڑا گواہ ہونے سے روکے ہوئے ہے؟

☆ ۔ آپ کی زندگی سے لوگوں کو کس حد تک خدا نظر آ رہا ہے؟

☆ ۔ اُس نجات کے تعلق سے لوگ کس طرح کے غلط خیالات اور تصورات رکھتے ہیں جو یسوع اِس دُنیا کے لوگوں کو دینے کے لئے آیا تھا؟

چند اہم دُعائیہ نکات

☆ ۔ خداوند سے کہیں کہ وہ اور زیادہ آپ کو اپنی قدرت اور محبت کا جیتا جاگتا ثبوت بنا دے۔

☆ ۔ اِس بات کے لئے اُس کا شکر کریں کہ یسوع خدا کے ساتھ صلح کی پیش کش لے کر آیا۔

☆ ۔ خداوند کا شکر کریں کہ وہ اپنی قدرت اور کردار کو ظاہر کرنے کیلئے آپ کو استعمال کرنا چاہتا ہے۔

باب33

تائب زندگیاں

یوحنا12:20-36

جب خداوند یسوع مسیح گدھے پر سوار ہو کر یروشلیم میں داخل ہوئے تو سڑکوں پر قطار در قطار کھڑے ہوئے لوگوں میں کچھ یونانی لوگ بھی شامل تھے۔ یہ یونانی لوگ یروشلیم شہر میں فسح کی عبادت میں شرکت کے لئے آئے ہوئے تھے۔ اُنہوں نے فلپس کے پاس جا کر کہا کہ کیا ممکن ہے کہ ہم یسوع سے شرفِ ملاقات حاصل کر سکیں۔ فلپس نے اندریاس سے اِس بات کا ذکر کیا۔ اور پھر اندریاس نے جا کر یسوع کو خبر دی۔ اور پوچھا کہ آیا وہ اُن یونانی لوگوں سے ملاقات کرنا چاہے گا۔ خداوند یسوع مسیح کا جواب قدرے اُلجھن میں ڈالنے والا ہے۔ ''وہ وقت آ گیا کہ ابن آدم جلال پائے۔ میں تم سے سچ کہتا ہوں کہ جب تک گیہوں کا دانہ گر کر زمین میں مر نہیں جاتا اکیلا رہتا ہے۔ لیکن جب مر جاتا ہے تو بہت سا پھل لاتا ہے۔''(23-24)

جب اندریاس یونانی لوگوں کی اِس درخواست کے ساتھ یسوع کے پاس آیا کہ وہ اُس سے ملاقات کے خواہش مند ہیں تو یسوع نے فوری طور پر اپنی موت کو یاد کیا۔ اِس درخواست میں کون سی ایسی بات تھی جس نے یسوع کو اپنی موت کے بارے سوچنے پر مجبور کر دیا؟ اِس سوال کو سمجھنے کے لئے ہمیں اِس بات کو مدنظر رکھنا ہو گا کہ یہودی لوگ خدا کے برگزیدہ لوگ تھے۔ غیر اقوام کے لئے ابھی دروازہ نہیں کھلا تھا۔ نجات پہلے یہودیوں کے پاس پہنچی۔ (رومیوں 1:16) خداوند یسوع نے اپنی خدمت کے دوران فلسطین کے علاقہ کو نہ چھوڑا، وہ بڑی سنجیدگی سے یہودیوں کے درمیان خدمت کا کام سرانجام دیتے رہے۔ صرف یسوع کی موت کے وسیلہ ہی سے یونانی لوگ یسوع کو دیکھ سکتے تھے۔ یسوع کی موت نے ہی غیر اقوام کے لئے دروازے کھولنے تھے تا کہ وہ بھی اُس کے پاس آئیں اور اُن کے گناہ معاف ہو جائیں۔

خداوند نے اپنی بات کو واضح طور پر سمجھانے کے لئے گیہوں کے دانے مثال استعمال کی۔ ''جب تک گیہوں کا دانہ گر کر زمین میں مر نہیں جاتا اکیلا رہتا ہے۔ لیکن جب مر جاتا ہے تو بہت سا پھل لاتا ہے۔'' (24 آیت) تاریخ میں اِس نکتہ پر، خدا صرف ایک بیج کے ساتھ کام کر رہا تھا اور وہ بیج تھا ابراہام کی نسل۔ یعنی اسرائیلی قوم، مسیح کی موت نے یہ سب کچھ تبدیل کر دینا تھا۔ مسیح کی موت کے وسیلہ (جو کہ ابرہام کی نسل سے تھا) اُس بیج نے افزائش کرنی تھی۔

اب خدا کا وعدہ صرف ایک قوم تک محدود نہیں رہنا تھا۔ ہر قوم اور قبیلے اور ہر نسل کے لئے دروازہ کھل جانا تھا۔ اب امریکہ، افریقہ، یونان، جاپان، پاکستان، ہندوستان، غرض ہر خطۂ زمین اور ہر قوم سے لوگ خدا کی بادشاہی کا حصہ بن کر اُس کے برگزیدہ لوگوں میں شامل ہو چکے ہیں۔ خداوند یسوع مسیح کی موت نے میرے اور آپ کے لئے دروازہ کھول دیا تاکہ ہم بھی اُس کے گھرانے کے لوگ بن جائیں۔

وہ یونانی لوگ جو فلپس کے پاس آئے تھے وہ صرف یسوع سے بات کرنا چاہتے تھے۔ لیکن یسوع نے اُس موقع کو ایک اہم نکتہ پر تعلیم دینے کے لئے استعمال کیا۔ جب خداوند یسوع نے مر جانا تھا تو اُس وقت یہ دعوت نامہ، یونانیوں اور ہر قوم اور زمین کے ہر خطے تک پہنچنا تھا۔ وہ دن بہت قریب آرہا تھا جب خدا کی نجات نے ہر قوم اور قبیلے، ہر نسل اور ہر زبان تک پہنچایا جانا تھا۔

خداوند یسوع مسیح نے بیج کے مرنے کی اِس مثال کو اپنے شاگردوں کی زندگیوں کے مرنے کے لئے استعمال کیا۔ (25 آیت) اُس نے کہا، ''جو اپنی جان کو عزیز رکھتا ہے وہ اُسے کھو دیتا ہے اور جو دُنیا میں اپنی جان سے عداوت رکھتا ہے وہ اُسے ہمیشہ کی زندگی کے لئے محفوظ رکھے گا۔'' اگر آپ اپنی زندگی کو خداوند کے تابع کرنے سے گریزاں ہیں اور اُسے بہت عزیز رکھتے ہیں تو پھر یقین جانیں کہ آپ روحانی طور پر مرجھا جائیں گے۔ اگر آپ اپنی مرضی کو خدا کے تابع کر دیں گے، اور اُسے اپنی زندگی کا اختیار دے دیں گے۔ تو پھر آپ کو اپنی زندگی کا ایک نیا مقصد مل جائے گا اور آپ بہت سا پھل لائیں گے۔ یہ اصول بہت سادہ ہے۔

اگر آپ اپنی جان بچائیں گے تو اُسے کھو دیں گے۔ اگر آپ اپنی زندگی خدا کے تابع کر دیں گے تو اُسے بچا لیں گے۔

خداوند یسوع ہمیں یاد دلا رہے ہیں کہ اپنی زندگیاں اُس کے تابع کرنا ہمیشہ آسان کام نہ ہوگا۔ وہ ہمیں 26 آیت میں بتاتے ہیں کہ جو کوئی اُس کی خدمت کرنا چاہتا ہے لازمی ہے کہ وہ اُس کے پیچھے ہو لے۔ یاد رکھیں کہ جب یسوع نے یہ بات کہی تو وہ صلیب کی راہ پر جا رہے تھے۔ اگر میں اور آپ یسوع کی خدمت کرنا چاہتے ہیں تو پھر ہمیں بھی اُس کے پیچھے پیچھے صلیب پر جانا ہوگا۔ لازم ہے کہ ہم پیچھے نہ ہٹیں، صلیب پر جانے کا مقصد اپنا سب کچھ کھونا ہے۔ اِس کا مطلب یسوع مسیح اور اُس کے کام کے لئے اپنا سب کچھ داؤ پر لگانا ہے۔

اب اُن لوگوں کے لئے یسوع کے وعدہ پر بھی غور کریں جو اِس طور سے اُس کی پیروی کے لئے تیار ہوتے ہیں۔ ''اگر کوئی شخص میری خدمت کرے تو میرے پیچھے ہو لے اور جہاں میں ہوں، وہاں میرا خادم بھی ہوگا۔ اگر کوئی میری خدمت کرے تو باپ اُس کی عزت کرے گا۔'' (26 آیت) اگر ہم صلیب کے راستہ پر اُس کی پیروی کرتے ہوئے اُس کی خدمت کے لئے تیار ہیں، تو پھر ہم اُس کے ساتھ سکونت بھی کریں گے۔ جو آخر تک بلکہ جان دینے تک بھی ثابت قدم اور قائم رہیں گے بالآخر آسمانی مقاموں پر جگہ پائیں گے۔ وہ لوگ جو راہ کی دشواریوں، مصائب، دُکھوں اور رکاوٹوں کے باوجود اُس کے پیچھے چلتے رہیں گے اور اُس کی خدمت کرتے رہیں گے۔ وہ پُر یقین اور پُر اعتماد ہو سکتے کہ آسمانی باپ اُن کی عزت کرے گا۔ اور وہ خدا کے بیٹے کے ساتھ ابدالآباد زندہ رہیں گے، ہمارے ثابت قدم اور قائم رہنے کے لئے یہ ایک بہت بڑی تحریک ہے۔

یہ جاننا بڑی تسلی کی بات ہے کہ خداوند یسوع مسیح ہمارے مکمل طور تابع ہو جانے کے خوف کو سمجھتا ہے۔ 27 آیت میں، خداوند یسوع مسیح پیش آنے والی موت سے گھبرا گئے۔ جب خداوند نے دیکھا کہ اُس کی موت کی گھڑی قریب آ گئی ہے تو کہا ''پس میں کیا کہوں؟ اَے باپ! مجھے اِس گھڑی سے بچا۔ لیکن میں اِسی سبب سے تو اِس گھڑی کو پہنچا ہوں۔'' (27 آیت) اگر آپ کو ایک بھیانک

موت سامنے نظر آ رہی ہو تو آپ کیا دُعا کریں گے؟ خداوند یسوع مسیح نے یہ دُعا نہیں کہ یہ آزمائش اُس پر سے ٹل جائے۔ کیوں کہ وہ جانتا تھا کہ وہ اُسی مقصد کے لئے اُس گھڑی کو پہنچا ہے۔ اِس کے برعکس اُنہوں نے یہ دُعا کی۔ ''اَے باپ! اپنے نام کو جلال دے،'' (28 آیت) یہ بات خداوند یسوع مسیح کے دل سے نکلی تھی۔ وہ آسمانی باپ کے نام کو جلال دینا چاہتا تھا۔ اُس کی آنکھیں اپنی ذات پر نہیں لگی ہوئی تھیں، بلکہ باپ اور اُس کے مقصد پر اُس کی توجہ مرکوز تھی۔ یہ ہمارے لئے کس قدر بڑی مثال اور نمونہ ہے!

خداوند یسوع مسیح کی دُعا باپ کو پسند آئی۔ ''پس آسمان سے آواز آئی، کہ میں نے اُس کو جلال دیا ہے اور پھر بھی دوں گا۔'' (29 آیت) آسمانی باپ کی آواز نے یسوع کے نام کو جلال دیا۔ خداوند یسوع مسیح کی موت نے وہی جلال آسمانی باپ کو دینا تھا۔

بھیڑ نے اُس دن خدا باپ کی آواز کو سنا۔ اُس آواز کو سن کر اُن کی سوچوں میں اختلاف پیدا ہوا۔ بعض نے کہا، بادل گرجا، اَوروں نے کہا فرشتہ اُس سے ہم کلام ہوا۔ خداوند یسوع مسیح نے کہا کہ یہ آواز میرے لئے نہیں بلکہ تمہارے لئے آئی ہے۔ جو کچھ خداوند یسوع مسیح سرانجام دینے جا رہے تھے یہ آواز باپ کی طرف سے اُس کام کی تصدیق تھی۔ اگرچہ خداوند یسوع مسیح کی موت بہت بھیانک تھی تو بھی آسمانی باپ کی خوشنودی اور مقصد اُسی میں تھی۔

31-32 آیات میں ہمیں بتایا گیا ہے کہ خداوند یسوع مسیح کی موت نے کیا کام سرانجام دینا تھا۔ اُس کی موت نے اُن لوگوں کے لئے سزائے موت بن جانا تھا جنہوں نے اُسے قبول نہیں کرنا تھا اور اُنہوں نے مجرم ٹھہر کر ہمیشہ کے لئے خدا سے جدا ہو کر ابدی سزا کے حقدار ٹھہرنا تھا۔ دوسری بات، خداوند یسوع مسیح کی موت نے اِس دُنیا کے سردار کو مار بھگانا تھا۔ جس روز خداوند یسوع قربان ہوئے اُس روز شیطان کو شکست ہوئی۔ خدا کے پاس آنے کے لئے گنہگاروں کے لئے راہیں کھل گئیں۔ اب شیطان اُن راہوں کو بند نہیں کر سکے گا۔ شیطان اب انجیل کے پھیلاؤ اور اُن مرد و زن کی زندگیوں میں اُس کے ناگزیر نتائج اور ثمرات کو روک نہیں سکے گا جنہوں نے یسوع پر

ایمان لانا ہے۔خداوند یسوع مسیح کی موت سے تمام بنی نوع انسان نے نجات دہندہ کی طرف کھنچے چلے آئیں گے۔صلیب کے واقعہ کے بعد، پوری دُنیا میں انجیل کی منادی ہوئی ہے۔ہر قوم، قبیلے اور رنگ و نسل سے لوگ ہمارے خداوند کی صلیب کے پاس کھنچے چلے آئے اور اُنہوں نے نجات پائی ہے۔اب اُن پر سزا کا حکم نہیں رہا۔تاریخ دُنیا میں خداوند یسوع مسیح کی موت ایک ناگزیر اور ناقابل فراموش تبدیلی کا باعث بنی۔ابراہام کی نسل، (خداوند یسوع) جو کوہ کلوری پر مصلوب ہوئی، ہر قوم کے لئے زندگی کا باعث ہوئی۔

مسیح کی موت کے تعلق سے یہ ساری گفتگو اُس بھیڑ کے ذہنوں میں شک وشبہات کا باعث ہوئی جو سڑک کے کنارے قطار در قطار کھڑے تھے۔وہ تو ایسے کسی قسم کے واقعہ کی توقع نہیں کر رہے تھے۔اُنہوں نے تو یہ سن رکھا تھا کہ مسیح ابدالاباد زندہ رہے گا۔وہ تو یہ آس لگائے بیٹھے تھے کہ وہ ہمیشہ اُن کے ساتھ ساتھ رہے گا اور اُنہیں رومی سلطنت سے مخلصی بخشے گا۔لیکن اَب یسوع اپنی موت کا ذکر کر رہا تھا۔وہ شش و پنج میں پڑ گئے کہ آیا یہ مسیح ہے بھی یا نہیں۔اُن کے شک وشبہات کو جان کر خداوند یسوع مسیح نے اُس بھیڑ سے کہا کہ اور تھوڑی دیر وہ اُن کے ساتھ ہے، خداوند نے اُنہیں چیلنج دیا کہ جب تک نور اُن کے ساتھ ہے وہ چلے چلیں۔(35-36) جب وہ اُن کے درمیان تھا، خداوند نے بھیڑ کو نجات کی راہ دکھائی۔جلد ہی اُس نے مرجانا اور اور مزید اُن کے ساتھ نہیں رہنا تھا۔اب ہی اُن کے پاس وقت تھا کہ وہ اُس کی طرف رجوع لاتے اور راہ نجات پر چلتے۔ہوسکتا ہے کہ یہ موقع پھر نہ آتا۔

شاید یہ موقع ہوگا آخری　　تجھ کو بلا رہا ہے ناصری

آگے بڑھ اُس کی سولی تھام لے

ابدی زندگی کا جام لے

چند غور طلب باتیں

☆۔کون سی چیز آپ کو اپنا سب کچھ خداوند کو دینے سے روک رہی ہے؟

☆۔کیا آپ نے اُس زندگی کا تجربہ کیا ہے جو خودی کی موت کے بعد ملتی ہے؟ آپ نے اپنی زندگی اور مرضی کو خدا کے تابع کر دینے کے نتیجہ کے طور پر کونسی برکت اُس سے حاصل کی ہے؟

☆۔کیا آپ نے کبھی خداوند کو یہ کہتے ہوئے سنا ہے کہ آپ اپنی مشقتیں ختم کر دیں؟ یہاں پر دُکھوں کے بارے ہم یسوع کی دُعا کے تعلق سے کیا سیکھتے ہیں؟ مسیح کی موت نے کون سے کام سر انجام دیئے ہیں؟

چند اہم دُعائیہ نکات

☆۔خداوند یسوع مسیح کی موت کے لئے اُس کے شکرگزار رہوں جس کے وسیلہ سے ہمارے لئے خدا باپ کے پاس جانے کے لئے دروازے کھل گئے تاکہ ہمارے گناہ مٹائے جاسکیں۔

☆۔خداوند سے توفیق مانگیں کہ آپ اپنا سب کچھ اُس کے تابع کر سکیں۔

☆۔خداوند سے درپیش دُکھوں، مسائل اور مشکلات کو برداشت کرنے کے لئے صبر و توفیق مانگیں۔خداوند سے دُعا کریں کہ وہ اُن دکھوں میں سے اپنے نام کو جلال دے جو وہ آپ کی زندگی میں آنے دیتا ہے۔

باب 34

خدا کی طرف سے اندھا پن

یوحنا 12:37-50

ہر وہ شخص جس کا ذہن حقیقت پسندانہ طور پر جانچ پرکھ کے لئے کھلا تھا، وہ اُس کے معجزات دیکھ کر اِس نتیجہ پر پہنچا کہ یسوع کوئی عام شخص نہیں ہے۔ خداوند یسوع مسیح میں کام کرنے والی قدرت انسانی دسترس سے باہر تھی۔ ابھی حال ہی میں لعزر کو مُردوں میں سے زندہ کرنے کا جو معجزہ ہوا تھا اِس سے یہ بات بغیر کسی شک وشبہ ثابت ہوگئی تھی کہ یسوع مسیح کے پاس زندگی کا دینے کا اختیار ہے۔

یوحنا 12:37 آیت میں خدا کا کلام ہمیں بتاتا ہے کہ اُنہوں نے یہ عظیم معجزات دیکھے تھے، خداوند یسوع کے دَور کے بہت سے لوگوں نے یسوع پر ایمان لانے سے انکار کر دیا تھا۔ اُنہیں یہ بات بڑی ناقابلِ یقین سی لگتی تھی کہ یسوع جو کہ خدا کا بیٹا ہے اُن کے درمیان چل پھر اور رہ سکتا ہے۔ اُس نے اُنہیں اپنی قدرت اور جلال دکھایا تھا، پھر بھی وہ اُس پر ایمان لانے سے انکار کرتے رہے۔ وہ اِس قدر اندھے کس طرح ہو سکتے تھے؟

اِس روحانی اندھے پن کی وضاحت کے لئے یوحنا رسول نے یسعیاہ نبی کے صحیفے کا حوالہ دیا ہے۔

"اَے خداوند ہمارے پیغام کا کس نے یقین کیا ہے؟ اور خداوند کا ہاتھ کس پر ظاہر ہوا ہے؟ "(38) آپ اِن لفظوں میں نبی کی مایوسی کو محسوس کر سکتے ہیں۔ خدا کی باتوں کو رد کرنا کوئی آج کا مسئلہ نہیں ہے۔ آدم سے لے کر آج تک لوگ خدا کی باتوں کو قبول کرنے سے انکار کرتے چلے آرہے ہیں۔ ایسا کیوں کر ہوتا ہے؟ یوحنا رسول ہمیں 40 آیت میں اِس کا جواب ایک بار پھر یسعیاہ نبی کے صحیفہ کے حوالہ سے دیتا ہے۔

"اُس نے اُن کی آنکھوں کو اندھا اور اُن کے دل کو سخت کر دیا۔ ایسا نہ ہو کہ وہ آنکھوں سے دیکھیں اور دل سے سمجھیں اور رجوع کریں اور میں اُنہیں شفا بخشوں۔"

یسعیاہ نبی ہمیں بتاتے ہیں کہ خدا نے اُن کی آنکھوں کو اندھا کر دیا اور اُن کے دلوں کو سخت کر دیا تا کہ وہ دیکھ نہ سکیں۔ ہمیں اِس مشکل آیت کو مزید تفصیل سے دیکھنے کی ضرورت ہے۔

یوحنا کا بیان یسعیاہ نبی کے صحیفہ سے ہے۔ یہاں پر خدا نے یسعیاہ نبی کو اُس کی خدمت کے تعلق سے لوگوں کے ردِعمل کے بارے میں بتایا۔

"اُس نے فرمایا جا اور اُن لوگوں سے کہہ کہ تم سنا کرو پر سمجھو نہیں۔ تم دیکھا کرو پر بوجھو نہیں۔ تو اُن لوگوں کے دلوں کو چربا دے۔ اور اُن کے کانوں کو بھاری کر اور اُن کی آنکھیں بند کر دے تا نہ ہو کہ وہ اپنی آنکھوں سے دیکھیں اور اپنے کانوں سے سنیں اور اپنے دلوں سے سمجھ لیں اور باز آئیں اور شفا پائیں۔" (یسعیاہ 6:9-10)

سرسری طور پر اِس آیت کو دیکھنے سے یہی لگتا ہے کہ خدا اپنے نبی کو اِس لئے بلا رہا ہے تا کہ وہ جا کر لوگوں کے دلوں کو سخت کر دے۔ ہمیں اِس بات کو سمجھنے کی ضرورت ہے کہ خدا وہ کچھ دیکھنے کی قدرت رکھتا ہے جو ہم نہیں دیکھ سکتے۔ وہ شروع سے آخر تک دیکھنے کی صلاحیت رکھتا ہے۔ اُس نے یسعیاہ نبی کو لوگوں کے پاس بھیجا تا کہ وہ لوگوں کے درمیان جا کر توبہ کی منادی کرے۔ خدا نے یسعیاہ نبی کو ایسے لوگوں کے درمیان کلام کی منادی کرنے کے لئے بھیجا جو سچائی سے گمراہ ہو چکے تھے۔

خدا کی یہ مرضی تھی کہ وہ اُس کی طرف رجوع لائیں۔ اِسی لئے تو اُس نے یسعیاہ نبی کو بھیجا تھا۔ تاہم خدا کو یسعیاہ نبی کی منادی کے نتیجہ کا بھی علم تھا۔ خدا جانتا تھا کہ لوگ اُس کی طرف رجوع نہیں لائیں گے۔ خدا جانتا تھا کہ لوگ اُس کے نبی کے پیغام کو رد کر دیں گے۔ وہ جانتا تھا کہ لوگ اپنے دلوں کو سخت کر لیں گے۔ اگرچہ وہ جانتا تھا کہ اُن کا ردِعمل کیسا ہوگا، پھر بھی اُس نے اپنے نبی کو بھیج کر اُنہیں توبہ کا ایک موقع دیا۔

جب خدا نے یسعیاہ نبی کو بھیجا کہ وہ جا کر لوگوں کے دلوں کو چربا دے، اُن کے کانوں کو بھاری کر دے اور اُن کی آنکھوں کو اندھا کر دے۔ تو خداوند ایسی ہستی کے طور پر کلام کر رہا تھا جسے یسعیاہ کی بھی منادی کے نتیجہ کا علم تھا۔ خداوند خدا جانتا ہے کہ کون سے لوگ مثبت ردِعمل کا اظہار کریں گے اور

کون سے کلام کو رد کر دیں گے۔ لیکن پھر بھی وہ ہمیں اُن کے پاس بھیجتا ہے۔

ہر کسی نے اپنے دل کو سخت نہ کیا۔ کچھ ایسے بھی تھے جو یسوع پر ایمان لے آئے تھے۔ تاہم غور کریں کہ کچھ ایسے بھی تھے جنہوں نے یہودیوں کے ڈر سے اپنے ایمان کا کھلم کھلا اقرار نہ کیا تھا۔ (42 آیت) وہ عبادت خانہ سے نکالے جانے اور عوام میں بے عزت ہونا نہیں چاہتے تھے۔'' کیوں کہ وہ خدا سے عزت حاصل کرنے کی بہ نسبت انسان سے عزت حاصل کرنا زیادہ چاہتے تھے۔'' (43 آیت) یسوع کے دَور میں یہ مسئلہ کوئی انوکھا مسئلہ نہیں تھا۔ اِس دَور میں بھی ہم ایسی صورتحال کو دیکھ سکتے ہیں۔

یوحنا رسول اِس حصہ کو یسوع مسیح کی الٰہی فطرت کی ایک بار پھر تصدیق کرتے ہوئے اختتام پذیر کرتے ہیں۔ وہ ہمیں یاد دلاتے ہیں کہ یسوع مسیح پر ایمان لانے کا مطلب اُس کے بھیجنے والے پر بھی ایمان لانا ہے۔ یوحنا رسول ہمیں بتاتے ہیں کہ ہم حقیقی طور پر یسوع پر ایمان نہیں لا سکتے اگر ہم آسمانی باپ پر ایمان نہ لائیں۔ یسوع کو دیکھنا باپ کو دیکھنا ہے۔ خداوند یسوع مسیح ہی باپ کو کامل طور سے پیش کرتا ہے خداوند یسوع مسیح کا کلام اور اُس کے کام آسمانی باپ کے کردار کے عکاس تھے۔ یہی وجہ ہے کہ یوحنا 14:9 باب میں یہ کہہ سکا۔'' جس نے مجھے دیکھا، اُس نے باپ کو دیکھا۔''

خداوند یسوع مسیح اور آسمانی باپ میں اِس قدر یگانگت پائی جاتی ہے کہ خداوند یسوع مسیح کا کلام آسمانی باپ کا کلام ہوتا ہے۔ مسیح کے کلام کو رد کرنا آسمانی باپ کے کلام کو رد کرنا ہے۔ اور یہ اپنے اُوپر عدالت لانے والی بات ہے۔ (50-48) کیوں کہ خداوند یسوع مسیح کے الفاظ آسمانی باپ کا کلام تھے۔ لازم ہے کہ ہم مسیح کی باتوں کو سنجیدگی سے لیں۔ لازم ہے کہ ہم خداوند مسیح کی باتیں سن کر اُن کی تابعداری کریں۔ مسیح کا کلام زندگی کا باعث ہو گا یا پھر ہمیں مجرم ٹھہرائے گا۔ یسوع کے دَور کے یہودیوں کے دل اِس قدر سخت ہو گئے تھے کہ اُنہوں نے اپنے دلوں کو بند کر لیا کہ خدا کا کلام نہ سنیں۔ یسوع کے کلام کو رد کرنے سے اُنہوں نے آسمانی باپ کو رد کر دیا۔ اُس روز جنہوں نے یسوع

کا کلام سنا وہ اُس سچائی کو سمجھنے سے قاصر رہے۔ اُنہوں نے اپنی عدالت کو یقینی بنالیا۔ اُنہوں نے اپنے دلوں کو سخت کر کے خدا کے بیٹے یسوع کو رد کر دیا۔

چند غور طلب باتیں

☆۔ کیا آپ نے کبھی اپنی زندگی کے لئے خدا کی مرضی اور اُس کے کلام میں خود کو مزاحمت کرتے ہوئے محسوس کیا ہے؟ اِس کا کیا نتیجہ نکلا؟

☆۔ اِس مزاحمت سے آپ کی زندگی کے لئے خدا کے مقصد اور منصوبے میں کیا فرق پیدا ہوا؟ آپ اور خدا کی مرضی میں کیا چیز حائل ہے؟

☆۔ کیا آپ کے ذہن میں خدا کے وعدوں کے تعلق سے کبھی شک وشبہات پیدا ہوئے ہیں؟ اُن وعدوں کے حصول میں کون سی چیز آپ کو آگے بڑھنے سے روکے ہوئے ہے؟

چند اہم دُعائیہ نکات

☆۔ خداوند سے ایسا دل مانگیں جو اُس کے کلام کے لئے بہت نرم ہو۔

☆۔ کیا آپ اپنی زندگی میں اُس کی مرضی اور منصوبوں میں مزاحم ہوتے چلے آئے ہیں؟ ابھی دُعا میں جھک جائیں، خدا سے اپنے اِس گناہ کی معافی مانگیں اور اپنی زندگی کو اُس کی مرضی کے تابع کر دیں۔

☆۔ کیا آپ کا کوئی ایسا عزیز یا دوست ہے جو خدا کی مرضی میں مزاحم ہو رہا ہے؟ آج ہی خدا سے دُعا کریں کہ خدا اُن کے دلوں کو نرم کر دے اور وہ اُس کی مرضی کے تابع ہو جائیں۔

باب35

خداوند یسوع اپنے شاگردوں کے پاؤں دھوتے ہیں

یوحنا13:1-17

عید فسح سے پہلے، شاگردوں کو اِس بات کا علم ہی نہیں تھا کہ خداوند ان کے ساتھ آخری عید فسح منا رہے ہیں۔۔ جلد ہی اُسے گرفتار کر لیا جانا اور پھر مصلوب کرنے کے لئے حوالہ کر دیا جانا تھا۔ خداوند یسوع مسیح اور اُس کے شاگرد ایک ہی دستر خوان پر کھانا کھا رہے تھے۔ جب اُنہوں نے کھانا کھا لیا، خداوند یسوع مسیح نے تولیہ لیا اور اُس کے بعد برتن میں پانی ڈال کر اُن کے پاؤں دھونے لگا۔

4-2 آیات میں دو اہم حقائق بیان کئے گئے ہیں۔ جن سے ہمیں پورے طور پر اِس واقعہ اور اُس کی حقیقت کو سمجھنے میں مدد ملتی ہے۔ اِن میں سب سے پہلی حقیقت یہوداہ اسکریوتی کے تعلق سے ہے۔ دوسری آیت ہمیں بتاتی ہے کہ ابلیس پہلے ہی یہوداہ کے دل میں ڈال چکا تھا کہ وہ یسوع کو دھوکے سے پکڑوائے، اگرچہ یہ حقیقت دوسرے شاگردوں سے پوشیدہ تھی۔ تو بھی خداوند سے یہ بات ڈھکی چھپی نہ تھی۔ وہ جانتا تھا کہ یہوداہ اُسے پکڑوائے گا۔ خداوند جھک کر اپنے پکڑوانے والے کے پاؤں دھونے لگے۔ اُن لوگوں سے نیکی اور بھلائی کرنا نسبتاً آسان ہوتا ہے جو ہم سے نیکی کرتے ہیں لیکن اپنے دشمنوں کے ساتھ حسنِ سلوک سے پیش آنا قدرے مشکل ہوتا ہے۔ خداوند یسوع مسیح یہاں پر اِس بات کی عملی تعلیم دے رہے تھے۔

تیسری آیت میں ہمارے لئے ایک اور غور طلب نکتہ پایا جاتا ہے۔ یہ آیت ہمیں بتاتی ہے کہ خداوند جانتے تھے کہ باپ نے سب چیزیں اُس کے ہاتھ میں کر دی ہیں۔ اُسے یہ بھی معلوم تھا کہ وہ خدا کی طرف سے آیا ہے اور خدا کے پاس واپس لوٹ کر جا رہا ہے۔ اِس بات میں ہمارے سیکھنے کے لئے

کیا نکتہ موجود ہے؟ اِس سے ہمیں پتہ چلتا ہے کہ یسوع خدا ہے۔ خدا باپ نے ساری چیزیں اُس کے اختیار میں دے دی ہیں۔ اِس دُنیا کا سارا دارو مدار اور انتظام خداوند کے ہاتھوں میں ہے۔ باپ کو اپنے بیٹے پر پورا اعتماد اور بھروسہ ہے۔ وہ شخصیت جو شاگردوں کے سامنے جھکی ہوئی تھی سب کا خداوند اور خالق و مالک تھا۔ وہ ہمارے آغاز اور انجام سے واقف ہے اور ہم ہر ایک بات میں اُس کے مرہون منت ہیں۔ اُس سے عظیم کوئی اور بادشاہ نہیں ہے۔ دُنیا کے بادشاہ اُس کے سامنے سجدہ ریز ہوں گے۔ یہ زمین اُس کے حضور تھرتھراتی ہے۔(رومیوں 11:14 ،زبور 7:114) یہی خدائ عظیم جھک کر اپنی مخلوق کے گرد آلود پاؤں دھو رہا تھا۔

شمعون پطرس اس خلاف قیاس طرزِ عمل سے حیرت زدہ ہوا۔ جب خداوند اُس کے پاس آئے، اور جھک کر اُس کے پاؤں دھونے لگے، پطرس خداوند سے پاؤں دھلوانا نہیں چاہتا تھا۔ کیا اِس لئے پطرس یسوع سے پاؤں دھلوانا نہیں چاہتا تھا کیوں کہ وہ خداوند کی بہت عزت کرتا تھا؟ کیا وہ یہ سمجھتا تھا کہ مناسب نہیں کہ خداوند جھک کر اُس کے پاؤں دھوئے؟ خداوند کا پطرس کو جواب بڑا چونکا دینے والا تھا۔ ” اگر میں تجھے نہ دھوؤں تو تو میرے ساتھ شریک نہیں۔“(8 آیت) خداوند نے اپنے دستور کے موافق اب بھی روحانی بات کی تھی۔

پاؤں کا دھونا اُس دھونے کے عمل کی علامت ہے جو ہر ایک ایماندار کی زندگی میں ہونا چاہیئے۔

اُس روز خداوند یسوع مسیح پطرس کو کچھ یوں کہہ رہے تھے۔ ”پطرس اگر تو مجھے اپنے لئے حلیم و فروتن نہیں ہونے دے گا، تو تو میرے ساتھ شریک نہیں ہو سکتا۔ لازم ہے کہ میں اپنے آپ کو تیرے لئے حلیم اور فروتن بناؤں تا کہ تو پاک صاف ہو جائے۔ یہ لازم ہے کہ میں مر جاؤں تا کہ تیرے گناہ معاف ہو جائیں۔ اگر تو اپنے گناہوں سے پاک نہیں ہو گا، تو تو میرا فرزند نہیں ٹھہر سکتا۔ اگر میں تجھے نہ دھوؤں تو میرے ساتھ شریک نہیں ہو سکتا۔“

پطرس نے جواب دیا، ” اَے خداوند! صرف میرے پاؤں ہی نہیں بلکہ ہاتھ اور سر بھی دھو دے۔“(9 آیت) اگر پطرس کچھ کرنا چاہتا تھا تو لازم تھا کہ وہ اپنے دل سے کرتا۔(اِس سے

پطرس مشکل میں پڑ گیا۔) خداوند یسوع مسیح نے پطرس کو جواب دیا۔"جو نہا چکا ہے، اُس کو پاؤں کے سوا اور کچھ دھونے کی حاجت نہیں بلکہ سراسر پاک ہے۔" (10 آیت)

تصور کریں کہ وہ شخص جو نہا کر اپنے دوست کے گھر یروشلیم ننگے پاؤں جاتا ہے۔ وہ اپنی منزل پر پہنچ کر دیکھتا ہے کہ اُس کے پاؤں گندے ہیں۔ کیا گندے پاؤں کے سبب سے اُسے نہانا چاہیئے؟ ہرگز نہیں، بلکہ اُسے تو صرف اپنے پاؤں دھونے ہیں اور اور وہ پھر سے پاک ہے۔

خداوند یسوع مسیح کے اِس بیان میں ایک مخفی (پوشیدہ) مفہوم پایا جاتا ہے۔ اُس نے اپنے شاگردوں کو بتایا کہ سب پاک ہیں، سوائے ایک شخص کے۔ جس نے اُسے پکڑوانا ہے۔(10-11) خداوند یسوع جس صفائی کی یہاں پر بات کر رہے تھے وہ اُن کی روحوں کی پاکیزگی اور صفائی تھی۔ سوائے یہوداہ اسکریوتی کے، سبھی خداوند یسوع مسیح کے نور میں چلنا چاہتے تھے۔ کیوں کہ وہ اُس پر دل سے ایمان رکھتے تھے۔

دیگر شاگردوں کی طرح پطرس کو بھی خداوند یسوع نے پاک صاف کر دیا تھا۔ بطور ایماندار، وہ لوگ جو خداوند یسوع مسیح کے خون سے پاک صاف ہو چکے ہیں، ہم اِس زمین کی گناہ آلودہ مٹی پر چلتے ہیں۔ اکثر و پیشتر ہمیں روحانی طور پر اپنے پاؤں دھونے کی ضرورت ہوتی ہے۔ میں اور آپ جانتے ہیں کہ اِس دُنیا کی چیزیں کس قدر ہماری زندگی پر اثر انداز ہوتی ہیں۔ کوئی ایسا شخص نہیں ہے جو اِس دُنیا کی گندگی اور ناپاکی سے داغدار ہوئے بغیر اپنی زندگی بسر کر سکے۔ ہمیں آزمائشوں سے لڑنا پڑتا ہے۔ ہم اکثر و بیشتر خدا کے اُس معیار سے نیچے گر جاتے ہیں جو خدا نے ہمارے لئے مقرر کر رکھا ہے۔ یروشلیم کی گرد آلود راہ پر ایک تھکے ہارے مسافر کی طرح چلتے ہوئے ہمیں گاہے بگاہے خداوند کے پاس روحانی دھلائی کے لئے باقاعدگی سے آنا چاہیئے۔ لازم ہے کہ ہم اپنے گناہ اور خطائیں لے کر اُس کے پاس آئیں اور اُسے موقع دیں کہ وہ ہمیں باقاعدگی سے دھوئے۔

خداوند یسوع مسیح پطرس کو یہ بتا رہے تھے کہ اُسے پہلے ہی معاف کر دیا گیا ہے۔ وہ پاک اور صاف ہے۔ خداوند کے ساتھ اُس کا رشتہ اور تعلق مضبوط اور قائم ہو چکا ہے۔ خداوند یسوع مسیح نے اُسے یاد

دلایا، تاہم اُسے مزید پاکیزگی اور صفائی اور گناہوں کی معافی کے لئے باقاعدگی سے اُس کے پاس آنا ہوگا۔ کیا ممکن ہے کہ خداوند یسوع مسیح کے ذہن میں یہ بات تھی کہ پطرس آنے والے وقت میں جب اُس پر نالش ہو رہی ہوگی تو اُس کا انکار کر دے گا؟ خدا نے اُس سے اُس روز دستبردار نہیں ہو جانا تھا۔ پطرس نے مسیح کا انکار کرنے کے بعد، معافی اور صفائی کے لئے اُس کے پاس آنا تھا۔

ہمارا روحانی غسل ہمیشہ کے لئے ایک قطعی تجربہ ہوتا ہے۔ ہم خداوند کو قبول کر کے اپنے گناہ سے پاک ہو جاتے ہیں۔ ہمیں خدا کی طرف سے گناہوں کی معافی مل جاتی ہے۔ اِس کا ہرگز یہ مطلب نہیں کہ ہم کبھی گناہ میں نہیں گریں گے۔ ہمیں ہر روز روحانی طور پر اپنے پاؤں کی دھلائی کے لئے مسیح کے پاس آنا چاہئے۔ لازم ہے کہ ہم اُس پاکیزگی اور صفائی میں زندگی بسر کرنا سیکھیں جو خداوند مہیا کرتا ہے۔ کبھی کبھار گناہ میں گر جانے کا ہرگز یہ مطلب نہیں کہ ہم اپنی نجات کھو بیٹھیں ہیں، جب ہم گناہ کی وجہ سے اُس کے جلال اور پاکیزگی سے دُور ہو جاتے ہیں، لازم ہے کہ ہم پھر گناہوں کی معافی اور بحالی کے لئے اُس کے پاس آئیں۔

اُن کے پاؤں دھونے کے بعد، خداوند یسوع مسیح نے اپنے شاگردوں کو اِس بات کے لئے اُبھارا کہ وہ بھی اُس کے نمونے کی تقلید (پیروی) کریں۔ (15 آیت)

خداوند یسوع مسیح پاؤں دھونے کے عمل کو کلیسیا میں ایک رسم قرار نہیں دے رہے تھے۔ (اگرچہ ہم سب کو اِس اچھے تجربہ کو عمل میں لانا چاہئے۔) ایک دوسرے کے پاؤں دھونے کے بہت سے طریقے ہیں، اِس کا مطلب یہ ہے کہ جس طرح مسیح نے ہماری خدمت گزاری کی ہے، اُسی طرح ہم بھی اُس کے نمونے پر چلتے ہوئے ایک دوسرے کی خدمت کریں۔ اِس کا مطلب یہ کہ جس طرح مسیح نے ہمارے قصور معاف کئے ہیں، لازم ہے کہ ہم بھی ایک دوسرے کے قصور معاف کریں۔ قابلِ غور بات یہ ہے کہ خداوند یسوع مسیح اپنے شاگردوں کو یہ نہیں کہہ رہے تھے کہ وہ اُن کے لئے اچھا ہوگا، اگر وہ ایک دوسرے کی ضروریات پوری کریں۔

بلکہ خداوند تو یہ کہہ رہے تھے کہ اگر اُنہوں نے اُس کے پیچھے چلنا ہے تو پھر لازم ہے کہ وہ اِسی طور سے

ایک دوسرے کے خدمت گزار بنیں۔ اگر کائنات کا خالق و مالک اپنے شاگردوں کے پاؤں دھونے کے لئے جھک گیا تو پھر لازم ہے کہ ہم بھی اپنے بھائیوں اور بہنوں کی خدمت کے لئے تیار اور رضامند ہوں۔" اگر تم اِن باتوں کو جانتے ہو، تو مبارک ہو، بشرطیکہ اُن پر عمل بھی کرو۔" (17 آیت)

چند غور طلب باتیں

☆۔کیا گناہ کے بغیر مسیحی زندگی گزارنا ممکن ہے؟

☆۔کیا آپ کی زندگی میں کوئی ایسا گناہ ہے جو آپ کو خداوند کے حضور اقرار کرنے کی ضرورت ہے؟

☆۔غور کریں کہ خداوند یسوع مسیح کس قدر جھک گیا تا کہ اپنے شاگردوں کے پاؤں دھو سکے۔کون سی چیز آپ کو اُس کے پاس آپ کی صفائی کی ضرورت کے لئے جانے سے روکے ہوئے ہے؟

☆۔کیا آپ اپنی زندگی میں ''یہوداہ'' کے پاؤں دھونے کے لئے تیار ہیں؟ کیا کچھ ایسے لوگ ہیں جو آپ کو نقصان پہنچانے کے چکر میں تھے؟ آج آپ کس طرح اُن کے لئے باعث برکت ہو سکتے ہیں؟

☆۔کیا کچھ ایسے لوگ ہیں جن تک آپ کو یسوع کی طرح پہنچنے کی ضرورت ہے؟ وہ کون لوگ ہیں؟ مسیح کیا چاہتا ہے کہ آپ اُن کے لئے کریں؟

چند اہم دُعائیہ نکات

☆۔خداوند سے کہیں کہ آپ کی زندگی میں پوشیدہ گناہوں کو ظاہر کرے اور آپ پر عیاں کرے کہ آپ کو اُن گناہوں کا اقرار کرنے کی ضرورت ہے۔اُس کے پاس روحانی طور پر ''پاؤں دھلوانے'' کے لئے آئیں۔

☆۔خداوند کے شکر گزار ہوں اُس پاکیزگی اور صفائی کے لئے جو وہ آپ کے گناہوں کے لئے مہیا کرتا ہے۔

☆۔خداوند سے کہیں کہ وہ آپ کے اِرد گرد ضروریات کے لئے آپ کی آنکھیں کھول دے۔خداوند سے اِس حوالہ میں موجود مسیح جیسے روّیے، مزاج کے لئے خدا سے فضل مانگیں۔

باب36

خداوند یسوع کا پکڑوایا جانا

یوحنا13:18-38

کیا آپ کو اِس خبر سے دھچکا لگا ہے کہ اُسی شخص نے آپ سے دھوکہ کیا ہے جسے آپ عزیز رکھتے تھے؟ بے وفائی کا دُکھ سہنا کبھی بھی آسان نہیں ہوتا۔ بالخصوص جب یہ کسی ایسے شخص کی طرف سے ہو جو آپ کے بہت قریب ہو۔ یہ دُکھ سہنا بڑا مشکل ہوتا ہے۔ خداوند یسوع کے پاس صرف بارہ شاگرد تھے۔ اُنہوں نے لگ بھگ تین سال تک اکٹھے کام کیا تھا، وہ ایک ساتھ رہے تھے۔ اُن کے درمیان ایک تعلق استوار ہو چکا تھا۔ وہ ایک دوسرے کے غم اور خوشی میں برابر شریک ہوتے رہے۔ واقعی وہ ایک ٹیم تھی۔

اِس خاص موقع پر خداوند کے سبھی شاگرد ایک جگہ پر فراہم تھے۔ خداوند یسوع مسیح نے کھانے کے بعد دسترخوان سے اُٹھ کر تولیہ لیا اور اپنے شاگردوں کے پاؤں دھونے لگے۔ جب خداوند اپنے شاگردوں کے پاؤں دھو چکے تو ایک دل ہلا دینے والی خبر سنا ڈالی۔ ''جو میری روٹی کھاتا ہے، اُس نے مجھ پر لات اٹھائی۔'' (18 آیت)

ہم اِس بات سے شاگردوں کو لگنے والے جھٹکے کو صرف محسوس ہی کر سکتے ہیں۔ کسی کے خلاف ''اپنی لات اُٹھانے'' کا کیا معنی ہے؟ یہ جملہ اُس گھوڑے کا حوالہ بھی ہو سکتا ہے جو کہ کسی کو دولتی مارتا ہے۔ ''اپنی لات اُٹھانے'' کا مطلب کسی کے نقصان کا خواہاں ہونا ہے۔ خداوند یسوع مسیح یہ کہہ رہے تھے کہ اِس کمرے میں ایک غدار شخص بیٹھا ہوا ہے۔ غور کریں کہ یہ لات شاگردوں پر نہیں اُٹھائی گئی تھی بلکہ لات اُٹھانے والے کا نشانہ خداوند تھا۔

خداوند یسوع مسیح کے اِس بیان سے اُس خبر میں اور بھی سنسنی پیدا ہو گئی کہ وہ شخص جو اُس پر لات اُٹھائے گا وہ اُس کے ساتھ کھانا کھا رہا ہے۔ ہم اُن لوگوں کے ساتھ ہی کھانا کھاتے ہیں جن پر ہم

اعتماد کرتے ہیں۔ اِس سے دھوکے اور بے وفائی کا عمل اور بھی بھیانک ہو گیا۔ خداوند یسوع مسیح کو دھوکے سے پکڑوانے والا شخص کوئی غیر نہیں بلکہ دوست تھا۔

19 ویں آیت میں، یوحنا رسول ہمیں بتاتے ہیں کہ یسوع مسیح چاہتے تھے کہ اُس کے شاگردوں کے علم میں یہ بات آئے تا کہ جب ایسا ہو تو وہ ایمان لائے کہ وہ "مسیح" ہے۔ "تا کہ جب ہو جائے تو تم ایمان لاؤ کہ میں وہی ہوں۔" اِس حوالہ میں "وہی" سے مراد مسیح ہے جس نے بنی نوع انسان کو اُن کے گناہوں سے مخلصی اور معافی کے لئے آنا تھا۔ خداوند یسوع مسیح بہت جلد قربان ہونے والے تھے۔ خداوند یسوع کی موت سے شاگردوں کے سامنے ایک بہت بڑا چیلنج آنا تھا۔

خداوند چاہتے تھے کہ اُس کے شاگردوں کو قبل از وقت علم ہو جائے کہ وہ پکڑوایا جائے گا اور کوہ کلوری پر مصلوب ہونے کے لئے جائے گا۔ اِس کا مقصد یہ تھا کہ شاگرد ایسی صورتحال میں بے دل نہ ہو جائیں۔

اگرچہ خداوند یسوع مسیح کی موت کو سمجھنا شاگردوں کے لئے بڑا مشکل کام تھا۔ بالآخر اُنہیں اُس اُمید کی سمجھ آ گئی جو اُس موت سے پیدا ہونا تھی۔ اُن ہی شاگردوں نے دُنیا کی انتہا تک مسیح کے پیغام کو لے کر جانا تھا۔ یعنی مصلوب اور دفن ہو کر زندہ ہونے والے مسیح کے پیغام کو اُنہوں نے پوری دُنیا میں پھیلانا تھا۔ خداوند نے اُن سے وعدہ کیا کہ وہ لوگ جو اُنہیں اور اُن کے پیغام کو قبول کریں گے وہ اُسے یعنی مسیح کو قبول کریں گے۔ (20 آیت) اگرچہ دُشمن کا مقصد تو یہی تھا کہ اِس طرح یسوع کے پکڑوائے جانے سے بادشاہی کے کام میں رکاوٹ پیدا ہو جائے گی۔ لیکن ہوا کچھ یوں کہ مسیح کی موت ہی ایک مرکزی پیغام بن گئی۔ دُنیا بھر سے لوگوں نے نجات کے اِس زبردست اور پُرقدرت پیغام سے بدی کی قوتوں سے رہائی پانا تھی۔

21 ویں آیت ہمیں بتاتی ہے کہ اِس طور سے پکڑوائے جانے اور یہوداہ کی بے وفائی اور اُس کی موت کے خیال سے یسوع کا دل گھبرایا۔ خداوند نے اپنے شاگردوں کو بتایا "تم میں سے ایک شخص مجھے پکڑوائے گا۔" اُسے شروع سے ہی اِس بات کا علم تھا۔ لیکن قبل از وقت جاننے سے یہ دُکھ کم نہ

ہوا۔ بلکہ اُس میں شدت پیدا ہوگئی۔ شاگردوں کی سمجھ میں کچھ نہیں آ رہا تھا۔ اُنہوں نے کمرے میں اِدھر اُدھر دیکھا۔ وہ حیران تھے کہ خداوند یسوع مسیح کس کے تعلق سے یہ بات کہہ رہے ہیں۔ شمعون پطرس نے اُس شاگرد سے ''جس سے یسوع محبت رکھتا تھا۔'' کہا کہ وہ یسوع سے اُس غدار کا نام پوچھے۔(23-24 آیت) خداوند یسوع مسیح نے بتایا کہ'' جسے میں نوالہ ڈبو کر دے دوں گا، وہی ہے۔''(26 آیت)

بائبل مقدس کے دَور میں ، برتن نسبتاً زیادہ استعمال نہیں ہوتے تھے۔ اکثر میز پر کھانا ایک طباق Bowl میں لایا جاتا تھا اور ساتھ ہی روٹی رکھ دی جاتی تھی۔ اور عام طور پر شوربے میں اُس روٹی کو بھگویا جاتا تھا۔ جب میزبان اُس روٹی کو طباق میں موجود شوربے میں ڈبو کر مہمان کو دیتا تھا تو اِس کا مطلب اُس مہمان کے لئے خاص عزت اور مہربانی کا اظہار ہوتا تھا۔ اگر چہ یہوداہ اسکریوتی نے اُسے کچھ دیر کے بعد پکڑوا دینا تھا تو بھی خداوند نے اُس پر ایسی مہربانی کی اور اُسے ایسی عزت بخشی۔ خداوند یسوع یہوادا اسکریوتی سے بڑی عزت اور مہربانی سے پیش آئے۔

خداوند یسوع مسیح نے برتن میں سے بھگو کر روٹی یہوداہ کو دی۔ کیا یہوادہ نے خداوند یسوع کی یہ بات سنی تھی کہ جو میرے ساتھ طباق میں ہاتھ ڈالتا ہے وہی مجھے پکڑوائے گا؟ اگر اُس نے یسوع کی بات سنی تھی۔ تو پھر وہ اُس روٹی کو پکڑ کر یہ تسلیم کر رہا تھا کہ وہ غدار ہے۔

یوحنا 13:2 میں سے ہم یہ سمجھتے ہیں کہ ابلیس شمعون کے بیٹے یہوداہ اسکریوتی کے دل میں پہلے ہی یہ بات ڈال چکا تھا کہ وہ اُسے پکڑوائے۔ جب یہوداہ نے وہ نوالہ لیا، شیطان اُس میں داخل ہو گیا۔(27 آیت) یہوداہ نے دوستی کا یہ اشارہ قبول کر کے یہ تسلیم کر لیا کہ وہ خداوند کو پکڑوانے کے لئے شیطان کے ہاتھ میں ایک آلۂ کار ہے۔ یہ یہوداہ کا سوچا سمجھا فیصلہ اور انتخاب تھا۔ شیطان اُسی وقت اُس میں داخل ہوا جب اُس نے دانستہ طور پر اُس کا آلہ کار بننے کا چناؤ کیا۔

غور کریں کہ جب شیطان اُس میں داخل ہو گیا، یہوداہ خداوند یسوع مسیح کی حضوری میں ٹھہر نہ سکا۔ کلام کا یہ حصہ ہمیں بتاتا ہے کہ وہ فی الفور وہاں سے چلا گیا۔ اب اُسے شاگردوں اور خداوند کے

ساتھ رہنا اچھا نہیں لگ رہا تھا۔ تاریکی اور نور کا کیا میل جول؟ (2 کرنتھیوں 14:6) شیطان کی مسیح کے ساتھ کوئی رفاقت نہیں ہے۔ دانستہ طور پر مسیح کو پکڑوانے کا فیصلہ کرنا مسیح کے ساتھ اپنی رفاقت اور تعلق کو ختم کرنا ہے۔ شاگردوں کو اِس بات کی سمجھ نہ آئی کہ یہوداہ کیوں چلا گیا ہے۔ اُنہوں نے سمجھا کہ وہ کسی کام کی غرض سے گیا ہے۔

خداوند یسوع مسیح نے یہ جان کر کہ اُس کے پکڑوائے اور مصلوب کئے جانے کا کام اب رُکنے کا نہیں، خداوند نے اپنے شاگردوں کو بتایا، ''ابن آدم نے جلال پایا، خداوند یسوع مسیح کو اُس کی موت اور مُردوں میں سے جی اُٹھنے کے وسیلہ سے جلال ملنا تھا۔ خداوند یسوع مسیح نے اپنے شاگردوں کو یہ بھی بتایا کہ وہ اب مزید اُن کے ساتھ نہیں رہے گا۔ شاگردوں کے لئے یہ بات سمجھنا بہت مشکل تھا۔ اِس سے پہلے کہ خداوند اُنہیں چھوڑ کر چلا جاتا، خداوند نے اپنے شاگردوں کو بتایا کہ اُس کی سب سے بڑی یہی خواہش ہے کہ وہ ایک دوسرے سے محبت رکھیں۔ (34)

خداوند نے اُنہیں بتایا کہ اگر وہ ایک دوسرے سے محبت رکھیں تو لوگ جانیں گے کہ وہ اُس کے شاگرد ہیں۔ خداوند نے پہلے ہی اِس حوالہ میں اپنے شاگردوں کے ساتھ اظہارِ محبت کر کے دکھایا تھا۔ اور پہلے بھی اِس تعلق سے کلام کیا تھا۔ وہ اُن سے اِس قدر محبت رکھتا تھا کہ اُن کی خاطر مصلوب ہونے کو بھی تیار تھا۔ یہی نمونہ اُس نے ہمارے سامنے رکھا ہے۔ اور محبت کی ایک مثال قائم کی ہے۔ کیا ہم ایک دوسرے سے اِس قدر محبت کر سکتے ہیں؟ کیا ہم اپنی خودی کے اعتبار سے اپنے عزیز واقارب اور دوست احباب اور حتیٰ کہ دشمنوں کے لئے مرنے کے لئے تیار ہیں؟ خداوند یسوع مسیح اپنے شاگردوں کو یاددہانی کرا رہے تھے کہ اگر وہ اِس طور سے ایک دوسرے سے محبت رکھیں گے، تو دُنیا پر ثابت ہو جائے گا کہ خدا کی محبت اُن میں ہے۔ اور واقعی وہ اُس کے شاگرد ہیں۔

اِس نئے حکم میں ایک اہم سچائی پائی جاتی ہے، یوحنا نے اپنے پہلے خط میں جو کہا، اِس کی بعد ازاں وضاحت اور تفسیر بھی کی۔ آئیں سنیں کہ یوحنا نے اپنے خط میں کیا لکھا؟

''ہم جانتے ہیں کہ موت سے نکل کر زندگی میں داخل ہو گئے ہیں، کیوں کہ ہم بھائیوں سے محبت رکھتے

ہیں، جو محبت نہیں رکھتا، وہ موت کی حالت میں رہتا ہے۔ جو کوئی اپنے بھائی سے عداوت رکھتا ہے، وہ خونی ہے اور تم جانتے ہو کہ کسی خونی میں ہمیشہ کی زندگی موجود نہیں رہتی۔ ہم نے محبت کو اِسی سے جانا کہ اُس نے ہمارے واسطے اپنی جان دے دی اور ہم پر بھی بھائیوں کے واسطے جان دینا فرض ہے۔ جس کسی کے پاس دُنیا کا مال ہو اور وہ اپنے بھائی کو محتاج دیکھ کر رحم کرنے میں دریغ کرے تو اُس میں خدا کی محبت کیوں کر قائم رہ سکتی ہے؟ اَے بچو! ہم کلام اور زبان ہی سے نہیں بلکہ کام اور سچائی کے ذریعہ سے بھی محبت کریں۔'' (1 یوحنا3:14-18)

ہم خدا کے فرزند ہیں، اِس بات کا ثبوت ہمارے دلوں میں ایک دوسرے کے لئے خدا کی محبت میں پنہاں (پوشیدہ) ہے۔

یسوع کی باتیں سن کر پطرس کا دل غم سے بھر گیا۔ وہ اِس بات کو قبول کرنے کے لئے تیار نہیں تھا کہ خداوند مر جائے۔ اُس نے خداوند کو بتایا کہ جہاں کہیں وہ جائے وہ اُس کے پیچھے جائے گا۔ حتیٰ کہ وہ اُس کے لئے اپنی جان تک دے دینے کے لئے تیار تھا۔ خداوند یسوع نے پطرس سے پوچھا، ''کیا تو میرے لئے اپنی جان دے گا؟ میں تجھ سے سچ کہتا ہوں کہ مرغ بانگ نہ دے گا، جب تک تو تین بار میرا انکار کر لے گا۔'' (38 آیت) یہ بات پطرس کی عقل اور فہم سے بالاتر تھی۔

پطرس کا انکار ہمیں مسیح کے ساتھ اپنے رشتے پر غور و فکر کے لئے قائل کرتا ہے۔ پولس رسول ہمیں بتاتے ہیں کہ خداوند کے لئے قائم اور ثابت قدم رہنے کے لئے اپنی طاقت پر حد سے زیادہ بھروسہ خطرناک ہوتا ہے۔

''پس جو کوئی اپنے آپ کو قائم سمجھتا ہے، وہ خبردار رہے کہ گر نہ پڑے۔'' (1 کرنتھیوں10:12)

مقدس پطرس رسول کو خداوند کے ساتھ اپنے رشتہ کا بڑا ارمان اور بھروسہ تھا۔ لیکن وہ حد سے زیادہ خود اعتمادی کے باعث گر گیا۔ زنجیر اتنی ہی مضبوط ہوتی ہے جس قدر اُس زنجیر کی کڑی link مضبوط ہوتی ہے۔ ہوسکتا ہے کہ آپ اپنی زندگی کے مختلف علاقہ جات میں بڑے مضبوط ہوں، لیکن آپ کا ایک link, زنجیر کی کڑی کی طرح کمزور ہوتا ہے۔ جب شیطان پوری طاقت کے ساتھ خداوند

کے لئے آپ کی تقدیس کو جھٹکتا ہے، اِس سے کوئی فرق نہیں پڑتا کہ دوسرے links گھریاں کس قدر مضبوط ہیں، زنجیر کا ایک کمزور حصہ اُس کے ٹوٹنے کا باعث ہوسکتا ہے۔ اِس لئے آپ کی زندگی میں ایک کمزور گھری link بھی نہیں ہونا چاہئے،

یہوداہ نے دانستہ طور پر خداوند کو پکڑوانے کا چناؤ کیا تھا۔ پطرس اپنی زندگی میں ایک کمزور حصے کے باعث گر گیا۔ دونوں ہی مسیح کے شاگرد تھے۔ دونوں ہی گر گئے۔ اِس سے ہمیں بھی خبردار رہنے کا سبق ملتا ہے۔ درَج ذیل حوالہ میں، پطرس ایک بوڑھے شخص کے طور پر اپنی زندگی کے گزرے حصوں پر غور کر رہا تھا۔ (ممکن ہے کہ وہ تین بار خداوند کا انکار کرنے کو یاد کر رہا تھا۔) ہمارے سامنے یہ چیلنج آتا ہے۔

"تم ہوشیار اور بیدار رہو، تمہارا مخالف ابلیس گرجنے والے شیر ببر کی طرح ڈھونڈتا پھرتا ہے کہ کس کو پھاڑ کھائے۔" (1 پطرس 8:5)

ہم خداوند کے ساتھ اپنے رشتے اور تعلق میں اِس قدر پر اعتماد ہوسکتے ہیں کہ اپنے روحانی تحفظ سے بے خبر ہو جائیں۔ ہمیشہ خبردار رہیں، ابھی روحانی جنگ ختم نہیں ہوئی۔

چند غور طلب باتیں

☆۔کیا آپ کی زندگی میں ایسے وقت آئے جب آپ اچانک اپنی کمزوریوں سے باخبر ہو گئے؟

☆۔خداوند کے ساتھ آپ کے عہدِ وفا میں کون سے کمزور حصے ہیں؟

☆۔خداوند کے ساتھ وفاداری سے چلنے کے لئے مضبوط رہنے میں کون سی چیزیں درکار ہوتی ہیں؟

چند اہم دُعائیہ نکات

☆۔کیا آپ کے کسی عزیز نے آپ کو دھوکہ دیا ہے؟ خداوند سے اُس بے وفائی کے زخموں کی شفا کے لئے دُعا کریں۔

☆۔خداوند سے دُعا کریں کہ وہ آپ کے ساتھ عہدِ وفا میں کمزور حصوں کی نشاندھی کرے۔خداوند سے اُن کمزور حصوں کے لئے تقویت مانگیں۔

☆۔خداوند سے مدد مانگیں اور اِس بات کا گہرا احساس کہ دشمن پر فتح پانے کے لئے آپ کو کس قدر اُس کی ضرورت ہے۔

☆۔کیا آپ ایسے لوگوں سے واقف ہیں جو خداوند کے ساتھ چلتے چلتے پیچھے رہ گئے؟ خداوند سے کہیں کہ وہ اُن سے کلام کرے اور اُن کو اپنے پاس واپس لائے۔

خداوند سے پوچھیں کہ اُن کو واپس لانے کے لئے آپ کیا کردار ادا کر سکتے ہیں۔

باب 37

راہ میں ہوں

یوحنا14:1-6

ہمارے لئے اِس بات کو سمجھنا مشکل نہ ہوگا کہ اُس کمرے میں ماحول کیسا ہوگا۔ خداوند نے ابھی ابھی اپنے شاگردوں کو یہ بتایا تھا کہ اُن میں سے ایک اُسے پکڑوائے گا۔ اُس چھوٹے سے گروپ نے تین سال تک اکٹھے کام کیا تھا۔ اِس دوران اُنہوں نے ایک دوسرے کے ساتھ عزت کی رو سے زندگی بسر کرنا سیکھ لیا تھا۔ اِس بات کو جاننا اُن کے لئے ناقابلِ یقین تھا کہ اُن میں سے ایک خداوند کو پکڑوائے گا۔ خداوند یسوع کو پکڑوانا اُس دوستی سے بے وفائی تھی جو اُنہوں نے گزشتہ چند سالوں کے درمیان قائم کی تھی۔

شاگرد خداوند یسوع مسیح کے اِس نبوتی بیان پر حیران تھے۔ (22:13) پطرس نے اپنے فخر میں یہ دعویٰ کر ڈالا کہ وہ اُس کے لئے جان تک دے دینے کے لئے تیار رہے گا۔ (37:13) لیکن خداوند نے اُسے بتایا کہ وہ تین بار اُس کا انکار کرے گا۔ بلاشبہ جب پطرس نے اُس بات پر غور کیا ہوگا تو بڑی کشمکش و پیچ میں پڑ گیا ہوگا۔

پکڑوائے جانے اور پطرس کے انکار کے بعد خداوند نے اُنہیں یہ بھی بتایا کہ وہ مرنے جا رہا ہے۔ (36:13) شاگردوں کو اپنے خداوند سے محبت تھی۔ وہ تو اپنا سب کچھ چھوڑ کر اُس کے پیچھے ہو لئے تھے۔ گزشتہ تین برسوں سے اُن کی زندگیوں کا مرکز و محور خداوند یسوع مسیح تھا۔

اُس کے بغیر وہ اب کچھ بھی نہیں تھے۔ موت کے تعلق سے خداوند کی گفتگو اُن کے اوسان خطا کر دینے والی تھی۔

خداوند نے اُس شام ماحول کو محسوس کیا۔ ''تمہارا دل نہ گھبرائے، تم خدا پر ایمان رکھتے ہو، مجھ پر بھی ایمان رکھو۔'' (1 آیت) وقت قریب تھا جب شاگردوں نے اُس شخصیت کو کھو دینا تھا جس کی

خدمت کے لئے اُنھوں ے اپنی زندگیاں وقف کر رکھی تھیں۔ خداوند یسوع مسیح نے اُن کے خوف، دُکھ اور درد کو محسوس کرتے ہوئے اُنہیں خدا پر ایمان رکھنے کے لئے کہا۔ خواہ صورتحال کیسی ہی خراب کیوں نہ ہو جاتی خدا اب بھی اُن کے لئے قابل بھروسہ تھا۔ جو کچھ ہونے والا تھا، خدا کے اختیار سے باہر نہ تھا۔ یہوداہ اور پطرس دونوں نے یسوع کا ساتھ چھوڑ دینا تھا۔ لیکن خدا تو ہمیشہ ہر کسی کی مدد کے لئے تیار رہتا ہے۔ خدا آزمائشوں میں بھی وفادار رہتا ہے۔ یہ بات ہمارے لئے کس قدر تسلی اور تشفی کا باعث ہے۔

خداوند نے اِس بات کی وضاحت کرتے ہوئے اپنے شاگردوں کی حوصلہ افزائی کی کہ کیوں وہ اُنہیں چھوڑ کر جا رہا ہے۔ خداوند نے اُنہیں بتایا کہ وہ اُن کے لئے جگہ تیار کرنے جا رہا ہے۔

(2 آیت) ''پھر آکر تمہیں اپنے ساتھ لے لوں گا، تاکہ جہاں میں ہوں تم بھی ہوں۔ ''(3 آیت) خداوند نے عارضی طور پر جانا تھا۔ اُس نے اُن سے وعدہ کیا کہ وہ پھر آکر اُنہیں اپنے ساتھ لے جائے گا۔ ایک تابناک (روشن) مستقبل اُن کا منتظر تھا۔

توما خاص طور پر کچھ پریشان دکھائی دے رہا تھا۔ ''توما نے اُس سے کہا، اَے خداوند ہم نہیں جانتے کہ تو کہاں جاتا ہے۔ پھر راہ کس طرح جانیں؟'' (5 آیت) خداوند یسوع نے اُسے یہ جواب دیا، ''راہ حق اور زندگی میں ہوں۔ کوئی میرے وسیلہ کے بغیر باپ کے پاس نہیں آسکتا۔ (6 آیت) اِس آیت میں خداوند نے توما کو بتایا کہ وہ کہاں جا رہا ہے اور کس طرح وہاں پہنچا جا سکتا ہے۔ پہلے تو اُس نے اُنہیں بتایا کہ وہ باپ کے پاس جا رہا ہے، ''کوئی باپ کے پاس نہیں آسکتا۔'' پھر خداوند نے توما کو بتایا کہ وہ باپ تک پہنچنے کا راستہ ہے۔

آئیں تفصیل کے ساتھ خداوند کے اِس بیان کو دیکھیں۔ میں کیسے یسوع کے وسیلہ سے فردوس میں جا سکتا ہوں؟

گناہ ہمیں فردوس میں جانے سے روکتا ہے۔ میں اور آپ صرف ایک ہی طریقہ سے سزا سے چھوٹ کر فردوس میں جا سکتے ہیں اور وہ یہ ہے کہ ہمارے گناہ یسوع کے نام سے یسوع کے خون کے وسیلہ

سے مٹا دیئے جائیں۔ خدا عادل خدا نہیں ٹھہرے گا اگر وہ گناہ کو نظر انداز کر دے۔ ایسا منصف جو عدل و انصاف کے تقاضوں کو اپنے دل کے خیال کے مطابق نظر انداز کر دیتا ہے وہ کبھی بھی اچھا منصف نہیں ہوسکتا۔ لازمی بات ہے کہ گناہ کی سزا دی جائے۔ ایک مجرم کو سزا بھگتے بغیر آزادی نہیں مل سکتی۔ خداوند نے ہماری سزا اپنے اوپر لینے کا چناؤ کیا۔ وہ ہماری جگہ پر قربان ہوگیا۔ اُس نے وہ قرض چکا دیا جو ہم ادا نہ کر سکتے تھے۔

مسیح کے سبب سے، ہمارا قرض معاف ہو چکا ہے۔ اور اب ہم معاف کیئے جا سکتے ہیں۔ ہمیں صرف اپنا دل کھول کر خداوند کو اپنے دلوں میں اُسے اپنا منجی اور خداوند قبول کرنے کرنے کی ضرورت ہے۔ فردوس کا دروازہ اُن کے لئے کھلا ہے جو مسیح کی اُس قیمت کو قبول کرتے ہیں جو اُن کے گناہ کے لئے ادا کر دی گئی ہے۔ اگر چہ اِس وقت شاگردوں کو اِس خیال کو سمجھنے میں مشکل کا سامنا تھا۔ تو بھی اِس سچائی نے اُن کی زندگیوں اور خدمت پر گہرے اثرات مرتب کیئے۔

یہ سچائی ناقابل یقین حد تک سادہ ہے۔ خداوند یسوع مسیح ہی آسمان پر جانے کا راستہ ہے۔ وہ ہمارے گناہوں کی سزا کے لئے مر گیا اور ہمارے گناہ کی سزا خود اپنے اُوپر لے لی۔ چونکہ ہمارا قرض ادا کر دیا گیا ہے اِس لئے ہم معافی اور پاکیزگی کے وارث ہو سکتے ہیں۔ گناہ کی رکاوٹ دُور ہو چکی ہے۔ ہمیں اب یہی کرنا ہی کہ یسوع کے پاس آئیں۔ اور اُس کام کو قبول کر لیں جو اُس نے ہمارے لئے صلیب پر سرانجام دیا ہے۔ اِس سے سادہ اور کوئی بات نہیں ہوسکتی۔ اِس سے بڑھ کر اور کوئی بات بھی آپ کی زندگی کو تبدیل کرنے کے لئے مؤثر اور کارگر نہیں ہوسکتی۔

چند غور طلب باتیں

☆۔آسمان کی بادشاہی میں داخل ہونے کے لئے لوگ کن چیزوں پر تکیہ کرتے ہیں؟

☆۔یہ حوالہ ہمیں اُن چیزوں پر بھروسہ کرنے کی احمقانہ حرکت کے بارے میں کیا سکھاتا ہے؟

☆۔خداوند یسوع مسیح کس طرح باپ تک پہنچنے کا راستہ ہے؟

چند اہم دُعائیہ نکات

☆۔خداوند کی ہر اُس کام کے لئے شکر گزاری کریں جو اُس نے آپ کی نجات کے لئے کیا ہے؟

☆۔کیا آپ ایسے لوگوں سے واقف ہیں جو مسیح کے صلیب پر سرانجام دیئے گئے کام سے ہٹ کر کسی اور بات پر بھروسہ اور توکل کئے بیٹھیں ہیں۔خداوند سے دُعا کریں کہ اُن کو راہ دکھائے۔

☆۔اِس بات کے لئے خداوند کا شکر کریں کہ آپ اپنے دُکھ درد میں اُس کے پاس آ سکتے ہیں۔ خداوند کا شکر کریں کہ وہ رنج والم اور دُکھوں میں بھی آپ کی خبر لینے کے لینے کے لئے تیار ہے۔

باب38

باپ کو ہمیں دکھا

یوحنا14: 7-31

یوحنا14 آیت میں، خداوند نے اپنے شاگردوں کو بتایا کہ اگر اُنہوں نے اُسے جانا ہوتا تو اُس کے باپ کو بھی جانتے۔ خداوند نے تو یہ بھی کہا تھا کہ اُنہوں نے باپ کو دیکھا ہے۔ اِس سے خداوند کا کیا مطلب تھا؟ خداوند یسوع مسیح آسمانی باپ کی حقیقی صورت اور اُس کے جلال کا پرتو تھا۔ جب خداوند کے شاگرد اُس پر نظر کرتے اور اُس کے اندر کھوئے ہوئے لوگوں کے لئے ترس اور رحم کو دیکھتے تو اُنہیں اس میں آسمانی باپ کا ترس اور رحم دکھائی دیتا۔ جب وہ اُس کی حکمت بھری باتیں سنتے تو اصل میں وہ خدا کی حکمت کی باتیں سنتے تھے، کیوں کہ اُس کی باتیں باپ کی باتیں ہوتی تھیں۔ جب اُنہوں نے اُسے بیماروں کو شفا دیتے اور مُردوں کو زندہ کرتے ہوئے دیکھا، تو اصل میں اُنہوں نے خدا کی قدرت کو اُن میں کام کرتے ہوئے دیکھا۔ خداوند کے کردار اور اُس کی قدرت کو سمجھنے سے، ہم باپ کے کردار اور اُس کی قدرت کو سمجھتے ہیں۔ کیوں کہ باپ اور بیٹا ایک ہیں۔ مسیح کے انسانی بدن سے بہت سے لوگ دھوکہ کھا گئے۔ لیکن یسوع خدا کا بیٹا تھا۔

فلپس یسوع کی باتیں نہ سمجھ سکا۔ ”باپ کو ہمیں دکھا، یہی ہمیں کافی ہے۔“ (8 آیت) فلپس اصل میں کیا کہہ رہا تھا؟ اُس دَور میں خداوند یسوع کی شخصیت پر مبنی بحث ہوا کرتی تھی۔ خداوند یسوع نے اکثر و بیشتر اُنہیں بتاتا تھا کہ وہ اور باپ ایک ہیں۔ شاگردوں کے لئے یہ بات سمجھنا آسان نہیں تھا۔ ہوسکتا ہے کہ ایک لحاظ سے فلپس کے کہنے کا یہ مقصد ہو، ”خداوند آپ کی بات دُرست، لیکن اب اِس بات کو عملی طور پر کر کے دکھا، باپ کو ہمیں دکھا تو پھر ہمیں سمجھ آئے گی کہ آپ کیا بات کر رہے ہیں۔“

جب خداوند نے فلپس کی بات کا جواب دیا تو اُس میں مایوسی نظر آ رہی تھی۔ ''میں اتنی مدت سے تمہارے ساتھ ہوں، کیا تو مجھے نہیں جانتا؟ جس نے مجھے دیکھا اُس نے باپ کو دیکھا۔ تو کیوں کر کہتا ہے کہ باپ کو ہمیں دکھا؟'' (9 آیت)

فلپس کو واقعی یسوع کی بات کو سمجھ نہیں آئی تھی۔ اگر اُسے سمجھ آ جاتی کہ خداوند اُس دن کیا کہہ رہے ہیں، تو پھر وہ کبھی بھی یہ نہ کہتا کہ باپ کو ہمیں دکھا۔ خداوند نے اپنی بات کا مفہوم اور زیادہ تفصیل کے ساتھ اُنہیں سمجھایا۔ خداوند نے فلپس سے کہا، باپ بیٹے میں ہے اور بیٹا باپ میں، فلپس نے بیٹے کی جو باتیں سنیں وہ باپ کی باتیں تھیں۔ وہ معجزانہ کام جو بیٹے نے کئے باپ کے کام تھے۔ جو اُس میں رہتا تھا۔ فلپس نے اُن کاموں کو دیکھا، تو اُس نے خدا کی قدرت کو کام کرتے ہوئے دیکھا۔ خدا باپ کی قدرت ہی ہمارے خداوند یسوع مسیح کی شخصیت کے وسیلہ سے کام کر رہی تھیں۔ خداوند نے اپنے شاگردوں کو بتایا کہ یہی قدرت اُن کی زندگیوں میں کام کر سکتی ہے۔ اگر وہ اُس پر ایمان رکھیں تو وہ اُس سے بھی بڑے بڑے کام کریں گے۔ (12 آیت)

وہ اُس کے نام سے کچھ بھی مانگ سکتے ہیں اور اُن کے لئے ویسا ہی ہوگا۔ اُن شاگردوں نے خداوند کی بتائی ہوئی اُس سچائی کے مطابق زندگی بسر کی۔ اور اپنی زندگی سے سب کچھ کر دکھایا۔ جب وہ خدا کے روح کی قدرت سے معمور ہوئے، اُنہوں نے باپ کی قدرت کو اپنی زندگیوں میں کام کرتے ہوئے دیکھا۔ اُسی قدرت میں، اُنہوں نے بیماروں کو شفا دی۔ انجیل کا پیغام دُنیا کی انتہا تک اُن شاگردوں کے وسیلہ سے خدا کی قدرت کے ساتھ پھیلتا چلا گیا۔ ہر قوم، قبیلہ اور زبان سے لوگوں نے یسوع کو جاننا شروع کر دیا اور اُس کی محبت کے اسیر ہو گئے۔ یہ سب کچھ اِس بات کا ثبوت تھا کہ خدا کی قدرت اُن کی زندگیوں میں کام کر رہی ہے۔

ہم اپنی زندگی اور خدمت میں خدا باپ کی قدرت کو کام کرتے ہوئے دیکھ سکتے ہیں۔ خداوند یسوع مسیح نے 16-17 آیات میں یہ وعدہ کیا ہے، وہ مددگار بھیجے گا۔ خداوند یسوع مسیح کے مطابق یہ مددگار، سچائی کا روح تھا۔ اگرچہ خداوند نے اپنے شاگردوں کو چھوڑ کر اپنے باپ کے پاس چلے جانا

تھا۔تو بھی اُس نے اُنہیں قوت اور قدرت سے خالی نہیں چھوڑ ناتھا۔اُس مددگار نے اُن میں رہنا اور اُنہیں سب باتیں سکھائی تھیں جن کی اُنہیں ضرورت تھی۔(26)اس مددگار نے اُنہیں یسوع کی تعلیمی باتیں بھی یاد کرائی تھیں۔مسیح کا یہ وعدہ ہمارے لئے بھی ہے۔

ہم اِس قدرت کو اپنی زندگیوں میں کیسے جان سکتے ہیں؟خداوند یسوع مسیح 23 آیت میں ہمیں اِس سوال کا جواب دیتے ہیں؟

''اگر کوئی مجھ سے محبت رکھے تو میرے کلام پر عمل کرے گا۔اور میرا باپ اُس سے محبت رکھے گا،اور ہم اُس کے پاس آئیں گے اور اُس کے ساتھ سکونت کریں گے۔'' (آیت23)

خدا کی قدرت کو اپنی زندگیوں میں جاننے کا راز خداوند سے محبت کرنے اور اُس کے کلام کی تابعداری میں زندگی بسر کرنے میں پنہاں ہے۔خداوند نے یہاں پر یہ وعدہ کیا ہے کہ اگر ہم اُس سے محبت رکھیں گے اور اُس کے کلام پر عمل کریں گے تو وہ اپنے روح کے وسیلہ سے ہم میں آکر سکونت کرے گا۔اگر ہم اُس کے روح سے معمور ہونا چاہتے ہیں اور اُس کی قدرت اور اُس کی حضوری کو اپنی زندگی میں دیکھنا چاہتے ہیں تو پھر ہمیں حائل رکاوٹوں کا جائزہ لینا ہوگا۔نافرمانی اور مسیح کی محبت کا فقدان (کمی) خدا کے روح کو کام کرنے سے روک سکتا ہے۔لازم ہے کہ ہم اپنے دلوں کو خدا کی محبت سے سرشار کریں۔اور ہر قیمت پر اُس کے کلام کی تابعداری میں زندگی بسر کریں۔

کیا آپ نے پانی کے بہاؤ کو کسی شاخ سے رُکے ہوئے دیکھا ہے؟جب بہتے پانی میں مختلف چیزیں آجاتی ہیں،تو پھر وہ اُس شاخ سے اٹک جاتی ہیں۔جلد ہی پانی کے بہاؤ کا رُخ تبدیل ہو جاتا ہے اور پانی کے بہاؤ میں رکاوٹ پیدا ہو جاتی ہے۔

پانی کا وہ بہاؤ کس طرح پہلے کی طرح بحال ہو سکتا ہے؟پانی کے بہاؤ کو بحال کرنے کے حائل رکاوٹوں کو دُور کر دیا جائے تو پانی پہلے کی طرح بہنا شروع ہو جائے گا۔نافرمانی،اُس شاخ کی طرح ہماری زندگیوں میں خدا کی قدرت کے بہاؤ میں ایک رکاوٹ پیدا کرتی ہے۔اگر ہم خدا کے روح کی معموری اور اُس کی قدرت کو اپنی زندگی میں جاننا چاہتے ہیں تو پھر ہمیں مسیح کی تابعداری میں

زندگی بسر کرنا اپنی اوّلین ترجیح بنانا ہوگا۔

خداوند یسوع مسیح نے اپنے شاگردوں سے نہ صرف روح القدس کی قوت کا وعدہ کیا بلکہ اُس نے اُن کی زندگیوں میں اپنے اطمینان کا بھی وعدہ کیا۔ اُس وقت شاگرد بہت گھبرائے ہوئے تھے۔ جو اطمینان خداوند نے اُنہیں دیا، اُس کا انحصار ظاہری اور بیرونی حالات پر نہیں تھا۔ اِس اطمینان کا تجربہ افراتفری اور نامساعد حالات میں بھی کیا جاسکتا ہے۔

یہ اطمینان اُسی صورت میں ہماری زندگیوں کا حصہ بنتا ہے جب ہمیں معلوم ہوجاتا ہے کہ ہمارا رشتہ خدا کے ساتھ درست ہے۔ یہ اطمینان خدا کی حضوری کے باعث ہماری زندگیوں میں آتا ہے۔ کوئی ہستی بھی قادرِ مطلق اور علیم الخبیر (سب کچھ جاننے والا) خدا کے مقصد، منصوبے کو ناکام نہیں کر سکتی۔ فکر وخوف تو خدا کی ذات کا حصہ نہیں ہیں۔ جب اُس کا روح ہماری زندگیوں میں سکونت کرتا ہے۔ تو پھر ہم بھی خدا کی طرح خوف وفکر سے آزاد الٰہی اطمینان میں زندگی بسر کرتے ہیں۔ جب ہم خدا کے ساتھ ایک ہوجاتے ہیں، اور اُس کا روح ہم میں سکونت پذیر ہوجاتا ہے، تو پھر ہی ہم اُس اطمینان کو جان پاتے ہیں۔

خداوند یسوع مسیح نے اپنے شاگردوں کو بتایا کہ اگر وہ اُس سے محبت رکھتے ہیں تو پھر اُنہیں اِس بات سے خوش ہونا چاہئے کہ وہ باپ کے پاس جارہا ہے۔ (28 آیت) ہم میں سے کون ہے جو محبت کرنے والے پوتر آسمانی باپ کے پاس نہیں جانا چاہے گا؟ خداوند یسوع اِس گناہ آلودہ جہان کو چھوڑ کر اپنے باپ کے پاس جارہے تھے۔ یہ بڑی خوشی اور شادمانی کی بات تھی۔

خداوند نے اپنے شاگردوں کو بتایا تھا کہ باپ اُس سے بڑا ہے۔ (28 آیت) اِس بات کو سمجھنا قدرے مشکل ہے۔ اگر بیٹا باپ کے جلال کا نقش اور اُس کی ذات کا پرتو تھا تو پھر وہ ایک تھے۔ یہ کیسے ہوسکتا ہے کہ باپ یسوع سے بڑا ہو؟ ہمیں خداوند یسوع کی اِس بات کو اِس باب کے سیاق و سباق کا جائزہ لیتے ہوئے سمجھنا ہوگا۔ خداوند یسوع مسیح کی موت کا وقت قریب آرہا تھا۔ 31ویں آیت میں، خداوند نے اپنے شاگردوں کو بتایا کہ اُس نے وہی کام سرانجام دیئے جو باپ نے اُسے

کرنے کے لئے کہا تھا۔مسیح نے بخوشی ورضا آسمانی باپ کی مرضی کو سرانجام دینے کے لئے اپنے آپ کو اُس کے تابع کر دیا تھا۔اُس نے بخوشی ورضا موت کو بھی گلے لگا لیا تھا۔

اِس مفہوم میں دیکھیں تو باپ بیٹے سے بڑا تھا۔بیٹا اگرچہ باپ کے برابر تھا،تو بھی وہ بنی نوع انسان کی مخلصی کے منصوبے کو سرانجام دینے کے لئے باپ کا خادم بن گیا۔

خداوند یسوع مسیح نے اپنے شاگردوں کو آگاہ کیا کہ اِس جہاں کا سردار آتا ہے،(23 آیت)شیطان یسوع کو ہلاک کر ڈالنے کے لئے اپنا منصوبہ تشکیل دے رہا تھا۔خداوند یسوع مسیح نے اپنے شاگردوں کو بتایا کہ اُس کا مجھ پر کوئی اختیار نہیں ہے۔شیطان اُسے قبر میں نہ رکھ سکا۔مسیح کا منصوبہ تو موت کے وسیلہ سے پورا ہو گیا۔خدا نے مخلصی کا انتظام کرنے سے ابلیس کی حیلے بہانوں کو کچل دیا۔

اُس دن شاگرد یہ سن کر افسردہ ہو گئے کہ یسوع اُنہیں چھوڑ کر آسمانی باپ کے پاس جا رہا ہے۔خداوند نے اِس حوالہ میں اُن کی حوصلہ افزائی کرنے کی کوشش کی۔اُس نے وعدہ کیا کہ وہ روح القدس بطور مددگار اُن کے پاس بھیجے گا۔اور اُنہیں الٰہی اطمینان سے بھر دے گا۔وہ اپنی زندگیوں میں خدا کی قدرت کو کام کرتا ہوا دیکھیں گے۔وہ اُس سے بھی بڑے بڑے کام سرانجام دیں گے۔خداوند نے اُن سے وعدہ کیا کہ اگرچہ اُنہیں آزمائشوں،مصائب و دُکھوں کو سامنا تو کرنا پڑے گا لیکن ابلیس اُن کی زندگیوں میں خدا کے منصوبے اور مقصد کی تکمیل میں رکاوٹ حائل نہ کر سکے گا۔

اُس دن شاگردوں سے کیسے خوبصورت وعدے کئے گئے۔اطمینان،قوت وقدرت،شیطان پر فتح یہ سبھی کچھ اُن کا ہونا تھا۔یہ وعدے ہمارے لئے بھی ہیں۔کیا ہم اِن وعدوں کی حقیقت کی قائلیت پر ایمان رکھتے ہیں؟

چند غور طلب باتیں

☆ ۔اِس وقت خداوند یسوع مسیح کی قدرت اور اُس کا اطمینان کس حد تک آپ کی زندگی سے نظر آ رہا ہے؟

☆ ۔آج کون سی رکاوٹ آپ کی زندگی میں خدا کی قوت، قدرت اور اُس کے اطمینان کے بہاؤ میں رکاوٹ بنی ہوئی ہے؟

☆ ۔آپ کی زندگی کس حد تک خدا کے کردار کی عکاس ہے۔

☆ ۔اِس حوالہ میں شیطان کے ساتھ آپ کی لڑائی کے تعلق سے آپ کو کیا حوصلہ ملتا ہے؟

چند اہم دُعائیہ نکات

☆ ۔خداوند سے کہیں کہ وہ آپ کو اپنی قدرت اور اطمینان کا وسیلہ بنائے۔

☆ ۔خداوند سے دُعا کریں کہ وہ اِن سب رکاوٹوں کو آپ پر ظاہر کرے جو آپ کو وہ سب کچھ بننے میں حائل ہیں جس کے لئے خدا نے آپ کو بلایا ہے۔خداوند سے کہیں کہ وہ آپ کو معاف کرے اور آزادانہ طور پر قوت اور قدرت اور اطمینان سے بھرپور اور معمور ہو کر خدمت کرنے کی توفیق بخشے۔

☆ ۔خداوند کے شکر گزار رہوں کہ وہ ہر اُس آزمائش سے بڑا ہے جو آپ کی زندگی میں آ سکتی ہے۔

☆ ۔خداوند کا شکر کریں کہ اُس نے شیطان اور اُس کی بدروحوں پر فتح کا وعدہ کیا ہے۔

باب39

انگور کا حقیقی درخت اور اُس کی ڈالیاں

یوحنا15:1-8

15 باب میں خداوند نے انگور کے درخت اور اُس کی ڈالیوں کی تصویر کشی کی ہے۔اِس تصویر میں خداوند انگور کا درخت جب کہ ہم اُس کی ڈالیاں ہیں جو انگور کے درخت کے ساتھ پیوستہ ہیں۔خدا باپ باغبان ہے۔آئیں اِس تصویر پر غور کریں اور دیکھیں کہ اِس میں ہمارے خداوند کے ساتھ رشتہ کے بارے ہمیں کیا سیکھنے کو ملتا ہے۔

خدا باپ جو باغبان ہے اُسے انگور کی ڈالیوں کی بڑی فکر ہے۔جو کہ اُس کے لوگ ہیں۔ایک اچھے باغبان کی طرح وہ بڑے محتاط انداز سے اِن ڈالیوں کا جائزہ لیتا ہے۔وہ بے پھل ڈالیوں کو کاٹ ڈالتا ہے کیوں کہ ایسی ڈالیاں انگور کے درخت پر لگی ہوئی باقی ڈالیوں کی بڑھوتی اور ترقی اور اُن کے پھل لانے میں رکاوٹ کا باعث ہوتی ہیں۔

وہ پھل لانے والی ڈالیوں کی کانٹ چھانٹ کرتا ہے تا کہ وہ اور زیادہ پھل لائیں۔آسمانی باغبان کی یہ بے حد خواہش ہے کہ ہم میں سے ہر ایک زیادہ سے زیادہ پھل لائے۔وہ چاہتا ہے کہ اُس کے لوگ کثرت کی زندگی گزارتے ہوئے اُس کی قدرت اور محبت کو دُنیا پر عیاں کر دیں،اور ہر لحاظ سے فاتح ،بھرپور،معمور اور غالب زندگیاں بسر کریں۔

اگر چہ اِس تصویر کو باغبانی کی دُنیا میں بڑی آسانی سے سمجھا جا سکتا ہے۔تاہم روحانی دُنیا میں اِس کو سمجھنا قدرے مشکل لگتا ہے۔ہمیں بھی گاہے بگاہے کانٹ چھانٹ کی ضرورت ہوتی ہے۔ہم میں یہ فطری رجحان پایا جاتا ہے کہ ہم غلط سمت میں اپنی شاخیں نکالنا شروع کر دیتے ہیں۔گناہ کے باعث سست اور بے پھل ہونے کا ایک فطری میلان ہم میں پایا جاتا ہے۔اپنی روحانی زندگیوں میں اعتدال مزاجی کو قبول کر لینے کی ایک رغبت ہماری زندگیوں میں پائی جاتی ہے۔یہ بہت ضروری

ہے کہ خداوند اُن گناہوں، خطاؤں اور غلط سوچوں کی کانٹ چھانٹ کرے جو بے پھل زندگی کا باعث ہوتی ہیں۔

ہم میں سے اکثر کے لئے کانٹ چھانٹ آسان اور خوشگوار تجربہ نہیں ہوتی۔ ہماری کانٹ چھانٹ سے خداوند اُن تمام رکاوٹوں کو دُور کر دیتا ہے جو ہمارے پھل لانے میں رکاوٹ کا باعث ہوتی ہیں۔خداوند چاہتا ہے کہ ہم اُس کا دل پسند پھل اپنی زندگیوں میں پیدا کریں۔ مجھے اپنی زندگی کا ایک وقت یاد ہے جب خدا نے میری زندگی میں کانٹ چھانٹ کا سلسلہ شروع کیا۔

خدا کو میری زندگی میں اُس تکبر کو توڑنا پڑا جو اِس طور سے میری زندگی میں موجود تھا کہ میں سمجھتا تھا کہ جس کام کے لئے خدا نے مجھے بلایا ہے میں اُسے اپنی طاقت اور حکمت سے سرانجام دے سکتا ہوں۔کئی ماہ تک خدا نے مجھے اچھی صحت سے محروم رکھا۔میری خدمت کا بہت سا حصہ ختم ہو گیا۔ یوں لگتا تھا جیسے خدا مجھ سے روحانی زندگی کا وقت واپس لے رہا تھا۔ مجھے تن تنہا بے یار و مددگار چھوڑ دیا گیا۔ میرے لئے یہ وقت بہت کٹھن تھا۔کانٹ چھانٹ کا یہ وقت ہمیں زیادہ پھل دار بنانے کے لئے خدا کی طرف سے ترتیب دیا جاتا ہے۔ جب کانٹ چھانٹ ہو جاتی ہے تو پھر ہم اور زیادہ پھل کی توقع کر سکتے ہیں۔

باپ ہم سے یہی توقع کرتا ہے کہ ہم بہت سا پھل لائیں، وہ ہمیں پھل دار بنانے کے لئے سب کچھ کرے گا۔ یہ بات بھی قابل غور ہے کہ بہت سی شاخیں بے پھل بھی ہوتی ہیں۔(2 آیت) ہم میں سے اکثر نے درختوں پر مرجھائی اور بے پھل شاخیں دیکھی ہیں۔ جسمانی دُنیا میں، یہ مثال کسی اُلجھن کا باعث نہیں ہے۔تاہم جب ہم اُس کے گہرے روحانی معنی و مفہوم کو سمجھنے کی کوشش کرتے ہیں تو قدرے مشکل ہوتا ہے۔ یہ ایسے لوگ ہوتے ہیں جو یہ سمجھتے ہیں کہ چونکہ انگور کے درخت سے جڑے ہونے کی وجہ سے اُس کا حصہ ہیں، یہ ایسے ایماندار ہوتے ہیں جنہوں نے اپنی دُعائیہ زندگی خدا کے ساتھ ختم کر دی ہوتی ہے۔اور روحانی طور پر مرجھا چکے ہوتے ہیں۔ وہ اصل میں انگور کے درخت سے کٹ چکے ہوتے ہیں۔اب مسیح کے ساتھ اُن کا کوئی تعلق واسطہ نہیں ہوتا۔ اُن کا یہ کہنا

ہے کہ اِس آیت کا مطلب ہے کہ ہم اپنی بغاوت سے اپنی نجات کھو سکتے ہیں، تاہم یہ تفسیر وتشریح کتاب مقدس کی بقیہ تعلیم کے متضاد ہے۔

دوسری ممکنہ تشریح یہ ہوسکتی ہے کہ بے پھل شاخیں اگرچہ ظاہری طور پر کلیسیا کا حصہ ہوتی ہیں، تو بھی حقیقی طور پر خداوند یسوع سے اُن کا کوئی تعلق نہیں ہوتا۔ آج بہت سے لوگ گرجہ گھروں میں بھی جاتے ہیں لیکن حقیقی طور پر وہ خدا کے لوگ نہیں ہوتے۔ ظاہری طور پر وہ کلیسیا کا حصہ ہوتے ہیں لیکن اندرونی طور پر خدا کے ساتھ اُن کا کوئی رشتہ اور تعلق نہیں ہوتا۔ ایسے لوگوں کی بے پھل روحانی زندگیاں اِس بات کی عکاس ہیں کہ وہ کون اور کیسے لوگ ہیں۔ اُن کی روحانی زندگیوں میں، وہ اِس لئے پھل نہیں لا سکتے کیوں کہ اُن میں روحانی زندگی موجود نہیں ہوتی۔ ایک دن آئے گا جب اُن لوگوں کا پول کھل جائے گا کہ وہ اصل میں کون ہیں۔ چونکہ وہ مسیح کے نہیں اِس لئے وہ اُس سے ہمیشہ ہمیشہ کے لئے الگ ہو جائیں گے۔

اُن مردہ شاخوں کی آخری پہچان یہ ہے کہ ایسے مسیحی اپنی سخت دلی کے باعث خداوند کے ساتھ اپنا رابطہ اور گفتگو کا سلسلہ ختم کر چکے ہوتے ہیں۔ خدا کے ساتھ اُن کی قربت اور رفاقت ختم ہو چکی ہوتی ہے۔ وہ خدا اور اُس کے مقصد کے لئے بے کار ہو جاتے ہیں۔ ایسے لوگوں کو پہچاننا بہت آسان ہوتا ہے۔

جب بنی اسرائیل نے خدا سے گردن کشی کی، خدا نے اُنہیں اسیری میں بھیج دیا۔ خدا نے ایسا اِس لئے کیا کیوں کہ معمول کے مطابق اُن کی کانٹ چھانٹ کافی نہ تھی۔ ضرورت تھی کہ بنی اسرائیل کی صفائی اور پاکیزگی کا عمل آگ کے ذریعہ مکمل ہوتا۔ مقدس پولس رسول نے اُس آگ کا ذکر کیا ہے جس کا سامنا بے پھل مسیحی ایک دن کریں گے۔

''اور اگر کوئی اُس نیو پر سونا یا چاندی یا بیش قیمت پتھروں یا لکڑی یا گھاس یا بھوسے کا ردا رکھے۔ تو اُس کا کام ظاہر ہو جائے گا کیوں کہ وہ دن آگ کے ساتھ ظاہر ہوگا۔

وہ اُس کام کو بتا دے گا۔ اور وہ آگ خود ہر ایک کا کام آزمالے گی کہ کیسا ہے۔ جس کا کام اُس پر بنا

ہوا باقی رہے گا وہ اُجر پائے گا۔اور جس کا کام جل جائے گا وہ نقصان اُٹھائے گا لیکن خود بچ جائے گا مگر جلتے جلتے۔''(1 کرنتھیوں 3:12-15)

یہاں پر جن لوگوں کا ذکر کیا گیا ہے کہ وہ خدا کی عدالت کا سامنا کریں گے وہ خدا کے فرزند ہیں۔وہ بچ تو جائیں گے لیکن ''جلتے جلتے''

حزقی ایل نبی نے بھی اِس انگور کے درخت کی مثال کو استعمال کیا ہے۔وہ بنی اسرائیل کو بے کار انگور کے درخت کے طور پر بیان کرتا ہے جسے آگ سے نکالا گیا ہو۔یوحنا کی انجیل کے 15 باب میں جس آگ کا بیان ہوا ہے ضروری نہیں کہ وہ جہنم کی آگ ہو۔یہ ڈالیاں خدا کی عدالت کی آگ کا سامنا کرتی ہیں۔اگرچہ وہ اُس کے فرزند ہیں،تو بھی اُن کے گناہ اور بے پھل زندگیوں کی وجہ سے اُن کی عدالت ہوتی ہے۔

یہاں پر ہمیں باپ کی اِس دلی خواہش پر غور کرنے کی ضرورت ہے کہ ہم پھل لائیں۔خداوند کو اِس بات سے غصہ آتا ہے جب ایماندار اپنے اندر موجود زندگی سے فائدہ اُٹھاتے ہوئے بہت سا پھل نہیں لاتے۔درخت کا کام ہی پھل لانا ہوتا ہے۔اِس سے ہماری توجہ ایک اہم سوال کی طرف مبذول ہوتی ہے۔میں کیسے یہ پھل لا سکتا ہوں؟اگلی چند آیات میں خداوند یسوع ہمیں اِس سوال کا جواب دیتے ہیں۔

اوّل،اگر ہم چاہتے ہیں کہ ہم زیادہ سے زیادہ پھل لائیں تو پھر ضرور ہے کہ ہم خدا کو موقع دیں کہ ہماری کانٹ چھانٹ کرے۔تیسری آیت میں خداوند نے اپنے شاگردوں کو بتایا کہ وہ اُس کلام کے سبب سے پاک ہیں جو اُس نے اُن سے کیا ہے۔ہم ترجمہ میں اِس آیت کی اہمیت کو پورے طور سے سمجھ نہیں پاتے۔''کانٹ چھانٹ'' کے لئے جو یونانی لفظ استعمال ہوا ہے۔(2 آیت)

اُس کا معنی ''پاک کرنا'' بھی ہے۔کانٹ چھانٹ کا معنی پاک صاف کرنا بھی ہے۔جب ایک باغبان انگور کے درخت کی کانٹ چھانٹ کرتا ہے،تو اصل میں وہ اُسے بے پھل،مردہ اور بے کار شاخوں سے پاک کرتا ہے۔خداوند نے اپنے شاگردوں سے کہا کہ وہ کلام کے سبب سے پاک ہو

گئے ہیں یعنی اُن کی کانٹ چھانٹ ہوگئی ہے۔

خداوند کلام کے سبب سے ہی ہماری کانٹ چھانٹ کرتا ہے۔ اُس کا کلام ہی ہماری زندگی میں موجود گناہوں کی نشاندہی کرتا ہے۔ اُس کے کلام سے ہمیں اپنی زندگی میں ایک سمت ملتی ہے۔ خدا کا کلام ، جو کہ ایک تلوار کی طرح ہوتا ہے، بند بند اور گودے گودے کو جدا کر کے گزر جاتا ہے۔ اور ہماری زندگی میں گھات لگائے ہوئے گناہوں اور خطاؤں پر روشنی ڈالتا ہے۔ اگر ہم خداوند کے لئے پھل لانا چاہتے ہیں، تو پھر ہمیں خداوند کو موقع دینا ہوگا کہ اپنے کلام کے وسیلہ سے ہماری کانٹ چھانٹ کرے اور اپنے کلام سے ہمیں پاک کرے۔ اگر ہم خدا کے کلام کی نافرمانی میں زندگی گزارنے سے باز نہیں آئیں گے تو پھر ہم کبھی بھی پھل لانے کی توقع نہیں کر سکتے۔ ہمیں موقع دینا ہوگا کہ خدا کا کلام ہماری راہنمائی کرے۔

دوسری اہم بات یہ ہے کہ اگر ہم خداوند کے لئے پھل دار ہونا چاہتے ہیں، تو پھر ہمیں یہ بھی سیکھنا ہوگا کہ ہم کس طرح اُس میں قائم رہ سکتے ہیں۔ (4 آیت) ہر مسیحی کے لئے انگور کے حقیقی درخت سے بھٹک جانے کی آزمائش ہوتی ہے۔ ہمارے اندر پایا جانے والا تکبر ہمیں خداوند سے بھی آگے نکل جانے کے لئے اُبھارتا ہے۔ تا کہ ہم سب کچھ اپنی طاقت ہی سے سرانجام دیں۔ خداوند میں قائم رہنے کا مطلب اُس کے کلام کی تابعداری میں زندگی بسر کرنا ہے۔ یعنی اُس کے ساتھ ایک تعلق اور سلسلہ گفتگو قائم کرنا ہے۔ اُس میں قائم رہنے کا مطلب اُس کے کلام کے قوت اور اُس کے پاک روح کے بہاؤ کو اپنی زندگی میں بہنے دینا ہے۔

یہ موسیٰ جیسا روّیہ اپنانا ہے جس نے کہا تھا کہ جب تک تیری حضوری ہمارے ساتھ نہ جائے ہم یہاں سے آگے نہ بڑھیں گے۔ (خروج 33:15-16) اُس میں قائم رہنے کا مطلب اُس کی حکمت کا طالب ہونا اور اُس کا زور حاصل کرنا ہے تا کہ ہم جو کچھ بھی اُس کے لئے کریں اپنی طاقت سے نہیں بلکہ اُس کے پاک روح کے زور اور اُس کی قوت اور قدرت سے کریں۔ وہی ہماری طاقت کا منبع ہے اور لازم ہے کہ ہم اُس میں پیوستہ رہیں۔ کوئی چیز بھی ہمیں اُس کی محبت سے جدا نہ کرے۔ خدا

چاہتا ہے کہ ہم پھل لائیں۔ لازم ہے کہ ہم انگور کے درخت میں پیوستہ رہیں، اور اُس سے قوت اور طاقت پاتے رہیں تا کہ بہت سا پھل لا سکیں۔ لازم ہے کہ ہم ہر ایک آزمائش کا مقابلہ کریں جو ہمیں اُس کی خدمت کو اپنے ہاتھ میں لینے پر اُکساتی ہے۔ ہماری طاقت اور قوت کا منبع تو خداوند یسوع ہی ہے۔ اُس کا کلام اور اُس کا پاک روح ہماری تقویت اور توانائی ہے۔

خداوند نے ہمیں آگاہ کیا ہے کہ ہم اُس میں قائم رہے بغیر کوئی ابدی روحانی قدر و قیمت کا کام سر انجام نہیں دے سکتے۔ (5 آیت) جب خداوند ہمیں یہ کہہ رہا ہے کہ ہم اُس میں قائم رہے بغیر کچھ نہیں کر سکتے تو اِس کا مطلب ہے کہ ہم ہر ایک کام کے لئے اُس پر انحصار کریں۔

ہم اپنی ہر ایک سانس اور ہر ایک کاوش کے لئے مکمل طور پر اُس پر بھروسہ کریں۔ خداوند ہمیں یہ بتا رہے ہیں کہ اگر ہم اِس دُنیا میں اُس کے کاموں کو سر انجام دینا چاہتے ہیں تو پھر لازم ہے کہ ہم اُس میں قائم رہتے ہوئے کام کرنا سیکھیں۔ لازم ہے کہ ہم اُس کی آواز سننا سیکھیں۔ اور اُس کی راہنمائی کو محسوس کرنا اور اُس کے مطابق چلنا سیکھیں۔ ہم اُسی سے قوت اور راہنمائی لے کر چلیں۔ جسمانی کاوشوں سے کوئی بھی ابدی قدر و قیمت کا روحانی کارنامہ سر انجام نہیں دیا جا سکتا ۔ اگر ہم خدا کی بادشاہی کے لئے کچھ کرنا چاہتے ہیں تو پھر لازم ہے کہ ہم انگور کے حقیقی درخت سے قوت پانا سیکھیں۔

یہاں پر اُن لوگوں کے لئے خداوند کے وعدہ کو دیکھیں جو اُس میں قائم رہتے ہیں۔ خداوند کہہ رہا ہے کہ اگر ہم اُس میں قائم رہیں تو جو چاہیں مانگیں ہمارے لئے ہو جائے گا۔ (7 آیت) مسیح میں قائم رہنے والا شخص مسیح کے جلال کا طالب ہوتا ہے۔ ایسے شخص کی سب سے بڑی خواہش یہی ہوتی ہے کہ یسوع مسیح کو جلال ملے۔ ایسا شخص مکمل طور پر مسیح کے تابع زندگی گزارتا ہے تا کہ اُس کے ہاتھوں میں اس کے مقصد کے لئے ایک چنا ہوا وسیلہ بن جائے۔ مسیح میں قائم رہنے سے ہی ہم جو چاہیں مانگ سکتے ہیں۔ جب ہم انگور کے حقیقی درخت سے الگ ہو جاتے ہیں تو پھر ایسی چیزوں کے طالب ہوتے ہیں جو اُس کی مرضی سے باہر ہوتی ہیں۔ یہ وعدہ اُن لوگوں کے لئے ہے جو اُس میں قائم

رہتے ہیں۔ جب ہمارے دل اُس کی مرضی کو پورا کرنے کی خواہش سے بھرے ہوتے ہیں اور ہم ہر ایک بات میں آسمانی باپ کو جلال دینا چاہتے ہیں، تب ہی ہم خدا سے اپنی دُعاؤں کے جوابات کی توقع کر سکتے ہیں۔ باپ کی یہی خواہش ہے کہ ہم بہت سے پھل لائیں۔ جب ہم روحانی پھل لانے کے لئے اُس سے دُعا کریں گے تو پھر توقع کریں کہ وہ ہماری دُعاؤں کا جواب دے گا۔ اور ہمیں ایسا کرنے کی توفیق بخشے گا۔

یہاں پر آپ کو یہ سوال پوچھنے کی ضرورت ہے۔ کیا آپ خداوند میں قائم ہیں؟ کیا آپ اپنی زندگی میں اُس کی قوت اور قدرت کا تجربہ کرتے ہیں؟ کیا وہ زیادہ پھل لانے کی غرض سے آپ کی کانٹ چھانٹ کرتا ہے؟ ہوسکتا ہے کہ آپ مسیح کو اپنی زندگی کے بعض حصوں میں کام کرنے کی اجازت نہیں دے رہے۔ اِسی وجہ سے تو آپ روحانی طور پر بنجرپن کا شکار ہیں۔ اگر آپ روحانی طور پر بارآور ہونا چاہتے ہیں، تو پھر آپ کو موقع دینا ہوگا کہ خداوند آپ کی زندگی سے مُردہ شاخوں کو کاٹ ڈالے۔ آپ کو خداوند میں قائم رہنا سیکھنا ہوگا، اور موقع دینا ہوگا کہ خداوند آپ کو کچھ کرنے کے لئے آپ کو اپنی قوت اور صلاحیت سے معمور کردے۔ خداوند سے آگے

نہ بڑھیں۔ جو کچھ خدا آپ کی زندگی میں کرنا چاہتا ہے اُس میں مزاحم نہ ہوں۔ کسی طور پر بھی خداوند کے کاموں میں رکاوٹ پیدا نہ کریں جو وہ آپ کی زندگی میں کرنا چاہتا ہے۔ اُس کے تابع ہو جائیں، جو کچھ بھی کریں، اُس کے طالب ہوں، اُس کے بغیر ایک قدم بھی آگے نہ بڑھیں، اُس میں قائم رہنے کا فن سیکھیں۔

چند غور طلب باتیں

☆۔ کیا آپ سمجھتے ہیں کہ آپ کی زندگی میں کچھ ایسے علاقہ جات ہیں جہاں آپ کو خداوند کی طرف سے کانٹ چھانٹ کی ضرورت ہے؟ وہ کون سے حصے ہیں؟

☆۔ کیا خدا کے کلام سے آپ کی کانٹ چھانٹ ہوتی ہے؟ گزشتہ چند دنوں سے خدا اپنے کلام کے وسیلہ سے کیا کہہ رہا ہے؟

☆۔ آپ کس طرح فرق سے بیان کر سکتے ہیں کہ آیا آپ اپنی طاقت میں خدمت کر رہے ہیں یا آپ اُس کی طاقت میں آگے بڑھتے ہیں؟

☆۔ خداوند یسوع مسیح اور اُس کے کلام میں قائم رہنے کا کیا مطلب ہے؟

چند اہم دُعائیہ نکات

☆۔ نئے سرے سے اپنی زندگی خدا کے تابع کر دیں۔ خداوند سے دُعا کریں کہ پھر سے آپ کی زندگی کے ہر ایک حصے پر اپنا اختیار قائم کر لے۔

☆۔ ایسے وقتوں کے لئے خداوند سے معافی مانگیں جب آپ نے اپنی طاقت سے زندگی بسر کرنے کی کوشش کی۔ خداوند سے پوچھیں کہ اُسے کام کرنے کا موقع دینے اور اُس کی قدرت کو اپنی زندگی سے بہنے دینا کے کیا معانی اور مفہوم ہیں؟

☆۔ خداوند سے دُعا کر کے سیکھیں کہ اُس میں قائم رہنے اور اُس سے آگے نہ بڑھنے کا کیا مطلب ہے؟

باب40

میری محبت میں قائم رہو

یوحنا15:9-17

خداوند یسوع مسیح اپنے شاگردوں کو تعلیم دے رہے تھے کہ وہ اُس میں قائم رہیں تا کہ بہت سا پھل لائیں۔ اُس سے جدا ہو کر، وہ کچھ نہیں کر سکتے تھے۔ اِس حوالہ میں خداوند نے اُن کے لئے اپنی محبت کو بیان کیا ہے اور اُنہیں کہا ہے کہ وہ اُس کی محبت میں قائم رہیں۔

ہم کس طرح خداوند کی محبت میں قائم رہتے ہیں؟ خداوند یسوع مسیح درج ذیل حوالہ میں اِس سوال کا جواب دیتے ہیں۔

''اگر کوئی مجھ سے محبت رکھے تو وہ میرے کلام پر عمل کرے گا اور میرا باپ اُس سے محبت رکھے گا اور ہم اُس کے پاس آئیں گے اور اُس کے ساتھ سکونت کریں گے۔'' (یوحنا14:23)

خداوند نے ایک اور جگہ پر بھی اِس بات کی وضاحت کی ہے۔

''اگر تم میرے حکموں پر عمل کرو گے تو میری محبت میں قائم رہو گے جیسے میں نے اپنے باپ کے حکموں پر عمل کیا ہے اور اُس کی محبت میں قائم ہوں۔'' (یوحنا15:10)

خداوند کی محبت میں قائم رہنے اور اُس کے حکموں کی تابعداری میں ایک گہرا اور مضبوط تعلق پایا جاتا ہے۔ اِس سے ہمارے سامنے ایک سوال آتا ہے۔ تابعداری میں کون سی ایسی بات ہوتی ہے جو یہ ثابت کرتی ہے کہ ہم خداوند سے محبت کرتے ہیں؟ اِس تعلق سے میں دو نکات بیان کرنا چاہوں گا۔

اوّل، تابعداری ظاہر کرتی ہے کہ ہم مسیح کے ساتھ رفاقت میں ہیں۔ جس بات کی آپ کو سمجھ نہ ہو، آپ اُس کی تابعداری نہیں کر سکتے۔ تابعداری ثابت کرتی ہے کہ ہم اپنے مالک کے ساتھ ایک رشتہ میں استوار ہو چکے ہیں اور اُس کی آواز سن رہے ہیں۔ اِس کے برعکس، نافرمانی ظاہر کرتی ہے کہ

خداوند کے ساتھ ہمارا رشتہ ٹوٹ چکا ہے۔ اِس سے یہ بھی ظاہر ہوتا ہے کہ ہم اُس کی آواز کی بجائے دیگر آوازیں سننا شروع ہو گئے ہیں۔

دوئم، تابعداری قربانی کا تقاضا کرتی ہے۔ اگر مجھے خداوند کی تابعداری کرنی ہے تو پھر اُس کا تقاضا یہ ہے کہ میں خودی کے اعتبار سے مر جاؤں۔ اور اُس کی مرضی کو اپنی مرضی پر اوّلین ترجیح دوں۔ اگر آپ کو کسی سے محبت ہو تو پھر آپ اپنے وقت اور وسائل اُس کے لئے قربان کر دیتے ہیں۔ جب میں خدا کا تابعدار ہوتا ہوں تو میں ثابت کرتا ہوں کہ میں نے اپنے خیالات اور خواہشات کو پیچھے کر دیا ہے۔ اِس کے برعکس نافرمانی یہ ثابت کرتی ہے کہ مجھے اپنی جائیداد و املاک اور خواہشات سے بڑھ کر کسی اور چیز اور شخص سے محبت نہیں ہے۔

حتیٰ کہ مجھے اپنے نجات دہندہ سے بھی اتنی محبت نہیں جتنی مجھے اِس دُنیا اور اِس دُنیا کی چیزوں سے محبت ہے، کسی شخص سے مجھے کتنی محبت ہے اِس کو جانچنے کا پیمانہ یہ بھی ہے کہ میں اُس شخص کے لئے اپنی جائیداد و املاک اور وقت کی کتنی قربانی دیتا ہوں۔ یاد رکھیں، خدا کا کلام فرماتا ہے، ''نہ دُنیا سے محبت رکھو نہ اُن چیزوں سے جو دُنیا میں ہیں۔''

خدا کے کلام کی تابعداری ہمیں اِس قابل بناتی ہے کہ ہم خداوند کی محبت میں قائم رہیں۔ ہمیں یہاں پر یہ سمجھنے کی ضرورت ہے کہ ہمارے لئے خداوند یسوع مسیح کی محبت کبھی تبدیل نہیں ہوتی۔ وہ برگشتہ فرزندوں سے بھی اُسی قدر محبت کرتا ہے جتنی محبت اُسے وفادار ایمانداروں سے ہوتی ہے۔ مصرف بیٹے کی کہانی اِس حقیقت کو ثابت کرتی ہے۔ (15 باب) اگرچہ مسیح کی ہمارے لئے محبت کبھی تبدیل نہیں ہوتی، تو بھی اُس کی ہمارے لئے انفرادی محبت کا تجربہ مختلف ہوتا ہے۔

آپ روزمرّہ بنیادوں پر اُس کے ساتھ رہ سکتے اور اُس کی محبت میں شادمان ہو سکتے ہیں۔ یا پھر آپ اُس محبت سے دُوری کی زندگی بسر کر سکتے ہیں۔ آپ اُس کے پُرمحبت بازوؤں میں پناہ لینے کا چناؤ کر سکتے ہیں اور اُس کے تحفظ اور محبت کا تجربہ کر سکتے ہیں۔ یا پھر آپ پیچھے ہٹ کر اُس کی محبت سے الگ ہو کر زندگی بسر کر سکتے ہیں۔

جب خداوند یسوع ہمیں یہ تعلیم دیتے ہیں کہ ہم اُس کی محبت میں قائم رہیں، تو وہ ہمیں اپنے دل کی خواہش بتا رہے ہیں۔ یہ اُس کے دل کی خوشی ہے کہ وہ ہم سے محبت کرے۔ وہ ہم سے مسلسل رابطے میں رہنا چاہتا ہے۔ یہی اُس کے دل کی خوشنودی ہے کہ ہم اُس کی قربت میں رہیں اور وہ ہم سے کلام کرے۔ جب ہم اُس کی محبت سے بھٹک جاتے ہیں تو پھر اُس کا دل ٹوٹ جاتا ہے۔

اُس کی محبت میں قائم رہنا، دراصل اُس کے ساتھ مسلسل رابطے میں رہنا ہے۔ اِسی صورت میں ہم اُس کی آواز سن سکتے ہیں۔ اِسی مقام پر خداوند خود کو ہم پر ظاہر کرتا ہے۔ اِسی مقام پر ہم اُس کی قدرت کا تجربہ کر سکتے ہیں۔ اِسی مقام پر وہ ہمیں اپنے تعلق سے تعلیم دیتا اور اپنے مقصد کے بارے میں سکھاتا ہے۔ اِسی مقام پر ہم محفوظ اور اُس کی محبت کی لپیٹ محسوس کرتے ہیں۔ خدا کے ساتھ مسلسل رابطہ، اُس کی آواز سننا اور اُس کی قربت میں زندگی بسر کرنا نہایت شادمانی کا مقام ہوتا ہے۔ اِسی مقام پر ہم اپنے اندر ایک گہرا اطمینان اور اعتماد محسوس کرتے ہیں۔

غور کریں کہ 11 آیت میں خداوند ہمیں اِن سب باتوں کے بیان کرنے کی وجہ بھی بتاتے ہیں۔

اگر ہم نے خداوند کی شادمانی کا تجربہ کرنا ہے تو پھر ہم اُس کی محبت میں قائم رہ کر ہی ایسا کر سکتے ہیں۔ اُس کی تابعداری ہی سے ہم اُس کی شادمانی کا تجربہ کر سکتے ہیں۔ وہ لوگ جو اُس کی تابعداری میں زندگی بسر نہیں کرتے ہیں، اِس شادمانی کا تجربہ نہیں کر سکتے۔ شادمانی صرف اِسی صورت میں آتی ہے جب ہم اپنے نجات دہندہ کے ساتھ مسلسل رفاقت اور قربت میں زندگی بسر کرتے ہیں۔

گناہ خدا کے ساتھ ہمارے رابطے کو ختم کر دیتا ہے۔ خدا کی محبت میں قائم رہنا اُس کے ساتھ مسلسل گفتگو اور رابطے میں رہنا ہے۔ وہ لوگ جو اِس مقام پر اُس کے ساتھ رہتے ہیں وہی اپنے دلوں میں اُس کی (سمجھ سے باہر) شادمانی کو محسوس کر سکتے ہیں۔

خدا کے ساتھ ہماری محبت کا ایک دوسرے کے ساتھ ہماری محبت سے گہرا تعلق ہے۔ اُس نے ہم سے محبت رکھی۔ اُس کے نمونے پر عمل پیرا ہوتے ہوئے ایک دوسرے سے محبت رکھنا بڑی اُتم بات ہے جس نے ہم سے ایسی محبت کی کہ ہمارے لئے اپنی جان دینے سے بھی گریز نہ کیا۔ خداوند یسوع

مسیح نے یہاں تک کہا کہ اِس سے زیادہ محبت کوئی شخص نہیں کرتا کہ اپنے جان دوسروں کے لئے قربان کر دے۔(13 آیت) اُس کی محبت میں قائم رہنے کا قدرتی نتیجہ یہ ہو گا کہ ہم اپنے پڑ وسیوں سے اپنی مانند محبت کرنا شروع کر دیں گے۔خداوند یسوع مسیح نے اپنے شاگردوں کو بتایا کہ اگر چہ وہ اُس کے شاگرد تھے تو بھی وہ اُنہیں اپنے دوست سمجھتا رہا۔(15 آیت)

خداوند یسوع کو پورا حق حاصل تھا کہ وہ اپنے شاگردوں کو اپنے نوکروں کے طور پر دیکھتا، لیکن پھر بھی اُس نے اُنہیں اپنے دوست سمجھا۔اور دوستوں جیسا اُن کے ساتھ سلوک بھی کیا۔ایک دوست اور ایک نوکر کے درمیان فرق کا دارومدار اُس تعلق پر مبنی ہوتا ہے جو اُن کے درمیان ہوتا ہے۔اِس بات کا تعلق اِس بات سے بھی ہوتا ہے کہ دونوں فریقین ایک دوسرے کے لئے کس قدر قربانی دینے کے لئے تیار اور رضامند ہیں۔جو کچھ آسمانی باپ نے اپنے بیٹے یسوع کو دیا تھا وہ سب کچھ وہ اپنے شاگردوں میں بانٹنے سے کبھی نہ جھجکا۔اُس نے اپنے دل کو اپنے شاگردوں کے ساتھ اس طرح کھول دیا جس طرح ایک دوست اپنے دوستوں کے لئے کرتا ہے۔اپنے دوستوں کے لئے پُر محبت قربانی کے طور پر اپنے آپ کو قربان کرنے سے بھی دریغ نہ کیا۔

بعض لوگ اِس بات پر زور دیتے ہیں کہ ایماندار صرف اور صرف خدا کے خادمین ہوتے ہیں۔وہ اپنے آپ کو اُس کے ساتھ ایک نوکروں جیسے رشتے کے ساتھ دیکھتے ہیں جو بغیر کسی سوال کے اپنے مالک کی تابعداری کرتے ہیں۔اُن کے نزدیک خدا بہت قدوس اور پاک ہے اور انسان سے بہت دُور رہتا ہے۔اگر چہ ایسے لوگ وفادار خادمین بھی ہوتے ہیں تو بھی وہ خداوند کی شادمانی کے تجربے تک نہیں پہنچ پاتے۔مارتھا کی طرح وہ اُس کی خدمت میں بہت مصروف لیکن اُس کے ساتھ رفاقت کی خوشی سے محروم رہتے ہیں۔

جب کہ کچھ لوگ خدا کے ساتھ دوستانہ تعلقات پر زور دیتے ہیں۔ایسے لوگ خدا کی گہری قربت اور رفاقت سے لطف اندوز ہوتے ہیں۔وہ رفاقت اور خدا کے حضور اپنا دل انڈیلنے کی خوشی سے لبریز ہوتے ہیں۔تاہم ایسے لوگ بعض اوقات اُس کی قدوسیت اور اُس کے رُعب اور دبدبے کو پورے

طور پر ماننے سے قاصر رہتے ہیں۔ہمیں خدا کے ساتھ ایک متوازن رشتہ قائم کرنا چاہیئے۔ہمیں خدا کے خادمین ہوتے ہوئے اُس کے ساتھ دوستانہ تعلقات استوار کرنا ہے۔

خداوند کی یہ توقع ہے کہ اُس کے شاگرد پھل لائیں یعنی ایسا پھل جو قائم رہے۔(10 آیت) اُنہیں پھل لانے کے لائق اور قابل بنانے کے لئے خداوند نے وعدہ کیا کہ آسمانی باپ اُنہیں وہ سب کچھ دے گا جو کچھ وہ اُس کے نام سے اُس سے مانگیں گے۔خداوند کی طرف سے سونپے گئے کام کی تکمیل کے لئے اُن کے پاس آسمانی باپ کی طرف سے مکمل اختیار تھا۔ اگر اُن کے پاس کسی چیز کی کمی ہوتی تو وہ یسوع کے نام سے باپ سے درخواست کر سکتے تھے۔اور اُنہیں درکار چیز مل جانا تھی۔خدا کے عظیم خزانے یسوع کے دوستوں کے لئے کھل جانے تھے۔تا کہ خدا کی بلاہٹ کی تکمیل کے لئے کوئی رکاوٹ اور مشکل حائل نہ رہے۔خدا نے وعدہ کیا ہے کہ جس کام کے لئے اُس نے ہمیں بلایا ہے کبھی بھی وسائل کی کمی کے سبب سے اُس میں رکاوٹ نہ آئے گی۔

پھل لانے اور اُس کے نام سے کچھ مانگنے کے موضوع پر بات چیت کرتے ہوئے،خداوند نے یہ بات کہی،''ایک دوسرے سے محبت رکھو۔'' سرسری طور پر دیکھیں تو یوں لگتا ہے کہ مذکورہ موضوعات پر بات چیت سے اِس آیت کا کوئی تعلق اور واسطہ نہیں ہے۔لیکن اصل میں تو خداوند کے لئے پھل لانے کا اِس آیت سے گہرا تعلق ہے۔اگر آپ خدا کی محبت میں قائم نہیں رہتے تو پھر آپ اپنے بھائیوں اور بہنوں سے محبت کرنے کے قابل بھی نہ ہوسکیں گے۔اگر آپ اپنے بھائیوں اور بہنوں سے محبت نہیں کرتے تو پھر آپ اُنہیں خداوند کے لئے جیت بھی نہ پائیں گے۔

کئی دفعہ ہم اُلٹی گنگا بہاتے ہیں۔(فطرت کے اُلٹ کام کرنا) ہم پھل لانے پر زور دیتے ہیں،اور اُس کی محبت میں قائم رہنے کو نظرانداز کر دیتے ہیں۔مسیح کی محبت میں قائم رہنے سے ہمیں خداوند کے لئے خدمت کرنے کی قوت ملتی ہے۔اگر ہم لوگوں کو مسیح کے لئے جیتنا چاہتے اور ایسا پھل لانا چاہتے ہیں جو قائم رہے،تو پھر ہمیں خدا کے حضور زیادہ سے زیادہ وقت گزارنے کی ضرورت

ہے۔تا کہ وہ ہمارے دلوں میں کھوئے ہوؤں کے لئے اپنی محبت کو بھر دے۔ساتھ ہی اُس کے حضور اُس کے کلام کی مکمل تابعداری کی توفیق مانگیں۔کوئی چیز بھی ہمیں خدا سے اپنے سارے دل، اپنی ساری جان اور اپنے ساری طاقت سے محبت کرنے سے روکنے نہ پائے۔ہم اُس سے محبت رکھیں اور اُسے موقع دیں کہ وہ اپنی محبت کو ہمارے دلوں میں بھر دے، تو نتیجہ بہت گہرا، پُرقدرت اور گہری قربت کی صورت میں سامنے آئے گا۔

کیا آپ مؤثر طور پر خداوند کی خدمت کرنا چاہتے ہیں؟ اُس کی محبت کو یاد کریں۔اور موقع دیں کہ اُس کی محبت آپ کے دلوں پر چھا جائے۔کبھی بھی نافرمانی کو موقع نہ دیں کہ وہ آپ کے تعلق اور رشتہ کو خدا کے ساتھ توڑ دے۔ایسا تب ہی ہوتا ہے جب ہم اُس کی رفاقت اور گہری قربت میں رہتے ہیں۔اور ایسی گہری قربت اُس کی محبت ہی سے پیدا ہوتی ہے۔تا کہ ہم اپنے مالک، خداوند اور دوست کے لئے پھل دار ہو سکیں۔

چند غور طلب باتیں

☆ ۔ کیا آپ خداوند کی محبت میں قائم ہیں؟ اِس سے آپ کی زندگی پر کیا اثرات مرتب ہوئے ہیں؟

☆ ۔ یہ حوالہ آپ کو خدا کی آپ کے لئے اِس خواہش کے تعلق سے کیا بتاتا ہے کہ آپ اُس کی محبت میں قائم رہیں۔

☆ ۔ اِس حوالہ میں نوکر اور دوست کے کردار کے تعلق سے مسیح کی تعلیم پر غور کریں۔ آج خداوند یسوع آپ کے لئے کیا ہے؟

☆ ۔ خداوند کی محبت میں قائم رہنے کی کیا اہمیت ہے؟ کیا خدا کی محبت کے تجربہ سے بھٹک جانا ممکن ہے؟ اِس کا کیا نتیجہ نکلتا ہے؟

چند اہم دُعائیہ نکات

☆ ۔ اِس بات کے لئے خداوند کے شکر گزار رہوں کہ وہ آپ سے گہری قربت اور رفاقت کا خواہاں ہے۔

☆ ۔ خدا سے اور توفیق مانگیں تا کہ آپ اور زیادہ اُس کے قریب آسکیں۔ خداوند سے کہیں کہ ایسی چیزوں کی آپ کی زندگی میں نشاندہی کرے جو آپ کو اُس کے قریب آنے سے روک رہی ہیں۔

☆ ۔ کیا کوئی ایسا شخص ہے جس کے ساتھ آپ کو محبت کرنا مشکل لگتا ہے؟ خداوند سے اُس شخص کے لئے گہری محبت مانگیں۔

باب 41

خداوند کی پیروی

یوحنا15:18- 4:16

خداوند یسوع مسیح اپنے شاگردوں سے اُس کی (یسوع کی) محبت میں قائم رہنے کے تعلق سے باتیں کر رہے تھے۔ اُن کی محبت میں قائم رہنا اِس بات کا تقاضا کرتا ہے۔ کہ وہ اُس کے کلام کی تابعداری میں زندگی بسر کریں۔ اُس کی محبت میں قائم رہنے سے ہی اُنہوں نے کھوئی ہوئی دُنیا کے لئے قوت اور قدرت سے معمور اور بھرپور گواہ ٹھہرنا تھا۔ خداوند یسوع مسیح نے اُنہیں یاد دلایا کہ دُنیا کی طرف سے اُنہیں نفرت کا سامنا بھی کرنا پڑے گا۔ وہ یسوع کے ہونے کے وجہ سے رد کئے جائیں گے۔

ہم میں مسیح کی زندگی تاریکی میں رہنے والی مخلوق کے لئے روشنی کی مانند ہے۔ میں پہلے بھی ذکر کر چکا ہوں کہ جب میں بچہ تھا تو میں نے ایک پتھر کے نیچے ایک کھٹمل دیکھا۔ جونہی میں نے پتھر اُٹھایا اور اُس پر روشنی پڑی تو وہ کسی اور تاریک جگہ پر جا چھپا۔ کیوں کہ تاریکی میں رہنے والے کیڑے مکوڑوں کا یہ فطری رجحان ہوتا ہے کہ وہ روشنی سے دُور بھاگتے ہیں۔

ہم میں مسیح کی زندگی بے ایمان دُنیا کے لئے ایک چیلنج کی حیثیت رکھتی ہے۔ ہمارے اندر پائے جانے والی پاکیزگی بدکار دنیا کو کسی طور پر اچھی نہیں لگتی۔ خدا کا کلام جو ہماری زندگیوں کی بنیاد ہے وہ ایسے معاشرے کے لئے ایک خطرہ ہوتا ہے جہاں لوگ اپنی من مرضی کی زندگی بسر کرتے ہیں۔ خداوند یسوع مسیح سے محبت اُس کے کلام کی تابعداری اور اُس کے کلام پر کھڑے رہنے کا نام ہے۔ جب میں اور آپ خدا کے کلام کے لئے کھڑے ہوں گے تو پھر یہ لازمی بات ہے کہ ہمیں مخالفت کا سامنا کرنا پڑے گا۔ خداوند یسوع مسیح نے اپنے شاگردوں سے کہا کہ اگر وہ بھی دُنیا جیسے ہوں تو دُنیا اُن سے محبت رکھے۔ کیوں کہ دُنیا اپنوں سے محبت رکھتی ہے۔

خدا نے اُنہیں دُنیا سے الگ کر لیا تھا۔ (19 آیت)

اب وہ یسوع مسیح کے تھے۔ جو مسیح یسوع کے ہوتے ہیں، وہ دُنیا کی محبت میں اسیر ہو کر دُنیا کی چیزوں کے پیچھے نہیں بھاگتے۔ اب وہ عالم بالا کی چیزوں کی تلاش میں رہتے ہیں، خدا اور اُس کے کلام کی محبت سے سرشار ہو کر وہ خدا کی مرضی اور منصوبوں کی تکمیل میں مگن رہتے ہیں۔ اب وہ فانی نہیں بلکہ غیر فانی چیزوں کی جستجو میں رہتے ہیں۔ مسیح کے لوگوں کی ترجیحات بدل جاتی ہیں۔ اُن کو خداوند یسوع مسیح دُنیا کی ہر ایک چیز سے زیادہ عزیز ہو جاتا ہے۔ یہ تبدیلی دُنیا کے لئے مایوسی کا باعث ہوتی ہے۔ مسیح کی نجات کو قبول کر لینے والے شخص کی زندگی میں ایسی تبدیلی دُنیا کی سمجھ سے بالاتر ہوتی ہے۔ اب ایماندار کی دنیا کے ساتھ کوئی مطابقت اور موافقت نہیں رہتی۔

اگر دُنیا نے مسیح کو قبول نہیں کیا تھا، تو پھر وہ ہمیں بھی رد کرے گی۔ اگر اِس دُنیا نے یسوع کو ستایا تھا تو پھر وہ ہمیں بھی دُکھ دے گی۔ دُنیا اِس لئے ایسا کرے گی کیوں کہ وہ باپ کو نہیں جانتی۔ (21 آیت) دُنیا نے اُس کی محبت اور معافی کا تجربہ نہیں کیا۔ دُنیا اُس کی موجودگی اور حضوری کی حقیقت سے ناآشنا ہے۔

اِس سے اُن کے پاس کوئی عذر نہیں کیوں کہ خدا نے ہر فرد و بشر پر اپنے آپ کو ظاہر کیا ہے تاکہ کسی کے پاس کوئی عذر نہ رہے کہ وہ خدا کو نہیں جانتا۔ خداوند یسوع مسیح اِس دُنیا میں باپ کو ظاہر کرنے کے لئے ہی تو آئے تھے۔ لیکن لوگوں نے اُسے رد کر دیا۔ ساری کائنات اور اُس کی معموری ایک خالق خدا کی خبر دیتی ہے۔ اُسی نے ہم کو اور دُنیا کی ہر ایک شے کو خلق کیا ہے۔ بائبل مقدس ہمیں بتاتی ہے کہ ہمیں خدا کی صورت اور شبیہ پر خلق کیا گیا تھا۔ چونکہ ہم اُس کی صورت اور شبیہ پر پیدا ہوئے تھے اِس لئے ہمارا پورا وجود ہی اُسے پکارتا ہے۔ خدا کے بغیر ہمارا کوئی وجود نہیں ہے۔ تاہم بنی نوع انسان نے اپنی تسکین دُنیاوی چیزوں سے کرنے کی کوشش کی ہے۔ لیکن پھر بھی ایک خلا باقی رہ جاتا ہے اور دُنیا کی چیزیں کبھی اور کسی طور پر بھی انسان کو آسودہ نہیں کر سکتیں حتیٰ کہ وہ اُس خلا کو پُر کرنے کی تگ و دَو میں بھاگتا بھاگتا خاک میں جاملتا ہے۔

22-24 آیات کو سمجھنا قدرے مشکل ہے۔ خداوند یسوع مسیح نے اُن سے کہا کہ اگر اُس نے اُن

سے شخصی طور پر کلام نہ کیا ہوتا اور اُن کے سامنے معجزات نہ دکھائے ہوتے تو وہ مجرم نہ ٹھہرتے۔ اِس بیان کا بھی بغور جائزہ لینے کی ضرورت ہے۔ اگر ایسا نہ ہوتا تو پھر خدا کی عدالت کی کوئی بنیاد نہ ہوتی۔ مقدس پولس رسول رومیوں 15:4 میں ہمیں بتاتے ہیں۔

''کیوں کہ شریعت تو غضب پیدا کرتی ہے، اور جہاں شریعت نہیں وہاں عدول حکمی بھی نہیں۔''

جہاں شریعت نہیں، وہاں شریعت کی تعمیل بھی نہیں۔ جہاں حکم نہیں، وہاں پر اُس حکم کی عدولی کی سزا بھی نہیں۔ اگر خدا نے ہمیں اپنی شریعت نہ دی ہوتی اور ہم پر یہ ذمہ داری عائد نہ کی ہوتی کہ ہم اُس کی تعظیم کریں اور اُس کے حکموں پر چلیں، تو پھر ہمیں سزا دینے کا بھی کوئی جواز نہ ہوتا۔ خدا نے ہمیں اپنے لئے چنا اور بلایا ہے کہ ہم اُس کے لوگ ہوں۔ ہم پر اُس کی طرف سے ایک ذمہ داری عائد ہوتی ہے۔ وہ ہم تک پہنچا۔ اُس نے ہمارے لئے صلیب پر جان قربان کی ہے۔ اُس نے ہمیں اپنے فرزند ہونے کے لئے بلایا ہے تا کہ ہم ابدالاباد اُس کے ساتھ رہیں۔ اِس سے ہم پر بڑی ذمہ داری عائد ہوتی ہے۔ جو خدا کی طرف سے بلائے گئے ہیں وہ اُس کے حضور جواب دہ بھی ہیں۔ ہم اپنے گناہ اور نافرمانی کے ذمہ دار ہیں۔

26-27 آیات میں، خداوند یسوع مسیح نے اپنے شاگردوں کو بتایا کہ جب روح القدس اُن پر نازل ہوگا تو پھر وہ اُس کی محبت اور معافی، خدا کے کلام، انسانی دل میں اُس کی صورت اور شبیہ، فطرت کی تخلیق، روح القدس اور خداوند یسوع مسیح کی زندگی اور اُس کی خدمت کی گواہی کے ساتھ شامل ہو جائیں گے۔

یہ سب کچھ لوگوں کی عدالت کے لئے کافی شواہد ہیں۔ ہر وہ شخص جو خدا کی آواز کو رد کرتا ہے، جو مجھے اور آپ کو بلا رہا ہے کہ ہم بالائی سطور میں بیان کردہ گواہوں کے ساتھ شامل ہو جائیں تا کہ اس دُنیا میں اِس بات کی منادی کریں کہ یسوع ہی دُنیا کا منجی ہے۔

خداوند یسوع مسیح نے اپنے شاگردوں کو بتایا کہ گواہی دینے کا یہ کام آسان نہیں ہوگا۔ (16:1-4) اُنہیں عبادت خانوں سے نکال دیا جائے گا، بعض کو انجیل کی منادی کے باعث

قتل بھی کر دیا جائے گا۔اگر آپ خداوند یسوع مسیح کو اپنے منجی اور خداوند کے طور پر جانتے ہیں،تو پھر آپ کو اُس کے گواہ ہونے کے لئے بلایا گیا ہے۔خدا نے آپ کو اِس لئے چنا ہے کہ آپ اِس گناہ آلودہ اور تاریک دُنیا میں چراغوں کی مانند چمکیں۔آپ سچائی سے شرمائیں نہیں، بلکہ اپنے اندر موجود سچائی کو چمکنے دیں۔آپ ایسے مرد وزن کے لئے خدا کے منصوبے کا حصہ ہیں جو خدا کو نہیں جانتے۔ ہوسکتا ہے کہ آپ کو مخالفت کا سامنا کرنا پڑے۔لیکن یہ حوالہ ہمیں ثابت قدم رہنے کی تلقین کرتا ہے۔یہی آپ کا فخر ہونا چاہے کہ آپ مسیح کے پیروکار ہیں۔

محبت کا پیغام

ایمانداروں کے درمیان خدا کی محبت کے اظہار کی واحد تشریح یہ حقیقت ہے کہ خدا اُن میں رہتا ہے۔صرف ایک ہی طریقہ سے خدا کی محبت ہمارے دلوں میں سکونت کرسکتی ہے کہ گناہ کی رکاوٹ کو مسیح کے صلیبی کام کے وسیلہ سے ہٹا دیا جائے۔

اپنے بھائیوں اور بہنوں کو مسیح کی محبت کے ساتھ پیار کرنے سے، آپ اِس بات کا اظہار کرتے ہیں کہ آپ نے مسیح کے وسیلہ سے گناہ اور اپنی خودی پر غلبہ پالیا ہے۔ جو صلیب پر آپ کی مخلصی اور رہائی کے لئے قربان ہوگیا۔

جب مسیحی ہم ایمان بھائیوں اور بہنوں کے ساتھ ہم آہنگی اور یگانگت میں زندگی بسر نہیں کرتے،تو آپ اپنے خدا کے نام کے لئے بے عزتی کا باعث ہوتے ہیں۔

چند غور طلب باتیں

☆۔کیا آپ نے خداوند کی وجہ سے کھڑے رہنے سے دُکھ اُٹھایا ہے؟ وضاحت کریں۔

☆۔آج کس چیز کے باعث آپ کو خداوند کے لئے کھڑا ہونے میں شرم محسوس ہوتی ہے

☆۔خداوند نے کس طرح خود کو آپ پر ظاہر کیا؟

☆۔خدا کے لئے ہمارے کیا فرائض اور ذمہ داریاں ہیں؟

☆۔خدا نے خود کو اِس دُنیا پر کس طرح ظاہر کیا ہے؟ اِس سے دُنیا پر کیا ذمہ داری عائد ہوتی ہے؟

چند اہم دُعائیہ نکات

☆۔خداوند سے اور زیادہ توفیق اور مضبوطی مانگیں تا کہ آپ اُس کی گواہی اور نام کے لئے کھڑے ہو سکیں۔

☆۔چند لمحات کے لئے کسی ایسے دوست یا عزیز کے لئے دُعا کریں جو ابھی تک خدا کے کلام کی سچائیوں کو اپنی زندگی میں کام کرنے نہیں دے رہا۔

☆۔خداوند سے رہنمائی مانگیں تا کہ آپ اُس کے گواہ ہونے کے لئے واضح طور پر اپنے کردار کو سمجھ سکیں۔

☆۔خداوند کے شکر گزار ہوں کہ اُس نے خود کو دُنیا پر ظاہر کرنے کے لئے کوئی کسر نہ چھوڑی۔

باب42

رُوح القدس کی سہ رُخی خدمت

یوحنا16:5-16

جب پہلے پہل خداوند نے اپنے شاگردوں کو بتایا تھا کہ وہ اُنہیں چھوڑ کر جا رہا ہے، تو اِس کے بعد پطرس نے خداوند سے پوچھا کہ وہ کہاں جا رہا ہے؟ (36:13) بعدازاں بھائی توما نے بھی اُس سے پوچھا کہ وہ کہاں جا رہا ہے۔ (5:14) اِس موقع پر، جب خداوند نے یہی بات دہرائی تو کسی نے اُس سے یہ پوچھنے کی جرأت نہ کی کہ وہ کہاں جا رہا ہے۔ ہوسکتا ہے کہ وہ اِس بات کو قبول کرنا شروع ہو گئے تھے، چھٹی آیت سے ہم سمجھتے ہیں کہ یہ سن کر کہ یسوع اُنہیں چھوڑ کر جا رہا ہے، شاگردوں کے دل غم سے بھر گئے۔

یہ بات قابل فہم ہے، اِس حقیقت پر غور کریں کہ شاگرد اپنا سب کچھ چھوڑ کر اُس کے پیچھے ہو لئے تھے۔ تین برس تک اُنہوں نے اُس کے لئے اپنی زندگیاں وقف کر دیں۔ وہ اُس کی محبت میں مگن ہو چکے تھے، اَب اُن کا اُس پر اعتماد بھی مضبوط ہو چکا تھا۔ خداوند یسوع مسیح کا اُن کی زندگیوں پر گہرا اثر تھا۔ اُن کی زندگیاں ہمیشہ کے لئے تبدیل ہو چکی تھیں۔

اُن کے غم کو محسوس کرتے ہوئے، خداوند نے اُنہیں بتایا کہ یہ اچھی بات ہے کہ وہ اُن سے جدا ہو کر جا رہا ہے۔ جب تک وہ نہ جائے رُوح القدس کا نزول اُن پر نہیں ہونا تھا۔ روح القدس نے خداوند یسوع مسیح کی موت اور اُس کے مُردوں میں سے زندہ ہونے کے سبب سے ہی اُن پر نازل ہونا تھا۔ خدا کے پاک روح نے اُن لوگوں کی زندگیوں میں سکونت کے لئے آنا تھا جو خداوند یسوع مسیح کے صلیبی کام کے وسیلہ سے دُھل کر پاک صاف اور جنہیں اُن کے گناہوں کی معافی مل چکی ہونا تھی۔ رُوح القدس نے اُس کام کو شاگردوں کی زندگیوں میں جاری رکھنا تھا جو خداوند یسوع مسیح نے اُن کی زندگیوں میں شروع کیا تھا۔

مدد گار نے اُنہیں گناہ ، راستبازی اور عدالت کے بارے میں قائل کرنے کے لئے آنا تھا۔(8 آیت) آئیں تفصیل کے ساتھ رُوح القدس کی سہ رُخی خدمت کا جائزہ لیں۔

اوّل، روح القدس ہمیں گناہ کے تعلق سے قصور وار ٹھہرائے گا۔9 آیت ہمیں بتاتی ہے کہ یہ اس لئے بھی ضروری ہے کہ لوگ خداوند یسوع مسیح پر ایمان نہیں لاتے۔ہم نے دیکھا ہے کہ کس طرح اکثر و بیشتر لوگ مسیح کو رد کر دیتے ہیں۔اگر چہ اُس نے بڑے بڑے معجزات کئے تو بھی وہ یہ دیکھنے سے قاصر رہے کہ وہ خدا کا بیٹا ہے۔جو اُنہیں اُن کے گناہوں سے مخلصی دینے کے لئے آیا۔اُن کی آنکھیں اندھی تھیں اور وہ اپنے لئے مسیح کی ضرورت کو دیکھنے سے قاصر رہے۔حتیٰ کہ وہ ایمان ہی نہ رکھتے تھے کہ وہ گنہگار بھی ہیں۔

رُوح القدس اِسی لئے تو بھیجا گیا تھا تاکہ مرد وزن اپنے لئے نجات دہندہ کی ضرورت کو دیکھ سکیں۔وہ لوگوں کو گناہ کے تعلق سے قائل کرنے کے لئے آیا۔وہ اُنہیں یہ دکھانے کے لئے آیا کہ اُن کی معافی کا ایک ہی راستہ ہے اور وہ ہے خداوند یسوع مسیح کی صلیب۔

کیا خدا کا رُوح ہمارے دلوں میں سکونت پذیر ہے؟اگر ہے،تو پھر آپ اپنے گناہ پر قائلیت محسوس کریں گے۔اب جبکہ میں روح القدس کے اپنی زندگی میں کام اور اُس کی خدمت کو سمجھ گیا ہوں تو مجھے یہ محسوس ہونا شروع ہو گیا ہے کہ میں جس قدر اپنے آپ کو گنہگار سمجھتا تھا اُس سے بھی کہیں زیادہ گنہگار ہوں۔بعض اوقات میں حیرت زدہ ہو کر سوچ میں پڑ جاتا کہ اور کتنے گناہ ہیں جو روح القدس میری زندگی کے پوشیدہ کونوں میں ڈھونڈ سکتا ہے۔

اگر آپ کو اپنے کسی گناہ پر قائلیت محسوس ہوئی ہے،تو پھر آپ کی ہمت بندھی رہے۔یہ پاک رُوح کی حضوری کا آپ کی زندگی میں ایک واضح ثبوت ہے۔کیا آپ یہ معلوم کرنا چاہتے ہیں کہ کون سا کام روح القدس کی تحریک اور برکت سے ہے؟ سب سے پہلے اپنے آپ کو اِس طرح جانچیں اور پرکھیں، کیا خدمت یا اِس کام سے لوگوں میں آگاہی پیدا ہو رہی ہے اور وہ گناہوں سے توبہ کی طرف مائل ہو رہے ہیں؟ کیوں کہ روح القدس کی اوّلین خدمت یہی ہے۔روح القدس کی دوسری

خدمت، بمطابق یسوع مسیح ،لوگوں کو راستبازی کی قائلیت عطا کرنا ہے،

10 ویں آیت، ہمیں بتاتی ہے کہ روح القدس کے لئے اِس خدمت کو کرنا کیوں کر ضروری تھا؟ خداوند یسوع مسیح باپ کے پاس واپس جا رہا تھا اور اب اُس نے اُن کے پاس نہیں رہنا تھا۔ اُس نے اُنہیں تعلیم دی تھی کہ خدا باپ کے لئے زندہ رہنے کا کیا مطلب ہے۔ اُس نے اُنہیں راستبازی کی راہوں کے تعلق سے ہدایات دی تھیں۔ اب جب کہ وہ رُخصت ہو رہا تھا تو اُنہیں ایک اُستاد کی ضرورت تھی۔ اِسی لئے تو روح القدس آیا تھا تاکہ خداوند یسوع مسیح کی جسمانی غیر موجودگی کی صورت میں، ایمانداروں کو تعلیم دے، خداوند یسوع مسیح نے اپنے شاگردوں کو پہلے ہی بتا دیا تھا کہ جب روح القدس اُن کی زندگیوں میں آئے گا تو اُنہیں وہ سب باتیں یاد دلائے گا جن کی اُس نے اُنہیں تعلیم دی ہے۔ (26:14)

7 آیت، میں رُوح القدس کو مددگار (مشیر) کہا گیا ہے۔ مشیر کا کام درُست راہ پر چلنے کے لئے ہماری راہنمائی کرنا ہوتا ہے۔ یہی روح القدس کا کام ہے۔ جب روح القدس ہمارے دلوں میں سکونت کرنے کے لئے آتا ہے تو وہ خدا کے کلام کا نیا فہم بخشتا ہے۔ اور ہمیں خدا کی مرضی سے روشناس کرتا ہے۔ وہ ہماری زندگیوں میں سچائی کی بھوک پیاس پیدا کرتا ہے۔ وہ اِن باتوں کی طرف ہماری راہنمائی کرتا ہے جن میں خدا باپ کی خوشنودی ہوتی ہے۔ ہم میں یہ اُمنگ پیدا ہوتی ہے کہ سچائی کو اپنی زندگی میں کام کرنے کا موقع دیں۔ یہ ہے روح القدس کی خدمت، وہ ہمیں بتاتا ہے کہ کیا درُست ہے۔ وہ ہمارے دلوں میں یہ تحریک پیدا کرتا ہے کہ ہم خدا کی مرضی اور منصوبوں کے طالب ہوں، وہ راستبازی میں ہمارا مددگار اور مشیر ہونے کے لئے آتا ہے۔

کیا آپ معلوم کرنا چاہتے ہیں کہ آیا رُوح القدس آپ کی زندگی میں سکونت پذیر ہے؟ کیا آپ کے دل میں خدا کے کلام کی بھوک پیاس پائی جاتی ہے؟ کیا بائبل مقدس آپ کے نزدیک کاغذ پر سیاہی سے لکھے لفظوں سے بڑھ کر ہے؟ کیا آپ خدا کے کلام کے اصولوں کی تابعداری میں زندگی بسر کر رہے ہیں؟ کوئی بھی کام جو رُوح القدس کی تحریک سے ہوتا ہے، وہ مرد و زن کو دینداری کی زندگی

کے لئے اُبھارتا ہے اور راستبازی اور سچائی کی راہوں میں ہماری راہنمائی کرتا ہے۔

روح القدس کی تیسری خدمت دُنیا کو عدالت کے لئے قصور وار ٹھہرانا ہے۔(یوحنا12:31,14:30 / افسیوں2:2,6:12)یوحنا8:44ہمیں بتاتا ہے کہ شیطان فریب اور جھوٹوں کا باپ ہے، مسیح کی موت سے قبل، تمام قومیں گناہ میں کھوئی ہوئی تھیں، حتیٰ کہ خدا کے برگزیدہ لوگوں کے درمیان، بہت سے ایمان نہ لا سکے۔شیطان نے اُنہیں اندھا کر رکھا تھا تاکہ یسوع مسیح کے تعلق سے سچائی کو نہ پہچان سکیں۔

مسیح کی موت کے وسیلہ سے سب کچھ بدل جانا تھا۔جب مسیح صلیب پر جانے کے وسیلہ سے شیطان پر غالب آ گیا، تو رُوح القدس نے رُوئے زمین پر جنبش کرنا شروع کر دی۔ایسی زبردست جنبش کے جیسی پہلے کبھی نہ ہوئی تھی۔مسیح کے وسیلہ سے نجات کی دستیابی کا پیغام ایک قوم سے دوسری قوم تک پھیلتا چلا گیا۔شیطان کا مکر وفریب سامنے آنا شروع ہو گیا۔شیطان کی عدالت ہو چکی ہے۔صلیب کے وسیلہ سے اُسے شکست مل چکی ہے۔

یہ رُوح القدس کی خدمت ہے کہ لوگوں کو اِس دُنیا کے جہاں کے سردار کی عدالت کے تعلق سے قائلیت بخشے۔مسیح شیطان پر غالب آ چکا ہے۔اُس کا اختیار اور قدرت کچلا جا چکا ہے۔مسیح کی بادشاہی سب سے اعلیٰ ہے۔جس طرح شیطان کی عدالت ہوئی ہے اُسی طرح اُس کے پیروکار بھی خدا کی عدالت کے نیچے آئیں گے۔رُوح القدس اِس لئے آیا ہے تاکہ شیطان، دُنیا، گناہ اور موت پر مسیح کی فتح کے لئے قائلیت بخشے۔

کیا آپ یہ معلوم کرنا چاہتے ہیں کہ رُوح القدس آپ کی زندگی میں سکونت پذیر ہے؟ کیا آپ تسلیم کرتے ہیں کہ یسوع مسیح خداوند ہے؟ کیا آپ اُس کے سامنے جھکتے ہیں جو آپ کے سب دشمنوں پر غالب آیا ہے؟ کیا آپ کے دل سے پرستش اور ستائش کا بہاؤ جاری ہے؟ کیوں کہ خداوند یسوع مسیح سب چیزوں پر حاکم ہے؟ کیا آپ شیطان کی شکست کو حقیقی جانتے ہوئے غالب اور فاتح زندگی بسر کر رہے ہیں؟ کوئی بھی کام جو رُوح القدس کی تحریک سے ہو، مرد و زن کو قائلیت بخشے گا کہ یسوع ہی

خداوند ہے۔ وہ اُنہیں تحریک بخشے گا کہ اُس فتح میں زندگی بسر کریں جو اُس نے اِس جہاں کے سردار پر حاصل کر لی ہے۔ جنہیں شیطان کی عدالت کا یقین ہو چکا ہے، وہ اُس فتح میں زندگی بسر کر کرتے ہیں جو علم و معرفت سے آتی ہے۔ کیا یہی آپ کا تجربہ ہے؟ جب دشمن پر فتح پائی جا چکی ہے تو پھر آپ کیوں شکست خوردہ زندگی بسر کر رہے ہیں؟

رُوح القدس کی سہ رُخی خدمت ،ہمیں گناہ کے تعلق سے قائل کرنا ہے۔ راستبازی کی زندگی بسر کرنے کا کیا معنی ہے اور تیسری خدمت مسیح خداوند کی قطعی خداوندیت کے بارے یقین دہانی عطا کرنا ہے۔ کیا آپ کی زندگی میں رُوح القدس سکونت پذیر ہے؟ اگر ایسا ہی ہے، تو پھر آپ اکثر و بیشتر اُسے آپ کے گناہ کے تعلق سے بات کرتے ہوئے سنیں گے۔ اُس کی آواز سننے سے انکاری ہو کر اُسے رنجیدہ نہ کریں۔ اگر روح القدس آپ کی زندگی میں سکونت پذیر ہے، تو پھر آپ کی زندگی میں راستبازی کا ثبوت بھی دیکھنے کو ملے گا۔

جب روح القدس آپ کو خدا کے کلام میں سے تعلیم دے گا، تو پھر آپ کی زندگی پہلے جیسی نہیں رہے گی۔ جب وہ راستبازی کی باتوں کی تعلیم اور فہم آپ کو عطا کرے گا آپ کی زندگی میں گہرا کام ہوگا۔ آپ زندگی کے دُکھوں میں ثابت قدم رہیں گے۔ مسیح آپ کے دلوں پر راج کرے گا۔ اِس سے آپ کی روحوں کو آسودگی ملے گی۔ وہ آپ کو یاد دلاتا رہے گا کہ آپ کا دشمن شکست کھا چکا ہے اور اُس کی عدالت بھی ہو چکی ہے۔ اور اب اُس کا آپ پر کوئی اختیار نہیں ہے۔ آپ اِس یقین دہانی میں آرام پا سکتے ہیں کہ خداوند غالب آ چکا ہے، یہی روح القدس کی خدمت ہے۔

اور بھی بہت سی باتیں تھیں جن کی خداوند اپنے شاگردوں کو تعلیم دینا چاہتے تھے، لیکن اُس نے یہ کام روح القدس پر چھوڑ دیا، اُس نے اُنہیں بتایا کہ روح القدس اُس کی طرف سے اُن سے کلام کرے گا اور مسیح اور اُس کی مرضی کو آپ پر آشکارہ کرنے سے مسیح کو جلال بخشے گا۔

چند غور طلب باتیں

☆۔آپ کی زندگی میں رُوح القدس کی حضوری اور قدرت کا کیا ثبوت موجود ہے؟ کیا آپ کی زندگی کے کچھ ایسے حصے ہیں جہاں پر آپ کو رُوح القدس کے گہرے کام کی ضرورت ہے؟ وہ کون سے حصے ہیں؟

☆۔کیا آپ اپنی کلیسیائی زندگی میں رُوح القدس کی قوت اور قدرت اور اُس کے حضوری کا ثبوت دیکھ سکتے ہیں؟

☆۔اِس باب کے شروع میں دیے گئے حوالہ کی روشنی میں آج کے دوَر میں رُوح القدس کا کیا کردار ہے؟

چند اہم دُعائیہ نکات

☆۔خداوند کے شکرگزار رہوں کہ اُس نے اپنا روح القدس ہماری راہنمائی اور ہدایت کیلئے دیا ہے۔

☆۔خداوند سے دُعا کریں کہ وہ آپ کی زندگی میں روح القدس کے کام کے تعلق سے آپ کو اور زیادہ حساس بنائے۔

☆۔روح القدس سے کہیں کہ وہ عدالت، راستبازی اور گناہ کی قائلیت کے لئے آپ کی کلیسیا میں کام کرے اور خداوند یسوع مسیح کی راہبری کی یقین دہانی بخشے۔

باب43

تمثیلوں میں باتیں کرنا

یوحنا16: 17-33

خداوند یسوع مسیح اپنے شاگردوں کو بتا رہے تھے کہ وہ اُنہیں چھوڑ کر اپنے باپ کے پاس جا رہا ہے ۔لیکن خداوند نے اُنہیں یقین دلایا کہ وہ اُنہیں یتیم نہ چھوڑے گا۔ وہ رُوح القدس کو اُن کے مشیر اور مددگار کے طور پر بھیجے گا۔ شاگرد خداوند یسوع مسیح کی باتیں سن کر اُلجھن کا شکار تھے۔ وہ خداوند کی باتیں سمجھ نہ پائے۔ وہ ایک دوسرے سے اِن باتوں کے معانی پوچھتے تھے۔ خداوند یسوع کی باتیں اکثر و بیشتر اُس کے شاگردوں کی سمجھ سے بالا تر ہوتی تھیں۔ خداوند یسوع مسیح جانتے تھے کہ شاگردوں کو چھوڑ کر جانے والی بات اُنہیں سمجھ نہیں آئی۔ خداوند نے مزید تفصیل کے ساتھ انہیں سمجھایا۔

''میں تم سے سچ کہتا ہوں کہ تم تو روؤ گے اور ماتم کرو گے مگر دُنیا خوش ہوگی۔ تم غمگین تو ہو گے لیکن تمہارا غم ہی خوشی بن جائے گا۔ جب عورت جننے لگتی ہے تو غمگین ہوتی ہے' اِس لئے کہ اُس کے دُکھ کی گھڑی آ پہنچی، لیکن جب بچہ پیدا ہو چکتا ہے تو اِس خوشی سے کہ دُنیا میں ایک آدمی پیدا ہوا، اُس درد کو پھر یاد نہیں کرتی۔'' (20-21)

اپنے جانے کے تعلق سے سادہ سی بات کی وضاحت نے معاملے کو اُلجھا دیا۔ کاش میں اُس وقت شاگردوں کے چہروں پر نظر ڈال سکتا۔ جب خداوند یسوع مسیح نے اُنہیں وضاحت سے یہ بات سمجھائی تھی۔ اِس وضاحت کے بعد، اب وہ پہلے سے بھی زیادہ شش و پنج کا شکار ہو گئے تھے۔ خداوند کو معلوم تھا کہ اُس نے کیا بات کہی ہے۔ 25ویں آیت میں خداوند نے اپنے شاگردوں کو بتایا کہ وہ اُن سے تمثیلوں میں باتیں کرتا ہے۔ خداوند بھی جانتے تھے کہ اُس کی باتیں

آسانی سے نہیں سمجھی جا سکتیں۔ لیکن خداوند نے اُنہیں کہا کہ وہ وقت آنے والا ہے جب وہ اُن سے بالکل واضح اور صاف طور سے باتیں کرے گا نا کہ تمثیلوں میں۔ اُس موقع پر خداوند نے سیدھی اور صاف بات کیوں نہ کی؟ خداوند اُن سے تمثیلوں میں بات کرنے پر کیوں مجبور تھے؟ مرقس 4:33-34 کے مطابق یہی اُس کا طریقہ کار تھا۔

''اور وہ اُن کو اِس قسم کی بہت سی تمثیلیں دے دے کر اُن کی سمجھ کے مطابق کلام سناتا تھا۔ اور بے تمثیل اُن سے کچھ نہ کہتا تھا۔ لیکن خلوت میں اپنے خاص شاگردوں سے سب باتوں کے معنی بیان کرتا تھا۔''

ایک موقع پر تو خداوند کے شاگردوں نے اُس سے کہہ بھی دیا تھا کہ درس و تدریس کے لئے اُس نے یہ انداز کیوں اپنایا ہوا ہے؟

''شاگردوں نے پاس آ کر اُس سے کہا تو اُن سے تمثیلوں میں کیوں باتیں کرتا ہے؟ اُس نے جواب میں اُن سے کہا، اِس لئے کہ تم کو آسمان کی بادشاہی کے بھیدوں کی سمجھ دی گئی ہے۔ مگر اُن کو نہیں دی گئی۔'' (متی 13:10-11)

خداوند یسوع مسیح جانتے تھے کہ بنی نوع انسان خدا کے رُوح کے بغیر خدا کی باتوں کو سمجھ نہیں سکتے۔ مقدس پولس رسول نے اِس تعلق سے 1 کرنتھیوں 1:18 میں بیان کیا ہے۔

''کیوں کہ صلیب کا پیغام ہلاک ہونے والوں کے نزدیک تو بیوقوفی ہے مگر ہم نجات پانے والوں کے نزدیک خدا کی قدرت ہے۔''

روحانی معاملات جسمانی ذہنوں کے ساتھ نہیں سمجھے جا سکتے۔ یہی وجہ ہے کہ اِس دُنیا نے شیطان کے تسلط کے نیچے ہونے کی وجہ سے خدا کو رد کر دیا ہے۔ ایک انسانی فطرت رکھنے والا ذہن کسی طور سے بھی خدا کی باتوں کو سمجھ نہیں سکتا۔ '' مگر نفسانی آدمی خدا کے رُوح کی باتیں قبول نہیں کرتا کیوں کہ وہ اُس کے نزدیک بیوقوفی کی باتیں ہیں اور نہ وہ اُنہیں سمجھ سکتا ہے۔ کیوں کہ وہ روحانی طور پر پرکھی جاتی ہیں۔'' (1 کرنتھیوں 2:14)

یاد رہے کہ اِس موقع پر ابھی تک شاگردوں کو روح القدس نہیں ملا تھا۔خداوند یسوع نے اپنے شاگردوں کو بتایا کہ جب رُوح القدس آئے گا تو وہ اُنہیں یہ سب باتیں جواُس نے اُن سے تمثیلوں میں بیان کی ہیں، یاددلائے گا۔(26:14)اگرچہ شاگرد خداوند کی خدمت کے دوران،اُس کے ساتھ رہتے ہوئے بہت کچھ سیکھ چکے تھے،لیکن جب رُوح القدس اُن پر نازل ہونا تھا تو اُنہوں نے مزید سیکھنا تھا۔خداوند نے اُن پر سچائی کو ظاہر کیا تھا لیکن رُوح القدس نے اُنہیں اُس منکشف سچائی کا فہم وادراک عطا کرنا تھا۔

خداوند نے اُن سے زمینی اصطلاحات میں باتیں کی تھیں۔کیوں کہ وہ ابھی تک گہری باتوں کو سمجھنے کے لئے تیار نہ تھے۔وہ یہ تو سمجھ سکتے تھے کہ وہ اُنہیں چھوڑ کر جارہا ہے لیکن اُنہیں اُن کو چھوڑ کر جانے کی پیچیدگی کی بالکل سمجھ بوجھ نہ تھی۔وہ جانتے تھے کہ اِس سے مراد یسوع کا مرنا ہے۔لیکن اُنہیں اِس موت کے سبب کا کچھ فہم حاصل نہ تھا۔چھوٹے بچوں کی طرح وہ گہری وضاحت کے لئے تیار نہ تھے۔خداوند نے روزمرہّ کی زمینی اصطلاحات کو اپنی باتوں کی وضاحت کے لئے استعمال کیا۔تا کہ اُنہیں بعض اصولوں وضوابط کی سمجھ بوجھ حاصل ہو جائے۔20ویں آیت میں، خداوند نے پنے شاگردوں کو بتایا۔"میں تم سے سچ کہتا ہوں، کہ تم روؤ گے اور ماتم کرو گے مگر دُنیا خوش ہوگی،تم غمگین توہوگے لیکن تمہارا غم ہی خوشی بن جائے گا۔"

خداوند یسوع مسیح اِس آیت میں اپنی موت کی طرف اشارہ کر رہے تھے۔یہودیوں کے لئے یسوع کی موت تو بڑی خوشی اور شادمانی کا باعث تھی۔وہ یسوع کو ایک خطرہ سمجھتے تھے۔یسوع اُن کو ایک آنکھ نہیں بھاتا تھا۔دوسری طرف شاگرد یسوع کی موت پر بہت غمزدہ، دُکھی اور پریشان حال دکھائی دیتے ہیں۔اُن کے پیارے دوست اور خداوند نے اُن سے جدا ہو جانا تھا۔لیکن خداوند نے اُنہیں بتایا کہ اُن کا غم ہی خوشی میں بدل جائے گا۔خداوند یسوع نے مُردوں میں سے جی اُٹھنا تھا۔موت نے اُس پر فاتح نہیں رہنا تھا۔اُس کے پیروکاروں کو موت پر فتح کی اُمید حاصل ہونا تھی۔اُنہیں اِس بات کی بھی یقین دہانی حاصل ہونا تھی کہ وہ گناہ جوموت کا باعث ہوا اُس نے بھی

مغلوب ہو جاتا تھا۔ یہ سب کچھ اُن کے لئے بڑی خوشی کا باعث ہوتا تھا۔ایک جوان ماں کی طرح جو ایک بچے کو جنم دیتی ہے، جنم دینے کے عمل کے دوران بہت تکلیف سے گزرتی ہے، لیکن جب بچہ پیدا ہو چکتا ہے تو وہی درد خوشی و مسرت میں تبدیل ہو جاتا ہے۔ شاگردوں نے یسوع کی موت کے غم سے نڈھال نوحہ کناں ہونا تھا، لیکن اُن کا یہی غم ایسی خوشی میں تبدیل ہونا تھا جو کسی نے اُن سے چھین نہ لینی تھی۔ اُن کے خداوند نے موت پر فتح پائی تھی۔ اُس نے شیطان کو مغلوب کرنا تھا۔ اُنہوں نے بھی اُس کے نام سے فاتح ہونا تھا۔ اُنہوں نے ہمیشہ اُس کے ساتھ رہنا تھا کیوں کہ اُس نے موت پر فتح پا لینی تھی۔

25-28 آیات خداوند نے اپنے شاگردوں کو صاف طور سے بتایا کہ وہ اپنے باپ کے پاس جا رہا ہے۔ جب اُس نے یہ کہا تھا کہ تھوڑی دیر بعد تم مجھے نہ دیکھو گے۔ تو یہاں پر یسوع یہی بات بیان کر رہے تھے کہ وہ اپنے باپ کے پاس جا رہا ہے۔ غور کریں کہ باپ کے پاس واپس لوٹنے کا نتیجہ۔ گناہ اور موت پر اُس کی فتح۔

’’اس دن تم میرے نام سے مانگو گے، اور میں تم سے یہ نہیں کہتا کہ باپ سے تمہارے لئے درخواست کروں گا۔‘‘(26)

مسیح کی موت نے آسمانی باپ اور اُس کے فرزندوں کے درمیان رفاقت بحال کر دینی تھی۔ اب ہمیں خدا تک بلا رکاوٹ رسائی حاصل ہے۔ یسوع کے صلیبی کام کی بدولت ہم خدا کے پاس براہ راست جا سکتے ہیں۔ اِس بات کو جاننا، سمجھنا اور اُس پر ایمان رکھنا کس قدر خوشی اور مسرت کا باعث ہے کہ اب ہم خدا کے بیٹے یسوع مسیح کے صلیبی کام کی بدولت خدا کے حضور راستباز اور مقبول ٹھہرتے ہیں۔

یوں لگتا ہے کہ یسوع کی اِن باتوں نے شاگردوں کی اُلجھن کسی حد تک دُور کر دی تھی۔ اُنہیں یسوع پر اُن کے ایمان کی یقین دہانی کرائی گئی۔ اور ساتھ ہی اُنہیں اِس حقیقت کا بھی یقین دلایا گیا کہ وہ خدا باپ کی طرف سے آیا تھا۔ خداوند یسوع نے بیان کیا کہ ضرورت نہیں کہ کوئی شخص اُسے کچھ

بتائے کیوں کہ وہ مانگنے سے پیشتر ہی اُن کی ضروریات سے واقف ہے۔(30 آیت) اُنہوں نے اُسے علیم الخبیر(سب کچھ جاننے والا) خدا کے طور پر جانا۔کیا اُنہوں نے یہ بات اِس لئے کہی تھی کیوں کہ یسوع کو اُن کی ذہنی کیفیت کا علم حاصل ہو گیا تھا۔اور یہ کہ اُنہیں اِس کی بات سمجھ نہیں آئی۔وہ اُن کے ذہنوں اور دلوں کی کیفیت سے بخوبی واقف اور آگاہ تھا۔خداوند جانتا تھا کہ جب سے اُس نے اُن سے یہ بات کہی ہے اُس وقت سے وہ کس ذہنی پریشانی اور اضطراب سے گزر رہے ہیں۔اِس سے اُنہیں اُس کی الوہیت کی تصدیق ہو گئی۔

شاگردوں نے یسوع کو بتایا کہ وہ اِس بات کا یقین رکھتے ہیں کہ وہ خدا کی طرف سے آیا ہے۔(30 آیت) جس قدر اُن کی یہ بات قابل تعریف تھی، اُسی قدر اُس کی آزمائش بھی ہونی تھی، اِس بات کی قائلیت کہ یسوع خدا کا بیٹا ہے شاگردوں کے لئے بہت سے مسائل کا باعث ہونی تھی۔تھوڑی ہی دیر میں یہودیوں نے آکر یسوع کو گرفتار کر لینا اور پھر شاگردوں نے اُسے چھوڑ کر بھاگ جانا تھا۔یہ اُن کی مشکلات کا آغاز ہونا تھا۔اُنہیں یسوع نام کی خاطر بہت کچھ برداشت کرنا تھا اور اپنے اُس ایمان (یسوع خدا کا بیٹا ہے۔) کی اُنہوں نے قیمت چکانا تھی۔تاہم خداوند نے اُنہیں تقویت دی کہ وہ نہ تو خوفزدہ ہوں اور نہ گھبرائیں کیوں کہ وہ اُس کے ہیں اور وہ دُنیا پر غالب آیا ہے۔

یہ بات اُن کے لئے کس قدر تبدیلی کا باعث ہونی تھی جب روح القدس نے یوم پینتیکوست اُن میں سے ہر ایک پر آٹھہرنا تھا۔(اعمال 3:2) رُوح القدس نے اُنہیں سچائی کا فہم بخشنا تھا۔ایسی دانش و فہم جس کا اُنہوں نے پہلے کبھی تجربہ نہیں کیا تھا۔آپ رسولوں کے خطوط کو اُس سچائی کی کامل یقین دہانی کے بغیر نہیں پڑھ سکتے جس کی تعلیم مسیح نے اُنہیں دی تھی۔یہی شاگرد اُس روز خداوند کے سامنے شیر خواہ بچوں کی طرح تھے جو اپنے طور سے خوراک بھی نہیں لے سکتے۔کیوں کہ وہ اُس سچائی کی پچیدگیوں کو نہیں سمجھتے تھے۔بعد ازاں اُنہوں نے ہی اِس سچائی کی ایسی قائلیت اور ایسے گہرے فہم وادراک کے ساتھ منادی کرنا تھی کہ سننے والوں کے دلوں پر چوٹ لگنا تھی۔اُن شاگردوں نے

خداوند سے جو تعلیم پائی تھی اُس کے لئے وہ مرنے کے لئے بھی تیار تھے۔ یہ سب کچھ رُوح القدس کے اُن کی زندگیوں میں کام کرنے کے باعث ہوتا تھا جسے خداوند یسوع نے بھیجنا تھا۔

چند غور طلب باتیں

☆۔اُس دَور کو یاد کریں جب آپ خداوند یسوع مسیح کو اپنے نجات دہندہ کے طور پر نہیں جانتے تھے اور نہ ہی آپ کو رُوح القدس کی حضوری کا کچھ علم اور تجربہ تھا۔آپ خدا کے کلام کے بارے میں کیا سمجھتے تھے؟ روحانی باتوں کے فہم و ادراک کے تعلق سے روح القدس نے آپ کی زندگی میں کیا تبدیلی پیدا کی ہے؟

☆۔شاگردوں کی زندگیوں میں رُوح القدس کی خدمت کے تعلق سے یہ حوالہ ہمیں کیا سکھاتا ہے؟ اِس بات کا آج آپ کی زندگی میں کیسے اطلاق ہوتا ہے؟

چند اہم دُعائیہ نکات

☆۔روح القدس کی بخشش کے لئے خداوند کا شکر کریں جو آپ کو خدا کی مرضی اور اُس کے کلام کا فہم عطا کرتا ہے۔

☆۔اِس بات کے لئے بھی اُس کے شکر گزار ہوں کہ وہ آپ کے مانگنے سے پیشتر آپ کی ضروریات سے بخوبی واقف اور آگاہ ہے۔

☆۔خداوند سے دُعا کریں تاکہ آپ کی زندگی میں روز بروز خدا کے کلام کی محبت بڑھتی چلی جائے۔خدا کے کلام کا ٹھوس فہم و ادراک مانگیں۔

☆۔اپنی زندگی میں روح القدس کی گہری تعلیمی خدمت اور مشورت کی وسیع سمجھ بوجھ کیلئے خداوند سے مدد مانگیں۔

باب44

اَے باپ، اپنے بیٹے کو جلال دے

یوحنا17:1-5

خداوند یسوع مسیح کی موت کا وقت بڑی جلدی سے قریب آ رہا تھا۔ چند گھنٹوں بعد اُسے گرفتار کر کے اُس پر مقدمہ چلایا جانا تھا۔ خداوند کو معلوم تھا کہ اُس کا وقت بہت تھوڑا رہ گیا ہے۔ آپ اپنی زندگی کا آخری گھنٹہ کیسے گزاریں گے؟ خداوند یسوع مسیح نے اپنے باپ کے ساتھ اپنی زندگی کی آخری گھڑیاں دُعا میں گزاریں۔ اگلے چند ابواب میں ہم، خداوند یسوع مسیح کی دُعا کا جائزہ لیں گے۔ اِس باب میں، دُعا کے پہلے حصہ میں اُس نے اپنے لئے دُعا کی۔

جب یسوع نے دُعا کرنا شروع کی، اُس نے اپنی آنکھیں آسمان کی طرف اُٹھائیں، خدا کہاں پر ہے؟ کیا وہ ہر جگہ موجود نہیں ہے؟ کیوں خداوند یسوع مسیح نے اپنی آنکھیں آسمان کی طرف اُٹھائیں، یوں لگتا ہے کہ جیسے یہ یہودی رواج تھا۔ حزقی ایل 1:25-28 میں حزقی ایل نبی نے بھی تخت پر بیٹھی ہوئی ہستی کا جلال دیکھنے کے لئے اُوپر نگاہ کی تھی۔ زبور 121:1-2 زبور نویس ہمیں بتاتا ہے کہ وہ اپنی کمک اور مدد کے لئے پہاڑوں کی طرف اپنی آنکھیں اُٹھائے گا۔ موسیٰ کے دَور میں خدا کو کوہ سیناہ پر اُترتے دیکھا گیا۔ (خروج 19:11) جب ہیکل کا پردہ پھٹ کر دو ٹکڑے ہوا تھا تو یہ اُوپر سے نیچے کی طرف پھٹا تھا۔ یعنی یہ خدا کی طرف سے تھا نہ کہ انسان کی طرف سے۔ (متی 27:51) یہودیوں کا یہی خیال تھا کہ آسمان اوپر ہے جہاں پر خدا رہتا ہے۔ اِس کا یہ مطلب نہیں کہ خدا ایک جگہ پر محدود ہو سکتا ہے۔ ہم جانتے ہیں کہ وہ ہر جگہ موجود ہے۔

خداوند یسوع مسیح نے باپ سے درخواست کی کہ وہ اپنے بیٹے کا جلال ظاہر کرے۔ کسی کو جلال دینے کا کیا مطلب ہے؟ (آیت 1) کسی شخص کو جلال دینا اُس کی عزت کرنا اور اُس کے مقصدِ حیات کو عزت بخشنا ہے، تا کہ اُس کی قدر و منزلت سب پر واضح ہو جائے۔ غور کریں کہ خداوند یسوع مسیح

کیوں جلال پانا چاہتے تھے۔وہ اِس لئے جلال پانا چاہتے تھے تا کہ وہ باپ کو جلال دے سکیں۔کیا ہم یسوع کی دُعا کو آج شخصی طور پر خود کر سکتے ہیں؟ میرا تو خیال یہ ہے کہ یہ وہ دُعا تھی جو صرف اور صرف خداوند ہی کر سکتے تھے۔بطور ایماندار ہمارے لئے رواں نہیں کہ ہم اپنے آپ کو جلال دیں یا اپنے لئے جلال حاصل کریں۔

جب خداوند یسوع مسیح نے دُعا کہ باپ اُسے جلال دے،تو خداوند کیا کہہ رہے تھے؟ کیا وہ یہ نہیں کہہ رہے تھے کہ آسمانی باپ کی قدرت اور مقصد اُس کی زندگی میں ظاہر ہو؟ جب خدا کی قدرت ہماری زندگیوں میں ظاہر ہوگی تو لوگ ہماری طرف متوجہ ہوں گے۔ہم اپنے اِردگرد کے لوگوں کے لئے باعث برکت ہوں گے۔سچ تو یہ ہے کہ جب ہماری زندگیوں سے یسوع کو جلال ملتا ہے تو ہم اُس جلال میں شریک ہوتے ہیں۔ہم وہ وسیلہ بنتے ہیں جس کے ذریعہ سے جلال ظاہر ہوتا ہے۔ہمیں ہر وہ وسیلہ اور ذریعہ بننے میں شرمندگی محسوس نہیں کرنی چاہئے جو خداوند چاہتا ہے کہ ہم بنیں۔کیا ہمیں یہ دُعا کرنے سے خوفزدہ ہونا چاہئے کہ ہماری زندگیاں خدا کے جلال سے معمور ہو جائیں۔

پولس رسول نے ایسے شخص کے طور پر مسیحی دَوڑ دوَڑی جو انعام حاصل کرنا چاہتا ہو۔(فلپیوں 14:3)وہ دَوڑ کے اختتام پر چاہتا تھا کہ اُس کے کام کو سراہا جائے۔وہ چاہتا تھا کہ آسمانی باپ اُسے کہے۔''شاباش''اگر ہم آخر تک ثابت قدم رہیں،تو باپ ہم کو عزت کی نگاہ سے دیکھے گا۔یہ جاننا کس قدر خوشی کی بات ہوگی کہ باپ ہم سے خوش ہے۔اپنا اپنا انعام حاصل کرنا کس قدر مسرت کی بات ہوگی۔یہ جاننا کس قدر تسلی کا باعث ہوگا کہ ہماری زندگیاں اس زمین پر خدا کے جلال کا باعث ہوئیں۔

یہ کہنے کے بعد،ہمیں اپنے خداوند یسوع مسیح کے نمونے پر چلنا چاہئے۔وہ کیوں جلال پانا چاہتا تھا؟ وہ باپ کے لئے جلال پانا چاہتا تھا۔اگر ہم جیتنے کے لئے نہ دَوڑیں،تو پھر باپ کو جلال نہیں ملے گا۔اگر ہماری زندگیاں اِس دُنیا کی بھیڑ میں منفرد اور مختلف نہ ہوں،تو پھر آسمانی باپ کی

تعریف وستائش ہماری زندگیوں سے کیوں کر ہوگی؟

اگر خدا داد نعمتیں صلاحیتیں خدا کے جلال اور بزرگی اور دوسروں کی برکت اور ترقی کے لئے استعمال نہ ہوں تو آسمانی باپ کو جلال کیسے ملے گا؟ اِس کا مطلب ہوگا کہ ہماری زندگیوں سے خدا کو عزت اور جلال نہیں مل رہا۔ خدا کو صرف اُسی صورت میں عزت اور جلال ملتا ہے جب ہم گناہ بھری دُنیا کی تاریکیوں میں چمکتے ہیں۔ ہمارا جیتنے کے لئے دَوڑنا اپنے آپ کو جلال دینے کے لئے نہیں ہوتا۔ بلکہ ہم آسمانی باپ کے نام کو سربلند کرنا چاہتے ہیں اور اُس کے بیٹے یسوع کو عزت اور جلال دینا چاہتے ہیں۔

جب ہماری زندگیاں خدا کے جلال سے منور ہو جاتی ہیں تو پھر ہماری قدر و قیمت نمایاں ہو جاتی ہے۔ ہماری تخلیق کا مقصد خدا کو جلال دینا ہے۔ جب ہماری زندگی میں اُس کا جلال نمایاں ہوتا ہے تو اِس سے دُنیا میں خدا کو عزت اور جلال ملتا ہے۔

خداوند یسوع یہی چاہتے تھے کہ اُس کی زندگی میں خدا باپ کا جلال نمایاں ہو۔ اُس نے سب کچھ خدا باپ کو جلال دینے کے لئے کیا، اُس کی ہر ایک کاوش اور کام آسمانی باپ کے نام کو جلال دینے کے لئے تھا۔ مذکورہ حوالہ ہمیں بتاتا ہے کہ خداوند یسوع مسیح نے اُن لوگوں کو ابدی زندگی دینے سے خدا باپ کو جلال دینا تھا جنہیں باپ نے اُسے دیئے تھے۔ اور پھر اُن برگزیدوں نے ابدالاباد اُس کی عزت اور جلال کا باعث ہونا تھا۔ خداوند یسوع مسیح کا کام یہ تھا کہ وہ اُن لوگوں کے سامنے خدا باپ کو پیش کرے جو خدا نے اُسے دیئے تھے۔ اور اُن کے لئے دروازہ کھولتا کہ اُنہیں باپ کی طرف سے جلال ملے۔

پھر خداوند یسوع مسیح نے دُعا کی کہ اُسے خدا باپ کی طرف سے وہ جلال ملے جو وہ دُنیا کی پیدائش سے پیشتر اُس کے ساتھ رکھتا تھا۔ (5 آیت) یسوع مسیح کے تعلق سے یہ درخواست ہمیں کیا بتاتی ہے؟ اِس سے ہمیں یہ علم ہوتا ہے کہ وہ بنائے عالم سے پیشتر آسمانی باپ کے ساتھ تھا۔ یہ آیت ہمیں بتاتی ہے کہ وہ باپ کے جلال میں شامل تھا۔ یہ آیت ہماری مخلصی کی بیش بہا قیمت کی یاد دلاتی

ہے۔خدا کا بیٹا بنائے عالم سے پیشتر خدا کے ساتھ تھا۔اور خدا باپ کے جلال میں شریک تھا۔اس نے آسمان کو چھوڑا تا کہ بنی نوع انسان کے ہاتھوں مصلوب کیا جائے۔تیس برس تک اُس نے اُس جلال کو ایک طرف رکھا۔اب خداوند یسوع مسیح آسمانی باپ کے پاس واپس جا رہا تھا تا کہ اُس جلال کو پھر سے اپنا لے جس میں وہ مجسم ہونے سے پہلے شامل تھا۔

خدا باپ نے بیٹے کو وہ نام دینا تھا جو سب ناموں سے اعلیٰ ہونا تھا۔خداوند یسوع مسیح کو سر بلند کیا جانا تھا۔اُس نے اپنی موت اور جی اُٹھنے سے تاریخ دُنیا کا عظیم ترین کام کیا تھا۔یعنی شیطان کے ہاتھوں سے بنی نوع انسان کی مخلصی اور رہائی۔اَب سے بنی نوع انسان نے خداوند یسوع مسیح کو ایک جلالی خداوند کے طور پر دیکھنا تھا۔اور لوگوں کے ذہنوں میں خدا کے مخلصی کے عظیم منصوبے کی یاد تازہ ہو جانا تھی۔اُنہوں نے ابدالاباد آسمانی باپ کو سر بلند کرنا اور خدا بیٹے کی اُس کے صلیبی کام کے لئے اُس کی ستائش کرنا ہو گی۔

ہماری صورتحال کیسی ہے؟ کیا ہم خدا کے پاک روح کی قدرت کو موقع دیں گے کہ وہ ہمیں تبدیل کر کے ایک جلالی مخلوق بنا دے؟ کیا ہم اُس جلال میں آگے بڑھنے کے لئے تیار ہوں گے تا کہ ہماری زندگیاں مرد و زن کو خدا باپ کی طرف کھینچنے کا باعث ہوں؟ ہم ہی وہ وسیلہ ہیں جن سے خدا کا جلال اس دنیا پر ظاہر ہوں گی۔ہم اُس کے جلال میں شریک ہوتے اور اُس کا جلال ہمارے وسیلہ سے دوسروں تک پہنچتا ہے۔لیکن ہم اُس جلال کو اپنے لئے نہیں لیتے۔ہماری دُعا ہے کہ خدا ہمیں جلالی بنا دے تا کہ ہم اُس کے جلال میں شریک ہوں اور اُس کے نام کے لئے باعث عزت و جلال ہوں۔

چند غور طلب باتیں

☆۔آپ کی زندگی میں کس حد تک خدا باپ کا جلال ظاہر ہوتا ہے؟

☆۔آپ کی زندگی میں اور خدا کا جلال آپ کی زندگی میں ظاہر ہونے میں کیا رکاوٹ حائل ہے؟

☆۔کیا ممکن ہے کہ ہم حلیمی اور فروتنی کی زندگی بسر کرتے ہوئے خدا کے جلال کا ایسا تجربہ کریں کہ ہماری زندگی سے اُس کا جلال بہنا شروع ہو جائے؟ جب خدا ہماری زندگی میں اور ہمارے وسیلہ سے کام کر رہا ہو، تو کس طرح ہم اپنے آپ کو فروتن رکھ سکتے ہیں؟

☆۔اپنے لئے جلال اور ستائش کے خواہاں ہونا کیوں کر خطرناک ہوتا ہے؟ یہ کیوں کہ ضروری ہے کہ ساری عزت اور جلال واپس خداوند کو ہی ملے؟

چند اہم دُعائیہ نکات

☆۔دُعا کریں کہ خدا باپ کا جلال آپ میں ظاہر ہو، تا کہ باپ کو آپ کے وسیلہ سے جلال ملے۔

☆۔خداوند سے دُعا کریں کہ آپ کو معاف فرمائے کہ آپ نے اِس طور سے باپ کے جلال کو ظاہر نہ کیا جس طور سے کرنا چاہیے۔

☆۔دُعا کریں کہ آپ کی مقامی کلیسیا باپ کے اِس جلال کا تجربہ کرے تا کہ بہت سے لوگ اُس کے پاس کھنچے چلے آئیں۔

☆۔خداوند سے حلیم اور فروتن رہنے کی توفیق مانگیں، بالخصوص جب آپ کی زندگی کے وسیلہ سے دُنیا میں خدا کا جلال ظاہر ہو رہا ہو۔

باب 45

خداوند یسوع کی اپنے شاگردوں کے لئے دُعا

یوحنا 17:6-19

اب ہم خدا باپ سے خداوند یسوع مسیح کی دُعا کے دوسرے حصے پر غور کریں گے۔ دُعا کے اِس حصہ میں خداوند یسوع مسیح کی دُعا کا مرکز بارہ شاگرد تھے۔ ہم اپنے مقاصد کے پیشِ نظر اِس کو دُعا دو حصوں میں تقسیم کریں گے۔ یہ شاگرد کون تھے؟ خداوند یسوع مسیح نے اپنے شاگردوں کے لئے کیا دُعا کی؟

یہ شاگرد کون تھے؟

یہاں پر خداوند ہمیں اپنے شاگردوں کے تعلق سے بہت کچھ بتاتے ہیں۔ اوّل، خداوند بتاتے ہیں کہ باپ نے وہ شاگرد اُسے دیئے ہیں۔ (6 آیت) یہاں پر خداوند خصوصی طور پر بارہ شاگردوں کے تعلق سے بات کر رہے ہیں۔ یہ آدمی برگزیدہ تھے۔ جی ہاں اُن کی پیدائش سے قبل خدا باپ نے اُنہیں اِس خدمت کے لئے چن لیا تھا جس کے لئے وہ بلائے گئے تھے۔ اُن آدمیوں کو خدا کی طرف سے بلاہٹ کی ایک خاص سمجھ بوجھ اور گہرا احساس تھا۔ وہ اِس لئے خدمت کر رہے تھے کیوں کہ اُنہیں باپ کی طرف سے ایک حکم اور ذمہ داری ملی تھی۔ یرمیاہ نبی کا بھی کچھ ایسا ہی تجربہ تھا۔ خداوند خدا نے اُسے بتایا کہ اُس کی پیدائش سے قبل ہی اُسے قوموں کے لئے نبی ہونے کے لئے چن لیا گیا تھا۔ (یرمیاہ 1:5)

دوئم، اُن شاگردوں نے کلام کی تابعداری کی تھی۔ (6 آیت) خدا نے اُنہیں ایک خاص خدمت کے لئے چن لیا تھا۔ لیکن یہی کافی نہ تھا۔ یہاں پر اُن میں کچھ اور خصوصیات اور خوبیوں کا ہونا بھی ضروری تھا۔ نہ صرف وہ برگزیدہ اور چنے ہوئے تھے بلکہ وہ فرمانبردار بھی تھے۔ اِن

دونوں خوبیوں کا خدا کے ایک خادم میں ہونا ایک لازمی تقاضا ہے۔نافرمانی سے بڑھ کر کوئی بھی ایسی چیز نہیں جو ہمیں خدمت کے لئے نااہل قرار دے گی۔

سوئم،شاگردوں کو یقینی طور پر اِس بات کا علم تھا کہ خداوند یسوع مسیح کون ہے۔(7-8)اگرچہ شروع میں وہ کسی حد تک کشش وپنج وشک وشبہات کا شکار تھے۔لیکن اَب اُن کے تعلق سے ایسا کہا اور سوچا نہیں جا سکتا تھا۔سوائے یہوداہ اسکریوتی کے سبھی یسوع کی گواہی دینے،اُس کے لئے کھڑے ہونے اور حتیٰ کہ اُس کے لئے مر مٹنے کے لئے بھی تیار تھے۔اُن کا یہ قوی ایمان تھا کہ یسوع خدا کا بیٹا ہے۔

چہارم،اُنہوں نے یسوع نام کو جلال دیا تھا۔(10 آیت)اب یہ شاگرد اپنی زندگی میں ایک نیا مقصد اور نصب العین رکھتے تھے۔کسی بھی کام سے بڑھ کر اُن کا مقصد حیات خداوند یسوع مسیح کے نام کو جلال دینا تھا۔اُنہوں نے اپنی زندگیوں اور کلام سے گناہ،قبر اور شیطان پر خداوند یسوع مسیح کی فتح کے پیغام کا پرچار کرنا تھا۔اُن آدمیوں نے اب خداوند یسوع مسیح کے جلال کے لئے زندہ رہنا اور اُسی کی خدمت کرتے ہوئے اپنی جانیں قربان کرنا تھیں۔وہ اپنے طور سے خدمت میں نہ تھے۔بلکہ وہ تو خدمت میں خداوند یسوع مسیح کو عزت اور جلال دینے کے لئے بلائے گئے تھے۔

پنجم،اُن کی ثابت قدمی کے باعث،دُنیا نے اُن سے نفرت کی،(14 آیت)اُنہیں گناہ سے مخلصی دے کر خداوند یسوع مسیح کے ساتھ ایک نئے رشتہ میں لایا گیا تھا۔اُن کی وفاداریاں اور محبت دُنیا کے لئے نہیں بلکہ خداوند کے لئے تھی،اُن کے زندگی کا نصب العین اور اُن کی خواہشات اور ترجیحات اُس قوت کے باعث یکسر تبدیل ہوگئیں تھے جو اُن میں کام کر رہی تھی۔دُنیا کی اُن کے ساتھ کوئی مطابقت اور موافقت نہ تھی۔کیوں کہ وہ اکثر و بیشتر دُنیا کی مخالفت کے سامنے ڈٹے رہے۔دُنیا اُن سے نفرت کرتی رہی۔

آخری بات،اُنہیں دُنیا میں بھیجا گیا تھا۔(18 آیت)اگرچہ وہ دُنیا کے اعتبار سے اجنبی تھے۔تو بھی اُنہیں مسیح کے پیغام کے ساتھ اِسی دُنیا میں منادی کے لئے بلایا گیا تھا۔وہ محتاج دُنیا میں مسیح کے

سفیر (ایلچی) ہونے کے لئے بلائے گئے تھے۔ اُن آدمیوں کی زندگیوں میں کھوئے ہوئے لوگوں کے لئے ایک بوجھ تھا۔ اُنہوں نے مسیح کی کلیسیا کے لئے بہت کام کرنا تھا۔ لیکن اُنہیں صرف کلیسیاؤں ہی میں نہ بھیجا گیا۔ بلکہ اُنہیں ایسے لوگوں تک بھی بھیجا گیا جنہوں نے ابھی تک خوشخبری کا پیغام نہیں سنا تھا۔

خداوند یسوع نے اپنے شاگردوں کے لئے کیا دُعا کی؟

آئیں، خداوند یسوع مسیح کی دُعا کے دوسرے حصے پر یہاں غور کریں۔ اوّل، خداوند نے دُعا کی کہ آسمانی باپ اُن کی حفاظت اور نگہبانی کرے۔ (11-12) جیسا کہ ہم پہلے ہی ذکر کر چکے ہیں کہ یہ شاگرد اَب دُنیا کا حصہ نہ تھے۔ دُنیا تو اُن سے نفرت کرتی تھی۔ اور ابھی تو اُنہوں نے دُنیا کی طرف سے بڑی مخالفت کا سامنا کرنا تھا۔ خداوند یسوع نے اپنے باپ سے دُعا کی کہ وہ محافظت کا ہاتھ اُن پر بڑھائے رہے۔ تا کہ وہ اپنے اُس کام کو پایہ تکمیل تک پہنچا سکیں جس کے لئے وہ بلائے گئے تھے۔ خداوند یسوع مسیح کی یہ مرضی تھی کہ اُن میں سے ایک بھی کھو نہ جائے۔ خداوند یسوع مسیح کی مرضی تھی کہ جب تک وہ آسمان سے ملنے والے اہم کام کو پایہ تکمیل نہ پہنچا لیں، خدا کی قدرت سے بالکل محفوظ راور سلامت رہیں۔

اگر چہ یہ شاگرد دُنیا کا حصہ نہ تھے، تو بھی دُنیا اُن کے لئے ایک آزمائش تھی۔ خداوند نے یہ بھی دُعا کی کہ وہ شاگرد دُنیا کے اثر سے بھی محفوظ رہیں۔ خدا کے ہر خادم کے لئے یہ آزمائش ہوتی ہے۔ خداوند کے شاگرد ہونے کا یہ مطلب نہیں کہ ہم دُنیا کی کشش محسوس نہیں کریں گے۔ خداوند نے دُعا کی کہ اُس کے شاگرد دُنیا اور اُس کی آزمائشوں اور خواہشات پر غالب اور فاتح رہیں۔

دوسری بات، خداوند نے یہ دُعا کی کہ وہ سب ایک ہوں جس طرح وہ (یسوع) اور باپ ایک ہیں۔ (11 آیت)

مجھے یوں لگتا ہے کہ یہ ''یگانگت'' دوہری ہے۔ اُنہیں باپ اور مسیح کے ساتھ ایک ہونا تھا۔ بالکل ایسے ہی جس طرح باپ اور مسیح اپنی فطرت اور مقصد میں ایک ہیں۔ تا کہ کوئی چیز بھی شاگردوں کو خدا باپ

اور مسیح کے رشتے سے الگ نہ کر پائے۔

یہ ''یگانگت'' ایک دوسرے کے ساتھ اُن کے تعلقات میں بھی ظاہر ہونا تھی۔ یوحنا13:35 میں خداوند نے اپنے شاگردوں کو بتایا کہ ''اگر تم ایک دوسرے سے محبت رکھو گے تو لوگ جانیں کہ تم میرے شاگرد ہو۔'' خدمت کے کام میں اثر پذیری اور مسیح کے بدن میں یگانگت کے درمیان چولی دامن کا ساتھ پایا جاتا ہے۔ جہاں مسیح کے بدن میں یگانگت پائی جاتی ہے وہاں پر خدمت کے کام میں فتح ملتی ہے۔ جہاں پر بے اتفاقی کا دَور دَورہ ہوتا ہے، صرف اور صرف ناکامی کی توقع کی جاسکتی ہے۔ خداوند نے دُعا کی کہ اُس کے شاگرد اُسکے ساتھ اور ایک دوسرے کے ساتھ یگانگت میں ایک ہو جائیں۔ تا کہ اُن کی خدمت میں کوئی رکاوٹ پیدا نہ ہو۔

تیسری بات، خداوند نے دُعا کی کہ اُس کے شاگرد پوری خوشی کو حاصل کریں، (13 آیت) مسیحی زندگی خوشی و شادمانی کی زندگی ہوتی ہے۔ مسیح میں بھرپور شادمانی پائی جاتی ہے۔ خداوند کی یہ خواہش اور دُعا تھی کہ اُس کے شاگرد خوشی کی اُس بھرپوری اور معموری کا پورا تجربہ کریں۔ دُنیا نے اُن سے نفرت کرنا تھی، دُنیا نے تو یہی سمجھنا تھا کہ اُن کو قتل کر کے وہ خدا کی خدمت سرانجام دے رہے ہیں۔ بعض نے اپنی زندگی میں حقیقی دُکھ درد کا تجربہ کرنا تھا۔ ہر طرح کے دُکھ درد اور کرب میں، خداوند کی شادمانی اُن کے دلوں سے کثرت سے بہنا تھی۔

اکثر و بیشتر ہم اپنی خدمت میں خداوند کی شادمانی کو کھو دیتے ہیں، خداوند یسوع کی یہی خواہش تھی کہ اُس کی شادمانی اور خوشی شاگردوں کے دلوں کو معمور کر دے۔ اور خدمت کے مشکل وقتوں میں بھی اُنہیں آگے بڑھنے کی توفیق دے۔ اپنی خدمت میں خداوند کی شادمانی کو کھو دینا جلنے کے مترادف ہے۔

جب ہماری خدمت کی شادمانی اور جوش و جذبہ ماند پڑ جاتا ہے تو پھر ہم صبح کو خداوند کی خدمت کے لئے میسر موقعوں کے لئے دل میں خوشی اور شادمانی محسوس کرتے ہوئے بیدار نہیں ہوتے، خداوند کی یہی دُعا تھی کہ اُس کے محنتی خادمین کو پوری پوری شادمانی حاصل ہو۔ غور کریں کہ خداوند نے ''پوری

پوری'' خوشی کے لئے دُعا کی ہے۔ کیا بطور خادم آپ کے دِل میں خداوند کا شادمانی ہے؟ میرا ایمان ہے کہ خداوند اِسی وقت آپ کی شفاعت کے لئے کھڑا ہوا ہے۔ وہ باپ سے درخواست کر رہا ہے کہ خدمت کے کام میں آپ کو اپنی پوری شادمانی اور خوشی سے معمور کر دے۔

چوتھی بات، خداوند نے دُعا کی کہ اُس کے شاگرد شریر سے محفوظ رہیں۔(15 آیت) خداوند یسوع مسیح جانتے تھے کہ اُن کے شاگردوں کو دشمن کے تیروں کا سامنا ہوگا۔ اُن شاگردوں نے نجات کے پیغام کو لے کر آگے بڑھنا تھا۔ شیطان جانتا تھا کہ اگر وہ اُن راہنماؤں کو ہلاک کرنے میں کامیاب ہوگیا، تو پھر وہ خدا کے کام کو بھی نقصان پہنچا سکے گا۔ ہمارے دَور میں بھی مسیح کے شاگرد اور مسیحی راہنما شیطان کا ہدف ہوتے ہیں۔ خداوند نے پہلے ہی دُعا کر دی ہے کہ خدا باپ شیطان کے حیلوں بہانوں اور حملوں سے اُن کی حفاظت کرے۔ کیوں کہ دُنیا اُن سے نفرت کرتی ہے۔ اَب وہ دُعا کرتے ہیں کہ اُن کے شاگرد دشمن کے اُن روحانی حملوں سے بچے رہیں جو وہ اُن پر کرے گا۔

آخری بات، خداوند نے یہ دُعا کی کہ وہ سچائی کے وسیلہ سے مقدس ہوں،(17-19 آیت) مقدس ہونے کا مطلب خدا کے لئے تقدیس ہونا یا اُس کے لئے الگ ہونا ہے۔ اُن شاگردوں نے خدا کے کلام کے وسیلہ سے مقدس ٹھہرنا تھا۔ وہ کلام جو یسوع نے اُنہیں دیا تھا، اُس میں زندگیوں کو تبدیل کرنے کی قوت اور قدرت پائی جاتی تھی۔ اُس کلام میں گناہ کو ظاہر کرنے اور روّیوں کو درست کرنے کی قوت تھی۔ یہ کلام اُنہیں خدا کے نزدیک لا سکتا تھا۔ خداوند یسوع مسیح کی اپنے شاگردوں کے لئے دُعا ہے کہ وہ مردِ کلام بن جائیں، اُس کی دُعا ہے کہ اُس کے شاگرد خدا کے کلام اور اُس کے مشاہدہ کے لئے اپنی زندگیوں کو وقف کر دیں۔

بطور ایماندار خداوند یسوع مسیح کی اپنے شاگردوں کے لئے دُعا ہمارے لئے ایک چیلنج ہے۔ یہ دُعا ہمیں سکھاتی ہے کہ کس طرح ہم آج کے دَور میں اُس کے خادمین ہوتے ہوئے مؤثر طور پر دُعا کر سکتے ہیں۔ اِس سے ہمیں یہ بات بھی سیکھنے کو ملتی ہے کہ خدا کی بادشاہت کی وسعت کے لئے ہمیں درپیش جنگ روحانی نوعیت کی ہے۔

یہ دُعا کے بغیر جیتی نہیں جاسکتی۔ خدا کرے کہ ہم راستبازی، سچائی اور آج کے دَور میں روحوں کی نجات کی غرض سے اِس جنگ کو لڑنے کے لئے تیار اور مستعد ہوں۔

چند غور طلب باتیں

☆۔ چند لمحات میں جائزہ لیں کہ کس طرح خداوند یسوع مسیح نے اپنے شاگردوں کے لئے دُعا کی۔ آج ہمیں جو روحانی جنگ درپیش ہے، یہ دُعا ہمیں اِس کے تعلق سے کیا سکھاتی ہے؟

☆۔ اپنے روحانی مسیحی راہنماؤں کے لئے دُعا کرنے کے تعلق سے خداوند کی دُعا ہمیں کیا سکھاتی ہے؟

☆۔ اِس حوالہ کے مطابق، بطور روحانی راہنما ہمیں کس قسم کی روحانی جنگ کا سامنا کرنا پڑے گا؟

☆۔ مسیح کی خدمت میں پوری پوری خوشی اور شادمانی کی راہ میں کون کون سی رکاوٹیں حائل ہوتی ہیں؟

چند اہم دُعائیہ نکات

☆۔ چند لمحات کے لئے اپنے پاسبان یا مسیحی قائد کے لئے دُعا کریں، جس طرح خداوند یسوع نے اپنے شاگردوں کے لئے دُعا کی، اُسی طرح کسی خاص ضرورت کے لئے دُعا کریں۔

☆۔ خداوند سے کہیں کہ وہ مسیح کے بدن میں یگانگت پیدا کرے۔

☆۔ خداوند کے شکرگزار ہوں کہ اُس نے آپ کی محافظت کا وعدہ کیا ہے۔

☆۔ خداوند سے کہیں کہ وہ خدمت میں آپ کو پوری پوری شادمانی عطا کر فرمائے۔

باب46

خداوند یسوع ہمارے لئے دُعا کرتے ہیں

یوحنا17: 20-26

خداوند یسوع مسیح نے اپنے اور شاگردوں کے لئے دُعا کی ہے اور اَب اُن کی توجہ اُن لوگوں کی طرف ہے جو شاگردوں کی خدمت کے وسیلہ سے اُس پر ایمان لائیں گے۔ یہ کون لوگ ہیں؟ یہ وہ لوگ ہیں جو کئی سالوں سے مسیح کو قبول کرتے چلے آرہے ہیں؟ یہ میری اور آپ کی طرح کے لوگ ہیں۔ اُس کا کلام اُس کے شاگردوں کی بدولت ہم تک پہنچا اور ہم مسیح پر ایمان لے آئے۔ یہاں پر تین اہم درخواستیں ہیں جو خداوند اپنے باپ سے اِس دُعا میں ہمارے لئے کرتے ہیں۔ یہ درخواستیں ہمارے لئے اُس کے دل کی خواہش کو ظاہر کرتی ہیں جو اُس کے نام پر ایمان لائے ہیں۔

اِن درخواستوں میں سب سے پہلی درخواست یہ ہے کہ ہم "ایک ہوں" (21 آیت) ہوسکتا ہے کہ اِس درخواست کو سرفہرست رکھنا عجیب سا لگتا ہو، لیکن اگر ہم تفصیل کے ساتھ اِس بات کا جائزہ لیں، تو پھر اندازہ ہوگا کہ یہ درخواست کس قدر اہم ہے۔ کیوں خداوند آسمانی باپ سے یہ درخواست کرتے ہیں؟ 23 آیت ہمیں بتاتی ہے کہ اِسی سبب سے دُنیا جانے گی کہ باپ نے اپنے بیٹے کو دُنیا میں بھیجا اور اُس نے اپنوں سے محبت کی، جس طرح باپ نے اُس سے محبت رکھی۔ اِس بات کا بغور جائزہ لینے کی ضرورت ہے۔

کیا آپ نے مسیح میں اپنے بھائی یا بہن کے ساتھ اپنے رشتہ کو دُنیا کے لئے اِس ثبوت کے طور پر دیکھا ہے کہ باپ نے بیٹے کو اِس دُنیا میں بھیجا تا کہ وہ گنہگاروں کے لئے صلیب پر اپنی جان قربان کر دے؟ یوں لگ رہا ہے کہ دُعا میں خداوند یہی کچھ بیان کر رہے تھے۔ جب آپ اپنے مسیحی بھائی یا بہن سے خداوند کی محبت کے ساتھ محبت کرتے ہیں، تو آپ ثابت کرتے ہیں کہ مسیح کی محبت آپ میں موجود ہے۔ ایمانداروں کے درمیان خدا کی محبت کے اظہار کی واحد تشریح یہ حقیقت ہے کہ خدا

اُن میں رہتا ہے۔صرف ایک ہی طریقہ سے خدا کی محبت ہمارے دلوں میں سکونت کرسکتی ہے کہ گناہ کی رکاوٹ کو مسیح کے صلیبی کام کے وسیلہ سے ہٹا دیا جائے۔اپنے بھائیوں اور بہنوں کو مسیح کی محبت کے ساتھ پیار کرنے سے،آپ اِس بات کا اظہار کرتے ہیں کہ آپ نے مسیح کے وسیلہ سے گناہ اور اپنی خودی پر غلبہ پا لیا ہے۔جو صلیب پر آپ کی مخلصی اور رہائی کے لئے قربان ہو گیا۔جب مسیحی ہم ایمان بھائیوں اور بہنوں کے ساتھ ہم آہنگی اور یگانگت میں زندگی بسر نہیں کرتے،تو آپ اپنے خدا کے نام کے لئے بے عزتی کا باعث ہوتے ہیں۔

کیا آپ کو ایسا تجربہ ہوا ہے کہ آپ اپنے بچوں کو لے کر کسی ایسے شخص کو ملنے گئے ہوں جسے آپ اچھی طرح جانتے بھی نہ تھے؟ ہوسکتا ہے کہ جب آپ اُس کے دروازے پر پہنچے تو آپ کو کوئی اطمینان اور سکون محسوس نہ ہوا ہو۔اُس کے گھر میں داخل ہونے سے پہلے آپ نے اپنے بچوں سے کچھ بات چیت کی۔جو کچھ یوں تھی کہ آپ نے شور نہیں مچانا، بڑوں کی بات نہیں کاٹنی، آداب گفتگو کا خیال رکھنا ہے۔آپ کے لئے یہ سب کچھ کیوں کر ضروری ہے کہ آپ کے بچے اِن آداب واطوار کا خیال رکھیں؟

یہ اِس لئے ضروری ہے کیوں کہ آپ کے بچوں کا روّیہ اور آداب و اطوار آپ کی عکاسی کرتے ہیں۔اگر کسی اجنبی کے گھر پر قیام کے دوران آپ نے بار بار اپنے بچوں کو لڑنے جھگڑنے سے منع کیا ہو،تو آپ اندازہ لگا سکتے ہیں کہ کس طرح آپ کے اوسان خطا ہوئے تھے اور آپ ذہنی طور پر کیسے کرب سے گزرے۔اِسی طرح آپ کا روّیہ آپ کے آسمانی باپ کی عکاسی کرتا ہے۔ہمارا روّیہ ایسے لوگوں کو ہمارے آسمانی باپ پر کفر بکنے کا موقع دے سکتا ہے جو اُسے اچھے طریقے سے اور شخصی تجربہ سے نہیں جانتے۔اِسی لئے خداوند یسوع نے اپنے بدن (کلیسیا) میں یگانگت اور ہم آہنگی کے لئے دُعا کی۔تاکہ دُنیا جانے کی خدا کی محبت ہم میں کامل ہو گئی ہے۔

یہ اکائی اور یگانگت جس کے لئے خداوند نے دُعا کی تھی وہ مسیحی بھائیوں اور بہنوں کے درمیان محض ہم آہنگی نہیں بلکہ باپ کے ساتھ ایک ہونا بھی ہے۔خداوند یسوع یہاں پر یہ دُعا کر رہے تھے کہ ہم

اُس کے ساتھ اِس طور سے ایک ہوں کہ اُس کی محبت ہم سے بہتی ہوئی ہمارے بھائیوں اور بہنوں تک جائے۔ جب لوگ خدا کی محبت کا عملی مظاہرہ ہماری زندگیوں میں دیکھیں گے، تو اصل میں وہ مسیح کے اُس کام کو دیکھیں گے جو وہ ہماری زندگیوں میں کر رہا ہے۔ اگرچہ ہوسکتا ہے کہ وہ ہمیشہ ہی اُس کام سے آگاہ اور باخبر ہوں، تو بھی اُنہیں یہ معلوم ہو جائے گا کہ وہ اُن لوگوں کے دلوں میں سکونت کرتا ہے جو یسوع مسیح کو قبول کرتے اور اُس پر ایمان لاتے ہیں۔

خداوند یسوع مسیح کی دوسری دُعائیہ درخواست یہ تھی، کہ ایمان لانے والے اُس کے ساتھ سکونت کریں اور اُس کے جلال کو دیکھیں۔ (24 آیت) خدا کی یہ مرضی نہیں کہ ہم میں سے کوئی بھی رہا ہوا معلوم ہو اور راستے ہی میں کھو جائے۔ خداوند نے دُعا کی کہ ایمان لانے والے ہمیشہ اُس کے ساتھ سکونت پذیر رہوں اور اُسکے جلال کو دیکھیں۔

ایمانداروں کی زندگیوں میں بہت سی آزمائشیں آتی ہیں، اکثر ہم غلط راہ پر نکل کھڑے ہوتے ہیں اور دشمن ہمیں خدا کے مقصد سے دُور لے جانے میں کامیاب ہو جاتا ہے۔ خداوند جانتے تھے کہ اُس (خداوند یسوع) کے لئے جینا آسان کام نہیں ہوگا۔ یہ جاننا کس قدر تسلی و تشفی کی بات ہے کہ وہ دُعا میں ہمارے ساتھ کھڑا ہے۔ وہ ہماری کمزوریوں میں آسمانی باپ کے حضور ہمارے لئے شفاعت کرتا ہے۔ جب ہم سچائی کی راہ سے بھٹک جاتے ہیں تو وہ خدا باپ سے ہمارے لئے شفاعت کرتا ہے۔ اُس کی یہ مرضی ہے کہ ہم میں سے ہر کوئی ہمیشہ اُس کے ساتھ سکونت کرے اور اُس کے جلال کو دیکھے۔ خداوند آسمان پر ہمارے لئے شفاعتی دُعاؤں کی خدمت سرانجام دے رہا ہے۔ مقدس پولس رسول رومیوں 8:34 میں ہمیں یاد دلاتے ہیں۔

"کون ہے جو مجرم ٹھہرائے گا؟ مسیح یسوع وہ ہے جو مر گیا بلکہ مُردوں میں سے جی بھی اُٹھا اور خدا کی دہنی طرف ہے اور ہماری شفاعت کرتا ہے۔"

ایسا نہیں کہ مسیح نے آپ کو نجات دی اور پھر آپ کو آپ کے اپنے حال پر چھوڑ دیا تا کہ آپ اپنا دفاع خود ہی کریں۔ اب بھی یہ اُس کے دل کی لالسا ہے کہ آپ فضل اور معرفت میں ترقی کریں۔ وہ آپ

کی آزمائشوں اور دُکھ درد سے واقف ہے۔ وہ آپ کی روحانی مضبوطی اور حکمت کے لئے باپ کے حضور شفاعت کرتا رہتا ہے۔ اُس کی یہی آرزو ہے کہ آپ ہمیشہ اُس کے ساتھ رہیں، آپ اُس کی دُعاؤں کی بدولت بحفاظت اپنے ابدی مکانوں میں پہنچائے جائیں گے۔

تیسری دُعائیہ درخواست، دُعا سے بڑھ کر ایک وعدہ ہے۔ خداوند یسوع مسیح نے اپنے آپ کو اِس بات کے لئے وقف کر دیا کہ وہ باپ کو ہم پر ظاہر کرتا رہے گا تا کہ باپ کی محبت ہم میں قائم ہو جائے یعنی وہی محبت جو باپ بیٹے سے رکھتا تھا وہ محبت ہم میں بھی ہو۔(26) بالفاظ دیگر، مسیح نے خدا باپ کو ہم پر اِس طور سے ظاہر کرنے کا وعدہ کیا ہے کہ ہم اُس کی محبت کو وسیع پیمانے پر جان سکیں۔

غور کریں کہ اُس نے وعدہ کیا ہے کہ وہ ہم میں ہوگا۔ مسیح کی دلچسپی یہاں پر یہی دکھائی دیتی ہے کہ ہم خدا باپ کی اُتم محبت کا تجربہ کریں۔ یہ محبت ہمیں تقویت بخشے گی اور ہم اور بھی پر جوش طریقہ سے اُس کے ساتھ چلنے کے لئے کمر بستہ ہو جائیں گے۔ یہ محبت ہمیں آزمائشوں اور ابلیس کی چالوں پر فتح بخشے گی۔ مسیحی زندگی تن تنہا رہنے کا نام نہیں ہے۔ خدا نے وعدہ کیا ہے کہ جب ہم روز مرّۃ زندگی میں اُس کی عزت اور جلال کے خواہاں ہوں گے تو وہ ہم سے محبت رکھے گا اور ہمارے ساتھ چلے پھرے گا۔

خداوند یسوع مسیح کی دُعا یہی تھی کہ ہم محبت میں اِس قدر بندھے ہوں کہ دُنیا جانے کہ واقعی مسیح ہم میں سکونت پذیر ہے۔ اُس نے یہ بھی دُعا کی کہ ہم دُنیا کی آزمائشوں سے محفوظ رہیں اور اُس کی جلالی حضوری میں ابدالآباد رہیں۔ اور آخر میں، خداوند نے ہم سے یہ وعدہ کیا کہ وہ ہم میں کام کرنا جاری رکھے گا۔ وہ باپ کی محبت کو ہم پر ظاہر کرے گا۔ یہ جاننا کس قدر خوشی اور حوصلہ افزائی کی بات ہے کہ مسیح اب تک ہم میں کام کر رہا ہے۔ ہمارے لئے کس قدر بڑا چیلنج ہے کہ ہم اُسے اپنی زندگی میں کام کرنے کا موقع دیں۔

چند غور طلب باتیں

☆۔کیا آپ کو کسی شخص سے محبت کرنے میں مشکل محسوس ہوتی ہے؟ کون سی چیز آپ کو اُس شخص سے جدا کیئے ہوئے ہے؟ اُس سے خداوند یسوع کی گواہی کا کام کس طرح متاثر ہو رہا ہے؟

☆۔آپ کو اِس حقیقت سے کیا تسلی اور حوصلہ ملتا ہے کہ خداوند آج بھی آپ کے لئے دُعا گو ہے؟

☆۔کیا آسمانی باپ کا کردار اور اُس کا تشخص آپ کے لئے زیادہ سے زیادہ حقیقی بنتا چلا جا رہا ہے۔کیا آج آپ کو پہلے سے بھی زیادہ اُس سے محبت ہے؟

☆۔اِس بات کا کیا ثبوت ہے کہ یسوع نے آپ کی زندگی میں اپنا کام جاری رکھا ہوا ہے؟

چند اہم دُعائیہ نکات

☆۔خداوند سے دُعا کریں کہ وہ آپ کی زندگی میں شکستہ تعلقات کو شفا بخشے۔

☆۔اِس بات کے لئے شکر گزار ہوں کہ خداوند آپ کو اُس کے رشتے میں مضبوط اور ثابت قدم دیکھنا چاہتا ہے۔اِس تعلق سے خداوند کی دُعا کے لئے اُس کا شکر کریں۔

☆۔خداوند سے دُعا کریں کہ وہ اور بھی زیادہ آسمانی باپ کو آپ پر ظاہر کرے۔

☆☆☆☆☆☆☆☆

باب 47

اپنی تلوار کو میان میں رکھ

یوحنا18: 1-11

اپنی دُعا ختم کرنے کے بعد خداوند یسوع مسیح اپنے شاگردوں کو وادی قدرون کی دوسری جانب زیتون کے باغ میں لے گئے۔ اِس موقع پر یہوداہ اسکریوتی خداوند اور اُس کے شاگردوں کے ساتھ نہیں تھا۔ جس دن خداوند نے اپنے شاگردوں کے پاؤں دھوئے تھے، وہ تو اُسی دن اُنہیں چھوڑ کر چلا گیا تھا۔ اب وہ کوئی ایسا طریقہ ڈھونڈ رہا تھا جس کے ذریعہ سے وہ خداوند کو پکڑوا سکے۔ اگرچہ یہوداہ اِس موقع پر اُن کے ساتھ نہیں تھا تو بھی اُسے معلوم تھا کہ وہ اِس وقت کہاں ہوں گے۔ کیوں کہ وہ اکثر اُس باغ میں جاتے تھے۔ ظاہری بات ہے کہ یہ جگہ اُن کے لئے بہترین جگہ تھی۔

اِس موقع پر اُس باغ کا پرسکون ماحول اُس وقت خلل کا شکار ہو گیا جب یہوداہ سپاہیوں کی ایک بہت بڑی پلٹن، سرکاری ملازمین اور فریسیوں کے ساتھ وہاں پہنچا۔ اُن سپاہیوں کے پاس ہتھیار اور مشعلیں تھیں۔ خداوند یسوع مسیح نے اُن سے پوچھا کہ وہ کس کو ڈھونڈ رہے ہیں۔ ''یسوع ناصری کو'' (5 آیت)

خداوند یسوع مسیح نے جواب دیا، ''میں ہی ہوں۔'' ان تین سادہ الفاظ نے زیتون کے باغ میں اپنی قوت اور اثر دکھایا۔ (6 آیت) یہ سنتے ہی، سپاہی اور سردار کاہن پیچھے ہٹ کر زمین پر گر پڑے۔ (6 آیت)

وہ کیوں زمین پر گر پڑے؟ ایک تشریح تو یہ ہو سکتی ہے کہ وہ یسوع کو دیکھ کر حیرت زدہ ہو گئے، تاہم یہ متن کی روشنی میں موزوں تشریح نہیں لگتی۔ کیوں کہ وہ پوری توقع اور تیاری کے ساتھ یسوع کی تلاش میں نکلے تھے اور اُن کے لئے یہ کوئی حیرت کی بات نہ تھی۔ یہ بات سچ ہے کہ یسوع نے اُن سے

چھپنے کی کوئی کوشش نہ کی۔ خداوند یسوع مسیح نے آگے بڑھ کر اُن سے کہا کہ جسے وہ ڈھونڈ رہے ہیں، ''میں ہی ہوں'' یہ بات قابلِ تسلیم ہے کہ اِس سے اُنہیں حیرت تو ہوئی ہوگی، کیوں کہ فطرتی طور پر جسے پولیس پکڑنے آتی ہے وہ چھپنے کی کوشش کرتا ہے نا کہ خود دشمن کو بتاتا ہے کہ جسے تم ڈھونڈ رہے ہو ،وہ میں ہی ہوں۔

بلا شبہ وہ اُس کی جرأت اور دلیری پر حیرت زدہ ہوئے۔ لیکن لازمی بات نہیں کہ وہ اِسی لئے پیچھے ہٹ کر زمین پر گر پڑے تھے۔ اُس ٹیم میں تربیت یافتہ سپاہی بھی موجود تھے، جن کا یہ پہلا تجربہ نہیں تھا۔ اُن مسلح سپاہیوں کے لئے ایک نہتا (بغیر ہتھیار) شخص کسی طور پر بھی خطرہ نہیں سمجھا جاتا تھا۔

ہم اِن تین الفاظ ''میں ہی ہوں۔'' کے سننے پر اُس گروہ کے پیچھے ہٹ کر گرنے کی کس طرح تشریح و تفسیر کر سکتے ہیں؟ کیا ممکن ہے کہ جو کچھ اُس دن واقع ہوا، وہ مافوق الفطرت طور پر بہت عجیب تھا تھی؟ تاریخ میں یہ وقت ایک بہت بڑی تبدیلی کا وقت تھا۔ یہ خدا اور شیطان کے درمیان بہت بڑی جنگ کا عروج تھا۔ خداوند یسوع مسیح اپنے آپ کو ہمارے گناہوں کے لئے قربانی کے برّے کے طور پر پیش کر رہے تھے۔ خداوند یسوع مسیح کے سامنے کھڑے یہ لوگ دُنیا کا انتہائی بھیانک جُرم کرنے جا رہے تھے۔ وہ دُنیا کے منجی کو ہلاک کرنے جا رہے تھے۔

اُن کے سامنے خدا کا بیٹا کھڑا تھا۔ اُس کی سانسوں سے ہی یہ دُنیا وجود میں آئی تھی۔

(یوحنا 1:1-3) اُسی کی آواز پر بیماروں کو شفا ملی تھی۔ جب اُس نے کلام کیا۔ فطرت نے سنا، طوفانی ہوائیں تھم گئیں، (39:4) اُس کی آواز سے، مُردوں کو دوبارہ زندگی ملی۔ وہاں پر موجود لوگوں نے اُس میں موجود قوت کو محسوس کیا۔ اُس کے کلام کی آواز پر، وہ زمین پر گر پڑے۔ یہ کوئی عام شخص نہیں تھا جس کے ساتھ وہ اِس طور سے پیش آ رہے تھے۔ اُس نے اُن پر ظاہر کر دیا کہ وہ کہہ دینے سے ہی اُنہیں ہلاک کر سکتا ہے۔ کیوں کہ وہ خدا تھا۔

یہ کیسا زبردست منظر تھا۔ غصے سے بھرپور، مسلح بھیڑ زمین پر بے بس اور مفلوج پڑی تھی۔ جو کچھ ہوا تھا اِس پر وہ اِس قدر ششدر (حیران) تھے کہ خداوند یسوع کو دوبارہ اُن سے پوچھنا پڑا، ''تم کسے

ڈھونڈتے ہو؟"(7 آیت) اِس میں شک کی کوئی گنجائش نہیں کہ اُس روز ساری صورتحال کس کے اختیار میں تھی۔ اُنہوں نے یسوع کو بتایا کہ وہ اُس کی تلاش میں آئے ہیں۔

اِس ساری صورتحال پر پطرس کا ردِعمل بہت اہم ہے۔ تاہم پطرس اُس ساری صورتحال میں خدا کے ہاتھ کو دیکھنے سے قاصر رہا۔ اُس نے یسوع کی مدد کرنے کا فیصلہ کیا۔ اُس نے اپنی تلوار کھینچ کر سردار کاہن کے نوکر کا کان اُڑا دیا۔ امکانِ غالب ہے کہ وہ اپنے خداوند کے دفاع کے لئے اپنی جان تک قربان کرنے کے تیار تھا۔ تاہم پطرس اِس بات کو نہ سمجھ سکا کہ یسوع کو اُس کی ضرورت نہیں ہے۔

"یسوع نے پطرس سے کہا تلوار کو میان میں رکھ، جو پیالہ باپ نے مجھ کو دیا کیا میں اُسے نہ پیوں؟"(11)

کیا آپ نے کبھی خود کو پطرس کی جگہ پر محسوس کیا ہے؟ سب کچھ بکھرتا ہوا نظر آ رہا ہو، دشمن آپ پر حاوی ہو رہا ہو، آپ شکست سے دوچار ہو رہے ہوں، سب کچھ خلافِ توقع ہو رہا ہو، اور پھر آپ اپنے طور پر اپنی صورتحال کو بہتر بنانے کے لئے عملی قدم اُٹھائیں، آپ اپنی تلوار کھینچ کر اپنی لڑائی خود لڑنا شروع کر دیں۔ ہوسکتا ہے کہ آپ کے محرکات پطرس جیسے ہوں، آپ تلوار کھینچ کر اپنے خداوند کی مدد کرنا چاہتے ہوں، آپ تو اپنی عقل اور سمجھ کے مطابق بہترین طریقہ سے معاملہ سلجھانا چاہتے ہیں۔ آپ اپنی پوری طاقت سے لڑتے ہیں۔ ہوسکتا ہے کہ آپ کو وہ بات غور سے سننے کی ضرورت ہے جو خداوند نے پطرس سے کہی تھی۔ "اپنی تلوار کو میان میں رکھ۔" خداوند پطرس سے کچھ اِس طرح کہہ رہے تھے۔ "یہ جنگ تمہاری نہیں ہے۔ یہ میری جنگ ہے، مجھے اِس سے نبرد آزما ہونے دے۔ اپنی تلوار کو میان میں رکھ۔"

جو کچھ ہو رہا تھا پطرس اُس کو نہ سمجھ پایا۔ جب خداوند نے تین الفاظ "میں ہی ہوں۔" بولے، پطرس یہ سمجھ نہ سکا کہ خداوند کو اُس کی بے کار انسانی کاوش کی ضرورت نہیں ہے۔ "میں ہی ہوں"

یہ تین الفاظ اپنے اندر بڑی قدرت رکھتے ہیں۔ میں ہی آپ کا قادرِ مطلق، علیم الخبیر اور محبت کرنے والا خالق و مالک ہوں۔ میں ہی آپ کا منجی ہوں۔

یہ ساری صورتحال کائنات کے خالق و مالک کے ہاتھوں میں تھی۔ پطرس صورتحال کو بہتر بنانے کے لئے کچھ بھی نہ کرسکتا تھا۔ اُس کے انسانی جذبات نے صورتحال کو خراب کر دیا۔ اُس نے سردار کاہن کے نوکر کا کان اُڑادیا۔ بعد ازاں اُسی شخص کے ایک رشتہ دار نے پطرس کو پہچان بھی لیا تھا۔ (26 آیت) جب پطرس نے انکار کیا تھا کہ وہ کبھی بھی اُس کے ساتھ نہیں رہا۔

میرے خیال کے مطابق، اِن تین آیات میں سے اہم اور عظیم ترین سبق خداوند یسوع مسیح پر توکل اور بھروسہ کرنا ہے۔ جب آپ کو ناخوشگوار صورتحال کا سامنا ہو، تو فطری رُجحان تو یہی ہوتا ہے کہ ہم اپنی تلوار کھینچ کر صورتحال کو اپنے ہاتھ میں لینے کی کوشش کرتے ہیں۔

میری بات کا غلط مطلب نہ لیں، میں یہ نہیں کہہ رہا کہ ہم اپنے ہاتھ پر ہاتھ رکھ کر بیٹھے رہیں اور کچھ نہ کریں۔ تاہم پطرس کا ردِعمل اُس کے اندرونی جذبات پر مبنی تھا۔ اِس معاملہ میں اُس نے خداوند کی مرضی کو نہ جانا۔ اُس نے اپنی طاقت سے، انسانی دلیل اور جذبات کے تحت اپنے ردِعمل کا اظہار کیا تھا۔ ہم قادر مطلق خدا کی خدمت کرتے ہیں۔ وہ ہر ایک صورتحال اور ہر طرح کے حالات و واقعات پر مکمل اختیار رکھتا ہے۔ وہ اپنے وقت پر اور اپنے طریقہ سے ہمیں استعمال کرنے کا چناؤ کرتا ہے۔ ہم اُس کے ہاتھوں میں ایک وسیلہ ہوتے ہیں۔ تاہم اُس کے اختیار سے قدم بڑھانے اور پطرس کی طرح تلوار کھینچنے میں فرق پایا جاتا ہے۔

اُس روز پطرس خدا کے مقصد اور منصوبے کے خلاف لڑا، وہ خداوند کی مصلوبیت کے خلاف کھڑا ہوا۔ اِسی مصلوبیت کے لئے تو خداوند اِس زمین پر آیا تھا۔ یہ سب کچھ تو ہماری روحوں کی نجات کے لئے تھا کہ وہ اپنی جان قربان کرے۔ پطرس اپنی تلوار ہاتھ میں لے کر کھڑا ہوگیا۔ وہ لڑنے کے لئے تیار تھا تاکہ خداوند نہ مرے۔ جو کچھ ہو رہا تھا، اُس میں وہ خدا کے منصوبے کو دیکھنے سے قاصر رہا۔

خدا کے مقصد اور منصوبے اکثر و بیشتر المناک صورتحال اور بھیانک حالات میں پنہاں ہوتے ہیں۔

خداوند ہم سب کو توفیق دے تاکہ ہم اِس باب میں پطرس کے ردِعمل کی روشنی میں اپنے روّیوں کا جائزہ لے سکیں۔ ہوسکتا ہے کہ ہم میں سے بعضوں کو اپنی تلوار میان میں رکھنے کی ضرورت

ہے۔پطرس یہ دیکھنے میں ناکام رہا کہ صورتحال پہلے ہی محفوظ اور پر قدرت ہاتھوں میں ہے۔اپنی طاقت اور سوچ سے آگے بڑھنے سے، پطرس رکاوٹ بن رہا تھا۔کیا خداوند ہمیں کہہ رہا ہے کہ ہم رکاوٹ نہ بنیں بلکہ پیچھے ہٹ جائیں تاکہ وہ اپنا کام کر سکے؟

☆☆☆☆☆☆☆☆

خداوند یسوع یہاں پر یہ دُعا کر رہے تھے

کہ

ہم اُس کے ساتھ اِس طور سے ایک ہوں کہ اُس کی محبت ہم سے بہتی ہوئی ہمارے بھائیوں اور بہنوں تک جائے۔

جب لوگ خدا کی محبت کا عملی مظاہرہ ہماری زندگیوں میں دیکھیں گے،تو اصل میں وہ مسیح کے اُس کام کو دیکھیں گے جو وہ ہماری زندگیوں میں کر رہا ہے۔

اگر چہ ہوسکتا ہے کہ وہ ہمیشہ ہی اُس کام سے آگاہ اور باخبر ہوں،تو بھی اُنہیں یہ معلوم ہو جائے گا کہ وہ اُن لوگوں کے دلوں میں سکونت کرتا ہے جو یسوع مسیح کو قبول کرتے اور اُس پر ایمان لاتے ہیں۔

چند غور طلب باتیں

☆۔کیا آپ کی زندگی میں ایسی صورتحال اور حالات ہیں جو کسی طور سے بھی آپ کے کنٹرول میں نہیں ہیں؟

☆۔ایسے حالات میں خداوند کہاں ہے؟ کیا وہ آپ کو درپیش صورتحال اور مشکلات پر غالب اور فاتح ہے؟

☆۔کیا ایسا ممکن ہے کہ صورتحال پر قابو پانے کی کوشش میں، صورتحال اور بھی زیادہ آپ کے قابو سے باہر ہوگئی؟

چند اہم دُعائیہ نکات

☆۔خداوند کا شکر کریں کہ وہ اِس کائنات کو اپنے اختیار میں رکھتا ہے اور جو کچھ بھی واقع ہوتا ہے اُس کے اختیار سے باہر نہیں۔

☆۔نئے طور سے اپنے آپ کو اُس کی محبت بھری حفاظت میں دے دیں، ابھی اپنی مشکلات اُس کے حوالہ کر دیں۔

☆۔خداوند سے معافی مانگیں کہ آپ اپنی مشکل صورتحال پر اپنی طاقت اور عقل سے قابو پانے کی کوشش کرتے رہے۔

☆۔اِس بات کے لئے بھی اُس کا شکریہ ادا کریں کہ وہ سب چیزوں میں آپ کی بھلائی کے لئے کام کرتا ہے۔

☆۔جب آپ کو زندگی میں مشکلات، آزمائشوں اور کشمکش کا سامنا ہے تو خداوند سے حکمت مانگیں، خداوند سے دُعا کریں کہ آپ کی زندگی میں اُس کی مرضی پوری ہو اور آپ اپنی مشکلات اور مسائل میں بھی اُس کے مقصد سے ہم آہنگ زندگی بسر کر سکیں۔

باب 48

پطرس کا انکار

یوحنا 18:12-27

ایک بہت بڑی بھیڑ ہتھیاروں سے مسلح ہو کر خداوند کو گرفتار کرنے کے لئے آ چکی تھی۔ اُن کے ساتھ سپاہیوں کی ایک پلٹن، سردار کاہن اور فریسی بھی تھے۔ وہ تو کسی ہنگامہ آرائی کی توقع کر رہے تھے۔ لیکن پطرس کے جذباتی ردِعمل کے سوا، کسی طرح کی افراتفری اور ہلڑ بازی دیکھنے میں نہ آئی۔ وہ خداوند یسوع مسیح کو گرفتار کر کے حنا کے پاس لائے۔ جو کہ کیفا، سردار کاہن کا سسر بھی تھا۔ یہودی کیوں یسوع کو گرفتار کر کے حنا کے پاس لے گئے اور کیفا کے پاس نہ لائے؟ لوقا 3:2 آیت اِس معاملہ پر تھوڑی روشنی ڈالتی ہے۔

"اور حنا اور کائفا سردار کاہن تھے۔ اُس وقت خدا کا کلام بیابان میں زکریاہ کے بیٹے یوحنا پر نازل ہوا۔"

مذکورہ آیات میں ہم دیکھتے ہیں کہ دونوں اشخاص اُس دَور میں سردار کاہن تھے۔ اِس سے اِس بات کو بھی سمجھنے میں مدد ملتی ہے کہ یہودی کس دَور میں زندگی بسر کر رہے تھے۔ ہو سکتا ہے کہ کیفا سردار کاہن رومی حکومت کی طرف سے منظور شدہ کاہن ہو، جبکہ حنا یہودیوں کی طرف سے مقرر کیا گیا ہو۔ اُس دَور میں بہر صورت یروشلیم میں دو کاہن مقرر ہوتے تھے۔ اِس متن کی روشنی میں ہم اِس باب کو سمجھ سکتے ہیں۔

سپاہی یسوع کو حنا کے پاس لے گئے، (13 آیت) جب یسوع کو حنا کے پاس لے جایا گیا۔ دو شاگرد تھوڑے فاصلہ پر اُس کے پیچھے پیچھے جا رہے تھے۔ اُن دو شاگردوں میں سے ایک پطرس تھا۔ دوسرے شاگرد کے نام کا ذکر نہیں کیا گیا۔ ہو سکتا ہے کہ یہ شاگرد یوحنا ہو جو کہ انجیل کا مصنف بھی

ہے۔سپاہی یسوع کوسردار کاہن کے دیوان خانہ میں لے گئے۔ اِس کا مطلب یہ ہے کہ دونوں شاگرد یسوع کے ساتھ ہونے والے سلوک کو دیکھنے سے قاصر تھے۔نامعلوم شاگرد چونکہ سردار کاہن کا واقف تھا اِس لئے اُسے اندر جانے کی اجازت مل گئی۔جبکہ پطرس باہر ہی رہ گیا۔

ممکن ہے کہ اپنے اثر ورسوخ کی وجہ سے، ''نامعلوم'' شاگرد وہاں پر موجود لڑکی (حاضر ڈیوٹی دربان) سے پطرس کے لئے اجازت چاہی۔اور وہ پطرس کو اندر لے گئی۔جب اُس لڑکی نے پطرس کو دیکھا تو پہچان لیا کہ وہ بھی یسوع کے شاگردوں میں سے ایک ہے۔پطرس نے صاف انکار کر دیا۔اور پھر صحن میں چلا گیا۔(17 آیت) پھر پطرس اُن لوگوں میں جا ملا جو آگ تاپ رہے تھے۔ اور وہاں کھڑا ہو کر مقدمے کی کاروائی سننے لگا۔

جب پطرس آگ کے قریب کھڑا تھا، اُس نے سردار کاہن کو یسوع سے سوال کرتے ہوئے سنا، اُنہوں نے اُس کی تعلیمات اور شاگردوں کے تعلق سے اُس سے سوالات پوچھے، بلاشبہ جب یسوع سے اُس کے شاگردوں کے بارے پوچھا گیا تو پطرس کے کان کھڑے ہوگئے۔خداوند یسوع نے سردار کاہن کے کسی سوال کا جواب نہ دیا۔اُس نے حنا سے کہا اُن سے پوچھ جنہوں نے مجھے تعلیم دیتے ہوئے سنا ہے۔خداوند یسوع مسیح نے کوئی خفیہ تعلیم نہیں دی تھی۔اُس نے ہیکل میں سرعام تعلیم دی اور منادی کی تھی۔ بہت سے لوگوں نے اُسے منادی کرتے ہوئے سنا تھا۔اِس معاملہ پر تو اُس سے سوال کرنے کی ضرورت ہی نہ تھی، خداوند یسوع مسیح کے جواب کو سردار کاہن کی بے عزتی سمجھا گیا۔

پاس ہی کھڑے ہوئے پیادوں میں سے ایک نے یسوع کے طمانچہ مارا۔یسوع کو مارنا غیر قانونی تھا۔اور یسوع نے مارنے والے سے پوچھا کہ تو مجھے کیوں مارتا ہے۔(23 آیت)

جب حنا نے تسلی بخش حد تک خداوند یسوع مسیح سے معلومات اور بیانات لے لئے۔تو پھر اُس نے یسوع کو اپنے داماد، کیفا کے پاس بھیج دیا۔ہوسکتا ہے کہ ریکارڈ شدہ بیانات سے حنا کے سامنے کوئی ایسی وجہ سامنے نہ آئی ہو جس کی بنیاد پر وہ یسوع کو سزائے موت دے سکتا۔یوحنا رسول ہمیں یہ نہیں

بتاتا کہ جب خداوند پیلاطس کے سامنے کھڑا ہوا تھا تو کیا بات سامنے آئی۔

ہمارے لئے تو یہ جاننا اہم ہے کہ جب خداوند یسوع کے مقدمے کی کاروائی جاری تھی تو اُس وقت پطرس کے ساتھ کیا واقع ہو رہا تھا۔ایک لحاظ سے، بیک وقت دو مقدمات کی سماعت ہو رہی تھی۔جب یسوع پر نالش ہو رہی تھی، اُسی وقت پطرس بھی ایک طرح سے مقدمے کی زد میں تھا۔جب پطرس آگ تاپنے والوں کے ساتھ جا کھڑا ہوا، تو وہاں پر بھی اُسے کہا گیا کہ وہ بھی یسوع کے شاگردوں میں سے ہے۔دوسری مرتبہ پطرس نے یسوع کے ساتھ کسی طرح کا کوئی میل جول رکھنے سے انکار کیا۔

آگ کے گرد کھڑے ہوئے لوگوں میں سے ایک اُس ملازم کا رشتہ دار تھا جس کا کان پطرس نے زیتون کے باغ میں اُڑا دیا تھا۔جب یسوع کو گرفتار کیا گیا تو یہ شخص بھی اُس بھیڑ میں تھا۔اُس نے اُسے پہچان لیا کہ یہ بھی یسوع کے شاگردوں میں سے ہے۔پطرس کو پوچھا گیا لیکن پطرس نے تیسری بار انکار کر دیا کہ اُس کا یسوع سے کوئی تعلق واسطہ نہیں ہے۔اور پھر مُرغ نے بانگ دے دی۔(27 آیت)

اِس کو اور بھی تفصیل کے ساتھ سمجھنے کے لئے ،ہمیں یوحنا 13 باب کا پھر سے جائزہ لینا ہوگا۔جی ہاں یہاں پر یسوع نے اپنے شاگردوں کے پاؤں دھوئے تھے۔اُس شام کھانے کے دوران، یسوع نے اپنے شاگردوں کو بتایا تھا کہ یہوداہ اسکریوتی دھوکے سے اُسے پکڑوائے گا۔اگرچہ وہ اِس بات کو پورے طور پر نہ سمجھے تھے،(13:20-29) اُس نے اُنہیں یہ بھی کہا تھا کہ وہ مر جائے گا۔خداوند یسوع مسیح کی اِس بات کی سب سے زیادہ مخالفت پطرس نے کی تھی۔اُس رات پطرس نے بڑی دلیری کے ساتھ یہ کہا تھا کہ وہ اپنے خداوند کے لئے جان تک قربان کرنے سے گریز نہیں کرے گا۔(13:37) تاہم خداوند یسوع مسیح نے یہ پیش گوئی کی تھی کہ مُرغ کے بانگ دینے سے قبل پطرس تین بار اُس کا انکار کرے گا۔

جب بھیڑ یسوع کو گرفتار کرنے کے لئے آئی ،صرف پطرس نے ہی مزاحمت کی تھی۔وہی اکیلا یسوع

کے دفاع کے لئے کھڑا ہوا تھا، وہ تلوار کھینچ کر اپنے یسوع کے دفاع کیلئے کھڑا ہو گیا تھا۔

اگر یسوع اُسے نہ کہتا "اپنی تلوار میان میں رکھ" تو وہ اپنی جان تک یسوع کے لئے دے دیتا۔ اگرچہ پطرس سپاہیوں کی پلٹن، سردار کاہنوں اور فریسیوں کے سامنے سینہ سپر تھا۔ تو بھی دربان لونڈی کے سامنے بری طرح ناکام ہو گیا۔ اِسی طرح آگ کے گرد کھڑے لوگوں کے سامنے بھی وہ جرأت اور دلیری کا مظاہرہ نہ کر سکا۔ پطرس نے کیوں اُن لوگوں کے سامنے مسیح کا انکار کر دیا؟

جب کہ دیگر موقعوں پر تو وہ بہت دلیر اور جوشیلا دکھائی دیتا ہے۔ ہم قیاس آرائی سے ہی اِس بات کا جواب دے سکتے ہیں۔ کیا اِس وجہ سے تھا کہ اُس کے ایمان کی آزمائش ہو رہی تھی؟ خداوند یسوع دشمن کے ہاتھوں میں تھے۔ اور لگ رہا تھا کہ دشمن یسوع کو ہلاک کر ڈالیں گے۔ پطرس کے ایمان کی پرکھ کی گھڑی آ پہنچی تھی۔

شاید پطرس اِس لئے بھی ناکام ہو گیا تھا کیوں کہ اُس کے ساتھی بھی اُسے چھوڑ کر بھاگ گئے تھے اور وہاں پر کوئی اس کی ہمت بندھانے والا نہیں تھا۔ اُس نے محسوس کیا کہ وہ ماضی کی طرح اپنے مالک اور خداوند پر تکیہ نہیں کر سکتا۔ خداوند یسوع مسیح اُس سے جدا ہو گئے تھے۔ اُس کے ساتھی شاگرد بھی تو بھاگ گئے تھے۔ کیا پطرس تنہاہ اور بے یار و مددگار محسوس کر رہا تھا؟ اگرچہ ہمارے پاس اِن سوالات کے جوابات نہیں ہیں تو بھی پطرس کی اِس کہانی سے ہمارے لئے سیکھنے کو بہت سے اہم اسباق ہیں۔

اول، ہم حقیقی طور پر نہیں جانتے کہ اگر ہم بھی ایسی صورتحال سے دوچار ہوں تو ہمارا ردِعمل کیا ہو گا۔ جب سب حالات و واقعات دُرست سمت میں آگے بڑھ رہے ہوں تو پھر پُراعتماد ہونا ایک الگ بات ہے، جب آپ کے دوست واحباب آپ کے اِردگرد موجود ہوں تو پھر خود اعتمادی تو ہو گی۔ لیکن اگر پطرس کی طرح تن تنہاہ اور بے یار و مددگار رہ جائیں تو پھر آپ کا ردِعمل کیسا ہو گا؟

دوسری بات، یہ کہانی ہمیں یاد دلاتی ہے کہ ہم سب گنہگار ہیں اور ہمیں مسلسل ایک نجات دہندہ کی ضرورت ہے جو ہمیں توفیق اور قوت بخشے۔ پطرس تمام شاگردوں میں سے سب سے زیادہ عقل مند تھا۔ وہ تو سپاہیوں کی بہت بڑی پلٹن کے خلاف نبرد آزما ہونے کے لئے تیار تھا تاکہ اپنے خداوند کا

دفاع کر سکے۔لیکن یاد رکھیں کہ یہ پطرس ہی تھا جو سب سے پہلے گرا۔مضبوط بھی کمزور کی طرح گر سکتا ہے۔

آخری بات، یہ بہت اہم نکتہ ہے کہ ہمیں اِس بات کا گہرا احساس ہو کہ خدا کے ساتھ ہمارا عہد وفا صرف اتنا ہی مضبوط ہے جس قدر زنجیر میں موجود ایک کُھری (link) ہوتی ہے۔پطرس جیسے کئی ایک لوگوں سے ہمارا واسطہ پڑتا ہے جو بڑے مضبوط اور وفادار مسیحی ہوتے ہیں۔لیکن آزمائش اور نامساعد حالات میں وہ زنجیر کی ایک کمزور کُھری سے زیادہ مضبوط نہیں ہوتے۔جب شیطان آپ کی خدا کے ساتھ وفاداری کو کھینچنا شروع کرتا ہے، تو پھر اِس سے کچھ فرق نہیں پڑتا کہ آپ کی باقی کُھریاں (links) کس قدر مضبوط ہیں، جہاں بھی آپ کی وفاداری میں کمزور link ہوگا، آپ کی وفاداری اور عہد و پیمان کی زنجیر بکھر جائے گی۔داؤد اور سلیمان کی زندگیوں میں عورتیں اُن کی کمزوری تھیں۔یہوداہ کی زندگی میں روپیہ پیسہ اُس کی کمزوری تھا۔آپ کی زندگی میں کون سی چیز کمزوری بنی ہوئی ہے؟

اگر میں بھی آگ کے گرد کھڑا ہوتا، میں بھی لونڈی کی آنکھوں میں دیکھ رہا ہوتا، میں بھی پطرس کی طرح گر سکتا تھا۔میری زنجیر میں بھی کمزور کُھریاں موجود ہیں۔مجھے اپنی زندگی میں خدا کے رُوح کی توفیق بخشنے والی قوت اور فضل کی مسلسل ضرورت رہتی ہے۔اگر میں غالب آتا ہوں تو صرف اور صرف خدا کی طاقت اور قوت سے ہی ایسا ممکن ہوتا ہے۔میں اپنی ذات پر بھروسہ اور اعتماد کرنے کا سوچ بھی نہیں سکتا۔مجھے ہر لمحہ، ہر روز اُس کی توفیق بخشنے والی قوت اور توفیق کی ضرورت ہوتی ہے۔اُس کے بغیر میں یقیناً گر جاؤں گا۔وہ شخص جس نے اپنے خداوند کے دفاع کے لئے تلوار کھینچ لی، اُس کو معلوم ہو چکا تھا کہ اُس کی انسانی عقل اور طاقت کافی نہیں ہے۔یہ ایسا زبردست سبق تھا جو پطرس نے اپنی زندگی میں کبھی نہیں بھولنا تھا۔آئیں اپنی طاقت اور قوت پر بھروسہ نہیں کریں، خداوند کے ساتھ چلنے اور اُس کے لئے کھڑے ہونے کے لئے ہمیں اُس کی طاقت، حکمت، فضل اور توفیق کی ضرورت ہوتی ہے۔

چند غور طلب باتیں

☆۔کیا آپ نے کبھی خود کو ایسی صورتحال سے دوچار پایا جہاں آپ خداوند کے لئے کھڑے ہونے سے خوفزدہ ہو گئے؟

☆۔کون سی چیز نے آپ کو مسیح خداوند کے لئے کھڑے ہونے سے روکا ہوا ہے؟

☆۔آپ کی رفاقت کیسے لوگوں کے ساتھ ہے؟ اُس وقت آپ نے کیسا محسوس کیا جب پطرس کی طرح، مسیحی دوست، کلیسیا وغیرہ آپ سے دُور کر دیئے گئے تھے؟

☆۔خداوند کے لئے عہد وفا نبھاتے ہوئے آپ اپنی زندگی میں کن علاقہ جات میں کمزوری محسوس کرتے ہیں؟ آپ کس وجہ سے اپنی زندگی کے کمزور حصہ میں گر پڑے؟

چند اہم دُعائیہ نکات

☆۔خداوند سے اپنی اُس سوچ اور خیال کے لئے معافی مانگیں کہ آپ مسیحی زندگی اپنی طاقت سے گزار سکتے ہیں؟

☆۔خداوند سے کہیں کہ آپ کی زندگی کے کمزور حصوں کو آپ پر ظاہر کرے۔خداوند سے اپنی زندگی کے کمزور حصوں کے لئے تحفظ اور تقویت مانگیں۔

باب 49

پیلاطس اور مسیح کی مصلوبیت

یوحنا 18:28-19:22

پطرس نے خداوند کا انکار کر دیا تھا، دیگر شاگرد بھاگ گئے تھے۔ حنا، کیفا اور سردار کاہنوں نے اُس پر سوالات کی بوچھاڑ کر دی۔ پھر اُسے پیلاطس کے پاس لے جایا گیا جو کہ اُس وقت کے رومی گورنر صاحب تھے۔ 31 ویں آیت سے ہم یہ سیکھتے ہیں کہ یہودیوں کے پاس کسی شخص کو جان سے مارنے کا کوئی حق نہ تھا، اِس لئے اُنہیں رومی حکومت کی ضرورت پڑی جو اُن کے لئے یہ کام سرانجام دے سکے۔

اِس حوالہ میں ایک دلچسپ مگر خلاف قیاس بات پائی جاتی ہے۔ بائبل مقدس بیان کرتی ہے چونکہ عید فسح قریب تھی۔ یہودیوں نے پیلاطس کے قلعہ میں داخل ہونا نہ چاہا، اگر وہ غیر قوم کے گھر میں داخل ہوتے، اور وہ بھی عید فسح سے پہلے تو اُنہیں سات دن کی طہارت درکار ہوتی تھی کیوں کہ شریعت یہی تقاضا کرتی تھی۔ اگرچہ وہ ناپاک ہونے کے ڈر سے قلعہ میں داخل نہ ہوئے، لیکن تو بھی وہ اِس سے بھی کہیں زیادہ ناپاکی اور گناہ کے مرتکب ہوئے۔ وہ خدا کے بیٹے یسوع کے قتل میں ملوث ہونے والے تھے۔

چونکہ وہ اُس کے قلعہ میں داخل نہ ہوئے، پیلاطس کو باہر آ کر اُن سے ملنا پڑا۔ اُس نے اُن سے یسوع کے بارے پوچھا۔ ''تم اِس آدمی پر کیا الزام لگاتے ہو؟'' (29 آیت) اُن کا جواب بڑا مبہم (غیر واضح) تھا۔ ''اگر یہ بدکار نہ ہوتا تو ہم اُسے تیرے حوالہ نہ کرتے۔'' (30) ایسے بیان سے پیلاطس کسی نتیجہ پر نہیں پہنچ سکتا تھا۔ یہاں پر یہودیوں کے پاس یسوع پر لگانے کے لئے کوئی الزام نہ تھا۔ کیا وہ پیلاطس سے یہ توقع کر رہے تھے کہ وہ مقدمہ کی جانچ پڑتال کے بغیر ہی یسوع کے لئے سزائے موت کا حکم صادر فرما دے؟

کیا وہ یہ توقع کر رہے تھے کہ پیلاطس اُن کو خوش کرنے کے لئے اُسے سزائے موت دینے کے لئے رضامند ہو جائے؟ اگرچہ یہ بات دُرست ہے کہ بالاخر پیلاطس نے اُن کی خواہشات کے آگے گھٹنے ٹیک دیئے۔ لیکن ایک لمحہ ایسا بھی تھا جب اُس نے ایسا کرنے سے انکار کر دیا تھا۔ اُس کا جواب یہ تھا۔ ''اِسے لے جا کر تم ہی اپنی شریعت کے موافق اِس کا فیصلہ کرو۔''

اِس سارے منظر کی واضح تصویر کے لئے ہم پیلاطس کے سامنے ہونے والے مقدمہ کے تعلق سے کچھ معلومات اناجیل کے دیگر مصنفین سے بھی حاصل کریں گے۔ لوقا 23:1-2 سے ہم یہ سمجھتے ہیں کہ یہودیوں نے اِس بات کا احساس ہونے پر اُس پر سیاسی جرائم کے الزامات لگانے شروع کر دیے۔ وہ یہ سمجھ رہے تھے کہ ایسے الزامات سے وہ پیلاطس کی توجہ حاصل کر لیں گے، کیوں کہ اُس نے اُنہیں کہہ دیا تھا کہ وہ جا کر اپنی شریعت کے مطابق اُس کا فیصلہ کریں۔ ظاہری بات ہے کہ اُسے شبہ ہو گیا تھا کہ یسوع پر لگائے جانے والے الزامات مذہبی نوعیت کے ہیں۔ جب اُنہوں نے یسوع پر یہودیوں کا بادشاہ ہونے کا الزام لگایا، تو یہ ایک ایسا الزام تھا جو پیلاطس نظر انداز نہ کر سکا۔ وہ مزید تحقیق و تفتیش کے لئے یسوع کو قلعہ میں لے گیا۔

''کیا تو یہودیوں کا بادشاہ ہے؟'' (33 آیت) خداوند یسوع نے پیلاطس کو بتایا کہ اگرچہ وہ بادشاہ ہے تو بھی اُس کی بادشاہی اِس دُنیا کی نہیں ہے۔ اُس نے پیلاطس کو بتایا کہ وہ سیاسی مقاصد کے لئے نہیں آیا، بلکہ حق کی منادی کے لئے آیا ہے۔ اُس کی بادشاہی ایسے لوگوں پر مشتمل ہے جو اُس کی سکھائی گئی سچائی پر ایمان رکھتے ہیں۔ یہ سن کر پیلاطس کو یہ سمجھ لگ گئی کہ خداوند یسوع رومیوں کے اسرائیلی پیشہ کے لئے کوئی سیاسی خطرہ نہیں ہے۔ جیسا پیلاطس نے اندازہ لگایا تھا کہ یہ معاملہ مذہبی نوعیت کا تھا۔ اُسے یسوع پر الزام لگانے کی کوئی وجہ معلوم نہ ہو سکی۔ وہ یہودیوں کے پاس باہر گیا تا کہ اُنہیں اپنا فیصلہ سنا سکے۔ ''میں اُس کا کچھ جرم نہیں پایا۔'' (39 آیت)

پیلاطس کو معلوم تھا کہ یہودی اِس فیصلہ پر مطمئن نہ ہوں گے۔ اُن کا یہ دستور تھا کہ وہ عیدِ فسح کے موقع پر ایک مجرم کو رہا کر دیتے تھے۔ یہودیوں کو خوش کرنے اور پھر اِس مسئلہ کا حل نکالنے کے لئے

کہ یسوع کے ساتھ کیا سلوک کیا جائے۔ پیلاطس نے فیصلہ کیا کہ وہ یہودیوں کو ایک چناؤ دے گا۔اُس نے برّ ابا نام ایک مجرم کو خداوند یسوع کے ساتھ کھڑا کیا۔ جو کہ بغاوت کے جرم کا مرتکب ہوا تھا۔وہ قتل اور بغاوت کے مقدمات کی وجہ سے قید خانہ میں تھا۔(لوقا19:23) پیلاطس کی طرف سے یہ ایک بڑی سیاسی چالاکی تھی۔وہ جانتا تھا کہ یسوع پر الزام لگانے سے انکار پر بھیڑ خوش نہ ہوگی۔ یہ کیسے ممکن تھا کہ وہ لوگوں کو بھی خوش رکھتا اور یسوع پر الزام بھی نہ لگاتا، جسے وہ بے قصور سمجھتا تھا؟ ایک بدنام زمانہ مجرم کو یسوع کے ساتھ کھڑا کرنے سے، پیلاطس نے فیصلہ عوام پر ہی چھوڑ دیا۔ میرے ذہن میں اِس تعلق سے کوئی شک وشبہ نہیں کہ پیلاطس نے یہ سب کچھ یسوع کو رہا کرنے اور ایک مشکل فیصلہ سے بچنے کے لئے ایسا کیا تھا۔

ساری صورتحال سے پیلاطس مشکل میں پڑ گیا۔لوگوں نے مطالبہ کرنا شروع کر دیا کہ اُن کی خاطر برابا کو چھوڑ دیا جائے۔ ہم سب جو خداوند سے پیار کرتے ہیں، ہمارے لئے اِس بات کو سمجھنا مشکل ہے۔بھیڑ نے ایک بدنام زمانہ قاتل اور غدار کی رہائی کا مطالبہ کیا، نہ کہ یسوع کی رہائی کا، جس نے اُن کے بیماروں کو اچھا کیا اور اُنہیں ابدی زندگی کی پیش کش کی تھی۔

یسوع کو رہا کرنے کے لئے پیلاطس کی ساری کاوش ناکام رہی، پیلاطس کو مجبور کیا گیا کہ وہ اِس مسئلہ کا کوئی اور حل نکالے۔ پیلاطس نہایت دباؤ کے نیچے تھا۔

وہ پھر سے یسوع کو قلعہ میں لے گیا۔اُس نے اپنے سپاہیوں سے کہا کہ اُسے کوڑے مارو، (1:19) یوحنا رسول ہمیں بتاتا ہے کہ جب اُنہوں نے یسوع کے کوڑے لگائے تو اُسے شاہی خلعت پہنایا، اُس کے سر پر کانٹوں کا تاج رکھا، اور از راہِ مذاق اُس کے آگے جھکنے لگے، اور اُس کو سجدہ کرتے رہے۔ متی 30:27 ہمیں بتاتا ہے کہ اُنہوں نے یسوع کے منہ پر تھوکا بھی۔ اور اُس کے سر پر مارنے لگے۔ ہمارے خداوند یسوع کا دُکھ درد اور بھی زیادہ ہو گیا جب اُنہوں نے اسے اُس سرکنڈے کے ساتھ مارا، چونکہ یسوع کے سر پر کانٹوں کا تاج تھا اور جب اُس کے سر پر مارا گیا تو کانٹے یسوع کے سر میں دھنسنے لگے۔

آپ دیکھ سکتے ہیں کہ اِس سارے واقعہ میں ابلیس کس طرح اُن سپاہیوں میں سے ہو کر قہر و غضب سے کام کر رہا تھا۔ بالعموم روم میں مجرم کے ساتھ ایسا سلوک نہیں کیا جاتا تھا۔ یسوع پر تو کوئی الزام ثابت نہیں ہوا تھا۔ اُنہیں اُس کو کوڑے مارنے کا بھی کوئی حق نہیں تھا۔ یہ تو ایک ناجائز اور غیر قانونی ظلم و ستم کی انتہاء تھی۔

میں اِس حوالہ کو یہ سوال پوچھے بغیر نہیں پڑھ سکتا کہ خدا نے یہ سب کچھ واقع ہونے دیا۔ جسے وہ مار رہے تھے، وہ کوئی عام شخص نہیں بلکہ خدا کا بیٹا تھا، جو خالقِ کل اور مالکِ کل ہے۔ اُس پر جو مار پڑی وہ خدا کی طرف سے تھی۔ خدا نے ہر طرح کا ظلم و ستم اُس پر ہونے دیا۔ یہ کیسے ممکن تھا کہ خدا کی مرضی اور رضا کے بغیر عام انسان خدا کے بیٹے کے ساتھ اِس طرح کا سلوک کر سکتے۔ موسیٰ کے دَور میں جب خدا پہاڑ پر اُترا، تو اُس وقت کسی کو خدا تک رسائی حاصل نہ تھی۔

یہاں پر ہم سپاہیوں کی پلٹن کو دیکھتے ہیں کہ وہ خدا کے بیٹے یسوع پر کوڑے برسا رہی ہے اور خدا کوئی مداخلت نہیں کر رہا۔ اِس کی سادہ سی تشریح یہی ہے کہ خدا مجھ سے اور آپ سے اِس قدر پیار کرتا تھا کہ اُس نے اپنے بیٹے کو بھی دریغ نہ کیا۔ یہی وجہ ہے کہ اُس نے یہ سب کچھ ہونے دیا۔ اُس نے یہ سب کچھ ہمارے لئے برداشت کیا۔

اِس ظالمانہ مار پیٹ کے بعد، پیلاطس ایک بار پھر یسوع کو باہر لے گیا، اور اُسے لوگوں کے سامنے پیش کیا۔ اُس کی یہ اُمید تھی کہ لوگ دیکھیں گے کہ یسوع کو کس طرح ظالمانہ طور پر مارا گیا ہے اور وہ دیکھ کر مطمئن ہو جائیں گے۔ جب اُس نے یسوع کو بھیڑ کے سامنے پیش کیا تو بیان کیا کہ وہ اُس میں کوئی قصور نہیں دیکھتا۔۔ دیکھو، یہ ہے تمہارا بادشاہ۔ یہ کہنے سے پیلاطس بھیڑ کو بتا رہا تھا کہ اُسے اُس میں بادشاہ بننے کی کوئی خواہش نظر نہیں آئی اور یہ کسی طور پر بھی رومی حکومت کے لئے کوئی خطرہ نہیں ہے۔

بھیڑ کو اُس پر کوئی ترس نہ آیا۔ یہ ظلم و ستم بھی بھیڑ کو مطمئن نہ کر سکا۔ جب تک یسوع مر نہ جاتا، اُن کی تسلی نہیں ہونی تھی۔ وہ چلا چلا کر کہنے لگے، "لے جا، لے جا، اِسے مصلوب کر، اِسے مصلوب کر۔"

پیلاطس آخری بار یسوع کو یہودیوں کے پاس باہر لایا، اور یہودیوں کو بتایا کہ میں اُس کا کچھ جرم نہیں پاتا، وہ اُسے دیکھ کر اور بھی چلانے لگے، ''مصلوب کر، مصلوب کر۔ اُس نے کہا، ''کیا میں تمہارے بادشاہ کو مصلوب کروں؟'' بھیڑ نے جواب دیا، '' قیصر کے سوا ہمارا کوئی بادشاہ نہیں ہے۔'' پیلاطس اِس بیان میں اُن کی ریا کاری سے واقف تھا۔ یہودی لوگ اسرائیل میں رومیوں کو دیکھ کر ناراض ہوتے تھے۔

آخری بات، پیلاطس نے یہودیوں کی خواہش کے مطابق اُسے اُن کے حوالہ کر دیا کہ مصلوب کیا جائے۔ روم سپاہی اُسے گلگتا کے مقام پر لائے (کھوپڑی کی جگہ) جہاں اُنہوں نے اُسے کیلوں سے صلیب پر جڑ دیا۔ اور اُس کے دائیں اور بائیں دو ڈاکو بھی مصلوب کر دیئے گے۔ پیلاطس نے ایک کتابہ لکھ کر صلیب پر لگا دیا، جس پر لکھا تھا۔'' یہودیوں کا باشاہ'' (19 آیت) یہ کتابہ، عبرانی، لاطینی، اور یونانی زبان میں لکھا ہوا تھا۔ اور سب یہودی راہنما جنہوں نے یہ کتابہ پڑھا، وہ پیلاطس کے پاس آئے، اُنہوں نے اُسے کہا کہ اِس کتابہ پر لکھے ہوئے الفاظ درست نہیں، وہ یہ چاہتے تھے کہ اُس پر لکھا جائے کہ اِس شخص نے دعویٰ کیا تھا کہ وہ یہودیوں کا بادشاہ ہے۔ پیلاطس نے اُن کی درخواست منظور نہ کی۔ ''میں نے جو لکھ دیا، وہ لکھ دیا۔'' (22 آیت) کیا اُس کا شخصی ایمان یہی تھا؟ ہم نہیں جانتے۔ یہ اس لئے لکھا

اور صلیب پر لگایا گیا تا کہ سبھی پڑھ سکیں۔ اُسے اِس لئے مرنا پڑا کیوں وہ یہودیوں کا بادشاہ تھا۔ جو اِس لئے آیا کہ اُنہیں گناہ کے بندھنوں سے رہائی بخشے۔

پیلاطس جانتا تھا کہ وہ بے گناہ ہے۔ لیکن پھر کیوں اُس نے اُسے مصلوب ہونے کیلئے یہودیوں کے حوالہ کر دیا؟ کیوں کہ بھیڑ کا دباؤ اُس پر تھا۔ اُسے سچائی کا علم تھا لیکن اُس پر عمل پیرا نہ ہو سکا۔

صرف سچائی کو جاننا کافی نہیں ہے۔ جب تک آپ سچائی پر عمل پیرا نہیں ہوتے، یہ آپ کی نجات کا باعث نہ ہوگی۔ ذہنی طور پر یہ جاننا کہ خدا کا بیٹا یسوع گنہگاروں کو نجات دینے کے لئے دُنیا میں آیا، ایک الگ بات ہے، اس کے بعد لازم ہے کہ آپ اُسے قبول کریں، اُس کی پیش کردہ گناہوں کی

معافی کو قبول کریں۔اپنی زندگی اُس کے تابع کر دیں۔ پیلاطس جیسی غلطی کا شکار ہونا بہت آسان ہے۔ صرف سچائی کو جاننا ہی کافی نہیں، ہر قیمت پر سچائی پر عمل پیرا ہوں۔

چند غور طلب باتیں

☆ کیا آپ نے خود کو کبھی پیلاطس جیسی صورتحال سے دو چار پایا ہے؟ آپ کی بلاہٹ یہ ہے کہ آپ خداوند کے لئے کھڑے ہوں، لیکن بھیڑ کو خوش کرنے کی خواہش آڑے آرہی ہے؟

☆ آج آپ کی زندگی میں خداوند کے عظیم گواہ ہونے کی راہ میں کون سی چیزیں حائل ہیں؟

☆ سچائی کو جاننے اور سچائی پر عمل پیرا ہونے میں کیا فرق پایا جاتا ہے؟

چند اہم دُعائیہ نکات

☆ چند لمحات کے لئے دُعا میں جھکیں اور خداوند کا اُن سب دُکھوں کے لئے شکریہ ادا کریں جو اُس نے صلیب پر آپ کے لئے برداشت کئے۔

☆ اِن دنوں خداوند کے لئے کھڑے ہونے کے لئے دُعا کریں۔

☆ اپنے علاقہ کے روحانی اور سیاسی قائدین کے لئے دُعا کریں۔ خداوند سے دُعا کریں کہ وہ اُنہیں اپنے اور اپنے کلام کے لئے کھڑے ہونے کی توفیق اور زور بخشے۔

باب50

تا کہ نوشتہ پورا ہو

یوحنا19: 23-36

دُکھوں اور موت کو سمجھنا کبھی بھی آسان نہیں ہے۔ اِس حوالہ کو سمجھنا اِس وجہ سے اور بھی مشکل ہو جاتا ہے کیوں کہ یہ سب دُکھ اور حتیٰ کہ موت بھی خدا کے بیٹے (جو کہ بے گناہ تھا) پر واقع ہوئی۔ ہم نے پچھلے باب میں دیکھا تھا کہ پیلاطس نے اُسے بے گناہ قرار دیا تھا۔ وہ کسی طور پر بھی سزائے موت کا مجرم نہ تھا۔ اس باب میں یوحنا رسول ہمیں جو سمجھانا چاہتے ہیں وہ یہ کہ اگر چہ خداوند نے دُکھ اٹھایا تو بھی سارے حالات و واقعات میں خدا ہر ایک چیز پر اختیار رکھتا تھا۔ یہ سب کچھ اِس لئے ہوا کہ نوشتہ پورا ہو۔ یوحنا رسول ہمارے سامنے چار واقعات رکھتے ہیں جو صلیب پر واقع ہوئے، جو بغیر کسی شک وشبہ یہ ثابت کرتے ہیں کہ خدا اِس بدی کے وسیلہ سے اپنے عظیم منصوبہ کو پورا کر رہا تھا۔

خداوند یسوع کے کپڑوں پر قرعہ

اِن واقعات میں سب سے پہلے جو واقعہ ہوا وہ خداوند کے کپڑوں پر قرعہ ڈالا تھا۔ یہ بہت اہم ہے کہ یہاں پر ہمیں ایک تصویر ملتی ہے۔ سپاہیوں نے ہمارے خداوند کو کیلوں پر صلیب سے جڑ دیا تھا۔ جب اُنہوں نے اُسے کیلوں سے صلیب پر جڑ دیا، اُنہوں نے اُس کے کپڑے تک اُتار ڈالے۔ یہ سب کچھ اُسے ذلیل ورسوا کرنے کے لئے کیا گیا۔ یوں لگتا ہے کہ اُس روز صلیب کے نیچے چار سپاہی موجود تھے۔ (23 آیت) اُنہوں نے خداوند یسوع کے کپڑوں کو لے کر اُنہیں آپس میں بانٹ لیا۔ جب اُنہوں نے اُس کے کرتہ کو دیکھا تو اندازہ لگایا کہ وہ بڑی قیمت کا ہے تو اُس پر قرعہ ڈالا۔ ایک لمحہ کے لئے تصور کریں کہ آپ مقدسہ مریم، خداوند یسوع کی ماں یا پھر اُنہوں میں سے ایک شاگرد ہیں جو صلیب کے پاس کھڑا ہوئے تھے۔ جب آپ نے وہ سب کچھ دیکھا جو شاگردوں نے کیا تو آپ خوفزدہ ہو گئے۔ آپ جانتے ہیں کہ یہ سارا جھوٹا مقدمہ تھا۔

آپ یہ بھی جانتے ہیں کہ یسوع نے کوئی ایسا جرم نہیں کیا تھا جس کی وجہ سے اُسے سزائے موت دی جاتی۔ بے انصافی اور بلا وجہ ظلم وستم کے خیال آپ کے ذہن میں گھوم رہے ہیں۔ آپ جانتے ہیں کہ یہودی راہنماؤں کے تعصب اور نفرت کی وجہ سے آپ کا عزیز دوست موت کی آغوش میں جانے والا ہے۔

آپ اُس کے بدن کو صلیب پر لٹکا ہوا دیکھتے ہیں، آپ اُس کے بدن پر کوڑوں کے نشانات اور خون کے دھبے دیکھتے ہیں، اَب وہ قریب المرگ ہے۔ آپ اُس کے سر پر چوٹوں کے نشان بھی دیکھتے ہیں، جہاں پر رومی سپاہیوں نے بار باراُس کے سر پر سرکنڈا مارا تھا۔ آپ یسوع کے دُکھ درد کو محسوس کر سکتے ہیں۔ آپ کے دل سے یہ درد بھری صدا نکلتی ہے۔ ''اَے خداوند خدا نے تو ایسا کیوں ہونے دیا؟''

جب آپ کے ذہن میں یہ خیالات گردش کرتے ہیں، آپ کی توجہ صلیب کے نیچے سپاہیوں کے ایک چھوٹے سے گروہ کی وجہ سے خلل کا شکار ہو جاتی ہے۔ وہ صلیب پر مسیح کے دُکھوں اور درد کے تعلق سے بے حس اور غافل ہیں۔ اُس کی حضوری میں، وہ اُس کے کپڑوں کو بانٹ رہے ہیں، اُن کے لئے یہ موقع تو اپنے لئے کچھ حاصل کرنے کا ہے۔ اُنہوں نے قرعہ ڈالا تو اُن میں سے ایک خوشی سے اچھل پڑا، کیوں کہ اُس کے حصہ میں یسوع کا کرتہ نکل آیا ہے۔ آپ فوری طور پر یہ سوچنا شروع کر دیتے ہیں، ''یہ لوگ اِس قدر بے حس کیسے ہو سکتے ہیں؟ کیا وہ اُس دکھ سے واقف نہیں جو اُن کے پاس ہی ایک شخص پر گزر رہا ہے؟ وہ کیسے دُکھ اُٹھانے والے کے سامنے اُس کے کپڑوں کو آپس میں بانٹ سکتے ہیں؟

رومی سپاہیوں کی بے حسی حقیقی تھی، یوحنا رسول تو اُس سارے واقعہ کے کرب کے لئے خاص طور پر حساس تھا۔ وہ صلیب کے بالکل قریب تھا جہاں پر یہ سارے واقعات رونما ہو رہے تھے۔ یوحنا رسول کیسے اِس واقعہ کے دُکھ کو سمجھنے میں ہماری مدد کرتا ہے؟ وہ ہمیں یاد دلاتا ہے کہ یہ واقعہ تو بہت سال پہلے نبیوں کی زبانی بیان ہو چکا تھا۔

زبور18:22 بیان کرتا ہے، ''وہ میرے کپڑے آپس میں بانٹتے ہیں اور میری پوشاک پر قرعہ ڈالتے ہیں۔'' زبور نویس نے اِن سپاہیوں کی بے حسی کے تعلق سے پہلے ہی نبوت کر دی تھی۔ خدا نے پہلے ہی بتا دیا تھا کہ یہ سب کچھ واقعہ ہوگا۔

غور کریں کہ کس طرح خداوند اپنے دوستوں کے ساتھ اُن کے دُکھ درد میں ملا تھا۔ خداوند نے اپنی ماں اور اُس شاگرد کو صلیب کے نیچے کھڑے دیکھا جس سے وہ محبت رکھتا تھا (یوحنا) وہ اُس وقت اپنی ماں کے دُکھ سے گہری طرح واقف تھا۔ اُس کے کرب کو دیکھ کر اُس نے یوحنا سے کہا کہ وہ اُسے ماں جان کر اُس کا خیال رکھے۔ (26-27) عین ممکن ہے کہ مریم اُس وقت بیوہ ہو چکی تھی۔ اَب سے یوحنا نے اُس کا ہر طرح سے خیال رکھنا تھا۔

پینے کے لئے سرکہ

اِس حوالہ میں دوسرا اہم واقعہ یہ ہے کہ سپاہیوں نے یسوع کو پینے کے لئے سرکہ پیش کیا۔ صلیب پر کرب اور درد کی حالت میں ہمارے خداوند کو بہت پیاس لگی۔ اُس نے پکار کر کہا، ''میں پیاسا ہوں۔'' پس سپاہیوں نے سرکہ میں بھگوئے ہوئے سپنج کو زُوفے کی شاخ پر رکھ کر اُسے خداوند یسوع کے منہ سے لگایا۔ یوحنا رسول ہمیں بتاتے ہیں کہ حتیٰ کہ یہ چھوٹا سا واقعہ بھی نبوتی طور پر پہلے ہی بتا دیا گیا تھا۔ ''اُنہوں نے مجھے کھانے کو اندراین بھی دیا، اور میری پیاس بجھانے کو اُنہوں نے مجھے سرکہ پلایا۔''

(21:69) جب یسوع پی چکا تو اُس نے پکار کر کہا، ''تمام ہوا۔'' اور سر جھکا کر جان دے دی۔ (30 آیت)

یسوع کی ہڈیوں کا نہ توڑا جانا

تیسرا واقعہ بیان کرتا ہے کہ یسوع کے مر جانے کے بعد صلیب پر کیا واقع ہوا۔ چونکہ سبت کا دن قریب تھا، یہودی چاہتے تھے کہ صلیب پر سے لاشوں کو اُتار لیں، صلیب پر لٹکے مجرم کی جلد موت کے واقع ہونے کے لئے رومی اُن کی ٹانگوں کو توڑ دیا کرتے تھے۔ اِس دردناک اور اذیت دہ تکلیف

سے مجرموں کی موت بہت جلد واقع ہو جاتی تھی۔ خداوند یسوع کے دائیں اور بائیں جانب لٹکے مجرموں کی ٹانگیں توڑ دی گئیں، جب وہ سپاہی یسوع کی ٹانگیں توڑنے کے لئے آئے تو معلوم ہوا کہ وہ پہلے ہی مر چکا ہے۔ تو فیصلہ کیا کہ اُس کی ٹانگیں نہ توڑی جائیں۔

یوحنا رسول ہمیں یاد دلاتے ہیں کہ کیسے خروج 12:46 میں حکم دیا گیا تھا کہ فسح کے برّہ کی کوئی ہڈی نہ توڑی جائے۔ فسح کے برّے مصر کی غلامی سے رہائی کی یاد منانے کے لئے ذبح کئے جاتے تھے۔ اُن برّوں کے خون کو دروازوں کی چوکھٹوں پر لگایا گیا تھا۔ اور یوں یہودی لوگ موت کے فرشتہ سے محفوظ رہے جو اُس رات مصر میں سے ہو کر گزرا تا کہ مصریوں کے تمام پہلوٹھوں کو ہلاک کرے۔ خداوند یسوع ہمارا فسح کا برّہ بنا۔ وہ اس لئے قربان ہوا تا کہ جو اُس کے خون میں چھپے ہوں، وہ خدا کے روزِ عظیم کی عدالت سے محفوظ رہ سکیں۔ اِس لئے یہ انتہائی اہمیت کا حامل واقعہ ہے کہ یسوع کی کوئی ہڈی نہ توڑی گئی۔ یہ سب کچھ ظاہر کرتا ہے کہ خدا سب چیزوں پر اختیار رکھے ہوئے تھا۔

یسوع کی پسلی کا چھیدا جانا

ہمارے خداوند یسوع مسیح کی ہڈیوں کو توڑنے کی بجائے، سپاہیوں نے اُس کی پسلی چھید ڈالی۔ جب اُس کی پسلی چھید ڈالی گئی، تو اُس میں سے خون اور پانی بہہ نکلا۔ (34 آیت) یہ بات قابلِ غور ہے کہ خداوند نے اُن سے پہلے جان دی جو اُس کے دائیں بائیں مصلوب کئے گئے تھے۔ اُس سے یہ اندازہ بھی لگایا جا سکتا ہے کہ خداوند یسوع مسیح کس قدر کرب اور گہرے درد اور تکلیف کی حالت میں تھے۔ اُس پر بڑی مار پڑی تھی۔

زکریاہ نبی نے بڑے واضح اور صاف الفاظ میں خداوند یسوع مسیح کی پسلی چھیدے جانے کی پیش گوئی کی۔ ''اور میں داؤد کے گھرانے اور یروشلیم کے باشندوں پر فضل اور مناجات کی روح نازل کروں گا۔ اور وہ اُس پر جس کو اُنہوں نے چھیدا ہے۔ نظر کریں گے۔ اور اُس کے لئے ماتم کریں گے، جیسا کوئی اپنے اکلوتے کے لئے کرتا ہے۔ اور اُس کے لئے تلخ کام ہوں گے۔ جیسے

کوئی اپنے پہلوٹھے کے لئے ہوتا ہے۔"(زکریاہ 10:12)

زکریاہ کے اُن نبوتی الفاظ پر غور کریں کہ وہ یہودی جنہوں نے یسوع کو چھیدا تھا اُس پر نظر کریں گے۔ بلاشبہ یہ یسوع کی پسلی چھیدے جانے کی طرف اشارہ ہے۔ خداوند یسوع ہی اُس پیش گوئی کی کامل تکمیل ہیں جو اُن کی موت سے بہت پہلے کی گئی تھی۔

خداوند یسوع کے تمام دُکھوں اور کرب کی چھوٹی سی چھوٹی تفصیل بھی بیان کی گئی ہے۔ کوئی بھی دُکھ اور درد ایسا نہیں تھا جو اُس نے برداشت کیا اور خدا کو اُس کے بارے میں کوئی علم نہیں تھا بلکہ یہ سب کچھ تو پہلے سے پیش گوئیوں کے وسیلہ سے بتا دیا گیا تھا۔ خدا کے لئے سارا صلیبی منظر کسی حیرت کا باعث نہ تھی۔ ہماری زندگی میں آنے والی ہر ایک صورتحال، آزمائش اور دُکھ اُس کے منصوبے میں پہلے ہی سے شامل ہوتی ہے۔

چند غور طلب باتیں

☆۔آپ کو اِس بات سے کیا حوصلہ ملتا ہے کہ یسوع کے تمام دُکھوں کے بارے میں بہت عرصہ پہلے پیش گوئی کر دی گئی تھی؟

☆۔کیا آپ کو ایسے وقت یاد ہیں جب آپ کے دُکھ، بالاخر آپ کے لئے روحانی ترقی اور فتح کا باعث ہوئے؟ وضاحت کریں۔

☆۔خدا اُن دُکھوں کے بارے جانتا ہے جو ہمیں سہنا ہوں گے، کیا اِس حقیقت کا مطلب ہے کہ وہی سب دُکھوں کا بانی ہے؟

چند اہم دُعائیہ نکات

☆۔خداوند کے شکر گزار رہوں کہ وہ آپ کے تمام دُکھ درد سے واقف ہے۔

☆۔اُن وقتوں کے لئے بھی خداوند سے معافی مانگیں جب آپ اپنے دُکھ درد کی حالت میں اُس کی نگہداشت اور فکر کو سمجھنے میں ناکام رہے۔

☆۔کیا آپ اِس وقت دُکھ اٹھا رہے ہیں؟ ایک بار پھر سے اپنے آپ کو خداوند کے ہاتھوں میں دے دیں، اِس بات کے لئے اُس کا شکر کریں کہ وہ جانتا تھا کہ یہ دُکھ درد آپ کی زندگی میں آئے گا اور وہی اُن دکھوں میں آپ کا حامی و ناصر ہوگا، وہ سارے حالات و واقعات میں سے آپ کے لئے بھلائی پیدا کرے گا۔

باب 51

خالی قبر

یوحنا 19:38--20:31

خداوند یسوع مسیح کی مصلوبیت کے بعد، ارمتیاہ کے یوسف نے پیلاطس کے پاس جا کر اُس سے یسوع کی لاش مانگی۔ مرقس 15:43 بیان کرتی ہے کہ یوسف یہودی مجلس کا رُکن تھا۔ جس نے خداوند یسوع کو سزائے موت سنائی تھی۔ لوقا 23:50-52 کے مطابق یہ شخص اُن کی مشورت اور فیصلے پر راضی نہ تھا۔ کیوں کہ وہ ایک راستباز شخص تھا۔ پیلاطس نے اُسے اجازت دے دی کہ وہ یسوع کی لاش لے جائے۔ نیکدیمس کے ساتھ مل کر اُس نے یسوع کی لاش کو نیچے اُتارا، اور اُس کے کفن دفن کا انتظام کیا۔

نیکدیمس وہی شخص ہے جو رات کے وقت یسوع کے پاس آیا تھا (یوحنا 3 باب) اور بعد ازاں اپنے ساتھی فریسیوں کے سامنے یسوع کا دفاع کیا تھا۔ (یوحنا 7:50-51) جب خداوند یسوع کی لاش کو دفنانے کے لئے تیار کر لیا گیا تو یوسف اور نیکدیمس نے اُس کو قریب ہی ایک باغ میں موجود خالی قبر میں رکھ دیا۔ (19:41-42)

خداوند یسوع مسیح قبر میں نہ رہے۔ وہ مُردوں میں سے زندہ ہو گئے۔ موت اُس پر غالب نہ رہ سکی۔ اِس حوالہ میں ہماری ملاقات تین لوگوں سے ہوتی ہے۔ اُن میں سے ہر ایک کا خداوند یسوع کے مُردوں میں سے جی اُٹھنے پر مختلف ردِعمل تھا۔ آئیں اِس حوالہ میں ہم موجود ہر شخص کے ردِعمل پر غور کرنے کے لئے کچھ وقت صرف کریں گے جنہیں یسوع کی لاش قبر میں نہ ملی۔

مریم مگدلینی

ہفتہ کے پہلے روز، بہت صبح سویرے، مریم مگدلینی قبر کے مقام پر گئی، (20:1) ظاہری بات ہے کہ وہ غم سے نڈھال تھی۔ وہ جاننا چاہتی تھی کہ اُنہوں نے اُس کے خداوند کو کہاں رکھا ہے۔ اِن فطری

وجوہات کے علاوہ، خدا ہی اُسے قبر پر لے جا رہا تھا۔ اُس وقت اُسے یہ وہم وگمان بھی نہیں تھا کہ خدا اُس کی قبر کی طرف راہنمائی کر رہا ہے۔ اُسے کیا معلوم کہ خدا نے اُسے مسیح کے مُردوں میں سے جی اُٹھنے کی منادی کیلئے بلایا ہے۔

جب وہ قبر پر آئی، تو دیکھا کہ پتھر قبر پر سے ہٹا ہوا ہے۔ اگرچہ خداوند نے اپنے شاگردوں کو پہلے ہی بتا دیا تھا کہ وہ مُردوں میں سے زندہ ہو جائے گا۔ مریم کو یہ بات سمجھ نہ آئی تھی۔ پتھر قبر سے کیوں ہٹا ہوا تھا؟ مریم یہی سمجھی کہ یہودی مسیح کی لاش کو چرا کر لے گئے ہیں۔

یہ جان کر مریم کو بڑی گھبراہٹ اور پریشانی ہوئی۔ وہ یہ خبر لے کر بڑی جلدی سے واپس لوٹی کہ وہ مسیح کی لاش کو چرا کر لے گئے ہیں۔ جو کچھ مریم نے دیکھا تو اِس کا منطقی نتیجہ اُس نے خود ہی نکال لیا۔ لیکن وہ غلط تھی۔ آج بھی مریم کی طرح کئی ایک لوگ ہیں جو مسیح خداوند کے معجزانہ طور پر زندہ ہو جانے کی کوئی بھی وجہ اپنی عقل کے مطابق بیان کرنا چاہتے ہیں۔۔ قبر کیوں خالی تھی؟

اِس کے تعلق سے کئی ایک نظریات اور مطالعاتی کتب موجود ہیں۔ شیطان کو اِس بات کا احساس تھا کہ اگر اُنہوں نے مسیح کے مُردوں میں سے جی اُٹھنے کی منادی کر دی کر دی تو اِس کا نتیجہ یہی ہوگا کہ دُنیا میں ایسی مسیحیت پھیل جائے گی جو اُمید اور خوشی سے بھرپور ہوگی۔ اگر مسیح آج بھی مرا ہوا ہے، تو پھر ہمارا ایمان لانا بے فائدہ ہے۔ (1 کرنتھیوں 17:15)

اِس کہانی کا دلچسپ پہلو یہ ہے کہ خدا نے مریم مگدلینی کو مایوسی کی حالت میں نہ چھوڑا۔ مریم کچھ شاگردوں کو لے کر قبر پر آئی۔ ہم بعدازاں اُن کے ردِعمل پر غور کریں۔ جب یہ شاگرد خالی قبر سے لوٹے، مریم وہیں کھڑی روتی رہی۔ پھر خدا نے اُسے اندر جھانکنے کے لئے راغب کیا۔ اُس نے قبر کے اندر دو فرشتوں کو دیکھا۔

اُنہوں نے مریم سے پوچھا، ''اَے عورت تو کیوں روتی ہے؟'' مریم کا جواب یہ تھا، ''اِس لئے کہ میرے خداوند کو اُٹھا لے گئے ہیں اور معلوم نہیں کہ اُسے کہاں رکھا ہے۔''

یہ کہہ کر مریم پیچھے مڑی اور محسوس کیا کہ ایک اور شخص بھی وہاں کھڑا ہوا ہے۔ اُس نے پیچھے مڑ کر یسوع

کو دیکھا لیکن اُسے پہچان نہ سکی۔ مریم نے سمجھا کہ وہ ایک باغبان ہے۔ ''میاں، اگر تو نے اُس کو یہاں سے اٹھایا ہو تو مجھے بتادے، کہ اُسے کہاں رکھا ہے۔ تاکہ میں اُسے لے جاؤں۔'' (15 آیت) اُس کے اندر یہ خواہش تھی کہ یسوع کی لاش کی مناسب طور پر تدفین کی جائے، مریم کی یسوع کے لئے محبت اب بھی لازوال تھی، وہ نہیں چاہتی تھی کہ کوئی یسوع کی لاش کو یونہی کہیں پھینک دے۔ اُس کے لئے یہ بات ناقابل برداشت تھی کہ یسوع کی لاش کی اِس طرح سے بے حرمتی ہو۔

اُس کی بے چینی، دُکھ اور غم دیکھ کر یسوع نے اُسے پکارا، ''مریم'' یہ آواز بہت مختلف تھی۔ اُس جیسی تو کوئی اور آواز نہ تھی۔ مریم نے مڑ کر اُوپر دیکھا اور پہچان لیا کہ یہ تو یسوع ہے۔ اُس نے اُسے گلے لگانا چاہا، ۔ لیکن وہ یہاں پر غلطی کر رہی تھی۔ یسوع زندہ ہو چکا تھا۔ جب اُس نے اُسے دیکھا تو شک وشبہات کے تمام بادل چھٹ گئے۔ بے اعتقادی کی تاریک گھٹائیں اُس کی سوچوں سے اُڑ گئیں تھیں۔ جب مریم کی ملاقات شخصی طور پر یسوع سے ہوئی، تو وہ مایوسی سے نکل کر اُمید میں داخل ہو گئی۔ ہماری شک وشبہات سے بھری دُنیا کو یسوع سے شخصی ملاقات کی ضرورت ہے۔ ہم اِس لئے اُسے جانتے ہیں، کیوں کہ مریم کی طرح ہماری بھی اُس سے شخصی ملاقات ہو چکی ہے۔ اُس نے بھی ہمیں مریم کی طرح نام لے کر بلایا ہے۔ ہمارا ایمان بے فائدہ نہیں ہے۔ یسوع مردوں میں سے زندہ ہو چکا ہے۔ ہم اِس لئے پُر اعتماد ہیں اور وثوق سے یہ بات کہہ سکتے ہیں کیوں کہ ہماری ملاقات شخصی طور پر یسوع سے ہو چکی ہے۔

یسوع نے مریم سے کہا کہ وہ اُس خبر کو اپنے تک ہی نہ رکھے۔ اب اُسے یہ خبر لے کر اُس کے شاگردوں کے پاس جانا تھا۔ آج بھی یسوع کا یہ حکم جو اُس نے مریم کو دیا تھا تبدیل نہیں ہوا۔ اگر آپ جانتے ہیں کہ یسوع زندہ ہے، تو پھر آپ کو بھی یہ خبر لے کر دوسروں کے پاس جانا ہوگا۔

پطرس اور نامعلوم شاگرد

جب مریم پہلے یہ خبر لے کر شاگردوں کے پاس گئی تھی کہ وہ یسوع کو لاش کو چرا کر لے گئے ہیں۔ تو

اُن میں سے دو شاگرد دَوڑ کر قبر کی طرف گئے ۔(3-1:20)

اُن دو شاگردوں میں سے ایک تو پطرس تھا۔ دوسرے کے نام کا ذکر نہیں ہے۔ اگر چہ یہ نامعلوم شاگرد پطرس سے پہلے قبر پر پہنچا تھا تو بھی قبر میں جانے سے پہلے اُس نے پطرس کا انتظار کیا کیوں کہ پطرس پیچھے رہ گیا تھا۔ جب پطرس قبر میں داخل ہوا، اُس نے کفن دیکھا، لیکن یسوع وہاں نہیں تھا۔ وہ ایمان لے آیا کہ یسوع مردوں میں سے جی اُٹھا ہے اور زندہ ہے۔

پطرس کا ردِعمل مریم مگدلینی سے قطعی مختلف تھا۔ اگر چہ اُس نے یسوع کو نہیں دیکھا تھا، تو بھی وہ ایمان لے آیا کہ یسوع زندہ ہو چکا ہے۔ (آٹھویں آیت) کس سبب سے وہ ایمان لے آیا۔ یہ حوالہ ہمیں یہ بھی بتاتا ہے کہ اب تک وہ اُس نوشتہ کو نہ سمجھتے تھے۔ جس کے مطابق یسوع کا مُردوں میں سے جی اُٹھنا ضرور تھا۔ (9 آیت) یسوع نے اکثر اُنہیں بتایا تھا کہ وہ مُردوں میں سے زندہ ہو جائے گا۔ اگر چہ پطرس یہ تو نہیں سمجھتا تھا کہ کس طرح یہ سب چیزیں کتابِ مقدس کے سیاق وسباق کے عین مطابق ہیں۔ تو بھی اُس کا یہ ایمان تھا کہ جو کچھ وہ دیکھ رہا ہے، وہ سب نبوتوں کی تکمیل ہے۔ وہ سمجھتا نہیں تھا لیکن پھر بھی ایمان لے آیا۔ مریم بڑے عجیب اور حیران کن طریقہ سے خداوند سے ملی تھی۔ پطرس کے پاس تو یسوع کی وہ باتیں تھیں جو اُس نے اُس سے اُس وقت کی تھیں جب وہ اُس کے ساتھ تھا۔

مریم کی طرح ہر شخص کی ملاقات یسوع سے عجیب طور سے نہیں ہوتی، ہم میں سے بعض کے لئے، تو اُس کا کلام ہی ہے جو اُس نے اپنے نبیوں کے وسیلہ سے لکھوا دیا ہے۔ اگر چہ بعض لوگ مریم کی طرح ڈرامائی تجربہ سے مسیح پر ایمان لاتے ہیں۔ بعض اوقات خدا کے کلام کی تحقیق و تفتیش سے بھی اُس پر ایمان لے آتے ہیں۔

توما

خداوند یسوع مُردوں میں سے جی اُٹھنے کے بعد جلد ہی اپنے شاگردوں پر ظاہر ہوئے (19 آیت) شاگرد ایک جگہ پر جمع تھے اور دروازے بند کر کے کمرے میں بیٹھے ہوئے

تھے۔ جب یسوع اُن پر ظاہر ہوئے، دروازے کیوں بند تھے؟ ہمیں یہ تو نہیں بتایا گیا۔ یسوع کو مارنے کے بعد، اب یہودی اُس کے شاگردوں کو چھوڑ دینے پر راضی نہ تھے۔ یہودیوں کی طرف سے شاگردوں پر حملے کا خطرہ تھا۔ جنہوں نے اُن کے خداوند کو بھی مار دیا تھا۔ ہوسکتا ہے کہ اِسی وجہ سے وہ دروازے بند کر کے بیٹھے ہوئے تھے۔

اُس روز جب یسوع اپنے شاگردوں پر ظاہر ہوئے، تو اُنہیں یہ ذمہ داری سونپی کہ وہ خوشخبری کو لے کر دوسروں کے پاس جائیں۔ (21 آیت) اگرچہ اُس وقت تو انہیں اپنی جان کے لالے پڑے ہوئے تھے۔ وہ وقت قریب تھا جب اُنہوں نے دروازے کھول کر بڑی دلیری سے نکل کر مسیح کی سچائی کی منادی کرنا تھی۔ ایسا کرنے کے لئے، اُنہیں روح القدس کی حضوری اور اُس کی طرف سے توفیق ملنے کی ضرورت تھی۔ خداوند یسوع کی موت نے اُن کے گناہوں کی معافی کیلئے دروازے کھول دیئے تھے تاکہ رُوح القدس اُن میں آکر سکونت کر سکے۔ رُوح القدس کی حضوری اور اُس کی قوت میں اُنہوں نے انجیل کے پیغام کو لے کر نکلنا تھا۔ اور رُوح کی قوت اور معموری میں جاتے ہوئے اُن کے پاس گناہ معاف کرنے کا بھی اختیار ہونا تھا۔ (آیت 23)

کہنے کا یہ مطلب نہیں کہ اُنہیں گناہ معاف کرنے کا اختیار دے دیا گیا تھا کہ وہ اپنے طور سے لوگوں میں گناہوں کی معافی نامہ تقسیم کرنا شروع کر دیں۔ رُوح القدس جو اُن میں سکونت پذیر ہونا تھا اُس نے اُنہیں دُنیا کو گناہوں پر قائل کرنے کے لئے استعمال کرنا تھا۔ جب انہوں نے روح کی قوت سے نکل کر مسیح کی منادی کرنا تھی تو رُوح القدس نے اُنہیں گناہوں پر قائلیت بخشنی تھی اور بہت سے خواتین وحضرات نے مسیح پر ایمان لانے کے سبب سے گناہوں کی معافی پا کر نئی زندگی حاصل کرنا تھی۔ وہ لوگ جنہوں نے اُن کے پیغام کو رد کرنا تھا۔ اُن پر سزا کا حکم ہونا تھا۔ جس کام کے لئے وہ بلائے گئے تھے اس میں بڑی قوت اور اختیار پایا جاتا تھا۔

اُس روز توما باقی شاگردوں کے ساتھ نہیں تھا۔ جب وہ واپس آیا، شاگردوں نے اُسے بتایا کہ اُنہوں نے خداوند کو دیکھا ہے۔ یوحنا رسول نے ہمیں یہ تو نہیں بتایا کہ اُس روز وہاں کمرے میں

کتنے شاگرد موجود تھے۔توما، نے بہت سے گواہوں کی موجودگی کے باوجود اُن کی باتوں کا یقین نہ کیا۔"جب تک میں اُس کے ہاتھوں میں میخوں کے سوراخ نہ دیکھ لوں اور میخوں کے سوراخوں میں اپنی اُنگلی نہ ڈال لوں، اور اپنا ہاتھ اُس کی پسلی میں نہ ڈال لو، ہرگز یقین نہ کروں گا۔" (25 آیت)

ایک ہفتہ بعد، خداوند یسوع پھر شاگردوں پر ظاہر ہوئے، اِس بار توما شاگردوں کے ساتھ موجود تھے۔خداوند یسوع مسیح نے توما سے کہا، "اپنی انگلی پاس لا کر میرے ہاتھوں کو دیکھ اور اپنا ہاتھ پاس لا کر میری پسلی میں ڈال اور بے اعتقاد نہ ہو، بلکہ اعتقاد رکھ۔" (27-28 آیات)

توما اُس وقت ہی خداوند پر ایمان لایا جب اُس نے شخصی طور پر اُس سے ملاقات کی۔وہ پکار اُٹھا، "اَے میرے خداوند! اَے میرے خدا!" اب توما کے سارے شک وشبہات ختم ہو گئے تھے۔

آج کے دَور میں بھی بہت سے لوگ توما کی مانند ہیں۔ایسے لوگ بہت سے مسیحیوں کی رفاقت میں ہیں، لیکن پھر بھی شک وشبہات میں پڑے ہوئے ہیں۔خدا ہی اپنے آپ کو ایسے لوگوں پر ظاہر کر سکتا ہے تاکہ وہ کبھی دوبارہ شک وشبہات کی لہروں میں ڈوبتے نہ پھریں۔

یوحنا رسول ہمیں 30 آیت میں یاد دلاتے ہیں کہ اگرچہ خداوند نے بہت سے معجزات کئے، تو بھی اُس نے خاص خاص معجزات کا چناؤ کیا تاکہ انجیل کے پڑھنے والے یسوع پر ایمان لا کر ابدی زندگی پائیں۔توما کو ایمان لانے کے لئے یسوع کی پسلی میں ہاتھ ڈالنے کی ضرورت تھی۔یوحنا رسول جانتا تھا کہ بہت سے ایسے لوگ بھی ہوں گے جو اُس وقت تک خداوند یسوع پر ایمان نہ لائیں گے جب تک وہ اپنے سامنے یسوع کے معجزات کو رونما ہوتے ہوئے نہ دیکھ لیں۔یوحنا نے اِس انجیل میں یسوع کے بہت سے معجزات کا ذکر کیا ہے۔وہ سب جو اپنی آنکھیں کھولیں گے وہ اُن معجزات میں یسوع کے "مسیح" اور ابن خدا ہونے کے شواہد کو دیکھ سکیں گے۔(31 آیت)

آپ کے سامنے بھی شواہد موجود ہیں، کیا آپ مریم کی طرح اور یسوع کے جی اُٹھنے کی کوئی بھی وجہ بیان کر دیں گے؟ ، کیا آپ توما کی مانند بہت سے گواہوں کے باوجود بھی شک وشبہات میں پڑے رہیں گے؟ کیا آپ اُس شاگرد کی مانند ہوں گے جو قبر کے اندر گیا اور ثبوت دیکھ کر ایمان لایا؟ ہر

ایک کے پاس ایک چناؤ تھا۔خداوند کی ستائش ہو کہ اُن میں سے ہر ایک بالاخر یسوع مسیح پر ایمان لے ہی آیا کہ وہ مُردوں میں سے جی اُٹھا ہے اور زندہ ہے۔ ہوسکتا ہے کہ حالات مختلف طرح کے ہوں، اہم بات یہ نہیں ہے کہ آپ کس طرح ایمان لائے، بلکہ یہ کہ بالاخر آپ مسیح پر ایمان لے آئیں اور ایمان لا کر اُس کے نام سے ہمیشہ کی زندگی پائیں۔(31 آیت)

چند غور طلب باتیں

☆۔آپ کیسے مسیح یسوع پر ایمان لائے تھے؟ کون سی چیز نے آپ کو اُس کے دعوؤں کو ماننے کے لئے قائل کیا؟

☆۔غور کریں کہ اِس حوالہ میں خداوند ہر ایک شخص سے کس طرح مختلف طریقہ سے ملے۔غور کریں کہ کس طرح خداوند نے خود کو آپ پر، آپ کے دوست احباب اور عزیز و اقارب پر ظاہر کیا ہے۔

چند اہم دُعائیہ نکات

☆۔کیا آپ کسی ایسے شخص کو جانتے ہیں جو خداوند یسوع مسیح کے دعوؤں کی حقیقت پر شک کرتا ہے؟ چند لمحات کے لئے دُعا کریں تا کہ خداوند اُس پر خود کو اِس طرح ظاہر کرے جس طرح اُس نے توما پر خود کو ظاہر کیا تھا۔تا کہ اُس کی زندگی میں کوئی شک و شبہ نہ رہے۔

☆۔خداوند کے شکر گزار ہوں کہ ہمارے ایمان کے کمی کے باوجود، وہ پھر بھی خود کو ہم پر ظاہر کرتا ہے۔

☆۔خداوند کا شکر کریں کہ وہ انفرادی طور پر ہم میں سے ہر ایک سے ملتا ہے۔وہ ہم میں سے ہر ایک انفرادی ضروریات اور کوتاہیوں اور خامیوں سے واقف ہے۔

باب 52

خدا کی راہیں----انسان کی راہیں

یوحنا 21:1-14

اَب خداوند اپنے شاگردوں کے ساتھ خدمت کے کاموں میں مصروف و مشغول نہ تھے۔ وہ کبھی کبھار اُن سے ملتے تھے۔ خداوند یسوع مسیح کی غیر موجودگی میں، شاگرد بڑی اُلجھن کا شکار تھے کہ اُن کی زندگیوں کا نصب العین کیا ہوگا۔ اِس موقع پر پطرس اور چھ اور شاگردوں نے دوبارہ سے ماہی گیری کی طرف لوٹنے کا فیصلہ کیا۔ وہ مچھلیاں پکڑنے گئے، ساری رات محنت کرتے رہے پر کوئی مچھلی ہاتھ نہ لگی۔ صبح سویرے اُنہوں نے ایک آواز سنی جو اُنہیں پکار رہی تھی۔ ''بچو! تمہارے پاس کھانے کو ہے؟'' اُنہوں نے جواب دیا، ''نہیں'' (5 آیت) اُنہیں یہ جواب ملا ''کشتی کی دہنی طرف جال ڈالو تو پکڑو گے۔'' (6 آیت) یہ مشورہ بڑا نا قابل فہم سا لگ رہا تھا۔ لیکن اِس مشورے میں کوئی تو ایسی بات تھی جس کی وجہ سے اُنہوں نے اُس پر توجہ دی۔ اُنہوں نے دوبارہ سے اپنا جال ڈالا۔ فی الفور اُن کا جال مچھلیوں سے بھر گیا۔ اِس قدر زیادہ مچھلیاں آئیں کہ اُن کے لئے جال کھینچنا مشکل ہو گیا۔ یہ شاگرد تو مچھلیاں پکڑنے کے کام سے بڑی اچھی طرح واقف تھے۔ اُنہوں نے جال ڈالنے کیلئے بڑی سمجھ بوجھ کے ساتھ جگہ کا چناؤ کیا تھا۔ اُنہوں نے تجربے کی مہارت کے ساتھ جال ڈالا تھا۔ اُنہوں نے وہ سب کچھ کیا جو ایک اچھا ماہی گیر کر سکتا ہے۔ لیکن کوئی بھی مچھلی ہاتھ نہ آئی۔ وہ بڑے تجربہ کار ماہی گیر تھے۔

اکثر و بیشتر ہم خداوند سے آگے نکل جاتے ہیں، اُلجھے معاملات کو سلجھانے کے لئے ہمیں اپنی صلاحیتوں پر بڑا اعتماد ہوتا ہے۔ ہم محسوس کرتے ہیں کہ ہمیں کسی شخص کے مشورے اور نصیحت کی کوئی ضرورت نہیں ہے۔ ہم اپنے منصوبوں اور پروگرامز کے ساتھ آگے بڑھتے رہتے ہیں اور اتنا بھی گوارا نہیں کرتے کہ خداوند کے طالب ہوں اور اُس کی مرضی کو جاننے کی کوشش کریں۔ ہم اپنی کشتی

میں بیٹھ کر اِدھر اُدھر جال ڈالتے رہتے ہیں اور کچھ ہاتھ نہیں آتا۔ بے پناہ خدمتی مصروفیات کے باوجود بھی خدمت بے پھل ہی رہتی ہے۔ جب ہم خداوند کی آواز سننا اور اُس کی راہنمائی کے مطابق آگے بڑھنا سیکھتے ہیں تو پھر صورتحال میں زبردست تبدیلی واقع ہوتی ہے۔ میرا کہنے کا یہ مطلب نہیں کہ ہم اپنے تجربات، تعلیم اور صلاحیتوں کو بالائے طاق ﴿نظرانداز﴾ رکھ دیں، اِس واقعہ میں دیکھیں کہ خداوند نے شاگردوں کی اُس مہارت کو استعمال کیا جو وہ بطور ماہی گیر رکھتے تھے۔ اُن کی مہارت میں اور بھی اضافہ ہوا جب خداوند نے اُن کے جال میں بہت سی مچھلیاں ڈال دیں۔

اِسی طرح، خداوند آپ کی نعمتوں، تعلیم اور شخصیت کو استعمال کرنا چاہتا ہے۔ وہ اُن صلاحیتوں اور خوبیوں کو چار چاند لگانا چاہتا ہے۔ فصل کے مالک کی طرح، وہ اپنے مزدُوروں کو اُس کام کے لئے باہر بھیجتا ہے جس کے لئے اُس نے اُنہیں تیار کیا ہوتا ہے۔ ایک سے وہ کہتا ہے، انتظار کرو، جبکہ دوسرے سے یہ کہتا ہے کہ فی الفور کام میں لگ جاؤ، وہی ﴿خداوند﴾ ہی جانتا ہے کہ وہ کیا کر رہا ہے۔ بعض اوقات ہم معاملات کو اپنے ہاتھ میں لے لیتے ہیں۔ ہم اپنے طور سے کام کرنا شروع کر دیتے ہیں۔ ہم اپنے طور طریقے سے کام کرتے ہیں۔ اِس سے کھیت میں بڑی اُلجھن اور پریشانی پیدا ہوتی ہے۔ یہی نظر آتا ہے کہ ہر مزدور آزادانہ طور پر کام کر رہا ہے۔ آج ہم روحانی طور پر شخصی مسیحی زندگی اور پھل دار خدمت میں ایک مختلف اعلیٰ مقام پر کھڑے ہوتے، اگر ہم خداوند کو موقع دیتے کہ وہ ہماری راہنمائی کرے۔

یوحنا رسول نے اِس معجزہ کی اہمیت کو دیکھا، اُس نے فوراً پہچان لیا کہ یہ تو خداوند ہے جو کنارے پر کھڑا اُن سے باتیں کر رہا ہے۔ جب پطرس نے یہ سنا، وہ فوری طور پر جال چھوڑ کر پانی میں جا کودا۔ اور تیرتا ہوا کنارے پر یسوع کے پاس آیا۔ اُس نے دوسرے شاگردوں کو پیچھے چھوڑ دیا کہ وہ جانیں اور اُن کی مچھلیاں۔ بائبل مقدس بیان کرتی ہے کہ اُنہوں نے اُس روز 153 بڑی مچھلیاں پکڑیں۔ (11 آیت) وہ یہ دیکھ کر اور بھی حیرت زدہ ہو گئے کہ جال اپنی گنجائش سے زیادہ وسیع ہو گیا تھا، بہت زیادہ مچھلیوں کے باوجود جال نہ پھٹا۔ جال نے اپنی گنجائش سے زیادہ کام کر دکھایا۔ خدا ہی

ہمیں اُس کام کے لئے طاقت، توانائی اور دانائی عطا کرتا ہے جس کے لئے اُس نے ہمیں بلایا ہوتا ہے۔ خداوند آپ کو بھی اُس جال کی طرح آپ کی سوچ وخیال سے کہیں زیادہ وسعت بخش سکتا ہے۔ خدا کبھی بھی آپ کو بکھرنے نہیں دے گا۔ اُس کی طرف سے ملنے والی تقویت اور توانائی آپ کی آزمائشوں اور دُکھوں کے مطابق ہوگی۔

یہ حوالہ ہمیں خداوند کی آواز سننے کی اہمیت کے بارے تعلیم دیتا ہے۔ اِس سے ہمیں یہ بھی سیکھنے کو ملتا ہے کہ اکثر وبیشتر ہم اپنی صلاحیت، طاقت اور خوداعتمادی پر ہی توکل اور بھروسہ کر کے آگے بڑھتے رہتے ہیں۔ یہ حوالہ اُن لوگوں کے لئے بڑی برکت کا وعدہ کرتا ہے جو اُس کی آواز سنتے ہیں۔ خدا ہماری صلاحیتوں، لیاقتوں اور خوبیوں کو اپنے منصوبوں کے لئے استعمال کرتا ہے۔ وہ آپ کی توقع، خیال، سوچ اور ارادے سے زیادہ برکت دے گا۔ اور آپ کی طاقت اور صلاحیت سے زیادہ آپ سے خدمت لے گا اور اُس کام کیلئے آپ کو درکار فضل، توفیق اور برکت بھی دے گا۔

> اگر ہم خداوند کو موقع دیتے اور وہ ہماری راہنمائی کرتا، تو آج ہم روحانی طور پر شخصی مسیحی زندگی اور پھل دار خدمت میں ایک مختلف اعلیٰ مقام پر کھڑے ہوتے،

چند غور طلب باتیں

☆۔کیا آپ خداوند کی آواز سن رہے ہیں؟اپنی حکمت سے کام کرنے اور خداوند کا انتظار کرتے ہوئے اُس کی تابعداری کرنے میں کیا فرق پایا جاتا ہے؟

☆۔چند لمحات کے لئے جائزہ لیں کہ آپ اِس وقت کہاں اور کیسی صورتحال سے دوچار ہیں؟ کیا آپ اِس بات کے لئے 'پُراعتماد ہیں کہ آپ خدا کی مرضی اومقصد کے اندر ہیں؟

☆۔دن بھر آپ کس قدر اپنی انسانی حکمت اور صلاحیتوں کے مطابق کام کرتے ہیں اور کس قدر حقیقی طور پر خدا کی مرضی اور اُس کے طالب ہو کر کام کرتے ہیں؟

☆۔آج کس طرح خدا اپنی مرضی کو ہم پر آشکارہ کرتا ہے؟

چند اہم دُعائیہ نکات

☆۔خداوند سے ایسے وقتوں کے لئے معافی مانگیں جب آپ ہر دن اُس کی مرضی کے طالب نہ ہوئے۔

☆۔خداوند سے توفیق مانگیں تاکہ آپ ہر روز اُس کی آواز سن سکیں، اُس کی مرضی اور راہنمائی کو محسوس کر سکیں۔

☆۔چند لمحات کیلئے خداوند سے دُعا کریں، تاکہ خداوند ہمیں اپنی آواز سننا سکھائے، اور ہم اپنی حکمت اور طاقت پر بھروسہ نہ کریں۔

☆۔خداوند کے شکر گزار ہوں کہ وہ بڑے اچھے طریقہ سے ہماری راہنمائی کرتا ہے۔اگر ہم سادگی سے اُس کی تابعداری میں زندگی بسر کرتے ہوئے اپنی زندگی میں اُس کے مقاصد کو لے کر آگے بڑھیں تو خداوند کے شکر گزار ہوں کہ وہ ہماری سوچ وخیال سے بھی کہیں بہتر طور پر کرے گا۔

باب 53

خلافِ قیاس امیدوار

یوحنا 21:15-25

ناکام ماہی گیری کے بعد، شاگرد اپنی کشتیاں کنارے پر لا رہے تھے۔ خداوند نے اُنہیں کہا تھا کہ وہ کشتی کے دائیں جانب جال ڈالیں۔ جب اُنہوں نے تابعداری کی تو اُن کے جال مچھلیوں سے بھر گئے۔ یہ سمجھتے ہوئے کہ کنارے پر یسوع ہے، پطرس چھلانگ لگا کر کشتی سے باہر آ گیا اور اُسے ملنے کے لئے جلدی سے آگے بڑھا۔ اُس نے باقی شاگردوں کو مچھلیوں سے بھرا ہوا جال کھینچنے کے لئے اکیلا چھوڑ دیا۔

مچھلی اور روٹی کے ناشتے کے بعد، خداوند پطرس کی طرف متوجہ ہوئے، ''اَے شمعون یوحنا کے بیٹے کیا تو اِن سے زیادہ مجھ سے محبت رکھتا ہے؟'' خداوند کا اِس بات سے کیا مطلب تھا، اِس میں تھوڑی اُلجھن پائی جاتی ہے۔ کیا خداوند پطرس سے پوچھ رہے تھے کہ آیا وہ دوسرے شاگردوں سے زیادہ اُس سے محبت رکھتا ہے؟ پطرس کا یہ فطری رجحان تھا کہ وہ دوسروں کے ساتھ اپنا موازنہ کرتا تھا۔ سنیں کہ ایک دفعہ اُس نے یسوع کو کیا بتایا تھا۔ ''گو سب تیری بابت ٹھوکر کھائیں، لیکن میں کبھی ٹھوکر نہ کھاؤں گا۔'' (متی 26:33) اِس حوالہ میں ہم دیکھ سکتے ہیں کہ پطرس نے خود کو دوسرے شاگردوں سے منفرد قرار دیا۔ کیا خداوند پطرس کو یہ کہہ رہے تھے کہ اپنی اُس بات کا پھر سے جائزہ لے؟ کیوں کہ اُس نے تین بار اُس کا انکار کیا تھا۔ اب پطرس اپنی اِس بات کے تعلق سے کیا سوچتا ہوگا، جب کہ وہ بری طرح ناکام ہو گیا تھا؟

یہ بھی ممکن ہے کہ خداوند پطرس سے یہ پوچھ رہے ہوں کہ آیا وہ اُس سے اپنے سابقہ پیشے (ماہی گیری) سے زیادہ محبت رکھتا ہے۔ کیوں کہ اُن کے اِرد گرد اُن کے ماہی گیری (مچھلیاں پکڑنے والے) کے آلات بکھرے ہوئے تھے۔ کیا خداوند پطرس سے یہ پوچھ رہے تھے کہ آیا وہ اُس کی

پیروی کے لئے ماہی گیری کو ترک کرسکتا ہے؟ ہوسکتا ہے کہ اِس سوال سے پطرس کی سوچ تین سال پیچھے کی طرف گئی ہو جب خداوند یسوع مسیح نے اُسے ماہی گیری چھوڑ کر اپنا شاگرد ہونے کے لئے اُسے بلایا تھا۔ ہوسکتا ہے کہ خداوند کا تین بار انکار کرنے کے بعد، پطرس اِس شش و پنج میں ہو کہ آیا خداوند اب بھی مجھے استعمال کرسکتا ہے۔ کیا اِس بات سے خداوند پطرس کی اپنے لئے بلاہٹ کی تجدید کر رہے تھے؟ کیا خداوند ایک بار پھر سے پطرس کو اپنی پیروی کے لئے سب کچھ چھوڑنے کے لئے کہہ رہے تھے؟ پطرس نے خداوند کو پھر سے یقین دہانی کرائی کہ وہ اُس سے محبت رکھتا ہے۔(15 آیت) ہمیں اِن الفاظ کو معمولی نہیں لینا چاہئے۔ پطرس نے تو پہلے ہی بڑے اعتماد کے ساتھ خداوند کو یہ بات بتادی تھی۔ لیکن چونکہ وہ گر گیا تھا، اِس لئے خداوند نے اُسے ایک موقع دیا کہ وہ پھر سے اپنے عہد و وفا کی تجدید کرے۔ پطرس نے ایسا ہی کیا۔ لیکن اِس مرتبہ اُس نے اِس فہم و عقل کے ساتھ خداوند کے لئے عہد وفا کیا کہ وہ گر سکتا ہے۔

پطرس کا جواب سن کر، خداوند نے اُسے کہا کہ میرے برّے چرا۔ خداوند کے لئے پطرس کی محبت کا امتحان خداوند کے لوگوں سے محبت سے ہونا تھا۔ خداوند اُس روز پطرس سے یہ کہہ رہے تھے کہ اگر وہ اُس سے محبت رکھتا ہے تو پھر وہ اُس کے فرزندوں کا خیال رکھے گا، اُن کی فکر کرے گا۔ پطرس کے لئے یہ آسان کام نہیں تھا۔ پطرس ایک پاسبان سے زیادہ ایک رویا رکھنے والا قائد تھا۔ اُس صبح جب اُس نے پہچانا کہ کنارے پر تو خداوند ہے، اُس نے اپنے ساتھیوں کو پیچھے چھوڑ دیا کہ وہ اپنے کام میں جد و جہد اور محنت کریں۔ اگر پطرس پاسبانی خدمت اور دل رکھتا ہوتا، تو پھر وہ دوسروں کی مدد اور اُن سے تعاون کے لئے اُن کے ساتھ رہتا۔

پطرس کا یہ فطری رجحان تھا کہ وہ اپنے طور سے اور اپنے طریقہ سے کام کرنا چاہتا تھا۔ وہ باقی شاگردوں کا اپنے طور سے ایک ترجمان بنا ہوا تھا۔ اُس کی روحانی زندگی میں بہت کانٹ چھانٹ کی ضرورت تھی۔ اُس کے لئے اپنے زبان پر قابو رکھنا بہت مشکل تھا۔ اکثر و بیشتر اُس نے بغیر سوچے سمجھے قدم اُٹھایا۔ بعض اوقات وہ خود کو دوسروں سے بہتر سمجھتا تھا، بعض اوقات وہ حسد سے بھر جاتا

تھا۔(23-21) اُسے اپنے آپ پر اپنے طرزِ عمل پر بہت زیادہ اعتماد اور بھروسہ تھا۔کیا آپ اِس قسم کے شخص کو اپنا پاسبان بنانا چاہیں گے؟ایسے شخص کے لئے بھیڑوں کی ضروریات کا خیال رکھنا آسان کام نہ ہوگا۔ایسی خدمت کے لئے تو بہت زیادہ حلیم اور فروتن ہونے کی ضرورت ہے۔

خداوند نے تین بار پطرس سے پوچھا کہ آیا وہ اُس سے محبت رکھتا ہے۔تین بار ہی پطرس نے خداوند کو بتایا کہ وہ اُس سے محبت رکھتا ہے۔تین بار ہی خداوند نے پطرس سے کہا کہ اُسے اُس کی بھیڑوں کا خیال رکھنا ہوگا۔کیا خداوند نے تین بار پطرس سے اپنے لئے اُس کی محبت کی تصدیق اِس لئے کرائی کیوں کہ اُس نے تین بار اُس کا انکار کیا تھا؟ہمارے لئے اِس بات پر دھیان بہت اہم ہے کہ اگرچہ پطرس نے اُس کا انکار کر دیا تھا۔

لیکن خداوند اُس سے دستبردار نہیں ہوئے تھے۔اگرچہ وہ بُری طرح ناکام ہو گیا تھا،اُسے بہت کچھ سیکھنے کی ضرورت تھی۔خداوند اُسے دوسرا موقع دے رہے تھے۔بعض اوقات خداوند خلافِ قیاس لوگوں کو استعمال کرتا ہے۔ہمارے لئے تو پطرس کی شخصیت میں پائی جانے والی خرابیوں اور نقائص کی وجہ سے اُسے مجرم ٹھہرانا بڑا آسان ہوگا،لیکن خداوند نے اُسے چن لیا تھا اور اسے جانے نہ دیا۔اِس سے ہمیں یہ سیکھنے کو ملتا ہے کہ اپنی روحانی قیادت کے تعلق سے عیب نکالنے والا روّیہ ہرگز نہ اپنائیں۔ہوسکتا ہے کہ وہ کامل نہ ہوں،لیکن یہ تو ہوسکتا ہے کہ وہ خدا کی طرف سے خدمت کے لئے بلائے گئے ہوں۔ہمیں اِس طور سے اُنہیں قبول کرنا چاہئے گویا کہ وہ اُس کے مقصد کی تکمیل کے لئے اُس کے چنے ہوئے کامل وسیلے ہیں۔

خداوند پطرس کو یہ باور کرا رہے تھے کہ جو ذمہ داری اُسے سونپی جارہی ہے وہ آسان کام نہیں ہوگا۔

''جب تو جوان تھا تو آپ ہی اپنی کمر باندھتا تھا،اور جہاں چاہتا تھا پھرتا تھا مگر جب تو بوڑھا ہوگا تو اپنے ہاتھ لمبے کرے گا اور دوسرا شخص تیری کمر باندھے گا۔اور جہاں تو نہ چاہے گا وہاں تجھے لے جائے گا۔''(18 آیت)

پطرس کو یہ جاننا تھا کہ اب اپنی زندگی پر اُس کا اختیار باقی نہیں رہا۔دوسرے اُس کے عمل وفعل اور کا

تعین کریں گے۔ہمیں پھر سے اِس بات پر غور کرنے کی ضرورت ہے کہ پطرس کیلئے یہ سب کچھ کس قدر مشکل کام تھا۔ پطرس تو اپنی سوچ اور اپنے طریقہ سے کام کرنے کا عادی تھا۔ وہ دن قریب تھا جب سب کچھ یکسر بدل جانا تھا۔ خدا جو کام پطرس کی زندگی میں کر رہا تھا، ابھی وہ کام ختم نہیں ہوا تھا۔ آنے والے دنوں میں، پطرس نے اُن حالات کی وجہ سے تبدیل ہونا تھا جو خدا نے اُس کی زندگی میں لانے تھے۔ خدا نے اُسے عزت کا برتن بنانا تھا۔ خدا نے اُسے اپنے حالات پر اُس کے اختیار سے خالی کرنا تھا۔ اور اُس تبدیلی کے وسیلہ سے اُس کی کانٹ چھانٹ کرتے ہوئے اُس کی تجدید کرنا تھی۔

خدا ہی جانتا ہے کہ ہم میں سے ہر ایک کی زندگی میں کیا ہونے کی ضرورت ہے۔ پولس رسول کے معاملہ میں، خدا نے اُسے حلیم اور فروتن کرنے کے لئے اُس میں جسمانی کمزوری کو رہنے دیا۔

(2 کرنتھیوں12:8-10) یہاں پطرس کے معاملہ میں، خدا نے زندگی کے حالات و واقعات کے وسیلہ سے اسے اُس کی خود اعتمادی سے خالی کیا۔ زندگی کے مسائل و مشکلات کے وسیلہ سے خدا ہمیں اپنے دل پسند لوگ بناتا ہے۔

خداوند کے نبوتی کلام کے لئے پطرس کے ردِعمل پر غور کریں، پطرس نے یوحنا کی طرف دیکھ کر پوچھا۔''اَے خداوند اِس کا کیا حال ہوگا؟'' (21 آیت) پطرس یوحنا کے تعلق سے اِس قدر فکرمند کیوں تھا؟ کیا فطری طور پر وہ ایک بار پھر مجبور تھا کہ اپنا موازنہ دوسروں کے ساتھ کرے؟ کیا وہ حسد کے سبب سے پوچھ رہا تھا؟ خداوند نے پیش گوئی کر دی تھی کہ پطرس مستقبل میں بڑے کٹھن دَور سے گزرے گا۔ اُسے وہ کچھ کرنے پر مجبور کیا جائے گا جو وہ کرنا نہیں چاہتا۔ خدا کا کلام ہمیں بتاتا ہے کہ یسوع نے اِن باتوں سے اشارہ کر دیا کہ وہ کس طرح کی موت سے خدا کا جلال ظاہر کرے گا۔ پطرس کو اُس کی خامیاں یاد دلائی گئیں تھیں، پطرس دل سے یوحنا کے بارے میں بھی جاننا چاہتا تھا۔ یوحنا وہ شاگرد تھا جسے یسوع پیار کرتا تھا، کیا اُس کی زندگی پطرس سے سہل ہونا تھی؟

خداوند نے پطرس کو کوئی تسلی بخش جواب نہ دیا۔''اگر میں چاہوں کہ یہ میرے آنے تک ٹھہرا رہے تو

تجھ کو کیا؟'' (22 آیت) یہاں پر خداوند پطرس کو یہ کہہ رہے تھے کہ اس سے کچھ فرق نہیں پڑتا کہ وہ یوحنا کہ ساتھ کیا کرے گا۔ پطرس کی بہ نسبت خدا کا مقصد یوحنا کے لئے مختلف تھا۔

پطرس کی طرح ہم میں سے بہتوں کا فطری رجحان اپنی روحانیت اور خدمت میں کامیابی کو جانچنے پرکھنے کا طریقہ خود کا دوسروں سے موازنہ کرنا ہوتا ہے۔ خدا جو مقصد ہماری زندگی کے لئے رکھتا ہے، وہ کسی اور کے لئے نہیں ہوتا۔ جس بھی خدمت اور مقصد کے لئے خدا نے ہمیں بلایا ہے، لازم ہے کہ ہم اُس کے لئے مطمئن رہیں۔

اُس دن جو کچھ خداوند یسوع نے یوحنا کے تعلق سے کہا تھا، اِس سبب سے یہ بات مشہور ہوگئی کہ وہ شاگرد نہیں مرے گا۔ تاہم یوحنا رسول ہمیں بتاتے ہیں کہ یسوع کے کہنے کا یہ مطلب نہیں تھا۔ بلکہ خداوند تو اِس بات کو ایک مثال کے طور پر استعمال کر رہے تھے تاکہ پطرس کو اُس کے متکبرانہ روّیے کو تبدیل کرنے کے لئے چیلنج کر سکیں۔

یوحنا رسول ہمیں یہ بھی بتاتے ہیں کہ اور بھی بہت سے کام ہے جو یسوع نے کئے۔ (25 آیت) جو کچھ یوحنا نے ہمارے لئے تحریر کیا ہے، وہ خداوند کے عظیم کاموں کی ایک مثال ہے۔ یوحنا نے اُن تمام معجزات کا چناؤ یہ ثابت کرنے کے لئے کیا کہ یسوع کون ہے۔ تاکہ ہم اُس پر ایمان لائیں۔

جب میں اِس کتاب کے آخری باب کو ختم کر رہا ہوں، میں آپ کو یاد دلانا چاہتا ہوں کہ بعض اوقات خداوند انتہائی خلاف قیاس لوگوں کو چن لیتا ہے۔ یہاں پر ہمارے سامنے پطرس نامی شخص ہے، وہ کاملیت سے بہت دُور تھا۔ بہت سے موقعوں پر وہ ناکام رہا۔

غالب آنے کے لئے اُس میں کئی ایک شخصی رکاوٹیں تھیں۔ خدا نے اپنی شفقت کا ہاتھ اُس پر رکھا۔ اور اُس کے وسیلہ سے کام کرنے کا چناؤ کیا۔ ہوسکتا ہے کہ آج آپ کی زندگی کی صورتحال پطرس سے ملتی جلتی ہو۔

شاید آپ کا ماضی بھی شاندار نہ ہو، خداوند کے ساتھ چلتے ہوئے آپ کو فتح مند زندگی گزارنے میں کئی ایک دشواریوں کا سامنا ہو، کیا یہ جاننا اچھی بات نہیں کہ خدا اَب بھی آپ کو استعمال کرنا

چاہتا ہے؟ خداوند کو موقع دیں کہ وہ پطرس کی طرح آپ سے سوال پوچھے اور آپ کی تجدید کرے۔ اپنی زندگی کو اُس کے تابع کر دیں، اُس کے طالب ہوں، اُس کے کلام کو اپنی زندگی میں کام کرنے کا موقع دیں۔ وہ آپ کی توقعات سے کہیں بڑھ کر آپ کو استعمال کرے گا۔ آمین۔

چند غور طلب باتیں

☆۔ آپ کی زندگی کے وہ کون سے ایسے حصے ہیں جہاں پر آپ کو کانٹ چھانٹ کی ضرورت ہے؟

☆۔ پطرس کی خداوند کے لئے محبت کا ثبوت ''گلہ'' سے محبت میں ظاہر ہونا تھا، خداوند کے لئے آپ کی محبت کا ثبوت کس بات میں ہے؟

☆۔ کیا پطرس کی طرح آپ بھی خداوند کے ساتھ اپنے تعلق اور رشتے میں ناکامی سے دوچار ہوئے ہیں؟ یہ حوالہ بحال ہونے کے تعلق سے آپ کو کیا تعلیم دیتا ہے؟

☆۔ یہاں پر خدا اور اُس کے لوگوں سے محبت کے درمیان کیسا تعلق پایا جاتا ہے؟

چند اہم دُعائیہ نکات

☆۔ خداوند کے شکرگزار ہوں کہ آپ جیسے بھی ہیں وہ آپ کو استعمال کرنے کے لئے تیار ہے۔

☆۔ خداوند سے کہیں کہ وہ آپ کی روحانی زندگی کے اُن تمام حصوں کو درست کرے جہاں پر اصلاح کی ضرورت ہے۔

☆۔ خداوند سے ایسے وقتوں کے لئے معافی مانگیں جب آپ نے خداوند اور اُس کے پیارے لوگوں کو ناکامی سے دوچار کیا۔